REPORT OF CHINA'S
NATIONAL CONDITION

中国国情报告

第三辑

精准扶贫·社会治理·文化传承

中国社会科学院科研局◎编

社会科学文献出版社
SOCIAL SCIENCES ACADEMIC PRESS (CHINA)

《中国国情报告》编委会

《中国国情报告》编辑组

执行主编 王子豪

执行编辑 闫 珺 田 甜

目 录
Contents

宁夏永宁县闽宁镇精准扶贫实施与成效评估研究报告 ………… 丁 赛 / 1

文化扶贫与特困山区跨越式发展 ………… 李春南 杨欣萌 沈 红 / 83

国家治理体系与治理能力现代化背景下基层社区治理的路径与重要作用

…………………………………… 李 群 胡慧馨 / 149

开远市城乡统筹发展中的社会保障事业研究 ……… 彭才栋 贠 杰 / 170

枢纽型社会组织在地方经济社会运行中的作用 …… 朱 燕 吴文鑫 / 203

老年人社会养老服务需求与政策研究 ………………………… 王 桥 / 237

医养结合的社区框架 ……………………………… 赵 锋 夏传玲 / 277

东四街道公共文化服务研究 ………………… 孟雨岩 李国庆 / 330

中华传统文化在安徽绩溪的保护、传承和弘扬

………………… 马克思主义研究院国情调研安徽绩溪基地项目组 / 387

后 记 ……………………………………………… 426

宁夏永宁县闽宁镇精准扶贫实施与
成效评估研究报告

丁　赛[*]

前　言

从人类发展和世界范围来看，扶贫是一项永恒使命。改革开放以来，我国大力推进扶贫开发，1978～2010年，减贫人口达到6.6亿人[①]，取得了令世界瞩目的巨大成就，促进了全球的包容性发展。改革开放以来，我国经济快速增长，至今已成为世界第二大经济体。在这一进程中，扶贫开发作为国民经济和社会发展总体规划中的重要部分，制定和实施了有利于农村贫困地区发展的政策措施，在公共财政预算中优先安排扶贫投入，把贫困地区作为公共财政支持的重点区域，不断加大对贫困地区的扶持力度，切实提高了扶贫政策的执行力。

中共中央办公厅、国务院办公厅印发的《关于创新机制扎实推进农村扶贫开发工作的意见的通知》（中办发〔2013〕25号）和国务院扶贫办于2014年6月发布的《建立精准扶贫工作机制实施方案》，将精准扶贫工作从顶层设计、总体布局和工作机制等方面给予了全局性的指导，以有序有效地推进精准扶贫工作。精准扶贫即通过对贫困户和贫困村精准识别、精准帮扶、精准管理和精准考核，引导各类扶贫资源优化配置，实现扶贫到村到户，逐步构建精准扶贫工作长效机制，为科学扶贫奠定坚实基础[②]。在扶贫工作一线实践者眼中，精准扶贫的核心内容和理念通常被归纳为"扶真

---

*　丁赛，中国社会科学院民族学与人类学研究所民族经济研究室主任。

①　《2016中国人类发展报告》，《第一财经日报》2016年8月22日。

②　《关于印发〈建立精准扶贫工作机制实施方案〉的通知》（国开办发〔2014〕30号）。

贫"和"真扶贫"①。在精准识别、精准帮扶、精准管理和精准考核四个环节中，精准识别是基础，精准帮扶是核心。

2015 年，党的十八届五中全会进一步提出实施精准扶贫、精准脱贫，实现现行标准下农村贫困人口脱贫，贫困县全部摘帽。如何加快贫困地区特别是贫困的民族地区的转型发展，促进贫困少数民族群体的生计改善，让全体人民共享改革发展成果，实现 2020 年全面建成小康社会的宏伟目标，已成为我国经济社会可持续发展亟须落实和切实解决的重大课题。

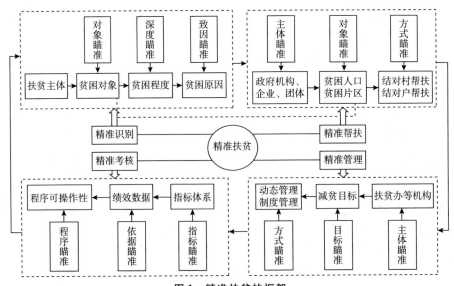

图 1　精准扶贫的框架

资料来源：吴雄周、丁建军：《精准扶贫：单维瞄准向多维瞄准的嬗变——兼析湘西州十八洞村扶贫调查》，《湖南社会科学》2015 年第 6 期。

十九大报告指出，十八大以来"脱贫攻坚战取得决定性进展，六千多万贫困人口稳定脱贫，贫困发生率从 10.2% 下降到 4% 以下"，但脱贫攻坚任务依然艰巨，需继续深入开展脱贫攻坚。

宁夏回族自治区永宁县闽宁镇是一个纯移民地区，移民主要来源于宁夏南部贫困的西海固地区。20 世纪 70 年代，宁夏西海固地区被联合国粮食计划署认定为"不适宜人类生存的地方"；2011 年被国家列入六盘山集中连片特困地区。由于历史和干旱、严酷的自然条件，1995 年西海固仍有

---

① 左停、杨雨鑫、钟玲：《精准扶贫：技术靶向、理论解析和现实挑战》，《贵州社会科学》2015 年第 8 期，第 156～162 页。

近 70% 的人口生活在温饱线之下。1996 年福建省委、省政府成立了由时任福建省委副书记的习近平同志为组长的福建省对口帮扶宁夏回族自治区领导小组。1996~2002 年，习近平同志五次参加闽宁对口扶贫协作联席会议，三次发表重要讲话。习近平同志科学总结了闽宁两省区干部群众在扶贫开发中积累的经验和智慧，提出了"优势互补、互利互惠、长期协作、共同发展"的方向，确定了系统的扶贫协作机制和因地制宜精准施策的扶贫攻坚方略。闽宁两省区建立"联席推进、结对帮扶、产业带动、互学互助和社会参与"的五项扶贫协作机制。福建把人才、资金、科技、经验、市场等要素植入宁夏"肌体"，为宁夏的发展注入了活力。

1997 年，习近平同志带领相关部门负责人在宁夏实地调研后提出建立一个移民吊庄开发村，1997 年 6 月在福建省大力帮扶下，闽宁村开工建设，当地干部群众盖房打井、筛土平田、修渠通路。同年，闽宁村正式成立。2001 年 12 月，闽宁镇正式成立。今天的闽宁镇居民育菌菇、干劳务、养黄牛、发展葡萄种植业、建设闽宁产业园，一片欣欣向荣，闽宁镇之所以在扶贫攻坚上取得了显著成效正是基于闽宁两省区的东西扶贫协作机制的实施和闽宁镇政府群众的辛勤努力。

本文自 2014 年开始在闽宁镇设立调研基地，跟踪调查研究闽宁镇的扶贫、经济社会发展状况，目的是要尝试总结出相关成功经验，为民族地区全面脱贫和建成小康社会提供借鉴。2016 年是闽宁镇全部脱贫的一年，因此本年度的调研报告将围绕闽宁镇精准扶贫和精准脱贫进行分析和研究。

一　宁夏永宁县闽宁镇的精准扶贫瞄准

宁夏回族自治区和其他西部民族地区一样，经济总量小，贫困人口多，属于欠发达地区。2011 年国家农村贫困线上调至 2300 元，宁夏回族自治区根据这一新标准当年贫困人口增至 101.5 万人，共占全区农村户籍人口的 25.6%[①]。2013 年宁夏贫困发生率下降至 12.5%，位居全国 31 个省份的第九位[②]。经过艰苦努力，在"十二五"期间宁夏回族自治区搬迁

---

① 《宁夏调整扶贫标准　调整后贫困人口为 101.5 万人》，新华网，2012 年 1 月 31 日，http://news.xinhuanet.com/2012 - 01/31/c_ 111474820. htm。

② 《国务院扶贫办关于印发〈扶贫开发建档立卡工作方案〉的通知》。

安置生态移民 32.9 万人，实施了 600 个贫困村的整村推进，减少贫困人口 43.37 万人。2015 年，宁夏回族自治区在财政收入增速放缓、支出压力加大的情况下，安排 74.7% 的财力改善民生。狠抓扶贫攻坚，生态移民搬迁 5 万人、累计达 32.9 万人，脱贫销号 200 个村，减贫 12.1 万人①。2016 年，《宁夏回族自治区扶贫开发条例》颁布实施。宁夏回族自治区"十三五"规划中明确提出，全区提前两年（2018 年）实现现行标准下农村贫困人口脱贫，贫困村全部销号，贫困县全部摘帽。社会保障、基本公共服务走在西部前列②。

宁夏回族自治区永宁县闽宁镇是一个纯移民地区，移民主要来源于宁夏南部贫困的西海固地区。闽宁镇原来是一块荒芜地带，20 世纪 90 年代初，宁夏回族自治区党委、政府决定从西吉、海原两县通过易地搬迁的方式，在此地建设成立吊庄移民区。自 1996 年，时任福建省委副书记的习近平同志作为福建省对口帮扶宁夏回族自治区领导小组组长，落实了党中央东西协作的战略决定，全面开展了闽宁对口扶贫协作。1997 年福建、宁夏两省区第二次联席会议确定共同投资，在此地成立闽宁村，作为两省区合作的样板工程。2001 年经自治区人民政府批准成立闽宁镇。2010 年自治区党委、政府实施生态移民，从宁夏南部山区大量搬迁困难群众到此。闽宁镇南北长 22.5 公里，东西宽 3.5 公里，区域面积为 63.2 平方公里，现有农户 8870 户，4.4 万人，回族人口占总数的 83%，下辖 6 个村民委员会，77 个村民小组。

闽宁镇从昔日荒无人烟的戈壁滩，发展到今天的特色小镇，不仅反映出宁夏全区东西协作和南北互助两大方面所起的支持帮助和推动作用，同时也显现了闽宁镇实施精准扶贫、精准脱贫的显著成效，真正实现了从输血到造血的机能转变。福建自 1997 年以来持续有效地对口援助和产业转移发展，目前在宁夏的福建企业、商户已有 4000 多家，涉及 20 多个行业，年营业额达 120 亿元，使闽宁镇经济社会有了较大发展，人民生活有了较大提高。银川市也已将闽宁镇的发展纳入全市发展规划，逐年加大对闽宁镇的项目和扶持政策投入力度及强化措施，永宁县也对闽宁镇的发展予以高度重视。在自治区、银川市、永宁县和闽宁镇的共同努力下，计划将闽宁镇 1186 户贫困户分 3 年实现脱贫。实行"334"机制，即到 2014 年和

---

① 刘慧：《宁夏回族自治区政府工作报告（2016 年）》。
② 《宁夏回族自治区国民经济和社会发展第十三个五年规划纲要》。

2015 年底分别实现 30% 的贫困户脱贫，2016 年脱贫率达到 100%，2017年开始向小康迈进①。

（一）农村扶贫战略瞄准目标的变化

众所周知，扶贫对象瞄准的精确性关系到扶贫资金使用效率，直接影响扶贫成效。长期以来，由于现实存在的困难，民族地区的农村扶贫对象瞄准存在一定偏差，"脱靶"现象有一定的普遍性。为此 2013 年在全国推开的建档立卡为精准扶贫和精准脱贫奠定了基础。

改革开放之初至今，我国的贫困瞄准经历了不同阶段的变化。

自 20 世纪 80 年代中期至 21 世纪初，贫困人口大幅下降，贫困发生率从 1978 年的 30.7% 下降到 2010 年的 2.8%②。该时段，区域瞄准是扶贫计划的主要特征之一，几乎所有扶贫投资都是以贫困县为基本瞄准单位。与此相对应的，扶贫工作的重点是以解决温饱为主的扶贫开发。因当时 2.5亿贫困人口的绝对数量，以分布集中的县域为瞄准对象，将扶贫项目与大力发展县域经济相结合是成本低效率高的最佳选择。

在我国宣布已经完成了"八七扶贫攻坚计划"并基本解决农村贫困人口的温饱问题之后，《中国农村扶贫开发纲要（2001~2010 年）》的颁布，标志着将基本的瞄准单位从贫困县下移到贫困村。虽然国务院扶贫领导小组仍然确定了 529 个国家扶贫工作重点县，但该时期农村扶贫已经从县级瞄准变为村级瞄准，即基本的扶贫投资单位从贫困县变为贫困村。为此，国务院扶贫办和地方扶贫部门于 2001 年在全国确定了 148131 个贫困村，这些贫困村既分布在扶贫重点县内也分布在非重点县内，从而使扶贫投资能够覆盖到非重点县中的贫困人口③。

这一瞄准目标的改变主要是因为我国的贫困分布由区域的、整体性的贫困逐渐过渡到个体性贫困，贫困人口的构成也以边缘化人口为主要组成部分。由于区域经济增长难以惠及绝大多数贫困人口，经济增长对缓解贫困的边际效益递减日益显著，再加上贫困地区产业结构和收入结构呈单一性特征，贫困人口劳动力素质低，20 世纪 90 年代以来我国农村的平均返

---

① 《宁夏回族自治区永宁县闽宁镇经济和社会发展第十三个五年规划纲要》。
② 于敏、张晓颖、〔孟加拉〕Salehuddin Ahmed：《中国扶贫瞄准机制的创新与实践——以广东省连南县为例》，《农业现代化研究》第 33 卷第 2 期，2012 年 3 月。
③ 刘坚：《新阶段扶贫开发的探索与实践》，中国财政经济出版社，2005。

贫率在10%～20%，少数地区高达30%～40%[1]。还有研究表明，20世纪末的扶贫项目对贫困群体的覆盖率只有35.3%，而对中等户与富裕户分别为20.2%和44.5%[2]。鉴于贫困性质产生的变化，国家扶贫开发战略也随之进行了调整，即由以前的区域瞄准和经济增长为主的开发式扶贫，转变到瞄准个体、以社会保障网络救助边缘化人口为主的保障型扶贫[3]。

虽然村级瞄准在准确度上较之县级瞄准明显改善，但贫困村尤其是享受低保人员的确定依然存在精准度的问题。国家统计局对县级经济和社会发展的调查数据较为完备，但村级相关信息缺失，多数地方政府采用参与式方法筛选贫困村，享受低保人员的资格认定也主要在村级完成。选取的指标以及用这些指标计算出来的贫困指数县际不可比，这也导致了一定的错误瞄准。有研究证实，将扶贫对象的范围从县变为村，似乎并没有显著地改善扶贫瞄准的准确性。整村推进战略下贫困村的农户平均收入增长高于非贫困村，但是，贫困村内受益的主要是富裕的农户[4]。此外，由于监督管理的缺位，"人情保"也时有发生。

《中国农村扶贫开发纲要（2011～2020年）》中将十四个集中连片特困地区作为2011～2020年扶贫攻坚的主战场，中央将加大投入和支持力度。这表明在2011～2020年的扶贫战略瞄准单位重新回到县级单位为基础的更大区域上。与此同时，扶贫工作的精准度要求越来越受到重视，中央提出了实施精准扶贫、精准脱贫。在减贫速度放慢的国际趋势下，提高扶贫政策或项目的瞄准率是各国努力的目标。但不可否认的是，扶贫政策如何瞄准贫困人群，扶贫资源如何有效传递到贫困者手中不仅是我国也是世界各国面临的现实难题。

（二）闽宁镇贫困家庭和贫困村的建档立卡（2014年）

2013年中共中央办公厅、国务院办公厅发布了《关于创新机制扎实

[1] 赵玺玉：《新时期中国农村扶贫开发面临的挑战及其对策》，《中国石油大学学报》（社会科学版）2008年第10期。

[2] 楚永生：《新时期中国农村贫困的特征、扶贫机制及政策调整》，《宏观经济研究》2008年第10期。

[3] 都阳、蔡昉：《中国农村贫困性质的变化与扶贫战略调整》，《中国农村观察》2005年第5期，第2～9页。

[4] 汪三贵、Albert Park、Shubham Chaudhuri、Gaurav Datt：《中国新时期农村扶贫与村级贫困瞄准》，《管理世界》2007年第1期。

推进农村扶贫开发工作的意见》，2014 年国务院扶贫办印发了《扶贫开发建档立卡工作方案》。建档立卡的对象涉及贫困户、贫困村、贫困县和连片特困地区四类。通过建档立卡，了解贫困状况，分析致贫原因，摸清帮扶需求，明确帮扶主体，落实帮扶措施，开展考核问效，实施动态管理。建档立卡的目的是为了精准识别，并在此基础上实施精准扶贫和精准脱贫。

为了贯彻执行国务院扶贫办《扶贫开发建档立卡工作方案》，在 2014 年底前建立闽宁镇贫困户、贫困村电子信息档案。为此，以 2010 年建档立卡的数据为基础，闽宁镇研究并确定了贫困户和贫困村的建档立卡方法和步骤。

1. 贫困家庭的建档立卡方法和步骤

闽宁镇贫困家庭建档立卡工作的目标是客观、公平、公正、公开，合理确定扶贫对象，不断提高扶贫开发工作的精准性、有效性和持续性。实现各项惠农政策重点向建档立卡的扶贫对象倾斜，落实帮扶政策，提高扶贫对象收入水平和自我发展能力，稳定解决温饱并实现脱贫致富。

根据国务院扶贫办的《扶贫开发建档立卡工作方案》，贫困家庭建档立卡的工作流程如图 2 所示。

（1）前期准备

为做好贫困户建档立卡工作，按照国务院扶贫办的相关精神，要做好四个环节的相关工作：组织力量、制定方案、宣传发动、工作人员培训。

①建档立卡贫困户规模的确定

在本阶段中最核心的是制定方案，其中最关键也是困难最大的为建档立卡范围的确定。由于国家统计局发布的 2013 年底全国农村贫困人口规模是 8249 万人，以及各省的对应贫困率，其中宁夏的贫困发生率是 12.5%。但如果按照 2013 年农村家庭人均纯收入 2736 元的标准，区级统计数据大于国家发布的数据。根据国务院扶贫办的规定，"如果省级统计数大于国家发布数的，可在国家发布数基础上上浮 10% 左右；个别省级统计数与国家发布数据差距较大的，上浮比例可适当提高；具体识别规模经省级扶贫开发领导小组研究确定后，由省扶贫办报国家扶贫办核定"。为此，国务院扶贫办还下达了《贫困人口规模分解参考办法》。该办法指出，为提高贫困户的识别准确度和可操作性，按照"县为单位，规模控制，分级负责，精准识别，动态管理"的原则，结合本地实际情况由各级扶贫部门负

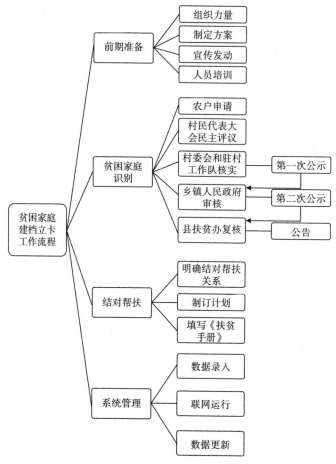

图2　扶贫开发建档立卡流程

资料来源：根据《扶贫开发建档立卡工作方案》整理。

责，将贫困人口规模逐级分解。其中人均纯收入等数据主要来源于统计部门。具体操作中，贫困人口规模分解采用自上而下、逐级分解的办法。到市到县的贫困人口规模分解可依据国家统计局调查总队提供的乡村人口和低收入人口发生率计算形成；到乡到村的贫困人口规模由于缺少人均纯收入等数据支撑，可依据本地实际抽取易获取的相关贫困影响因子计算本地拟定贫困发生率，结合本地农村居民年末户籍人口数计算得到。这一过程中可结合实际，微调贫困人口规模总数。国家统计局的调查数据都是以县为单位，但建档立卡的工作要深入到乡、村，因而乡和村的贫困人口规模分解难度更大。为此，闽宁镇及下辖6个行政村：福宁村、木兰村、武河村、玉海村、原隆村、园艺村，分别搜集了镇政府、各村到永宁县政府的距离、地势类型、基础设施状况、公共服务水平、农民人均纯收入、上年度贫困发生率和农村居民年末户籍人口数等数据。考虑到闽宁镇是吊庄移民地区，搬迁来的居民大多是西吉、海原等贫困地区的贫困人口，因此在指标分配上进行了倾斜。具体到六个行政村，因原隆村在 2013 年至 2015 年接收生态移民 8507 人，其指标分配为 50%，其他五个行政村同国务院扶贫办给出的宁夏回族自治区 12.5% 的贫困发生率相一致。

表1　2014 年闽宁镇六个行政村建档立卡贫困人口识别控制指标分配情况

行政村	2013 年农村常住人口数（人）	"十二五"接收生态移民（人）		常住人口识别控制比例（%）	对应人数（人）
		2013 年	2014～2015 年		
福宁村	15763			12	1892
武河村	7840			12	941
园艺村	5896			12	708
木兰村	3800			12	456
玉海村	6421			12	771
原隆村	6251	6251	2256	50	3126
合　计	45971	6251	2256	17.17	7894

资料来源：闽宁镇相关资料。

②农业户口家庭收入情况的调查

2013 年永宁县开展了群众教育路线活动"千人百村万户大民情大数据"调查，共对闽宁镇全部 8870 户住户中的 5630 户家庭（63%）的家庭经济状况和主观意愿进行了入户问卷调查。其中的家庭收入调查根据国家统计局的计算口径，将农村家庭收入细分为：工资性收入、家庭经营收入、财产性收入和转移性收入。其中，工资性收入调查了外出从业得到的收入和其他岗位工资收入；家庭经营收入调查了第一产业和第三产业收入，第一产业收入中又询问了农业收入、林业收入、牧业收入、渔业收入，第三产业收入中又询问了交通运输业收入、批零贸易业餐饮业收入、农产品加工收入和其他收入；财产性收入调查了土地流转收入、租金（包括农业机械）和利息收入；转移性收入调查了各项农业补贴收入，离退休金、养老金收入，救济金抚恤金救灾款，无偿扶贫或扶持款，亲友赠送相对应的金额。一般而言，除了统计局的调查户，很少家庭有详细记账的习惯，因而在调查家庭收入支出时会经常出现高估或低估的现象。为了尽可能降低误差，闽宁镇通过镇、村干部对所有家庭进行了家庭收入核算的指导并提前让调查家庭核算数额。

表2　闽宁镇农业户口家庭 2013 年收入情况

单位：元

农业户口家庭	家庭人均收入	工资性收入	家庭经营收入	财产性收入	转移性收入
全镇	8773.27	6418.47	2021.71	33.04	300.05
非贫困家庭	9429.88	6925.28	2164.06	32.97	307.57
贫困家庭	1375.97	708.81	417.97	33.80	215.38

资料来源：根据调查数据计算得到。

闽宁镇农业户口家庭 2013 年的家庭人均收入是 8773.27 元，收入构成中工资性收入占比为 73.16%，家庭经营收入占比是 23.04%，财产性收入为 0.38%，转移性收入为 3.42%。这也说明非农就业并获得收入已经成为闽宁镇迁入农民家庭的主要收入来源，而农业家庭经营收入全镇平均不足家庭总收入的 1/4。

贫困家庭的收入构成显示，工资性收入的比例只有 51.51%，低于全镇平均值近 22 个百分点；以农业为主的家庭经营收入占比为 30.83%，高于全镇平均值近 8 个百分点；土地流转收入为主的财产性收入比例是 2.46%，以政府转移支付为主的转移性收入比例远远高于一般家庭的 3.42%，达到了 15.65%。这也说明，政府的社会保障、扶贫资金以及农业补贴已经成为闽宁镇农业户口贫困家庭相当比例的收入来源。

③发动宣传并组织和培训人员

为做好 2014 年建档立卡工作，闽宁镇在镇和村分别召开会议，把建档立卡工作的目的和要求、识别标准、识别程序等相关政策宣传到每个家庭和每个行政村，做到家喻户晓。利用各种媒体、发放宣传单、召开村民大会等多种形式，深入广泛地宣传建档立卡的相关政策和重要意义，确保了闽宁镇所有居民的知情权和参与权。

在队伍组织上，镇领导班子为主成立建档立卡和信息化建设工作领导小组，下设办公室。具体工作人员中除了镇政府的扶贫专干、驻村工作队（员）、村干部、大学生村干部；还从当地居民中招募了一批扶贫志愿者。

统一进行建档立卡的各类培训，并分配相关任务。

（2）建档立卡贫困户的识别

①贫困户的初选

国务院扶贫办规定了贫困家庭的具体识别方法，即以农户收入为基本依据，综合考虑住房、教育、健康等情况，通过农户申请、民主评议、公示公告和逐级审核的方式，整户识别。

闽宁镇在实际操作中要求每个行政村按照分解到村的建档立卡规模，在镇政府指导下，由各村两委和驻村指导员（帮扶干部）组织召开村民代表会议，告知全体村民闽宁镇和所在行政村被分解到的扶贫对象规模，以及贫困家庭的识别标准，要求符合条件的贫困家庭自愿申请。农户自愿申请为贫困户的须如实填报家庭人口数量、其中有劳动能力的人数和 2013 年家庭人均纯收入。在此基础上，再以群众公议的方式民主评议确定扶贫对象。为了保障民主评议的公平、公正和公开，在选择民主评议小组成员时，把了解村情民意、作风正派、敢于说真话的包村干部、村两委班子成员、驻村工作队、大学生村干部、各级人大代表政协委员、村民代表等吸纳进民主评议小组。

建档立卡贫困家庭初选名单明确后经村委会审定，在自然村和行政村进行公示。如果有不符合的家庭应及时进行调整，村民主评议小组也需再次召开会议评定，无异议后经村委会再次审定后在本村公开场合进行公示，之后由村委会汇总后报镇政府审核。村委会要有对建档立卡贫困家庭民主评议和投票表决结果的会议记录及代表签名，镇政府和县扶贫办要做好扶贫对象审核的相关记录和档案资料留存。

②建档立卡贫困家庭的审核

闽宁镇政府根据所属永宁县关于建档立卡工作的要求，以家庭人均纯收入低于 2700 元[①]为建档立卡贫困家庭的识别标准，对下辖六个行政村上报的建档立卡家庭初选名单进行审核，确定全镇贫困户名单，在各行政村进行为期七天的第二次公示，经公示无异议后报县扶贫办复审，复审结束后在各行政村进行为期七天的公示、公告。

在具体操作过程中，县扶贫办组织相关乡镇扶贫专干、驻村工作队

---

① 2700 元贫困标准是对应 2011 年的 2300 元国家扶贫标准，根据宁夏回族自治区物价指数调整后得到。

（员）、村干部、大学生村干部、扶贫志愿者对闽宁镇政府上报的初选建档立卡户的家庭收入等情况进行逐户入户调查，并填写《农村扶贫对象帮扶登记表》。建档立卡贫困户的识别根据贫困户劳动能力情况、家庭经济收入情况、受教育情况、住房情况、致贫原因等，采取倒排队的识别方式。闽宁镇的具体建档立卡贫困家庭确定的工作中坚持"五比五看"和"四优先四不评"。"五比五看"包括：一是比家庭收入，看经济来源。贫困户家庭人均纯收入低于国家扶贫标准，家庭经济收入单一，无稳定的增收产业。二是比家庭资产，看消费水平。家庭消费水平低于全村平均水平，生活质量相对较低。三是比家庭劳力，看劳动观念。贫困户家庭中丧失劳动能力或半劳动能力的人数较多，劳动力相对较弱、无外出打工者。四是比生活环境，看居住条件。贫困家庭基本生活条件无法满足生活需要，冬季取暖无法保障，住房相对破旧，多年失修。五是比贫困程度，看致贫原因。贫困家庭的贫困程度在全村民小组位居前列。"四优先四不评"指的是：无基本生活生产资料的优先；丧失劳动能力的残疾人家庭优先；因大病、伤残导致家庭负债巨大近期难以恢复的优先；见义勇为付出巨大经济和健康代价的优先。举家外出一年以上的不评；无发展愿望和发展积极性的不评；家庭成员中有财政供养人员的不评；家庭成员是村（组）干部的不评。

2014年闽宁镇建档立卡的贫困家庭共有1538户，6536人，占总人口的比例也就是贫困发生率为14.2%。2014年建档立卡识别工作中，闽宁镇的"五比五看"和"四优先四不评"已经不仅仅单纯考虑家庭收入情况，而是兼顾到健康、教育、住房等生活条件、公共服务状况和个人能力及发展意愿等，体现了多维贫困思想在实际工作中的应用。闽宁镇是吊庄移民区，贫困发生率高于宁夏回族自治区内的一般地区，在建档立卡指标分解时，这一现实情况也被充分重视，因此闽宁镇的实际贫困人口和得到的分解指标基本一致，使得建档立卡工作开展顺利，做到了对贫困家庭的精准瞄准。

（3）制订帮扶规划和开展数据录入

本阶段是建档立卡工作的最后两个步骤，基于闽宁镇建档立卡入户调查情况，确定了建档立卡扶贫对象的认定名单，根据贫困家庭的贫困程度，将贫困户分为重点贫困户和一般贫困户。按照"户有卡、村有册、乡有簿、县有电子档案"的要求，组织有关人员将《农村扶贫对象帮扶登记表》数据录入贫困农户管理系统。

在宁夏回族自治区政府指导下，闽宁镇及所属永宁县统筹安排有关帮扶资源，驻村工作队（员）和村委会，根据村级规划、贫困村实际情况和产业布局，制定到户帮扶措施。扶贫对象建档立卡后，根据只进不出的基本要求，原则上3年不变，按照"统一识别、分批扶持、突出重点、先难后易"对建档立卡的扶贫对象制订帮扶计划。永宁县帮扶部门、闽宁镇政府和村两委、驻村指导员按照"扶贫到户、责任到人"的要求，落实结对帮扶责任和措施。

2. 贫困村建档立卡的方法和步骤

贫困村建档立卡是新时期精准扶贫工作极为重要的基础性工作。通过对贫困村的精准识别，主要目的是弄清贫困状况，分析致贫原因，摸清帮扶需求，明确帮扶主体，落实帮扶措施，开展考核问效，搭建通用的扶贫工作信息平台，实施动态管理。同时也在大扶贫格局下，引导部门资源及社会各界力量向贫困村倾斜，落实"工作到村，扶贫到户"的工作机制，为精准扶贫工作奠定基础。

贫困村建档立卡工作流程如图3所示。

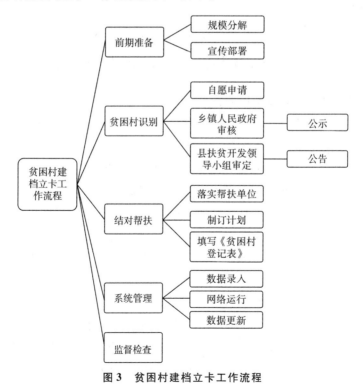

图3 贫困村建档立卡工作流程

宁夏回族自治区印发了《全区贫困村建档立卡工作实施方案》，该方案指出贫困村识别原则上按照"一高一低一无"的标准进行，即行政村贫困发生率高于25%（比宁夏回族自治区贫困发生率高一倍以上），行政村2013年全村农民人均纯收入4500元以下（低于全区平均收入的65%），行政村无集体经济收入。符合上述条件的行政村采取村委会自愿申请、乡镇人民政府审核、县扶贫开发领导小组审定的流程进行。乡镇人民政府在本乡镇范围内对贫困村初选名单进行公示，经公示无异议后报县（区）扶贫办，由县（区）扶贫办提请县（区）扶贫开发领导小组审定后进行公告。贫困村确定后各县（区）统筹安排帮扶资源，按照"突出重点、先难后易"的原则，研究提出对贫困村的结对帮扶方案，落实帮扶单位。具体帮扶计划的制订是由村委会、驻村工作队和帮扶单位结合贫困村的需求和实际，按照"宜种则种、宜养则养、因村施策、区别对待"的原则，制订贫困村帮扶计划。最后，在县（区）扶贫办指导下，乡（镇）人民政府组织村委会、驻村工作队和帮扶单位将《贫困村登记表》信息录入全国扶贫信息网络系统，并进行数据审核。

经申报并批准，闽宁镇下辖的六个行政村均被认定为贫困村。

（三）建档立卡工作的动态调整（2015~2016年）

1. 建档立卡基础数据的完善

2015年中央扶贫开发工作会议中，习总书记指出到2020年我国现行标准下农村贫困人口全部脱贫，贫困县全部摘帽，解决区域性整体贫困。为了全面掌握2014年针对建档立卡贫困户的帮扶情况，国务院扶贫办要求各地在2016年3月底前完成进行2015年度扶贫信息的更新采集工作。为此，宁夏扶贫办印发了《关于开展2015年扶贫开发信息采集工作的通知》和《全区扶贫开发建档立卡"回头看"工作方案》。其工作内容主要是采集2014年度扶贫对象（包括贫困户、贫困村、贫困县）相关信息和2015年度帮扶项目计划。同时也对2013年建档立卡基础数据进行进一步核对、修改和完善。具体要求的工作内容包括以下几点。

第一，采集2014年度帮扶措施及受益贫困户信息。

此项工作是通过《2014年度扶贫开发项目实施及建档立卡贫困户受益情况表》的填写，得到建档立卡贫困户帮扶到户的项目情况。《2014年度扶贫开发项目实施及建档立卡贫困户受益情况表》的内容包括项目类别、项目名称、总投资和构成、受益贫困户信息四大类。该表所填项目是指财政专项扶贫资金（包括中央和地方）投入的到户项目。项目类别包括：雨露计划、小额信贷、易地扶贫搬迁、产业扶贫、基础设施（如蓄水池、危房改造等）、公共服务和社会事业（如农业保险、畜牧业保险、疾病救助等）以及其他各地实施的具体扶贫到户项目。

第二，采集 2015 年度帮扶计划信息。

《2015 年度扶贫开发到户项目计划表》的内容包括项目类别、项目名称、项目预算（含分项资金预算），项目也只填写有财政专项扶贫资金（包括中央和地方）投入且帮扶到户的项目。

第三，采集 2015 年度建档立卡的扶贫对象基础信息。

在各县扶贫办的指导下由村委会和驻村工作队组织填写 2014 年度《贫困户登记表》和《贫困村登记表》。此外，如果贫困户家庭成员有增减情况的，还需填写《贫困户家庭成员增加情况表》或《贫困户家庭成员减少情况表》。如果家庭成员增加，需填报性别、身份证号码或残疾证号码、与户主关系、民族、文化程度、教育状况、健康状况、劳动能力、务工情况、务工时间、是否参加新型农村合作医疗、是否参加城乡居民基本养老保险以及该家庭成员增加的原因。如果家庭成员减少，只需填补减少家庭成员的姓名、身份证号码或残疾证号码以及家庭成员减少的原因。

此外，宁夏回族自治区还新增了指标项，主要分为贫困家庭的基本情况、基础设施与生产条件、收支情况、产业发展与精准扶持、金融贷款支持情况、能力提升情况、社会帮扶情况、易地搬迁情况、精准脱贫成效等。

第四，完善建档立卡的扶贫对象数据。

对于现已采集的 2013 年度和 2014 年度建档立卡户表、村表、县表中的漏项及错误数据进行认真修改、补充和完善。对于指标缺项要进行补充采集，并设定必要的过滤条件和校验规则确保数据质量。涉及易地扶贫搬迁的地区，如果有已在迁出县建档立卡的生态移民，组织迁出县和嵌入县进行对接移交，更新各县建档立卡贫困人口。

总而言之，在实际操作层面需做到"出多少、进多少、搬多少、脱多少"心中有数，综合考虑残疾人建档立卡扶贫工作。一是对进出的贫困户、贫困人口按重点贫困和一般贫困人口分类登记造册。二是充分考虑退出、补录、脱贫、搬迁贫困人口的数量占比和指标控制。生态移民搬迁涉及建档立卡贫困户的，迁出县要尽快把信息资料转到迁入县，对应指标数做核减处理。三是分配给各县的国务院扶贫办建档立卡信息管理系统用户名、密码要指定专人负责，严格管理。同时，村、乡、县逐级上报，并认真审核本地数据的真实性、有效性和完整性。

2. 贫困退出机制的确定和实施

从人类发展和世界范围来看，扶贫是一项永恒使命，精准扶贫也是逐步递进的动态过程，需要根据实践中出现的新问题不断调整深化。相对应的建档立卡工作也需要有进有出地进行动态性的调整，特别是要关注遗漏和返贫的贫困户如何重新纳入，不符合要求和已脱贫的家庭如何退出等问题。

（1）贫困户的退出机制

根据国务院扶贫办制定的统一退出标准和程序，省级审核把关，监督检查，组织实施；县级汇总数据，甄别情况，具体落实。具体操作方法如下。

贫困人口退出以户为单位，以该户年人均纯收入稳定超过当年国家扶贫标准、有安全住房、家庭无因贫辍学学生为主要衡量指标。对于因灾因病致贫的新增贫困户要及时补录信息，做到应扶尽扶。

贫困县退出以贫困发生率为主要衡量标准，西部地区贫困县贫困发生率下降到4%可退出。

贫困村退出也以贫困发生率为主要衡量指标，综合考虑村内基础设施和公共服务建设、产业发展等因素，西部地区贫困村的贫困发生率下降到5%可退出。

同时，组织开展抽查和第三方评估，防止未脱贫的群众"被脱贫"、贫困县"被退出"。

（2）宁夏贫困县、贫困村和贫困户退出标准

宁夏回族自治区内贫困县的脱贫标准是贫困发生率下降到4%，所有建档立卡的贫困村全部考核销号即可退出。

宁夏回族自治区内考核销号贫困村的农民人均纯收入需达到县内平均水平的80%以上，贫困发生率下降到5%，贫困村实现"五通八有"①，即

---

① "五通"是指：通水、通路、通信息、通广播电视、通客车；"八有"是有增收的支柱产业、有经济合作组织、有综合服务网点、有文化体育活动场所、有标准卫生室、有集体经济收入、有团结干事的"两委"班子和有驻村工作队。

可考核销号。宁夏回族自治区结合区内的实际，将"五通八有"的标准进一步细化。其中通路的标准为：行政村通沥青、水泥路，自然村道基本实现硬化或沙砾化；通水需自来水入户问题基本解决，缺水地区干旱季节能到就近的人饮工程点取水；通信息要达到行政村通宽带，自然村通信信号全覆盖；通广播电视要做到自然村广播电视全覆盖，实现电视户户通；最后是行政村通客车。"八有"的内容具体为：有增收的支柱产业是指按照宜种则种、宜养则养的原则，贫困村有一项到两项增收项目，户均有"5·30"养殖和特色种植产业项目；有经济合作组织是指成立有 1~2 个能带动和帮助贫困户发展生产的经济合作组织；有综合服务网点是建立为农户提供种植养殖技术、良种良育服务的农技或畜牧服务点、有从事零售业务的超市、便利店和经销农资的商店，有条件的应有电商扶贫网点和金融代办点；有文化体育活动场所具体为：有农家书屋、体育健身器材和文化活动场地；有标准卫生室的要求是基本医疗设备、药品配备齐全，有取得县级以上卫生主管部门发放行医资格证的合格医生，新型农村合作医疗参合率达到 100%；有集体经济收入、有团结干事的两委班子是指班子健全、带动群众致富能力强、村规民约行之有效，群众对两委班子满意度达到 80% 以上；有驻村工作队的要求是指群众对驻村工作满意度达到 80%以上。

贫困户 2015 年脱贫标准的界定：2014 年底贫困户农民人均纯收入达到 2700 元以上（可比价 3698 元）为脱贫，农民人均纯收入包括：生产性收入（除去成本投入部分）、工资性收入、财产性收入、政策性转移收入（养老、医疗、低保、大学生资助、粮食直补等）、经营性收入、社会帮扶收入。

贫困户 2016 年脱贫标准为：贫困人口以该户年人均可支配收入稳定超过国家扶贫标准，通过有效扶持，达到"三不愁"[①] "四保障"[②]，贫困户有一项到两项增收产业，家庭主要劳动力掌握 1~2 门实用技术，有安全住房和安全饮水，家庭人口全部参加合作医疗，冬季取暖有保障，贫困家庭学生完成义务教育后，无因贫辍学学生即可脱贫。

（3）退出程序

贫困县退出需由自治区扶贫开发领导小组明确贫困县退出名单和时

---

① "三不愁"是指不愁吃、不愁穿、不愁冬季取暖。

② "四保障"是指保障义务教育、基本医疗、住房和安全饮水。

限，并组织核查，进行审批。

贫困县退出程序如图 4 所示。

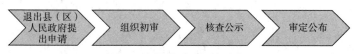

图 4　宁夏贫困县退出流程

第一步：由退出县（区）人民政府提出申请。第二步：组织初审。市扶贫开发领导小组按照退出标准对退出县（区）进行初审，并将初审结果报自治区扶贫开发领导小组。第三步：核查公示。自治区扶贫开发领导小组对各市提出的拟退出县有关情况进行核查和组织第三方评估，并将核查结果向社会公示征求意见。第四步：审定公布。公示无异议的由自治区党委、政府审定后报国务院扶贫开发领导小组备案。国务院扶贫开发领导小组组织评估并向社会公布。

贫困村退出程序如图 5 所示。

图 5　贫困村退出流程

贫困村退出由区内各市扶贫开发领导小组和县（市、区）扶贫开发领导小组具体组织实施。第一步：村委会申请。拟脱贫村村委会和驻村工作队组织村民代表大会讨论确定后，向乡（镇）党委、政府提出脱贫申请。第二步：乡（镇）初审。乡镇党委、政府组织有关人员对提出申请的考核销号村进行入村调查、摸底核实，并将核实结果在全乡（镇）进行公示，公示时间一般不少于 7 天，公示无异议后，向县（市、区）提出复审申请。第三步：县（市、区）复审。县（市、区）扶贫开发领导小组组织有关部门对各乡镇上报的考核销号村进行全面的验收核实，并将核实后确定的考核销号村在有关媒体或门户网站进行公告，公告时间一般不得少于 7 天。公告无异议后，向市级扶贫开发领导小组提出复审意见。第四步：市级审定。市级扶贫开发领导小组对县（市、区）复审意见进行审查和组织第三方评估，审批后，报自治区扶贫开发领导小组备案。

贫困户退出程序如图 6 所示。

图6 建档立卡贫困户退出程序

贫困户退出，由各县（市、区）扶贫开发领导小组按照贫困户减贫标准组织实施。第一步：村民小组提名。各村民小组参照贫困户"五看"评价体系，根据脱贫人口规模，按照农民人均可支配收入，采取倒排队的方式，在达到脱贫标准的基础上，从高到低确定减贫脱贫户，提出减贫脱贫人员名单，报村委会评议。第二步：村民代表评议。在乡（镇）党委、政府指导下，村两委和驻村工作队组织召开村民代表会议（村民代表可由建档立卡的贫困户、非建档立卡户、党员代表、村组干部、人大代表等组成），以群众公议的方式，民主评议脱贫对象。村委会要有脱贫对象民主评议和票决的会议记录及代表签名。确定的脱贫对象要在自然村和行政村进行公示，公示时间不得少于7天，公示结束后，由村委会报乡（镇）党委、政府审核。第三步：乡（镇）审核。乡（镇）组织乡（镇）扶贫专干、驻村工作队、村干部、大学生村干部、扶贫志愿者以普查的方法，对各行政村初选的脱贫对象家庭收入情况进行住户入户调查，对不符合脱贫条件和有异议的贫困户，建议有关村予以调整，并将核查结果进行公示。公示时间不得少于7天，公示无异议后报县（市、区）扶贫开发领导小组审定。第四步：审定备案。县（市、区）党委、政府对各乡（镇）上报的减贫脱贫对象，组织有关部门进行抽查。对不符合脱贫标准和有异议的对象要进行复查。复查审定后，将确定的脱贫对象在全县（市、区）进行公告。公告无异议后，报市级、自治区扶贫开发领导小组备案。

（4）闽宁镇的脱贫目标

根据扶贫开发和贫困人口识别工作确定的贫困人口数量，2014年闽宁镇建档立卡的贫困家庭共有1538户，6536人；2015年闽宁镇计划脱贫1075户4581人；2016年提前两年实现全部脱贫（见表3）。

表3 闽宁镇2014年脱贫情况和2015～2016年脱贫计划

		闽宁镇	福宁村	木兰村	武河村	玉海村	园艺村	原隆村
2014年建档立卡	户数（户）	1537	253	116	147	148	164	709
	人数（人）	6511	981	476	603	530	686	3235

续表

		闽宁镇	福宁村	木兰村	武河村	玉海村	园艺村	原隆村
2014年已脱贫	户数（户）	316	87	43	67	32	41	46
	人数（人）	1303	337	177	290	107	187	205
现有贫困户（户）		1221	166	73	80	116	123	663
现有贫困人数（人）		5208	644	299	313	423	499	3030
2015年脱贫任务	户数（户）	1075	153	64	74	107	113	564
	人数（人）	4581	592	275	288	392	459	2575
2015年保留情况	保留户数（户）	146	13	9	6	9	10	99
	保留人数（人）	627	52	24	25	31	40	455
2016年脱贫任务		当年全部脱贫						

注：2015年保留比例（原隆村15%，其他村8%）。

资料来源：闽宁镇相关资料整理。

二 闽宁镇贫困家庭的具体特征分析

闽宁镇下辖6个行政村，福宁村、木兰村、武河村、玉海村、原隆村和园艺村。2014年重新开展建档立卡工作和2015年建档立卡"回头看"之后，在2015年得到2014年建档立卡贫困家庭1537户，6511人，包括一般贫困户901户，极度贫困户（低保户）193户，重点贫困户413户。经过2014年的扶贫工作，当年脱贫316户，1303人。2014年底贫困户农民人均纯收入达到2700元以上（可比价为3698元）为脱贫，农民人均纯收入包括：（1）生产性收入（除去成本投入部分）；（2）工资性收入；（3）财产性收入；（4）政策性转移收入（养老、医疗、低保、大学生资助、粮食直补等）；（5）经营性收入；（6）社会帮扶收入。本章将以闽宁镇2015年保留的建档立卡1137户贫困家庭的微观数据为基础，剔除缺失数据后，可用于分析的样本量为1077户贫困家庭，通过统计描述揭示建档立卡贫困家庭的家庭和个人的微观层面的具体特征，从而对闽宁镇的扶贫帮扶规划、措施等进行比照和印证。

（一）建档立卡贫困家庭的识别标准和分布情况

闽宁镇的建档立卡户识别采取了多维标准的方法，即根据贫困户家庭成员的劳动能力情况、家庭经济收入情况、受教育情况、住房情况、致贫原因等，采取倒排队的识别方法。

根据农户人均纯收入，低保户也就是极度贫困户的家庭人均年纯收入在2000~2800元，重点贫困户家庭人均年纯收入在2900~3500元，一般贫困户家庭人均年纯收入在3600~4000元。

在实际操作中的具体分值见表4。

表4 建档立卡"五看"的具体内容

"五看"的内容		具体分类	具体分值
一看房（20）分	住房条件	危窑或危房	20
		有土坯房或土窑洞	15
		有砖木结构房	10
		有钢筋混凝土结构房	0
二看种植和牛羊（30分）	特色种植和"5·30"养殖情况	养殖羊10只或牛1头以下，无特色种植	30
		养殖牛1头或羊10只以上	20
		有一项增收或特色种植业或养殖牛2头或养殖羊15只以上	10
		有一项上的增收特色种植业或养殖牛3头以上或养殖羊20只以上	5
三看劳力强不强（30分）	参加培训和技能掌握情况	家庭人员中有常年患病或身体残疾，缺少劳动力	30
		家庭主要劳动力身体健康，未参加过培训又不掌握实用技术	20
		家庭主要劳动力身体健康，参加过培训但未完全掌握使用技术，无法稳定就业和种养技能较弱	15
		家庭主要劳动力身体健康，掌握1门以上使用技术，并稳定就业或种养技能较强	5
四看儿女上学堂（10分）	儿女就学情况	儿女就读大学	10
		儿女就读高中	5
五看信用良不良（10分）	贷款信用情况	家庭有贷款	10
		家庭无贷款	5
		家庭有存款	0

资料来源：闽宁镇相关资料。

根据永宁县全县贫困家庭的数据，得到了永宁县贫困家庭的特点，即贫困户家庭成员文化程度较低，以初中和小学为主；因病、因残、缺技术、缺劳力、缺资金是致贫的主要原因。闽宁镇贫困人口中缺技术的情况比较突出，外出打工多数是 6 个月以下。

人均耕地面积少，土壤情况较差，全县贫困村耕地的有效灌溉面积占土地面积的 87.56%，贫困家庭人均有效灌溉耕地面积为 0.71 亩。闽宁镇属于三级扬水地区，部分村还有一部分耕地的灌溉问题没有解决。

原隆村作为宁夏易地扶贫搬迁点，2013 年接收移民 6251 人，2014 ~ 2015 年接收移民 2256 人，搬迁移民主要来自西吉和固原，且贫困人口占比明显高出闽宁镇的其他行政村。本部分将主要结合从闽宁镇得到的 1077 户建档立卡家庭信息，对闽宁镇的贫困家庭进行特征性分析。

表 5　闽宁镇建档立卡家庭的分布情况

家庭人口情况	福宁村	木兰村	武河村	玉海村	原隆村	园艺村	合计
2013 年常住人口（人）	15763	7840	5896	3800	6421	6251	45971
常住人口占比（%）	34.29	17.05	12.82	8.27	13.97	13.6	100
建档立卡家庭样本（户）	207	74	131	122	410	133	1077
所占比例（%）	19.22	6.87	12.16	11.33	38.07	12.35	100
两类比例之差（%）	13.07	10.18	0.66	-3.06	-24.10	1.25	

资料来源：闽宁镇建档立卡 1077 户家庭数据。

表 5 是根据闽宁镇建档立卡 1077 户家庭数据得到的总体分布情况，闽宁镇下辖的 6 个行政村中福宁村是镇政府所在地，人口相对集中，也是经济社会发展相对较好的行政村，从表中可看出该村的建档立卡家庭占总量的百分比低于 2013 年常住人口比例约 13 个百分点。木兰村的经济社会发展状况在 6 个行政村中仅次于福宁村，其建档立卡家庭比例低于常住人口比例约 10 个百分点；园艺村和武河村的建档立卡家庭比例和常住人口比例差异不大；玉海村的建档立卡家庭比例略大于常住人口比例 3 个百分点；原隆村是贫困搬迁移民集中地，也是贫困发生率最高的行政村，其建档立卡家庭也相应比例最高，高出常住人口比例约 24 个百分点，这也充分表明了建档立卡工作中结合实际情况的特点。

（二）建档立卡家庭的收入及差异

农村家庭人均纯收入包括生产性收入（除去成本投入部分）、工资性收入、财产性收入、政策性转移收入（养老、医疗、低保、大学生资助、粮食直补等）、经营性收入和社会帮扶收入。宁夏回族自治区 2010 年以国家公布的贫困线为扶贫标准，即农村家庭人均纯收入低于 2300 元，之后根据物价上涨指数将贫困线依次调整为 2011 年 2536 元，2012 年 2628 元，2013 年 2736 元，2014 年 2800 元，2015 年 2971 元，2016 年 3150 元，2017 年 3347 元，2018 年 3600 元，2019 年 3769 元。闽宁镇建档立卡工作全面核查及云数据搜集开始于 2014 年，2015 年全部完成。闽宁镇在 2014～2015 年的建设日新月异，发生了翻天覆地的变化。2015 年闽宁镇农民人均纯收入为 10361 元[①]。宁夏回族自治区中南部地区 2015 年农民人均纯收入只有 6818 元，闽宁镇的快速发展使得农民收入迅猛提高。根据 2015 年得到的建档立卡家庭的收入信息，发现经过闽宁镇的产业扶贫、教育扶贫、金融扶贫、社会帮扶和社会保障兜底扶贫，贫困家庭的收入大幅提高，脱贫家庭数量激增。2014 年闽宁镇脱贫 316 户，1303 人，2015 年脱贫 1175户。因原隆村是贫困移民搬迁接收地，2014～2015 年新搬迁的贫困家庭未进入建档立卡范围，加上未脱贫的原有建档立卡贫困家庭共 73 户，占全部 79 户贫困家庭的 92.4%，2016 年闽宁镇将实现全面脱贫。

1. 贫困家庭显著减少且分布集中

表 6　2015 年建档立卡家庭收入情况

单位：户

家庭收入情况	福宁村	木兰村	武河村	玉海村	原隆村	园艺村	闽宁镇
家庭年人均收入（元）	7244.9	7969.4	7020.4	8315.4	6649.7	8531.3	7333.62
样本量	207	74	131	122	390	133	1057
家庭人均纯收入<2800 元	0	0	1	0	12	0	13
占建档立卡户的比例（%）	0	0	0.76	0	3.08	0	1.23
家庭人均纯收入<2971 元	0	0	4	0	19	0	23
占建档立卡户的比例（%）	0	0	3.05	0	4.87	0	2.18

① 《关于永宁县 2015 年脱贫 1175 户，保留 46 户建档立卡贫困户的请示》。

续表

家庭收入情况	福宁村	木兰村	武河村	玉海村	原隆村	园艺村	闽宁镇
家庭人均纯收入 <3150 元	8	0	7	0	26	0	41
占建档立卡户的比例（%）	3.86	0	5.34	0	6.67	0	3.88
家庭人均纯收入 >3600 元	186	70	111	122	333	132	954
占建档立卡户的比例（%）	89.86	94.59	84.73	100	85.38	99.25	90.26
家庭人均纯收入 >3769 元	184	70	109	122	320	132	937
占建档立卡户的比例（%）	88.89	94.59	83.21	100.00	82.05	99.25	88.65

资料来源：闽宁镇政府。

表6中6个行政村的贫困家庭分布呈现了差异，具体来看，低于2014年扶贫标准2800元的贫困户共13户，其中有12户来自原隆村；低于2015年扶贫标准2971元的贫困户是23户，其中有19户来自原隆村，在原隆村建档立卡总量中的比例是4.87%；低于2016年扶贫标准3150元的贫困户共41户。高出2018年扶贫标准3600元的建档立卡家庭共954户，占闽宁镇建档立卡家庭总量的90.26%，玉海村建档立卡家庭全部超过2018年的扶贫标准3600元，园艺村该比例是99.25%，木兰村为94.59%，武河村最低为84.73%。如果按照2019年的扶贫标准计算，闽宁镇建档立卡家庭中有937户，占比88.65%；玉海村依然全部高于此标准，园艺村的比例是99.25%，木兰村该比例为94.59%，福宁村、武河村和原隆村的比例都在82%~89%。表6中的建档立卡户家庭人均纯收入情况表明，闽宁镇2016年全面脱贫的任务并不难完成。

2. 收入及收入结构在行政村和不同类型的家庭层面显现差异

根据闽宁镇建档立卡家庭收入信息，闽宁镇建档立卡农村居民家庭收入主要来源于工资性收入、经营性收入和财产转移性收入。这三类在总收入的具体构成结构如表7所示。

表7 2015年建档立卡农村家庭收入构成

单位：元，%

	人均纯收入	人均工资性收入	占比	人均经营性收入	占比	人均财产性收入	占比	合计	其他收入	占比	样本量(户)
闽宁镇	7339.7	3936.2	53.6	529.1	7.2	2438.7	33.2	94.1	435.8	5.9	1046
福宁村	7205.9	3879.6	53.84	615.06	8.54	2389.0	33.15	95.53	322.2	4.47	203
木兰村	7969.2	3917.5	49.16	1172.1	14.71	2552.4	32.03	95.89	327.4	4.11	74
武河村	7054.2	3851.9	54.60	635.05	9.00	2275.5	32.26	95.86	291.7	4.14	129
玉海村	8315.4	3555.6	42.76	923.4	11.10	3552	42.72	96.58	284.4	3.42	122
原隆村	6662.0	3937.2	59.10	31.7	0.48	2135.4	32.05	91.63	557.7	8.37	386
园艺村	8551.3	4464.6	52.21	1022.7	11.96	2468.7	28.87	93.04	595.3	6.96	132
按家庭人均纯收入分类											
<2800元	2203.5	1003.5	45.54	0	0.00	1200.0	54.46	100.0	0.03	0.00	12
<2971元	2515.1	1167.5	46.42	146.1	5.81	1160.7	46.15	98.4	40.92	1.63	22
<3150元	2764.2	1439	52.06	110.9	4.01	1056.4	38.22	94.3	157.9	5.71	40
>3600元	7790.6	4197.2	53.88	563.8	7.24	2558.2	32.84	94.0	471.3	6.05	945
>3769元	7865.93	4235.09	53.84	573.22	7.29	2579.5	32.79	93.92	478.12	6.08	937

资料来源：闽宁镇政府。

表7中的数据显示，闽宁镇2014年建档立卡家庭在2015年的家庭人均纯收入是7339.7元，虽然低于闽宁镇家庭人均纯收入10361元，相当于70.84%，但已经远高于2015年2800元的贫困标准。六个行政村中，园艺村的建档立卡家庭的人均纯收入均值最高为8551.3元，其次是玉海村，原隆村建档立卡家庭的人均纯收入均值最低，只有6662元。园艺村同原隆村相比，前者的家庭人均纯收入高出后者28.4%。在课题组得到的信息中，家庭收入的分项只有工资性收入、经营性收入和财产性收入，家庭总收入与三个分项之差即为其他收入。闽宁镇建档立卡家庭中人均工资性收入占比达到了53.6%，人均经营性收入只有7.2%，这说明闽宁镇农村建档立卡家庭的非农就业比较普遍，并已成为家庭最主要的收入来源。人均财产性收入主要来自土地流转收入，占比达到了33.2%。其他收入的比例较少只有5.9%。在六个行政村中，原隆村的家庭人均工资性收入占比59.1%，位居第一；武河村、福宁村、园艺村的家庭人均工资性收入也都过半，玉海村的工资性收入所占比例为42.76%，位居末位。人均财产性收入所占

比例为玉海村最高为42.72%，园艺村最低为28.87%，其他四个行政村的人均财产性收入占比都基本相当于均值。总体上，闽宁镇六个行政村中，以西吉和固原生态移民为主的原隆村家庭人均纯收入最低，又因土地缺乏家庭人均纯收入的构成结构上经营性收入比例最低，非农就业的工资性收入比例最高。

为了更明晰不同类型的贫困家庭的人均纯收入情况，以2014年贫困标准2800元，2015年贫困标准2971元，2016年贫困标准3150元，2018年贫困标准3600元，2019年贫困标准3769元，划分为五类，也就是说，超过2019年贫困标准的建档立卡户已经达到了2020年小康标准，只有低于2800元的才是2015年的贫困户。从数据统计结果看，闽宁镇建档立卡家庭中贫困家庭只有12户，是1046户建档立卡家庭的1.15%，2015年的脱贫率达到了98.85%。低于2015年贫困标准的贫困户是22户，低于2016年贫困标准的贫困户是40户。从分项收入看，低于2014年贫困标准2800元的贫困户的工资性收入占比最低，只有45.54%，财产性收入占比最高，达到54.46%。随着家庭收入增加，财产性收入占比逐渐下降，工资性收入逐渐增加；同时，经营性收入和其他收入也逐渐增加。这表明建档立卡家庭中，脱贫家庭是由于获得收入的渠道多样，也就是获得收入的能力增强，自身产生了"造血"机能从而实现了脱贫目标。

3. 收入差距明显扩大

虽然同为2014年建档立卡家庭（即低于2013年2736元贫困标准的家庭），但历时一年后，建档立卡家庭2015年的收入差距明显扩大。表8中，按照收入十等分法，即将家庭人均纯收入按从小到大排列后分为样本量基本相同的十组，最低收入组（第一组）106户的家庭人均纯收入是3131元，最高收入组（第十组）105户的家庭人均纯收入是17046.2元，后者是前者的5.4倍。同闽宁镇全镇家庭人均纯收入相比，第十组的平均家庭人均纯收入都已经高出了闽宁镇农村家庭人均纯收入10361元，第九组也已经接近该值。各组相比，第二组较之第一组的收入差为883.8元，第三组至第五组的平均家庭人均纯收入差相对较低且比较平稳，第六组至第十组，收入差距开始明显增加，第九组较之第八组增幅为1547.8元，第十组比第九组高出6886.5元。这种现象表明，自我"造血"机能形成后，扶贫的各项有利政策会加速收入的提升，从而杜绝返贫的可能性。

表8　收入十等分组的平均收入和分布

家庭收入分布	1	2	3	4	5	6	7	8	9	10
平均收入（元）	3131	4014.8	4693.7	5335.2	5950.4	6771.7	7697.9	8611.9	10159.7	17046.2
收入增加（元）	—	883.8	678.9	641.5	615.2	821.3	926.2	913.9	1547.8	6886.5
样本量（户）	106	106	106	105	106	106	105	106	106	105
福宁村（户）	21	27	17	22	22	20	17	21	19	21
分布（%）	10.14	13.04	8.21	10.63	10.63	9.66	8.21	10.14	9.18	10.14
木兰村（户）	4	6	6	9	11	3	7	7	9	12
分布（%）	5.41	8.11	8.11	12.16	14.86	4.05	9.46	9.46	12.16	16.22
武河村（户）	20	10	19	14	9	12	10	8	15	14
分布（%）	15.27	7.63	14.50	10.69	6.87	9.16	7.63	6.11	11.45	10.69
玉海村（户）	0	0	8	15	19	22	17	12	13	16
分布（%）	0	0	6.56	12.30	15.57	18.03	13.93	9.84	10.66	13.11
原隆村（户）	60	62	48	36	32	35	26	36	31	24
分布（%）	15.38	15.90	12.31	9.23	8.21	8.97	6.67	9.23	7.95	6.15
园艺村（户）	1	1	8	9	13	14	28	22	19	18
分布（%）	0.75	0.75	6.02	6.77	9.77	10.53	21.05	16.54	14.29	13.53

资料来源：根据闽宁镇全镇家庭收入数据计算得到。

　　根据国际通行的以家庭人均收入的50%为贫困标准的方法，闽宁镇2015年农村家庭人均纯收入为10361元，其50%是5180.5元，也就是第一组至第三组和第四组的部分家庭可视为贫困家庭，第五组至第十组的家庭均已成功脱贫。具体而言，2014年建档立卡家庭中有711户家庭超过了5180.5元的贫困标准，所占比例为67.3%；超过闽宁镇农村家庭人均纯收入的有104户，所占比例为13.4%。

　　表9是为了更清晰地了解不同收入组的家庭收入结构是否存在差异。其数据显示，最低收入组至最高收入组的人均工资性收入所占比例都是最多的，其次是人均财产性收入，人均经营性收入比例位居第三，其他收入占比最低。从各组之间的比例分布看，人均工资性收入、人均财产性收入、人均经营性收入和其他收入的最高值和最低值之差基本都在10个百分点之内变动，总体差异性不是很大。

　　图7中显示的是家庭人均纯收入的三个分项，即人均工资性收入、人均经营性收入、人均财产性收入在各组之间的逐级变动情况。虽然三个分

项的变化情况都基本是"W"形结构，但人均工资性收入在各组间的逐级变化中第二组较之第一组的变化仅次于第十组相对于第九组的变化。人均经营性收入在高收入组中的变化更大，说明高收入组的自我发展能力更强。

表9　不同收入组的收入结构比较

十等分组	人均纯收入（元）	人均工资性收入（元）	所占比例（%）	人均经营性收入（元）	所占比例（%）	人均财产性收入（元）	所占比例（%）	合计（%）	其他收入占比（%）
1	3131	1493.13	47.69	198.08	6.33	1344.08	42.93	96.94	3.06
2	4014.84	2131.37	53.09	265.44	6.61	1551.59	38.65	98.35	1.65
3	4693.73	2611.97	55.65	337	7.18	1670.76	35.60	98.42	1.58
4	5335.18	2861.49	53.63	388.74	7.29	1879.01	35.22	96.14	3.86
5	5950.422	3190.53	53.62	443.2	7.45	2179.02	36.62	97.69	2.31
6	6771.65	3734.48	55.15	476.33	7.03	2301.95	33.99	96.18	3.82
7	7697.92	4492.47	58.36	711.47	9.24	2237.42	29.07	96.67	3.33
8	8611.86	4584.84	53.24	760.61	8.83	2950.29	34.26	96.33	3.67
9	10159.67	5740.57	56.50	580.15	5.71	3288.63	32.37	94.58	5.42
10	17046.16	8519.27	49.98	1128.46	6.62	4990.27	29.28	85.87	14.13

资料来源：根据闽宁镇家庭收入数据计算得到。

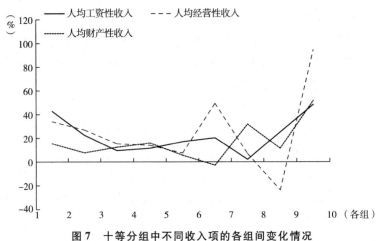

图7　十等分组中不同收入项的各组间变化情况

资料来源：根据闽宁镇家庭收入数据计算得到。

人均财产收入的变化在第一组至第四组中相对平缓，第五组后有所起伏，但总体是变化加快的趋势。

（三）建档立卡家庭的特点与收入之间的相关性分析

闽宁镇建档立卡家庭中有 1075 户的家庭户主回答了出生年月，计算得到的户主样本平均年龄为 47.7 岁，家庭规模平均值为 4.6 人，平均家中有 1 位 16 岁以下的家庭成员，有 0.6 位 60 岁以上的老人。家庭未成年人（16 岁以下）和老龄人口（60 岁以上）的抚养比均值为 76.48%；其中未成年人家庭抚养比的均值是 50.58%，老年人口家庭抚养比的均值是 25.90%。从致贫原因上看，主要是源于因病、因残、因学三个方面。为了更清晰地了解闽宁镇贫困家庭的脱贫能力即自我发展能力形成的特点，将家庭特征与家庭人均收入进行交叉分析。

表 10　户主年龄、家庭抚养比与家庭收入的关系

年龄段	25 岁以下	26~35 岁	36~45 岁	46~55 岁	56~65 岁	65 岁以上
抚养比①（%）	0.42	1.27	0.77	0.28	0.90	1.55
16 岁以下未成年人抚养比②（%）	0.34	1.00	0.59	0.19	0.43	0.68
60 岁以上老人抚养比③（%）	0.07	0.27	0.18	0.09	0.46	0.88
家庭人均纯收入（元）	7757.1	7060.8	6648.0	7645.54	8134.6	7327.4
人均工资性收入占比（%）	66.51	53.71	60.70	57.47	48.01	30.99
人均经营性收入占比（%）	2.9	7.06	8.89	8.24	6.00	2.88
人均财产性收入占比（%）	30.24	25.81	27.76	29.68	37.57	62.78
人均其他收入占比（%）	0.25	13.42	2.65	4.61	8.42	3.35

---

① 抚养比例是家庭中 16 岁以下未成年人口和 60 岁以上老龄人口之和与家庭劳动人口的比例。

② 16 岁以下未成年人抚养比是 16 岁以下未成年人口与家庭劳动人口的比例。

③ 60 岁以上老年人口抚养比是 60 岁以上老年人口与家庭劳动力人口的比例。

续表

年龄段	25 岁以下	26 ~ 35 岁	36 ~ 45 岁	46 ~ 55 岁	56 ~ 65 岁	65 岁以上
样本量	18	151	297	298	187	93
收入十等分组的分布（%）						
1	5.26 (1)	17.65 (27)	10.3 (31)	7.97 (24)	9.04 (17)	6.45 (6)
2		11.11 (17)	10.3 (31)	12.96 (39)	5.85 (11)	8.60 (8)
3	5.26 (1)	9.15 (14)	12.62 (38)	8.97 (27)	9.04 (17)	8.60 (8)
4	5.26 (1)	13.07 (20)	10.96 (33)	8.64 (26)	9.57 (18)	7.53 (7)
5	15.79 (3)	9.80 (15)	11.63 (35)	8.97 (27)	10.11 (19)	7.53 (7)
6	10.53 (2)	7.84 (12)	10.3 (31)	9.97 (30)	9.04 (17)	15.05 (14)
7	15.79 (3)	12.42 (19)	10.3 (31)	8.97 (27)	8.51 (16)	9.68 (9)
8	10.53 (2)	5.88 (9)	10.3 (31)	8.64 (26)	12.23 (23)	16.13 (15)
9	31.58 (6)	6.54 (10)	5.65 (17)	11.63 (35)	14.36 (27)	10.75 (10)
10		6.54 (10)	7.64 (23)	13.29 (40)	12.23 (23)	9.68 (9)
合计	100 (19)	100 (153)	100 (301)	100 (301)	100 (188)	100 (93)

注：括号内是样本量。

资料来源：根据闽宁镇建档立卡户资料整理。

表 10 中显示，户主年龄在 56 ~ 65 岁的家庭人均纯收入达到了 8134.6 元，是各年龄段中的最高值；其次是户主年龄在 25 岁以下的家庭人均纯收入为 7757.1 元；户主年龄在 36 ~ 45 岁的家庭人均纯收入最低，只有 6648.0 元；户主年龄在 26 ~ 35 岁的家庭人均纯收入为 7060.8 元，位居倒数第二。

从抚养比例来看，户主年龄在 65 岁以上的家庭抚养比最高，说明该组家庭中劳动人口少于 16 岁以下未成年人口和 60 岁以上老年人口之和，同时也是各组中老年人口抚养比最高的。在户主是 65 岁以上的家庭中，老年人单独居住也就是家中没有 16 ~ 60 岁的劳动人口的家庭占比有 21.95%，也就是说，有近 1/4 的户主为 65 岁以上老人的家庭没有和子女同住，因此这一年龄段的户主家庭中抚养比尤其是老年抚养比明显高于其他各年龄段，再加上老人为子女照顾第三代的情况，使得这一年龄段户主家庭的抚养比是各年龄段最高的。这也是因该年龄段户主家庭中老年人分工就业较之其他各年龄段明显减少，财产性收入占比高出工资性收入占比近 1 倍。户主年龄在 36 ~ 45 岁的家庭抚养比位居第二，也说明家中劳动人口少于 16 岁以下未成年人口和 60 岁以上老年人口之和。但该组中 16 岁以下未成年人和劳动人口基本一致，老年抚养比为 0.18。该组的家庭人均纯收入在 6 个户主的年龄组中倒数第一，也正是因为上有老下有小，而且这个年龄段的户主家庭中有孩子还在上大专或大学的比例很高，虽然孩子也算劳动力但并没有获得收入，这也是这一组家庭中人均纯收入最低的重要原因。户主年龄在 26 ~ 35 岁的家庭人均纯收入在 6 个组中倒数第二，这是因为这个年龄段的家庭通常育有两个孩子，母亲照料儿童的时间必然会影响到收入的获得从而影响到整个家庭的收入状况。户主年龄在 46 ~ 55 岁的家庭人均纯收入位居第三，但家庭中抚养比是各组中最低的。56 ~ 65 岁的家庭人均纯收入是各组中最高的，其原因可能是家中的孩子都已在 30 岁左右，相对收入较高，如果父母和孩子共同生活的话，正是生命周期中收入上升期或收入顶峰时期。

从收入十等分组看，最年轻的户主年龄组和最年长的户主年龄组都是最低收入组的比例相对较低，户主年龄在 26 ~ 35 岁和 36 ~ 45 岁两组中，因上有老下有小，所以低收入组的比例相对比较集中。这一趋势同各组的家庭人均纯收入相一致。

在获得的闽宁镇建档立卡家庭信息中，已填报是否为低保家庭以及享受低保的家庭成员人数的共有 302 户家庭，其中有 28 户享受低保人数和家庭总人数一致，有 274 户享受低保人数小于家庭总人数。

表 11　建档立卡家庭是否享受低保与家庭收入的情况

	低保家庭中低保人数和家庭总人数一致	低保家庭中低保人数小于家庭总人数	未填报是否为低保家庭
家庭人均纯收入（元）	10599.1	7946.18	6992.737
家庭人均工资性收入（元）	1946.429	3645.52	4112.181
所占比例（%）	18.36	45.88	58.81
家庭人均经营性收入（元）	150.089	694.75	482.8086
所占比例（%）	1.42	8.74	6.90
家庭人均财产性收入（元）	8500.869	3171.79	1948.293
所占比例（%）	80.2	39.92	27.86
样本量	28	270	749

续表

	低保家庭中低保人数和家庭总人数一致	低保家庭中低保人数小于家庭总人数	未填报是否为低保家庭
收入十等分组的分布（%）			
1	3.57（1）	5.51（15）	11.89（90）
2		6.99（19）	11.49（87）
3		9.19（25）	10.70（81）
4		6.62（18）	11.49（87）
5		9.19（25）	10.70（81）
6	7.14（2）	12.50（34）	9.25（70）
7	3.57（1）	12.87（35）	9.11（69）
8	21.43（6）	10.66（29）	9.38（71）
9	32.14（9）	13.60（37）	7.93（60）
10	32.14（9）	12.87（35）	8.06（61）
合　计	100（28）	272	757

资料来源：根据闽宁镇相关资料整理。

表11中享受低保的家庭中，家庭成员人数与享受低保人数一致的28户家庭人均纯收入达到了10599.1元，明显高于家庭成员人数大于享受低保人数的家庭人均纯收入和未填报是否为低保家庭的人均纯收入。三者相比，未填报是否为低保家庭的家庭人均纯收入最低。之所以出现这一现象，可能是由于闽宁镇2014年1157户建档立卡家庭与闽宁镇的低保人数指标有差距，不可能所有建档立卡家庭都纳入低保范围。经村级甄别上报并公示后确定的低保家庭，不仅能获得相应的低保金，更重要的是能得到各扶贫项目和扶贫资金的倾斜，在"多重"照顾下，低保家庭的收入增长速度明显加快。在享受低保家庭中，家庭所有成员都能获得低保资金，也就是落实了低保政策最初的设计目标，其家庭收入增长更加显著，从收入角度看已经超过了闽宁镇农村家庭人均纯收入。

在收入十等分组中，低保家庭的低保人数与家庭人数一致的分布主要在第6收入组及以后；低保家庭但低保人数与家庭人数不一致的分布相对平稳，但第6组后的分布相对较多；未填报是否为低保家庭的分布相对集中在前6组。

三 宁夏永宁县闽宁镇的精准扶贫规划

为贯彻实施《中国农村扶贫开发纲要（2011～2020 年）》，加快宁夏回族自治区贫困人口脱贫致富的步伐，实现到 2020 年与全国同步进入全面小康社会的奋斗目标。宁夏回族自治区在 2013 年制订了精准扶贫规划，闽宁镇所在的永宁县和闽宁镇在实施规划的过程中确定了具体扶贫措施，并在实践中不断加以修订。

（一）宁夏回族自治区的精准扶贫规划

宁夏回族自治区根据中共中央办公厅、国务院办公厅印发的《关于创新机制扎实推进农村扶贫开发工作的意见的通知》（中办发〔2013〕25号）也相应地印发了《关于创新机制深入推进百万贫困人口扶贫攻坚战略的实施意见》。其具体内容概括为以下几点。

1. 发展目标

到 2015 年，贫困地区产业结构得到优化，生态环境和基础设施条件明显改善，覆盖城乡的社会保障体系基本形成，公共服务能力显著加强，500 个重点贫困村饮水安全问题基本解决，农民人均纯收入在 2010 年的基础上力争翻一番。

到 2017 年，完成 50 个贫困乡（镇）整乡推进和 500 个重点贫困村整村脱贫任务，完成 500 个重点贫困村中属于自治区《镇村体系规划（2013～2020 年）》确定的规划中心村和保留自然村危房改造任务，实现所有贫困村农村环境整治、参保登记和 500 个重点贫困村村级道路提升改造"全覆盖"，基层医疗卫生机构达标率达到 90% 以上，自来水入户率达到70% 以上。

到 2020 年，完成其他 81 个贫困乡（镇）整乡脱贫、700 个贫困村和132 个生态移民村整村脱贫任务，实现所有贫困村村级道路提升改造"全覆盖"、自来水普及率达到 85% 以上。贫困地区发展环境明显改善，社会事业全面进步，基本公共服务主要指标达到或接近全区平均水平，贫困地区群众获得公共卫生和基本医疗服务的机会更加均等，农民人均纯收入年均增长 13% 以上，实现与全国同步进入全面小康社会的目标。

2. 攻坚克难，全力以赴打好两场硬仗

紧紧围绕自治区百万名贫困人口扶贫攻坚战略，按照既定部署，统筹推进35万名生态移民和65万名贫困人口"四到"扶贫，加快贫困群众脱贫致富步伐。

（1）推进35万名生态移民攻坚工程。到2015年，全面完成搬迁安置任务，移民生产生活条件明显改善，初步形成以特色种养收入为基础，务工经济收入为主体的新格局。到2017年，移民安置区基础设施和公共服务更加完备、产业体系更加完善，移民群众自我发展能力更加稳定。到2020年，实现132个生态移民村整村脱贫致富，移民人均纯收入接近全区平均水平，移民安置区公共服务能力达到全区平均水平。

①完成"十二五"生态移民任务。2014年，搬迁定居移民7万人，开工建设7万人的移民住房及生产生活配套设施，基本完成生态移民规划确定的移民住房及配套设施建设任务，实行工作重心向产业发展、移民增收、生活管理等方面转移，特别是要加强就业技能培训到人、产业项目扶持到户、网格化社会管理等工作。2015年，搬迁定居移民7万人，圆满完成搬迁安置7.88万户35万人的总任务。

②发展致富产业。按照搬迁移民"当年收入不减少、三年收入大提高、五年收入翻一番"的目标要求，帮助移民村完善产业发展模式，落实增收致富方案。因地制宜推广"5531"社会管理模式，不断强化责任、组织、服务、宗教、社会保障五大管理，及时签订土地承包、流转经营、务工就业、教育培训、奶牛托管五项合同，及时核发集体土地承包经营、农村宅基地使用和房屋产权三项证书，大力推行网格化管理和一站式服务，认真落实各项社会保障和社会救助政策，解除移民后顾之忧，维护移民合法权益。建立移民表达利益诉求会议制度，拓宽移民表达利益诉求的渠道和平台，及时化解矛盾，稳妥解决问题，促进和谐稳定。

③促进生态恢复。全面落实《宁夏生态移民迁出区生态修改工程规划》和《关于加强生态移民迁出区生态建设与修复的意见》，对多余耕地、荒山、林地、草地等进行分类登记，统一管理，划定生态保护红线，形成归属清晰、权责明确、监管有效的制度体系。各地要坚持尊重自然规律、以自然修复为主、封造建管相结合、生态效益优先等原则，科学编制和完善生态修复与保护实施方案，加大拆迁整治和修复保护力度，做到搬迁一户、拆除一户，搬迁一村、恢复一片。

④创新移民安置方式。"十三五"期间，继续争取国家易地移民扶贫政策，结合新型工业化、城镇化、农业现代化进程，探索创新移民模式，创新以教育移民、务工移民、插花移民等多种形式的移民安置方式。

（2）实施 65 万名贫困人口"四到"扶贫攻坚工程。实现中南部地区110 个贫困乡（镇）和 1200 个贫困村整乡、整村定期脱贫。2014 年开展10 个贫困乡（镇）整乡推进试点和 100 个重点贫困村整村脱贫；到 2016年底完成 50 个贫困乡（镇）整乡脱贫和 500 个重点贫困村整村脱贫任务；2017 年到 2019 年完成 60 个贫困乡（镇）整乡脱贫和 700 个贫困村整村脱贫任务。

①基础设施到村。结合美丽乡村建设，加快解决贫困村饮水工程、村级道路、危房改造、社会事业、环境整治、信息服务等基础设施建设，切实改善贫困村生产生活条件和居住环境。

②产业项目扶持到户。优先支持与扶贫关联度高、扶贫对象能够广泛参与的优势特色产业发展，每年实现 10 万人脱贫致富。针对 65 万名建档立卡的贫困人口，扎实开展"扶贫到户、责任到人"（"双到"工程），平均每年扶持 7.5 万户。

③培训转移到人。确保每个家庭主要劳动力掌握 1～2 门农业实用技术，确保每个外出劳动力掌握 1 门以上务工就业技能。

④帮扶责任到单位。实现自治区内党政机关和企业事业单位定点帮扶贫困村和贫困村驻村工作队全覆盖。自治区区直各部门（单位）、驻宁夏部队、高等院校、事业单位、自治区级大中型国有企业，每年按照帮扶规划，落实帮扶任务。

（二）深化改革，积极探索创新扶贫开发六项工作机制

当前和今后一个时期，扶贫开发工作要进一步解放思想，深化改革，创新机制，大胆实践，充分发挥市场在资源配置中的决定性作用，更好地发挥政府的调控、指导作用，调动发挥贫困群众在脱贫致富中的主体作用，更加广泛、更为有效地动员社会力量，构建政府、市场、社会协同推进的大扶贫格局，力争在新一轮扶贫开发中走在全国前列，创建国家扶贫开发的样板。

（1）改进贫困县考核机制。制定扶贫开发工作重点县考核评价方法，对重点贫困县由主要考核地区生产总值向考核扶贫开发工作成效转变，把

提高贫困人口生活水平、减少贫困人口数量和扶贫开发重点工作成效作为主要指标，并将考核结果作为衡量扶贫开发重点县干部政绩考核和提拔任用的重要依据，与班子配备、工作评议和干部使用挂钩，引导贫困地区党政领导班子和领导干部把工作重点和主要精力放在扶贫开发上，建立扶贫开发工作重点县统计监测评价体系和效果评估体系，将专项督察、重点督察与日常监督相结合，促进各项政策措施落实到位。

（2）建立精准扶贫工作机制。按照"县为单位、规模控制、分级负责、精准识别、动态管理"的原则，采取量化指标、定性指标与村民代表民主评议相结合的方法，制定自治区统一的扶贫对象识别办法，登记造册，建档立卡，确定扶贫对象。建设全区扶贫信息网络系统，做到户有证（卡）、村有册、乡有簿、县有电子档案，实行有进有出的动态管理。将贫困识别结果与专项扶贫措施相衔接，深入分析致贫原因，划分贫困程度层次，分类制定帮扶措施，一村一策，一户一法，集中力量予以扶持，确保在规定时间内实现稳定脱贫目标。

（3）完善产业扶贫发展机制。依托现有产业园区，完善相关政策，加大招商选商力度，培育县域经济增长极。充分发挥市场在资源配置中的决定性作用，认定一批扶贫龙头企业和农村合作组织，强化农业产业化龙头企业、农村经济合作组织对贫困人口脱贫致富的带动作用，着力提高贫困户在产业发展中的组织化程度。加大扶贫资金贴息规模，制定财政资金支持政策，鼓励农业产业化龙头企业、农村经济合作组织与贫困农户建立利益联结机制。实行"普惠＋特惠"政策叠加的到户扶持机制，整合部门资源，促进规划项目进村到户。加强扶贫政策与农业产业化政策衔接，将自治区农业产业发展资金优先安排到贫困村。

（4）创新扶贫项目资金管理机制。按照"中央统筹、省负总责、市级督导、县抓落实"的要求，实行"责任到县、权力到县、任务到县、资金到县"的政策措施。自治区、设区的市两级政府将主要精力放在规划、政策制定和项目资金监管、考核督察上；县级政府负责管好用好扶贫资金，充分发挥好乡、村两级组织在扶贫项目实施中的主体作用，以扶贫攻坚规划、重大扶贫项目和整村推进等为平台，整合扶贫资金和各类相关涉农资金，集中解决突出贫困问题。自治区将年度扶贫攻坚目标下达到县，每年与各县签订扶贫开发工作目标责任书，依据各县的扶贫开发年度任务，综合考虑重点贫困村数量、贫困人口数量、农民收入等因素，将扶贫资金切块分配到县。重点贫困县对扶贫项目实行自主决策、自主审批，采取有效措施加以推进。

（5）探索创新金融服务机制。充分发挥政策性金融的导向作用，健全六盘山片区宁夏金融扶贫联动工作机制，支持贫困地区主导产业发展和基础设施建设。引导和鼓励商业性金融机构到贫困地区增设分支机构，创新金融产品和服务，增加贫困地区信贷投放。加快推动农村合作金融发展，增强农村信用社支农服务功能，规范发展村镇银行、小额贷款公司、融资性担保公司和贫困村资金互助组织，搭建国有政策性银行、商业银行与贫困农户使用信贷资金的桥梁。鼓励国有政策性银行、商业银行与农村小微型金融机构合作，通过批发贷款等方式，面向贫困农户开展金融服务。改善农村金融环境，开展信用户、信用村、信用乡（镇）建设，大力推广五户联保的小额贷款模式。发展农村担保机构，允许贫困群众土地承包经营权、宅基地使用权、房屋所有权、林权等农村产权抵押贷款。加强与商业保险机构合作，为贫困农户提供贷款保险服务。进一步扩大"千村信贷·互助资金"、农村小额信用贷款、农村妇女创业小额担保贷款规模。鼓励市、县探索扶贫资金与金融资金捆绑放大的机制，加大产业和基础设施资金投入力度。探索建立宁夏扶贫产业担保资金、设立扶贫开发种子资金，争取国投产业基金对宁夏回族自治区扶贫龙头企业的支持。

（6）创新社会帮扶机制。进一步完善结对帮扶制度，加强与中央、自治区、市、县各级帮扶单位的对接协调，切实提高帮扶成效。拓展中央单位定点帮扶工作的深度和广度，完善沟通会商机制，从政策、项目、资金、人才等方面争取更大支持。完善区内定点帮扶制度和驻村工作队制度，建立"不脱贫、不脱钩"一帮到底的帮扶机制。进一步深化闽宁协作，扩大经贸、旅游、金融、科技、文化、教育等各个领域的务实合作，将闽宁镇建设为闽宁扶贫开发示范镇。建立社会扶贫捐助信息交流服务平台，加强对社会各界扶贫济困的服务。健全完善慈善扶贫捐助减免税制度，广泛发动、鼓励引导各类非公企业、社会组织和个人以多种形式参与扶贫济困活动。积极开展减贫领域国际交流合作。

（三）突出重点，大力实施九项行动计划

以贫困村和生态移民新村为主战场，因地制宜、分类指导、注重实效，进一步整合力量、明确责任、明确目标，抓重点、攻难点，组织实施九项行动计划，全面带动和推进各项扶贫开发工作。

（1）实施特色产业扶贫行动计划。组织实施《六盘山片区（宁夏）区域发展与扶贫攻坚实施规划》和《宁夏扶贫开发试验区建设规划》，指导编制县级产业扶贫规划，完善相关扶持政策，形成县有支柱产业、乡有主导产业、村有特色产业、户有增收项目的产业扶贫格局。根据自治区确定的特色优势产业，重点发展马铃薯、草畜、冷凉蔬菜、中药材、小杂粮、种苗等与贫困农户增收关联度高的特色优势产业。在贫困村全面推广"百富带百贫"模式，充分发挥致富带头作用。实施中南部地区"百万头肉牛、千万只肉羊养殖工程"和"5·30"养殖计划，建设清真食品生产基地。

（2）实施"黄河善谷"和城镇化带动扶贫行动计划。建设好六大慈善园区，适度扩大规模，完善相关政策，提升招商招善竞争力，积极创建国家级慈善产业试验区。加快闽宁产业园区基础设施建设，吸引福建企业来宁投资置业。依托固原区域中心城市、宁南山区大县城、现有产业园区和重点镇，完善基础设施，提高服务功能，加快保障房建设，吸引中南部地区人口、产业向中心城市、县城、重点镇和河谷川道集聚，实现点轴开发、面上保护。按照"区域发展带动扶贫开发，扶贫开发促进区域发展"的思路，抢抓国家实施丝绸之路经济带的机遇，实施清水河产业走廊规划，着力打造陕甘宁毗邻区域的经济增长极。

（3）实施文化旅游扶贫行动计划。发挥中南部地区文化旅游资源优势，加快六盘山宁夏旅游扶贫试验区建设，科学制订发展规划，加大政策资金支持力度，完善基础设施和服务体系建设，推进红色文化、自然生态、历史底蕴与民俗风情的有机融合，促进休闲观光农业和乡村旅游业发展，扶持一批贫困村开展乡村旅游，为当地贫困农户创造更多创业就业机会。加快建立健全贫困地区公共文化服务体系，积极推进公共数字文化建设，提高服务效能。全面实施农村电影放映、文化信息资源共享、农家书屋、农民文化大院和体育健身场地、设施等文体惠民工程，加强县（市、区）文化馆、图书馆和乡镇综合文化站等公共文化设施建设。

（4）实施就业和技能培训行动计划。以人力资源市场需求为导向，将培训和就业挂钩，整合各类培训资源，将生态移民村和就地脱贫的建档立卡户中有劳动能力且有转移就业意愿的贫困人口，全部纳入职业技能培训和实用技术培训，分门别类开展培训，特别是加大对运输、建筑、餐饮、家庭服务等就业需求大的行业用工培训力度，确保培训一人、就业一人，实现由数量型培训向质量型培训转变。改革完善职业培训办法，开展政府购买培训服务，大力开展企业用工"订单式"培训，实行财政培训补贴资金与企业及各类社会组织培训就业挂钩，允许培训经费补助给企业。加大青年农民职业教育和技术培训力度，强化农业种养殖适用技术培训，大力培养有文化、懂技术、会经营的新型农民。

（5）实施交通和信息扶贫行动计划。加快宝中铁路第二线、固原火车站客运、货运站改造和环县—海原—白银铁路建设。建设通县高速公路，建成青岛至兰州高速东山坡至毛家沟段、彭阳至青石嘴、黑城至海原、固原至西吉等高速公路。更新改造农村公路及危桥，推进乡村公路向村民小组和集中居民点延伸，提高贫困地区道路通达水平。推进贫困地区建制村接通符合国家标准的互联网，加强移动通信基础设施建设，实现移动信息网络全覆盖。加强信息员队伍建设，每个村至少培养一名有文化、懂信息、能服务的信息员。

（6）实施危房改造和生态环境整治行动计划。按照各县（区）土地利用总体规划及镇村体系规划，做好贫困村村庄规划，优化居民点布局，加快农村危房改造进程。深入推进农村环境，综合整治，实施改水、改厨、改厕、改圈"四改"工程，提高农村生活垃圾、污水集中收集无害化处理率。实施村庄绿化工程，进一步改善生产生活环境。

（7）实施饮水安全行动计划。加快实施中南部地区城乡饮水安全水源及连通配套工程。继续实施好农村饮水安全工程，加强农村饮水安全工程运行管理，落实管护责任，确保饮水工程发挥效益。到2020年农村饮水安全保障程度显著提高。

（8）实施教育扶贫行动计划。全面实施教育扶贫攻坚工程，推动贫困地区学前教育、义务教育、高中教育协调发展。实施优质教育资源扩面工程，加快教育信息化建设。制定鼓励教师到边远贫困地区学校支教的政策措施。加大中南部地区师资培训力度。对涉农专业和农村家庭经济困难高职学生进行资助，优先资助建档立卡贫困家庭高职学生。鼓励企业、慈善机构、社会团体资助贫困家庭学生完成学业。

（9）实施卫生计生和社会保障扶贫行动计划。进一步健全中南部地区基层卫生计生服务体系，加强妇幼保健机构能力建设，加强重大疾病、地方病等防控能力建设。坚持扶贫开发与计划生育相结合，深入实施"少生快富"工程，严格执行计划生育政策，优先向落实计划生育政策的贫困家庭倾斜安排各类项目和资金，完善基层计划生育服务网络，加强流动人口计划生育管理，提高人口素质，使中南部地区人口自然增长率稳步下降。坚持扶贫开发和农村最低生活保障制度有效衔接，推进城乡最低生活保障制度统筹发展，对符合条件的农村贫困人口、五保户等，采取最低生活保障、集中供养等方式，做到应保尽保。完善养老、医疗、失业、工伤和生育等社会保险制度，扩大参保缴费覆盖面。实施农村留守儿童、妇女、老年人及残疾人社会关爱行动。

（四）闽宁镇的精准扶贫措施

为切实加强闽宁镇的扶贫工作，落实宁夏回族自治区扶贫规划，闽宁镇成立了以永宁县县委书记任组长，四套班子有关领导任副组长，各部门主要负责人为成员的闽宁镇脱贫工作领导小组，办公室设在扶贫办，由扶贫办及相关部门抽调专人组成专门的办事机构，负责日常事务。

1. 实行生活保障

闽宁镇政府认真贯彻执行《关于实施连心富民工程共建闽宁协作移民扶贫示范镇的通知》，各部门干部职工坚持每月走访贫困户制度。

（1）为缺衣少穿、缺医少药、房屋破旧的贫困户进行动态临时救助，进行生活上帮扶、精神上慰藉、技能上培训。

（2）重大节日期间，为贫困户送米、面、油、衣物、被褥、药品等生活必需品，确保贫困户能平稳过节、生活无忧。尤其在冬季，使贫困户吃得饱、穿得暖、有煤烧。

2. 实行生产发展扶持

在确保贫困群众有饭吃、有衣穿、有房住、生病有钱治、冬天不受冻等基本生活保障基础之上，根据致贫原因，各部门针对各自联系贫困户制订脱贫计划。变输血型扶贫为造血型扶贫，千方百计调动贫困人口的自我发展能力，使他们能依靠自身发展，稳定脱贫、长久脱贫、真正实现"搬得出、稳得住、管理好、能致富"。

（1）设立闽宁镇移民扶贫资金管理机构

成立永宁县移民扶贫资金管理办公室，由县政府分管领导担任负责人，设专人进行管理，形成一个"资金池"，将区、市、县三级扶贫、农牧等部门各种扶贫资金集中起来，根据贫困群众的实际情况，量身制定脱贫方案，集中资金优势，进行"委托投资"，推动贫困户家庭收入的增加。办公室设在扶贫办，负责日常工作，安排专人进行管理。

①项目资金落实到贫困户名下，根据资金管理办公室制定的脱贫帮扶方案和投资方向，贫困户获得每年项目资金产生的效益金，项目资金一次投入，可以被贫困户循环使用。

②项目资金可以做融资担保金，与银行紧密合作，为农民和银行搭建平台，放大贷款额度 5~10 倍，为广大移民群众提供更多的贷款，促进农民增收。

③引进小额贷款公司，为移民群众创业提供便捷、迅速的资金支持，解决移民创业没有资金的困难，推动当地经济的发展。

（2）养殖"托管"增加贫困户收入

以闽宁镇原隆村宁夏壹泰牧业有限公司等代养企业，整合各部门专项扶贫资金，贫困户也拿出一部分钱，合并为购牛资金，注入代养企业向贫困户发放每头牛 2000 元收益。托管到期后，根据贫困户的意愿，按每头8000 元返还本金或等价值的肉牛。如果贫困户愿意，整合的资金可以投入下一轮托管，本项目可以循环投入。

（3）组织贫困人口劳务输出

制定奖励措施，加大闽宁镇劳务经纪人和劳务公司的扶持力度。支持镇区 8 家劳务公司、36 名劳务经纪人积极组织输出劳务，每年确保外出打工贫困人口不低于输出人数的 5%。

（4）增加公益性岗位

①在县政府购买公益性岗位中，定向为闽宁镇提供 50 个公益性岗位，承担保洁员、绿化维护、农村社区服务等工作，这些岗位贫困户尤其是残疾人贫困户要占到 50% 以上。

②闽宁镇及 6 个村设保洁岗位 94 个，保安岗位 2 个，其他 8 个，解决劳动力 104 人，其中贫困户不少于 80%。

（5）企业包扶脱贫

根据企业生产特点和贫困户的实际情况，量身制定脱贫方案。

①在闽宁镇落地的企业如德龙酒业、中粮集团、中银绒业针织厂、成功红酒业、亚通公司等镇内企业，用工上优先考虑贫困人口，既可解

决企业劳动力短缺和不稳定的问题，又可解决贫困户收入增加困难的问题。

②由相关部门协调县内91家"四上"企业与闽宁镇250名具有相应工作能力的贫困人员结成帮扶对子，对贫困户进行帮扶。同时，鼓励其他民营企业加入到帮扶闽宁贫困户的队伍中来，县政府将对帮扶成绩突出的企业出台优惠政策，并进行荣誉奖励。

（6）致富带头人带动脱贫

邀请民营企业家、富裕个体户或者闽宁镇各村的致富带头人，担任名誉村委会主任或支书。选择适合他们帮扶的贫困户，在自己熟悉或者擅长的领域和行业内，根据帮扶对象确定脱贫措施，带领贫困户逐渐脱贫。

（7）送技能，帮就业，自我发展脱贫

充分利用闽宁镇劳动力技能培训基地，积极与劳务技能培训部门对接，支持鼓励各类专业技能培训机构在闽宁镇开班授课，增强贫困户劳动力技能，确保每年有劳动力能力的贫困人口全部培训一遍。

3. 结对帮扶工作的落实和考核

各包村领导、部门及市、县驻村干部要对所联系的帮扶村、帮扶户制订专门的帮扶计划。县脱贫工作领导小组将对其计划落实情况和帮扶成效按季度、半年、全年和不定期抽查进行考核，考核结果与部门年终工作考核直接挂钩、与评先选优直接挂钩。同时，还制定了永宁县闽宁镇贫困户脱贫工作奖惩办法，通过严格的奖惩机制推动扶贫工作，具体有每月1日上报帮扶工作小结，每季度召开一次对口脱贫工作推进会，就取得的进展及存在的问题进行梳理总结，每半年召开一次总结会，总结好的经验方法。

4. 重点发展闽宁镇基础设施建设

为加快推进闽宁镇经济社会发展，将进一步深化闽宁对口扶贫协作，2016年闽宁镇政府投资和社会投资的基本建设项目共计54个，其中政府投资类基本建设项目30个，社会投资类基本建设项目24个。

2016年，闽宁镇的政府投资类基本建设项目共30个，2016年计划总投资9.5815亿元，其中续建项目7个，2016年计划总投资2.9035亿元，新建项目23个，2016年计划总投资6.678亿元。具体分类的情况见表12。

表 12　闽宁镇政府投资项目

项目类别		地点	内容及规模
农林水牧 （6 个项目）	万亩草畜产业园建设项目	园艺村	新建 1 个大型肉牛养殖场及光伏发电养殖场，续建 2 个肉牛养殖场
	保养生态循环农业示范项目	原隆村	农田秸秆综合利用，建设有机肥生产加工项目、仓库、购置加工机械
	草畜产业园园区配套基础设施	园艺村	建设饲料示范基地、防疫中心，完成道路硬化等基础设施工程
	产业化经营项目	园艺村	园艺村万只肉羊养殖基地，新建羊舍 9200 平方米，饲料加工车间 200 平方米，饲料库 400 平方米，配套设备 2 台套
	以色列政府贷款宁夏农田水利建设项目	闽宁镇	配套建设高效节水灌溉设备，其中德龙葡萄种植基地灌溉面积 1000 亩，中粮长城葡萄基地灌溉面积 5000 亩
	生态移民聚集区供水安全示范项目	闽宁镇	建设规模为 215.6 平方公里
水利 （4 个项目）	贺兰山东麓防洪体系改造工程	闽宁镇	改造贺兰山东麓防洪体系改造工程（一期）
	对横沟、二旗沟、北五沟 3 座水库改造	闽宁镇	改造横沟水库
	应急供水工程	闽宁镇	建设 115 万方蓄水池，铺设供水管道 18 公里
	中粮集团滴灌工程	闽宁镇	对闽宁镇中粮集团葡萄种植区建设滴灌设施，计划建设面积 1.2 万亩
交通 （1 个项目）	西卲村至闽宁镇公路项目	闽宁镇	水温铺设，釉面铺设，标示标牌安装
城市基础设施建设（6 个项目）	棚户区改造项目	闽宁镇新城区	规划用地面积 1800 亩，总建筑面积 18 万平方米，规划户数 2000 户，配套基础设施工程
	住房改造工程	闽宁镇	住房改造工程
	扶贫产业园净水厂项目	闽宁扶贫产业园	1. 机电设备安装部分；厂区内管网、泵阀、工艺设备、供电设备等供货及安装 2. 自控设备安装部分：中控室、视频监控、仪表设备等供货及安装
	新镇区绿化工程	闽宁镇新城区	新镇区绿化工程
	街区排水管道铺设	闽宁镇	街区排水管道铺设
	商贸汽车物流园基础设施工程	闽宁镇新镇区	新建道路 12 条，总长 4386 米，桥梁 1 座，铺设供水管道 4650 米，污水管道 7078 米，雨水管道 4800 米，一体化污水站 1 座，20 立方米钢筋化粪池 1 座，附属工程包括道路绿化、照明、交通等设施工程

续表

项目类别		地点	内容及规模
文化（2个项目）	文化中心建设项目	闽宁镇新镇区	占地面积11亩，总建筑面积为2100平方米、规划文化中心（1500平方米）、电影放映室（500平方米）为一体的具有闽南风格的综合楼
	园艺村文化活动中心	园艺村	占地面积4.12亩，总建筑面积600.44平方米，规划厨房餐厅、体育活动中心、阅览室、文化活动中心
民生项目（1个项目）	永宁县闽宁镇敬老院	闽宁镇新镇区	计划占地30亩，建筑面积10500平方米，设置床位300张，建设老年公寓、办公室、库房等其他用房
教育（6个项目）	闽宁镇第二中学	闽宁镇新镇区	36个教学班1620人，建筑面积26176平方米，建设内容：运动场馆设施
	闽宁镇第二小学	闽宁镇新镇区	占地面积66亩，总建筑面积9300平方米。配备教学楼、实验楼、综合楼，计划招收学生24个班，1080人
	闽宁镇武河幼儿园	武河村	规划用地面积为8932平方米（14亩），总建筑面积为4842平方米，30米塑胶直跑道及合班活动场地。计划入园人数360人，拟设12个教学班，同时建设道路、绿化及配套管网
	中小学光伏发电项目	闽宁镇	光伏发电
	中小学校信息化建设	闽宁镇	电脑、一体机、录播教室、网络
	新镇区南区幼儿园	闽宁镇新镇区	外立面、外网建设及内部装修
资源节约与环境保护（2个项目）	新镇区生活垃圾处理站建设项目	闽宁镇新镇区	购置生活垃圾收集转运设备
	污水处理厂	闽宁镇	建设日处理能力5500吨生活污水处理厂
公检司法（1个项目）	闽宁镇法庭	闽宁镇新镇区	建设1930平方米法院用房

资料来源：根据闽宁镇资料整理。

2016年永宁县闽宁镇生活投资类基本建设项目共24个，2016年计划总投资29.284亿元，其中续建项目18个，2016年计划总投资10.96亿元；新建项目6个，2016年计划总投资18.324亿元。具体见表13。

表 13 闽宁镇 2016 年生活投资类建设项目内容

项目名称	建设地点	建设内容	2016 年计划投资（万元）
农林水牧项目（4 个）			
红树莓产业园	原隆村	扩增种植面积 1080 亩	1080
天蝎特种养殖扩建	光伏产业园	建设恒温养殖及基础设施、办公场所及信息化管理配套设施	1800
黑枸杞种植	福宁村	流转土地 500 亩，主要建设种植基地活动板房 2000 平方米，修建基地围栏 3400 米，配套供水、供电等基础设施，购置枸杞干燥设备 2 套	600
长春皓月光伏养殖	园艺万亩草畜产业基地	该项目占地 1500 亩，计划建筑面积 70.93 立方米，存栏基础母牛 5000 头，年出栏肉牛数量 1 万头，光伏产业装机容量 18.75 兆瓦	61000
工业（4 个）			
宁夏亚通创新水科技有限公司亚通创新水科技产业园	扶贫产业园	建设高效微灌节水灌溉技术产品生产加工工厂，拟引进以色列最新节水技术	19480
宁夏盛景太阳能科技有限公司原隆村光伏科技大棚项目	原隆村	建设综合办公楼、配电室、太阳能大棚 + 太阳能小镇及配套设施等	40000
永宁德伏葡光互补分布式光伏发电项目	德龙酒业公司 10 万亩葡萄种植基地	基础设施建设及辅助配套设施	5000
新兴佳美集团兴宸工业园	扶贫产业园	规划建设厂房 2 栋共 45000 平方米，5 层综合楼 10100 平方米及物业管理用房等	100000
社会事业（2 个项目）			
天然气建设工程	闽宁镇	燃气工程（青闽高压管线、闽宁镇输配气站、中压管线）已基本完成；正在逐步进行新建输配气站的相关验收申报工作，进一步完善安置区的管线连接工作，比如挂表箱、试压等；完成首站末站的建站工作。管线向老镇区和原隆村扶贫产业园铺设，还有个别酒庄	1000
扶贫产业园变电站	扶贫产业园	福宁 110KV 变电所新建工程；李俊 220KV 变电站间隔扩建工程；李俊 - 福宁 110KV 线路工程	6840

项目名称	建设地点	建设内容	2016 年计划投资（万元）
商贸物流（14 个项目）			
闽南风格仿古建筑项目	新镇区	思路红酒总部、红酒博物馆、茶文化博物馆	13000
宁夏龙钰投资置业有限责任公司	新镇区	主体工程已完成，进行外立面、外网建设及内部装饰装修工程	1500
宁夏优素福 - 泽丽哈民族服饰有限公司	新镇区	主体工程已完成，进行外立面、外网建设及内部装饰装修工程	390
宁夏文良陶瓷有限公司	新镇区	主体工程已完成，进行外立面、外网建设及内部装饰装修工程	1350
银川众一集团房地产开发公司	新镇区	主体工程已完成，进行外立面、外网建设及内部装饰装修工程	450
宁夏住宅建设发展集团公司	新镇区	主体工程已完成，进行外立面、外网建设及内部装饰装修工程	1950
宁夏得一投资管理有限公司	新镇区	主体工程已完成，进行外立面、外网建设及内部装饰装修工程	6000
宁夏新源建设工程监理有限公司	新镇区	主体工程已完成，进行外立面、外网建设及内部装饰装修工程	1200
宁夏苏宏建筑工程有限公司	新镇区	主体工程已完成，进行外立面、外网建设及内部装饰装修工程	3000
宁夏恒苑建筑安装有限公司	新镇区	主体工程已完成，进行外立面、外网建设及内部装饰装修工程	3000
宁夏哈纳斯能源集团	新镇区	主体工程已完成，进行外立面、外网建设及内部装饰装修工程	1050
宁夏长城集团房地产开发有限公司	新镇区	主体工程已完成，进行外立面、外网建设及内部装饰装修工程	600

续表

项目名称	建设地点	建设内容	2016年计划投资（万元）
宁夏坤泰房地产开发有限公司	新镇区	主体工程已完成，进行外立面、外网建设及内部装饰装修工程	2550
闽宁镇汽车物流园	西环路以北201省道以西	汽车站完工交付使用，酒店、加油（加气）站、老年公寓、旅游文化广场、商城、汽修汽配、农机经销维修、生资经营用房等	10000

资料来源：根据闽宁镇资料整理。

四 闽宁镇精准脱贫帮扶的实施

精准扶贫、精准脱贫的基本方略是"六个精准"和"五个一批"。"六个精准"具体为扶贫对象精准、项目安排精准、资金使用精准、措施到户精准、因村派人精准、脱贫成效精准。"五个一批"即发展生产脱贫一批，易地搬迁一批，生态补偿脱贫一批，发展教育脱贫一批，社会保障兜底一批。为切实做好精准扶贫、精准脱贫，贯彻宁夏回族自治区的扶贫规划，闽宁镇在2014~2016年分别实施了产业扶贫、教育扶贫、金融扶贫、社会帮扶和社会保障兜底扶贫。

（一）产业扶持脱贫

产业扶贫是闽宁镇扶贫工作的重点，主要体现为"种葡萄、养黄牛、育菌草、抓劳务、建园区"。也就是结合闽宁特点发展规模特色农业、加大农村劳动力转移力度、发展工业集群。

在永宁县委县政府和闽宁镇政府统筹规划和带领下，2013年，闽宁镇开始规划肉牛托管养殖产业的发展方案和具体实施环节。2014年，完成原隆村万头肉牛养殖场一期和二期建设。实现闽宁镇1186户移民托管肉牛2033头，每户年均增收4000元；为促进和发展"散户养殖、整村推进"的肉牛养殖整村推进工作，完成玉海村、武河村120户村民建设庭院标准化肉牛养殖圈舍120栋7200平方米[①]。2015年底，"闽宁镇牛肉"品牌成功注册，银川市内直销点和电商均已正式运营，当年销售额超过了6000万

---

① 《永宁县2014年国民经济和社会发展计划执行情况与2015年计划报告》。

元。与之配套的园艺村万亩草畜基地竣工，招商入园 3 家企业已完成基础设施配套及标准化圈舍建设，实现存栏肉牛 500 头，肉羊 1 万只。长春皓月集团存栏 40000 头肉牛养殖基地成功落户。全镇肉牛存栏达到 1.6 万头，建成屠宰场 2 座，年加工能力达到 4 万头；目前闽宁镇养殖户达到了 556 户。除了宁夏壹泰牧业有限公司外，星科耀肉羊养殖有限公司、永宁县毅诚农业专业合作社、银川市闽楠养殖有限公司等 5 家养殖龙头企业落地。

1. 永宁县闽宁镇贫困户肉牛托管养殖产业

（1）永宁县闽宁镇贫困户肉牛托管养殖方案

为进一步解决闽宁镇在 2014 年建档立卡的 1186 户贫困户的生活和生产问题，达到三年内全镇同步进入小康的目标，结合当地生产实际情况，决定实施闽宁镇 1186 户贫困户肉牛托管养殖项目。

①目标任务

全镇 1186 户贫困户通过与宁夏壹泰牧业有限公司（原隆村万头肉牛养殖基地）签订肉牛托管代养协议，贫困户户均入园托管 2 头肉牛，托管期限 3 年，户均达到年分红收入 4000 元的目标。托管到期后，根据贫困户的意愿，按每头牛 8000 元返还本金或等价值的肉牛。

②项目实施地点及托管主体

以宁夏壹泰牧业有限公司在原隆村已建成的万头肉牛养殖基地作为项目实施地，以宁夏壹泰牧业有限公司为托管主体。

③项目建设内容

a. 肉牛购买

全镇贫困户共有 1186 户，每户购买良种肉牛 2 头，全镇贫困户托管肉牛规模达到 2372 头。

b. 肉牛托管

由宁夏壹泰牧业有限公司与贫困户签订肉牛托管协议，托管经营期限为 3 年，贫困户以 8000 元/头的成本注入养殖场，托管肉牛由基地统一饲养，同时，由公司根据托管肉牛头数，统一为所托管的肉牛参保。托管肉牛在托管期间因发生疾病或其他原因造成淘汰或死亡的，病死处置费用由公司承担，且公司必须继续履行协议书至托管期满。托管期间因自然灾害或重大动物疫情造成肉牛死亡的，由农户和公司共同向县政府和上级政府及相关部门申报，争取灾害性救助，同时依靠养殖保险，降低损失。按照协议约定，宁夏壹泰牧业有限公司每年以现金形式支付农户每头肉牛养殖分成 2000 元，每年分 2 次支付。

④资金来源及筹措

a. 利用互助资金

协调区、市扶贫部门申请互助资金 1000 万元，协助 2014 年建档立卡的 1186 户贫困户加入互助社。按照最高标准，每户入社缴纳资金 1800 元，互助社配贷 7200 元，合计贷款 9000 元。1186 户贫困户共计申请互助资金 1067 万元。

b. 利用妇女创业小额贷款

1186 户贫困户中，初审符合妇女创业小额贷款资格的有 400 户左右，其中有不良信用记录的有 150 户，剩余符合妇女创业小额贷款资格的有 250 户。每户申请 3 万元创业贷款，共计 750 万元。

c. 利用扶贫"双到"资金

闽宁镇 2013 年未使用扶贫"双到"资金为 200 万元，2014 年为 1186 户贫困户继续申请区、市扶贫部门"双到"资金。每户最高申请"双到"资金 2000 元，合计 237 万元，2013 年和 2014 年"双到"资金共计 437 万元。

d. 利用千村信贷资金

区金融办已经协调黄河农村商业银行，从西吉、海原两县调剂贷款 1 亿元，专项用于闽宁镇。通过与黄河农村商业银行协调，利用千村信贷项目为 1186 户贫困户申请贷款 208 万元。

e. 利用全民创业小额担保贷款

为扶持生态移民创业，设立闽宁镇生态移民创业担保金 400 万元，其中县财政配套小额担保金 200 万元，自治区财政投入 200 万元。

通过上述 5 种方式总计筹措资金 2862 万元，可购肉牛 2862 头，托管在宁夏壹泰牧业有限公司原隆村万头肉牛养殖基地，实现为 1186 户贫困户每户托管肉牛两头的目标。

⑤效益分析

1186 户贫困户每年每头肉牛获得 2000 元，户均增收 4000 元，每年总计增收 474.4 万元。基地通过托管，每年可向社会提供优质良种牛犊 500 头，增加了市场肉牛的供应。

⑥保障措施

a. 加强组织领导

为保障项目顺利实施，成立以县政府分管领导任组长，发改局、财政局、农牧局、就业局、扶贫办、闽宁镇等单位主要负责人为成员的贫困户肉牛托管项目领导小组，主要负责协调扶贫贷款资金及时足额到位，监督项目按照计划顺利实施，组织相关人员对项目进行检查验收等。领导小组办公室设在农牧局，负责日常工作。

b. 加强技术指导

农牧局抽调技术人员蹲点负责基地托管肉牛技术指导，对购买的肉牛佩戴统一管理耳标，督促基地采用牛人工授精、肉牛养殖、饲草料加工调制等先进实用技术，减少肉牛病死率，严格按照动物防疫法及相关条例进行防疫，降低饲养成本，提高养殖效益。

c. 加大宣传培训

闽宁镇与相关部门协调，加大扶贫政策宣传力度，转变贫困户观念，积极鼓励广大贫困户主动参与肉牛养殖，提高贫困户养殖肉牛的积极性，通过肉牛养殖及早脱贫致富。农牧局负责组织专业技术人员对贫困户、养殖基地饲养管理人员进行技术培训，提高基地肉牛养殖水平。

d. 加强监督检查。项目实施期间，项目工作领导小组组织相关人员定期对项目实施情况进行监督检查，协调解决相关问题，确保项目顺利实施。

⑦项目验收

项目实施完成后，由闽宁镇进行自我检验，并提出验收申请，由托管项目领导小组进行验收。

（2）闽宁镇贫困户肉牛托管实施办法

为解决闽宁镇贫困人口脱贫致富问题，确保针对2013年底统计的闽宁镇贫困户通过实施肉牛托管养殖项目，实现贫困户户均达到年分红收入4000元的目标。三年以后实现户户都有养殖项目。

①托管原则

a. 充分尊重农户意愿，以农户自愿为前提。

b. 每户贫困户托管肉牛上限为2头。

c. 每托管一头肉牛需投入本金8000元。

d. 托管以三年为一个周期，半年分红一次，每次每头肉牛分红1000元，以全额托管资金到位时间为基准计算分红时间。

e. 三年托管期满后，由闽宁镇负责，贫困户在与托管企业算清账务、扣除委托借款、领取个人缴纳和政策补助现金后，终止托管协议。

②资金来源

a. 有托管意愿的贫困户，每托管一头肉牛必须自筹缴纳托管本金2000元。

b. 有托管意愿的贫困户，每户由县扶贫办补助"双到"扶贫资金2000元，同时享受其他扶贫政策。原隆村贫困托管户，再依据《关于进一步促进闽宁镇经济社会快速发展的意见》（银党发〔2013〕34号），享受"农民购买基础母牛的每一头一次性给予2000元补助"，政策补助资金就如托管本金。三年托管期满后，上述补助资金归贫困托管户所有。

c. 贫困户购买肉牛本金不足部分，原则上由农户自筹，政府支持，贫困户无法完成自筹部分的，由县政府投入200万元担保资金，从银行取得授信，经县政府同意，贫困托管户委托托管企业从银行取得与托管肉牛数量相应的贷款不足托管本金部分。贷款按村集中使用，利息由县政府承担。

d. 闽宁镇收缴的购牛现金交予县扶贫办管理，由县扶贫办整合资金后交付托管企业，闽宁镇负责肉牛托管分红资金的管理与兑现。

③实施步骤

a. 闽宁镇确定贫困托管户，收缴每户每头2000元托管本金，与贫困户签订托管养殖协议，与托管企业签订托管协议，名册交予县扶贫办和托管企业。

b. 闽宁镇督促托管企业依据托管名册，按照与闽宁镇签订的托管协议约定，购入托管肉牛。

c. 由县农牧局、扶贫办、闽宁镇三家单位对托管企业购入的托管肉牛进行验收。

d. 托管肉牛经过验收确认，并报分管副县长签字后，由县扶贫办拨付企业政策性补助资金。

④监督管理

a. 由县农牧局、扶贫办、闽宁镇三家单位共同监督托管肉牛的存栏量，确保托管企业肉牛存栏量不少于60%。

b. 由县扶贫办、闽宁镇两家单位共同监管托管企业按时兑现分红，每半年兑付一次。

c. 由县监察局、财政局、审计局、扶贫办对托管资金进行监督检查，每半年检查一次，托管资金只能用于购置托管肉牛。

d. 由县农牧局负责做好托管肉牛疫病监控防治工作。

⑤保障措施

a. 县政府分管副县长将依据本办法督促各有关单位履行职责，按要求尽快实施项目。

b. 闽宁镇负责加大肉牛托管养殖项目的宣传力度，帮助贫困户转变观念，鼓励广大贫困户主动参与肉牛托管养殖，力争全部贫困户在此项目中受益。

（3）未参加肉牛托管项目的贫困户的生活补助

2014 年闽宁镇分三批对全镇 1537 户建档立卡贫困户实施肉牛托管项目，参加项目的贫困户有 782 户，托管肉牛 1491 户，尚有 755 户属绝对贫困户，大多因伤、残、病、孤、智障等原因造成无劳动能力，家庭经济拮据，无增收渠道，无力支付肉牛托管农户自筹资金，肉牛托管这一惠民政策很难惠及这一层次建档立卡贫困户，为解决实际困难，闽宁镇利用"双到"资金给贫困户提供生活补助，重点解决最迫切、最现实的生活困难问题。具体包括：

①每户计划补助 1000 元，总资金 75.5 万元，以实物形式兑现，每户米 50 斤、面 100 斤、油 10 斤、无烟煤 1 吨。

②以招标形式实施，中标方统一采购米、面、煤，各村设置集中发放点，由镇民政、残联、民生服务中心、县扶贫办等几部门抽调专人监督发放。

③在发放过程中保证发放贫困户信息的准确性、政策的严肃性和扶贫措施的精准性，坚决杜绝营私舞弊和弄虚作假。

2. 大力发展产业园区

有学者认为农业发展通常可划分为三个阶段，分别为：（1）解决食品供给问题的阶段；（2）解决农民收入问题的阶段；（3）解决农业生产方式问题的阶段。当前中国农业面临的主要矛盾体现在农业的效率或生产方式，而解决问题的关键在于扩大经营规模，以遏止资本报酬递减现象①。在实践中，西部民族地区产业园区不仅是区域经济发展、产业调整和升级的重要空间聚集形式，也担负着聚集创新资源、培育新兴产业、推动城市

---

① 蔡昉、王美艳：《从穷人经济到规模经济——发展阶段变化对中国农业提出的挑战》，《经济研究》2016 年第 5 期，第 14 页。

化建设等一系列的重要使命。

闽宁镇新建的闽宁产业城（望远）和闽宁扶贫产业园汇聚了葡萄酒酿造加工、轻纺加工、机械电气等无污染、劳动密集型的十余家企业。在工业企业落地、发展带动当地城镇化的过程中，也促进了闽宁农业现代化的快速发展。2015 年闽宁产业城道路延伸及供排水工程、绿化等项目完工，投入 1.5 亿元完成基础设施建设，不断提升工业园发展承载能力。2016 年更是加大了闽宁产业城、闽宁扶贫产业园高效低碳项目的引进力度，夯实持续发展后劲。截至 2016 年 6 月，产业园已经入驻银峰铝业、中小企业创业谷、福建亚通和青川管业等 17 家企业，吸纳 1000 余名移民成为产业工人。

闽宁产业园之所以能吸引中粮集团、德龙酒业等大型龙头企业的葡萄酒生产加工项目是源于闽宁镇盛产的优质葡萄。闽宁镇位于银川市南端、贺兰山东麓，该地是中国著名的优质葡萄产区，具有发展葡萄产业的先天优势。2013 年，贺兰山东麓被正式列入《世界葡萄酒地图》，获得国际认可。再加上自治区"321"补助政策扶持，大大提高了种植户的积极性，闽宁镇采取"龙头企业＋基地＋农户"的发展模式。目前，已在木兰村、园艺村、武河村种植葡萄 6.2 万亩，有 1000 多户农户种植葡萄，整个产业带动了镇上 4000 多人就业。一方面，葡萄种植为张裕、王朝、长城等优质国产葡萄酒提供原料，年加工高档葡萄酒 5 万吨，并构建了葡萄种植（苗木、葡萄种植）、国际生态酒庄、别墅、葡萄酒配套产业（橡木桶、橡木塞、包装印刷等）、葡萄主题旅游配套服务为一体的多元化产业链。另一方面，中粮等龙头企业安排专人定期到农户园中开展葡萄种植前、种植过程和收获的技术指导和服务工作，共同提高葡萄品质。

中粮长城葡萄酒（宁夏）有限公司于 2010 年落户到闽宁镇，公司于 2012 年 3 月 6 日开工建设酒庄，并实现了当年建设当年投产的中粮速度。该公司总占地面积 2.2 万亩，其中酒庄建设用地 246 亩，酒庄建筑面积约 4.3 万平方米，地下酒窖 7000 平方米，酒庄一期总投资 3.5 亿元。公司引进世界先进的酿酒设备，以"重力酿造、柔性工艺、节能环保、安全有机"为酿酒理念，以中粮集团提出的全产业链生产模式为指导，现已生产出长城云漠酒庄系列、天赋系列、大漠系列、沙狐系列、阳光坡地五大系列葡萄酒，产品销往全国各地。

葡萄酒业现已形成规模产业链，葡萄种植业现已成为闽宁镇的支柱产业。种植葡萄的农户亩均增收 3000 元以上。除了葡萄产业，闽宁镇还将建设红树莓产业园，用三年时间打造集研发、种植、加工、销售、酿酒、养殖、餐饮、住宿、观光和旅游休闲为一体的绿色生态有机农业产业园。2016 年在原隆村 1000 亩的红树莓种植基础上扩增 1700 亩，带动原隆村 300 余人就业，每人每天收入不低于 70 元。另外，闽宁镇还采取了"公司 + 基地 + 农户"模式，在武河村发展长毛兔养殖，建设兔棚 14 栋，养殖长毛兔 4300 只，用工 50 人，可带动贫困养殖户 75 户。

3. 光伏农业大棚和光伏电站

原隆村是闽宁镇贫困发生率最高的行政村，共有 2000 户家庭，也是 2013 ~ 2015 年宁夏回族自治区移民搬迁的集中接收地。为此，引进了光伏发电项目。青岛昌盛日电太阳能科技股份有限公司于 2014 年在闽宁镇原隆村流转移民土地实施的集温室设施农业种植、光伏太阳能发电售电为一体的现代农业产业项目。其扶贫方式有三个方面。首先，通过政府 + 企业 + 贫困户的模式，企业连续三年免费给予每户贫困户一栋种植棚使用，托底分红每户每年 1 万元。其次，为有劳动能力的贫困户家庭成员提供就业岗位、技术培训和销售指导。平均年工资 2 万元。最后，鼓励贫困家庭承包种植大棚，进行自我创业。近两年来，平均每个大棚获得经营净收益每年不低于 3 万元。这一扶贫方式将持续三年。

目前以原隆村为核心的闽宁镇已逐渐形成以花卉、茶叶种植为重点，以蚯蚓、蝎子特种养殖为亮点，以食用菌、有机蔬菜种植为抓手的产业布局。使 412 户贫困户每户每年增加土地流转收入 1500 元，带动 350 多人就业，每人每年劳务收入超过 2.5 万元。

为进一步利用闽宁镇自然资源脱贫致富，银川市扶贫办、银川市妇女联合会、永宁县人民政府和江苏振发集团有限公司将共同建设 2000 套光伏发电装置——振发光伏小镇项目，以帮助贫困户尽快脱贫致富。具体项目的扶贫推进模式为"企业担保 + 被扶贫户 + 政府贴息"，即通过银川市、银川市妇女联合会、永宁县人民政府积极争取到扶贫贷款和扶贫光伏指标，为建档立卡的贫困户提供每户 10 万元的妇女创业贴息贷款。每户每年分红 1 万元，将持续 20 年。由振发集团负责，首期建设 200 套组件的光伏电站，保证贫困户 5 年内每年收入不低于 1 万元，25 年内总收入不低于 20 万元。二期投资 2 亿元，再建设 1800 套组件的光伏电站，届时原隆村将实现光伏扶贫项目全覆盖。

（二）教育扶贫

教育扶贫作为治本之策，是闽宁镇扶贫的重中之重。闽宁镇的教育扶贫主要有：一是在全自治区率先开展高中阶段全免费教育，解决了贫困学生上学问题；二是积极对接国家电网宁夏电力公司，签订助学工程协议，分三年投入100万元对永宁县144名精准识别贫困学生捐资助学；三是针对贫困学生积极落实"两补一免""金秋助学""雨露计划"等各项慈善救助、教育惠民政策。

具体而言，闽宁镇对建档立卡中因学致贫的贫困家庭子女，从幼儿园到高中（含中等职业教育）学费全免，幼儿园阶段每人每年补助生活费1000元；小学阶段每人每年发放生活补助2000元；初中阶段执行"两免一补"政策，发放生活补助2000元、就餐补助1760元、寄宿生补助1250元；高中阶段（含中等职业教育）在全免费教育的基础上，每人每年发放生活补助2000元；全日制大学阶段纳入生源地助学贷款计划，每人每年帮助申请贷款6000～8000元；对当年考上一、二本院校的贫困大学生纳入"燕宝基金"资助计划，每人每年资助4000元，连续资助4年。

1. 雨露计划职业教育扶贫助学补助

宁夏回族自治区2015～2016年实施雨露计划职业教育扶贫助学补助政策，该项目覆盖了全部农村建档立卡贫困家庭。雨露计划职业扶贫助学补助受益对象是宁夏回族自治区农村建档立卡贫困家庭中有子女接受中、高等职业教育的贫困家庭。具体要符合以下两个条件：第一，农村建档立卡贫困家庭，指的是精准识别进入最新一轮建档立卡数据库的贫困家庭。子女本人户口迁出本村的贫困家庭（主要是指户口迁至学校所在地的高职在校生），同样享受扶持政策。第二，子女接受中、高等职业教育，贫困家庭子女在校学习，并在教育部及人力资源和社会保障部的中、高等职业教育学籍管理系统注册证实学籍。中等职业教育包括全日制普通中专、成人中专、职业高中、技工院校，高等职业教育包括全日制普通大专、高职院校和技师学院等。

贫困家庭子女接受职业教育在校学习期间（包括顶岗实习），其家庭均可享受扶贫助学补助。符合条件的贫困家庭第一次得到扶贫助学补助后，其子女在校学习期间无论其家庭是否脱贫，都继续享受扶持政策。接受中等职业教育期间享受扶贫助学补助，毕业后直接升入高等职业院校继续学习的学生，其家庭继续享受该资助政策。职业教育扶贫助学补助所需资金，在统筹使用往年结余资金的基础上，由中央财政专项扶贫资金和省级财政扶贫资金足额安排。扶贫助学补助标准在 2015~2016 年为每生每年 1500 元。闽宁镇所在的永宁县在 2015~2016 年雨露计划补助人数为 105 人。

贫困家庭子女接受职业教育的扶贫助学补助各环节如图 8 所示。

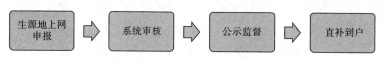

图 8　贫困家庭子女获得扶贫助学补助的程序

第一环节是生源地上网申报。凡符合条件的贫困家庭，无论其子女在何地就读，均在其家庭所在地申请扶贫助学补助。2015 年秋季学期起，职业教育补助一律通过全国雨露计划信息管理服务系统进行申报。贫困家庭不够条件通过网络申报的，县级扶贫部门、驻村干部和帮扶责任人在征得贫困家庭同意后，提供及时帮助和服务。

第二环节为系统审核。雨露计划信息管理服务系统与国务院扶贫办建档立卡系统和教育部、人力资源和社会保障部、高等职业教育学籍管理系统自动比对，审核贫困家庭信息和学生在校信息。

第三环节是公示监督。审核通过的拟补助扶贫对象名单及相关信息在贫困家庭所在行政村进行公示，接受村民监督。公示现场拍摄照片，上传管理服务系统留存。对群众举报的不符合条件的补助对象，经查实后由县扶贫部门核准后取消补助对象资格。若因信息填报不完整、返贫人口尚未纳入信息系统等原因，未通过网上审核，而又确实符合补助条件的贫困家庭，经县级扶贫开发领导小组审核确认后给予补助。

第四环节是直补到户。雨露计划职业教育补助的对象是农村建档立卡贫困家庭，补助资金一律通过支农惠农"一卡（折）通"或社会保障卡直接发放到贫困家庭。每学年分秋季学期、春季学期两期申请、审核，补助资金分学期发放。

2. 能力提升脱贫行动计划

从自治区层面，每年会安排一定资金，重点支持建档立卡贫困人口和易地移民免费接受职业教育和就业技能、农村实用技术培训，每年培训 10 万人次，对取得中级及以上职业资格证书的给予表彰奖励，继续加强对创业和致富带头人的示范培训和政策扶持。引导企业扶贫与职业教育相结合，鼓励职业院校和技工学校招收贫困家庭子女，确保贫困家庭劳动力至少掌握 1 门致富技能。支持贫困地区建设县乡基层劳动就业和社会保障平台，引导和支持用人企业在贫困地区建立培训基地，开展好订单、定向培训，建立和完善输出地与输入地劳务对接机制，对在城镇工作一年以上的农村贫困人口，输入地政府要承担相应的帮扶责任，并优先提供基本公共服务，促进有能力在城镇稳定就业和生活的农村贫困人口有序实现市民化。

闽宁镇每年组织开展各类培训 1 万人次以上，培养了近千名技术工、焊接工、瓦工、木工。2015 年，8 家劳务公司向闽宁镇工业园区（望远）中的企业输送了技术工近 500 人。宁夏生物工程技工学校在闽宁镇设立分校，对生态移民开展葡萄种植、畜牧兽医、农产品加工保险等技术培训，提升移民的技能水平。2015 年共开展装载机、挖掘机等职业技能培训 17 期，培训人员 985 人次，全年输出劳动力 10086 人，人均年收入 1.23 万元。

依托宁夏生态移民培训示范基地和生态移民创业就业服务中心，建立了区市县联网的闽宁镇劳务市场，新培育劳务派遣公司 3 家、劳务经纪人 15 人，闽宁镇劳务派遣公司达到 16 家、劳务经纪人达 71 人。针对建档立卡贫困户中有劳动能力但无职业技能和就业渠道的 131 人，安排 92 人县域内务工，15 人县外务工；千方百计招商引资，全面推进闽宁扶贫产业园建设，入园企业优先使用贫困人员，力争全面建成后解决 3000 人就业。落实劳务派遣奖励，每带领 1 名贫困人口稳定就业超过 6 个月且月工资 1500 元以上的，奖励劳务经纪人 200 元。

以村为单位开展移民职业技能培训，做到每月一期培训班，按需培训。继续培育各村劳务输出组织。通过政策引导、资金补助，培育壮大劳务派遣公司、劳务经纪人队伍，有组织输出劳务，帮助移民创收致富。2016 年将增加 10 个劳务输出组织，其总数将达到 54 个。发挥好镇劳务市场作用，2016 年实现稳定就业不低于 1500 人。

利用福建蓉中村国务院扶贫办培训基地，2016 年组织闽宁镇村队干部、致富带头人、宗教界人士外出培训，学习先进经验，拓展发展思路。主动学习先进典型，组织镇村干部、致富带头人到兄弟乡镇观摩学习先进典型，学经验，找差距，补短板。

（三）金融扶贫

金融扶贫的基础是农村的财政金融改革和发展。宁夏农村财政金融改革的重心是要创新财政支农资金使用方式，发挥财政政策导向功能和支农资金杠杆作用。具体将通过设立引导基金、贷款担保、风险补偿、贷款贴息、直接补贴等，撬动社会金融资本投资农业农村，逐年降低资金直补比例。同时，还致力于利用市场化、资本化途径，激活农村房屋、土地等资源要素的内在价值，使其产生租金、红利等收益，提高农民财产性收入。提倡村集体和农户通过入股或合作等方式，组建农房出租协会、乡村旅游协会，与工商资本合作，盘活闲置农房，增加农民收入。

在金融扶贫的具体操作层面，银川市深入推进了"金扶工程"，对参与"金扶工程"的金融机构，人民银行银川中心支行综合运用支农再贷款、再贴现、差别准备金动态调整等货币政策工具给予支持。支持发展互助资金组织和村级互助担保基金，巩固发展贫困村互助资金，推进增资扩面，力争总规模到 2018 年达到 10 亿元。加强贫困地区信用体系建设，对建档立卡贫困户进行评级授信，推进对建档立卡贫困户和生态移民户提供 5 万元以下扶贫小额贷款，由财政按基础利率贴息。以县为单位根据贷款规模，从扶贫资金中建立扶贫小额贷款风险补偿金。积极争取并切实用好扶贫再贷款，优先投向贫困县金融机构。设立自治区级扶贫开发投融资平台，与政策性银行合作，争取获得更多国家低息、长期扶贫贷款资金，撬动更多信贷资金。加大创业担保贷款、助学贷款、农村妇女创业小额担保贷款、康复扶贫贷款实施力度。鼓励市、县探索扶贫资金与金融资金捆绑放贷机制。支持发展扶贫小额保险和小额贷款保险，对贫困户保费予以补助。扩大农业保险范围，提高保险额度，防范贫困户农业生产风险。

闽宁镇 2015 年制定了《闽宁镇简政放权试点工作实施方案》，完成了国有土地承包经营权和房产确权登记颁证工作，挂牌成立了永宁县土地产权交易中心闽宁镇分中心，为移民提供土地产权流转、出让、抵押融资等服务。联合德龙、中粮等大型葡萄酒企业，成立酒庄联盟，设立葡萄产业发展基金，用于发展壮大葡萄产业。财政投入 1 亿元，成立宁夏回族自治区首家镇级投融资公司闽宁协作建设发展有限公司，专项融资服务产业园区建设、城镇基础设施建设。财政投入 340 万元，在全镇 6 个行政村成立互助担保基金中心，发放扶贫贷款 2166 户 1431 万元，帮助群众解决发展资金困难的问题。

闽宁镇还成立了互助资金，闽宁镇政府是互助资金管理的主体，镇长是第一责任人，分管领导是直接责任人。永宁县扶贫办担负业务指导和监管职责，如发现问题，要与闽宁镇政府协商解决。2015年经过永宁县扶贫办审核，要求闽宁镇政府负责限期一个月收回玉海、武河、福宁、原隆等4个村的逾期贫困村互助资金。针对园艺村互助资金问题比较突出，暂停实施其贫困村互助资金，待条件成熟时再行实施。由闽宁镇政府明确专人，限期两个月对园艺村逾期不归还互助资金的农户，申请法院进入司法强制执行程序，最大限度减少损失。

（四）社会帮扶

宁夏回族自治区深入推进中央单位定点帮扶工作，完善沟通会商机制，从政策、项目、资金、人才等方面争取更多的援助和支持。闽宁协作也得到了宁夏回族自治区的重点关注，闽宁产业园区的基础设施建设得到了自治区、银川市、永宁县的大力帮助，闽宁镇自身也与福建就经贸、旅游、金融、科技、文化、教育等各个领域不断扩大务实的合作。

闽宁镇根据各个贫困村的实际需求，精准选配第一书记，精准选派驻村工作队，确保贫困村驻村工作队全覆盖，通过适当调整帮扶单位的形式，提高县以上机关派出干部的比例。强化驻村工作队跟踪管理，落实保障措施，严格执行工作队考核、激励、问责和召回制度，发挥"10·17"全国扶贫日平台作用，严格落实企业和个人公益性均增所得税税前扣除、税收减免等政策，鼓励支持民营企业、社会组织、个人参与扶贫开发，建立社会扶贫信息服务平台，实现社会帮扶资源和精准扶贫有效对接。实施社会专业人才服务贫困地区计划和扶贫志愿者行动计划。

闽宁镇干部驻村工作扎实认真。驻村干部每天到所驻村开展工作，协助村党组织抓好党的基层组织建设，帮助在农民专业合作社、专业协会和产业链条中建立基层党组织；指导所驻村村委会依法开展自治，健全村级组织议事决策会议制度、村组干部走访值班制度，处理好与群众生产生活密切相关的各类问题，确保村民诉求"月月清"；指导帮助所驻村完成乡镇党委、政府安排的中心工作和其他各项工作任务；指导帮助所驻村健全完善村规民约等村级事务民主管理制度，监督所驻村各项事务管理和"党务、政务、财务"公开情况，帮助村"两委"做好矛盾调解、信访稳定、计划生育、安全生产、卫生保洁等各项工作。

（五）社会保障兜底脱贫

在建档立卡贫困户中，完全或部分丧失劳动能力的贫困家庭只能通过低保和社会救助等途径解决基本生计问题。对无法依靠产业扶持和就业帮助脱贫的家庭实行政策性保障兜底。进一步加强农村低保申请家庭经济状况核查工作，将符合条件的贫困家庭纳入低保范围，做到应保尽保。提高农村特困人员供养水平，改善供养条件，抓紧建立农村低保、社会保障和扶贫开发的数据互通、资源共享信息平台，实现动态监测管理、工作机制有效衔接。2015 年宁夏全区低保标准是 2400 元，低于扶贫标准 550 元；2018 年扶贫标准约为 3600 元，高于目前的低保标准 1200 元左右，而且将做到两线合一。

五 民族地区精准扶贫绩效评价的现实问题分析

我国对贫困地区实施精准扶贫、精准脱贫是当下扶贫攻坚的重点所在。2015 年扶贫开发工作会议中，习近平总书记强调到 2020 年我国现行标准下农村贫困人口实现脱贫，贫困县全都摘帽，解决区域性整体贫困。在实践层面的精准扶贫工作具体包括：精准识别、精准帮扶、精准管理和精准考核四个方面。我国精准扶贫中精准考核是指对贫困户和贫困村识别、帮扶、管理的成效，以及对贫困县开展扶贫工作情况的量化考核，奖优罚劣，保证各项扶贫政策落到实处。逐步建立以考核结果为导向的激励和问责机制[①]。2015 年，我国就扶贫成效的评估工作颁布了《省级党委和政府扶贫开发工作成效考核办法》。其中具体规定了考核工作从 2016 年到 2020 年，每年开展一次，由国务院扶贫开发领导小组组织进行。每年年底开始实施，次年 2 月底前完成，按省级总结、第三方评估、数据汇总、综合评价和沟通反馈等步骤进行。考核办法明确公布了扶贫开发工作成效四大考核内容，包括减贫成效、精准识别、精准帮扶和扶贫资金。

原则性和指导性的国家和地方扶贫政策、相关细化的扶贫措施、具体实施的扶贫项目不仅存在阶段性特点，而且在实际操作层面由于自然和文

---

① 引自《建立精准扶贫工作机制的实施方案》。

化环境千差万别，现实障碍也迥然不同，从而出现工作偏差无可避免，因此对于精准扶贫开发工作绩效评估的连续性及相应的现实工作层面的不断纠偏直接关系到精准扶贫的目标实现和效率提升，现实意义之重要毋庸置疑。少数民族贫困地区精准扶贫绩效考核，在制度设计上不仅要重点围绕扶贫开发工作的脱贫成效，还要进行成本效益核算和效率评估，充分考虑到各级政府为精准扶贫和精准脱贫所付出的各项努力，同时还应将精准扶贫和精准脱贫工作中的经济效益和社会效益等都纳入制度框架。

无论是国际还是国内，对精准扶贫和精准脱贫的精准评估仍然是目前最大的难题。究其原因，扶贫绩效跟踪评估机制的制定，在学理上要彰显科学性和规范性；在实际应用上还要具有很强的实操性和稳定性、持续性；两者同时兼顾很难做到。本章以我国少数民族贫困地区精准扶贫绩效跟踪评估机制实施中的现实问题进行分析和探讨，并提出相关政策建议。

（一）公平性的体现亟待更加充分

距离 2020 年全面建成小康社会不到四年的时间内，扶贫攻坚工作得到了国家和政府的高度重视。我国中央财政专项扶贫资金、中央基建投资用于扶贫的资金等将大幅度增长；中央财政一般性转移支付、各类涉及民生的专项转移支付会进一步向贫困地区倾斜；省级财政、对口扶贫的东部地区也相应增加扶贫资金投入；金融扶贫将做强做好[1]；同时，"五个一批"[2] 工程将全面实施。公平与公正相伴相生，并成为当下国际社会和经济发展中密切关注的重要问题，同时也是精准扶贫工作的核心所在，需在绩效评估中得以显现。但如何用科学规范的方法将扶贫资源配置过程中的公平性表现出来并进行考核监督，而且还要找到进一步调整的方法和路径，一直是我国社会各界关注、学界不断研究思考的热点，同时在国际上包括西方发达国家也依然是无法攻克的难题。

1. 识别贫困人群的精准度还有待进一步提高

仅从扶贫方式上看，显然普惠制的扶贫方式在公平性体现上难度不大，但前提是需要足够的资金投入。我国东部发达地区因贫困发生率低，

---

[1] 《省级党委和政府扶贫开发工作成效考核办法》。

[2] "五个一批"即发展生产脱贫一批、易地搬迁脱贫一批、生态补偿脱贫一批、发展教育脱贫一批和社会保障兜底一批。

财政优势明显，因此大多采用这一扶贫方式，相应的扶贫开发工作中公平性问题得到了较好解决。而我国 14 个集中连片特殊困难地区、592 个国家扶贫开发工作重点县、12.8 万个贫困村全部集中在中西部地区，贫困人口超过 500 万人的省份如贵州、云南、河南、广西、湖南、四川等，也无一例外属于中、西部地区①。中、西部地区自身财力达不到普惠制扶贫的要求，总体扶贫资源也有限，实践中主要采取逐级指标分配法对贫困人群进行识别。近年来各地的贫困认定指标在实践中不断完善，已由之前单一的家庭收入指标拓展到考虑家庭财产、家庭成员状况等多个方面，但家庭收入依然是最重要的衡量指标。到目前为止，严格、准确的家庭收入核查机制缺位现象还普遍存在，致使精准识别过程中在贫困线附近的贫困家庭被遗漏现象仍然在一定范围内存在。无法精准核查农村家庭收入的各种来源和相应金额，尤其是有农业经营以外收入的家庭，由于缺少公共监督渠道，只能根据家庭自报的收入总量和社区内其他人对申报家庭的生活水平印象加以判断，并进行民主评议。这样的评估和民主评议标准在科学性和规范性上都存在误差，无法做到真正的精准。作为第一环节的精准识别如果存在疏漏必然会影响到扶贫资源的公平性分配。

2. "大锅饭"现象在资源配置过程中一直存在

因公平性问题害怕引发群众不满，导致扶贫效率低主要集中在扶贫资源的配置环节。根据《关于改革专项扶贫资金管理机制的意见》（国开发〔2014〕9 号）精神，中央及省财政扶贫资金总量的 70% 以上要用于产业扶贫项目，实施中需根据每户具体的致贫原因和贫困特征有针对性地确立产业扶贫项目，即一户一策，并通过层级审批获得相应资金。这一规定的目的是在公开、公平的基础上将精准扶贫落到实处，同时激发贫困户的自我发展能力。现实中，除去缺少劳力的贫困家庭外，相当部分的贫困家庭成员受教育水平低，缺少劳动技能、眼界和自信，不具备自我发展规划能力，无法适应扶贫产业发展项目的要求。他们虽然参加了扶贫项目，但扶贫项目的最终目标很难达到。这也使得一些贫困地区产业扶贫项目在覆盖范围上追求平均主义，选择"大锅饭"的操作方式，只求在贫困家庭的受益程度上基本做到人人平等，在形式上做到公平。

---

① 《中国出台考核办法推进扶贫开发工作》，新华社，2016 年 2 月 16 日，http：//news. xin-huanet. com/politics/2016 - 02/16/c_ 1118062248. htm。

3. 短期公平目标与长期公平目标无法完全统一

相关研究证实，对扶贫政策的公平性或扶贫项目执行效果的公平性评估需从三方面考虑：第一是目标人群的受益程度；第二是相类似的家庭是否受益相同，也被称为横向公平；第三是纵向公平，即越贫困的家庭是否得到的越多。换言之，这是从接受扶贫资源的主体（贫困群体、贫困家庭、贫困个人）出发考察扶贫政策或项目的公平性[①]。

在我国贫困地区实施精准扶贫的过程中受限于有限的扶贫资源，很难做到真正的横向公平和纵向公平，因为这涉及公平和效率这一矛盾关系的确定。我国的脱贫目标是：到2020年现行标准下贫困人口实现脱贫，贫困县全部摘帽，解决区域性整体贫困；实质上是横向公平和纵向公平的综合反映。但在此期间是否要在精准扶贫绩效跟踪评估机制中每一年进行横向公平和纵向公平的考核值得商榷。主要原因有：如果加强考核短期内横向公平和纵向公平的实现程度，会影响到长期公平性目标的实现程度，也就是局部和全局的目标存在一定的矛盾；另外，扶贫工作本身就是公平性的体现，因而短期公平性目标和长期公平性目标如何达到统一就需要综合全面地考虑，同时要制定出可应用于实际的具体的政策措施。

（二）评估扶贫工作效率及损失的现实难点

《省级党委和政府扶贫开发工作成效考核办法》指出，扶贫开发考核工作将针对主要目标任务设置考核指标，注重考核工作成效；坚持客观公正、群众认可，规范考核方式和程序，充分发挥社会监督作用。现实操作层面的各项扶贫开发工作也会围绕这一目标全面展开。毋庸置疑的是，扶贫成效是扶贫工作绩效考核的核心。但这一成效体现的应不仅仅是单一维度的脱贫人数，而应是多维度的扶贫成效。通常，多维度至少体现为时间、方法和结果三个维度，也就是要将时间、方法、结果三者综合考量后得到扶贫成效优劣的评判。从多维角度出发，目前扶贫开发工作中对扶贫工作效率损失评估的难点主要有以下方面。

1. 评估扶贫工作效率的标准不统一

我国改革开放以来的扶贫开发工作始终以开发式扶贫方式为主，具

---

① Coady, David, Margaret Grosh, and John Hoddinott（2004），*Targeting of Transfers in Developing Countries: Review of Lessons and Experience*，Washington, DC: World Bank.

体实施中，从 20 世纪 80 年代初开始的以区域为重点的开发式扶贫①发展到 20 世纪 80 年代中期以国家级贫困县为重点的开发式扶贫，再到 21 世纪初以贫困村的整村推进为重点的开发式扶贫与救济式扶贫相结合②，最后到当前以贫困家庭为瞄准对象的精准扶贫与精准脱贫的全面综合扶贫攻坚。回顾我国 40 年的扶贫开发工作，在政府出台的各项扶贫政策、措施和工作要求上，既追求扶贫成效也关注扶贫工作效率。但如何准确界定扶贫工作效率一直是国内外学术界的共同难题。最常用的经济学成本收益法无法全面推广的原因是：扶贫效率界定标准会因不同地区、不同经济发展水平、不同社会发展综合需要而有所不同。而一地一个标准的做法，会因对不同地区的标准设定和调整的过程又增加了实施难度和成本，这也是效率的实际损失；同时这也从观念上有悖于效率的总体原则。

除了以上的解释外，学术界至今没有给出衡量扶贫工作效率损失的统一标准，究其原因还有以下方面：如果长期来看达到了扶贫人口的脱贫目标，如何科学正确地看待短期内的效率损失，也就是说，短期内的效率损失在多大幅度内是可接受的？不同地区的长期和短期时间确定是否应有统一标准？对这两个问题的回答实际上是扶贫效率与脱贫速度的综合权衡。如果过于强调速度，可能会使效率打折扣，但如果只强调效率，可能也会影响长期的扶贫效果。另外，很多经济学研究证实，市场中的竞争行为大部分反映了效率的改进，而扶贫工作更多的是公共政策和公共服务，市场机制很难引入。世界银行（2014）经过对 100 多个国家的深入调查后发现，金融服务的可获得性对于降低严重贫困、推动分享经济增长成果具有重要作用③。但除孟加拉等地区外，普惠金融的商业可持续性问题在其他国家并没有得到很好的解决。

2. 如何确定扶贫开发工作中政策和措施的弹性合理范围

我国从 20 世纪 80 年代开始实施的开发式扶贫的终极目标一直没有改变，即贫困人群由接受"输血"最终转向自我"造血"，从根本上消除导致贫困的各种因素和障碍，达到可持续脱贫的目标。伴随着贫困分布由区

---

① 刘坚：《新阶段扶贫开发的探索与实践》，中国财政经济出版社，2005，第 13 页。

② 于敏、张晓颖、〔孟加拉〕Salehuddin Ahmed：《中国扶贫瞄准机制的创新与实践——以广东省连南县为例》，《农业现代化研究》2012 年第 2 期。

③ World Bank, *Global Financial Development Report* 2014 *Financial Inclusion*. Washington, D. C, 2014.

域性的、整体性的贫困逐渐过渡到个体性贫困①，扶贫工作边际效应递减现象不断显现。

很长时间以来，扶贫政策和措施在制定和实施上缺乏弹性，加上相关督察越来越规范，在不同地区不同贫困人群特定的贫困结构和具体行为分析基础上对政策、措施进行弹性调整的做法不普遍，导致了扶贫资源配置效率不高，扶贫与脱贫效率不理想。根据精准扶贫的要求，扶贫资金的设置要针对贫困家庭中的个体，即"一户一策"，扶贫开发资金主要用于家庭个体层面的经济活动与生产项目推动。根据相关政策措施，无论到户的扶贫资金采取何种形式，每户实际可获得的资金额很有限，贫困家庭很难在扶贫资金的基础上从事经营性活动。而很多到户的扶贫项目，由于"撒胡椒面"式的资源分配方式，不仅贫困家庭难以达到项目启动规模，更无法形成可持续的发展能力。

但对扶贫政策措施进行弹性调整的现实难题是合理的弹性范围难以确定。如果弹性过大，扶贫资源配置环节会有在面上看不够均衡的问题，易诱发群众的不满情绪；如果缺乏弹性，采取无差异性的一刀切政策或措施，扶贫资金的效率提升就是空谈。

3. 效率观念在扶贫工作中需不断加强

我国当下至 2020 年，7017 万名贫困人口要全部脱贫，意味着平均每年需要减贫 1170 万人，时间十分紧迫，任务相当繁重②。为此，中央政府不仅要求各级政府层层签订脱贫攻坚责任书、立下军令状；还要建立年度脱贫攻坚报告和督察制度，加强督察问责。要把脱贫攻坚实绩作为选拔任用干部的重要依据，在脱贫攻坚第一线考察识别干部，激励各级干部到脱贫攻坚战场上大显身手③。党中央、国务院和各级政府高度重视扶贫工作，以每年的脱贫人数作为扶贫成效易于检查监督。贫困地区的各级政府作为扶贫开发工作的直接责任人必须意识到，从长远看，扶贫工作的效率不仅要看一定时期内的脱贫人数，同时也要看该地区的经济发展潜力和实力是否在该时期内相应增加，尤其是贫困户自我发展的能力是否得到相应提

---

① 都阳、蔡昉：《中国农村贫困性质的变化与扶贫战略调整》，《中国农村观察》2005 年第 5 期。

② 黄俊毅：《甩掉穷帽奔小康　打赢扶贫攻坚战》，《经济日报》2015 年 11 月 27 日。

③ 国务院办公厅：《省级党委和政府扶贫开发工作成效考核办法》，http://news.xinhuanet.com/politics/2016 – 02/16/c_ 1118062248. htm。

升。我国东、中、西三大地区的经济发展差距是现实存在的，如果在扶贫攻坚的同时，少数民族贫困地区的政府没有将扶贫工作同所在区域的经济发展联系起来，扶贫工作就会为扶贫而扶贫，所取得的成效会因地区经济发展差距的扩大而重新成为难以解决的痼疾，扶贫成效就很难有持续性，并很有可能影响到民族关系的和谐。

另外，以政府为主导的扶贫开发工作中，扶贫政策、措施和项目规划通常都是自上而下，容易使贫困群体中的个体表现为被动地服从和接受，再加上贫困户通常具有教育程度较低、获取信息能力差、风险脆弱性显著、被社会排斥等特点[①]，如果各级政府缺乏有意识地引导调动贫困家庭自我发展的积极性，不仅会影响到扶贫项目的效率，也会形成福利依赖。一旦政府的转移支付发生变化，支持力度有所减弱，就很有可能在短时间内重新返贫。

（三）考核方法的精准性有待完善

在已经颁布的《省级党委和政府扶贫开发工作成效考核办法》中指出，考核工作将围绕落实精准扶贫、精准脱贫基本方略，针对主要目标任务设置考核指标，注重考核工作成效；坚持客观公正、群众认可，规范考核方式和程序，充分发挥社会监督作用；坚持结果导向、奖罚分明，实行正向激励，落实责任追究。同时，考核指标的资料来源除了扶贫开发信息系统、全国农村贫困监测等"官方"数据外，还将适当引入第三方评估。由国务院扶贫开发领导小组委托有关科研机构和社会组织，采取专项调查、抽样调查和实地核查等方式，对相关考核指标进行评估，充分发挥社会监督作用，使各项脱贫数据更加可靠、更加公正。

当下国内外学术界对扶贫开发绩效评价的研究和框架设计的主要理论思考如下。首先，从经济学的成本效益方法出发，着重从扶贫资金的经济成本核算、成本收益两方面确定扶贫资源的使用效率，综合考察扶贫的经济效益及公众满意度。其次，在关注经济效益的同时，增加了政治绩效和社会绩效，即政府扶贫政策的推行效果应充分体现政府效率、经济发展及社会进步等多方面的内容[②]。很多学者认为，政治绩效同经济绩效和社会绩效相比，

---

① 世界银行：《从贫困地区到贫困人群：中国扶贫议程的演进——中国贫困和不平等问题评估》，世界银行东亚及太平洋地区扶贫与经济管理局，2009。

② 汪玉凯、黎映桃：《公共部门绩效评估——从标准指标和制度视角的分析》，《中国行政管理》2006年第3期。

应处于中心地位，这是因为我国的扶贫开发是以政府为主导，政治绩效的突出可在制度上和行动力上保障经济绩效和社会绩效的实现①。

在上述理论指导下，通过系统论和层次结构论的观点和方法构建扶贫工作绩效考核指标体系的研究成果在学界已经很丰富。系统性强调了整体性、关联性、时序性、动态平衡性、开发性和等级结构性。作为一个运转系统，其全部活动可概括为输入、运行、输出和反馈四部分②。层次结构论的核心观点是将复杂的多目标决策问题视为一个有机整体，将多目标细化为多个更为具体的单一目标，从而通过多个指标的若干层次进行展现。也就是说，凭借定性指标的模糊量化方法计算得到各个层次的单排序和总排序，并以此作为多目标、多方案优化的决策依据③。在现有的研究中，主要通过层次分析法、主成分分析法、聚类分析法将系统论和层次结构论与扶贫工作的绩效考核相互联系。虽然这三种方法尝试将定性与定量相结合，便于决策者相对清晰地了解评价结果，但每种方法都有其自身缺陷。层次法的优点是较为简洁简单，但在构建指标体系时所选取的指标过多则会面临数据指标权重无法精确确定的难点。作为一种多元统计方法的主成分分析法的缺点主要是产生了"降维"过程，即少数的综合变量代替原先的多个变量，对其进行解释时由于综合变量较为模糊所以针对性不强。而主成分的累计贡献率如果不能维持在较高水平，集中了诸多信息的主成分可能就不足以给出符合实际的有力解释。聚类分析法的应用范围相对更为广泛，但当研究的样本量足够大时，很难得出聚类的清晰结论。此外，通过距离或相似系数得出的聚类变量没有体现出变量之间的内在关系；而如果缺少完整的数据，也无法有效使用聚类分析法。

我国扶贫开发工作是系统工程，涉及经济、社会、文化方方面面，具有相当的复杂性。上述提到的扶贫工作绩效考核评估方法各有缺点，且只能给出一个总量上的大概评估结果，精准性还有待提升。仅仅依赖单一的绩效考核办法肯定不符合精准考核的要求，但即使采取了专项调查、抽样

---

① 徐孝勇、赖景生、寸家菊：《我国西部地区农村扶贫模式与扶贫绩效即政策建议》，《农业现代化研究》2010 年第 5 期；焦克源、吴俞权：《农村专项扶贫政策绩效评估体系构建与运行——以公告价值为基础的实证研究》，《农村经济》2014 年第 2 期。

② 魏宏森：《系统论》，世界图书出版公司，2009。

③ 〔瑞典〕冈纳·缪尔达尔：《世界贫困的挑战——世界扶贫大纲》，北京经济出版社，1991；叶普万：《贫困经济学研究》，中国社会科学出版社，2004；姜爱华：《我国政府开发式扶贫资金投放效果的实证分析》，《中央财经大学学报》2008 年第 4 期。

调查和实地核查等方式，评价方和被评价方都应对每种方法在具体应用时的缺陷和不足有较为深入的了解，在此基础上考虑采用其他方法进行弥补，通过多种方法互相补充，尽可能地提高扶贫工作绩效考核的科学性、规范性和精准性。

（四）相关政策建议

精准扶贫是党中央和国务院对扶贫开发工作的新要求，是解决扶贫开发工作中底数不清、目标不准、效果不佳等问题的重要途径，是全面建成小康社会的重要保障。为了更好地体现精准扶贫成效，精准考核不仅要真实、科学地衡量扶贫开发工作的绩效，同时也应是对下一阶段扶贫政策、措施和项目进一步调整和开展的重要依据和参考。鉴于本章之前讨论的现实难题，特提出以下政策建议。

1. 加快精准扶贫识别标准的多维化

近年来，国内学术界有关多维贫困的研究越来越多，扶贫工作层面上，各地各级政府也根据当地实际情况在单一收入指标之外，对家庭财产、家庭成员的就业状况、家庭居住和生活条件等一并纳入精准识别的范围。但到目前为止没有国家统一的多维贫困识别标准。

正如联合国国际开发署所指出的"经济增长本身并不能自动转化为人类发展进步。只有凭借重点关注教育、营养、健康和工作技能等方面的扶贫政策和旨在提高民众能力的大量投资，才能扩大民众获得体面工作的机会和确保人类持续进步"[①]。

牛津贫困和人类发展研究中心为联合国国际开发署（UNDP）设计的多维贫困（MPI）指数包括教育、健康、生活标准三大类 10 项内容：教育类的有受教育年限和儿童入学率；健康类的有儿童死亡率和营养水平；生活标准类的有电力、住房面积、饮用水、卫生条件、厨房燃料和不动产。其中，教育和健康量化指标分别占 1/6 权重，每一项生活水平指标各占 1/18 权重。

从我国农村贫困地区实际出发，多维贫困（MPI）指标的测算和推广应尽快提上议事日程。突破以家庭人均收入单一指标的现实贫困人群识别标准，在多维贫困指标的基础上实现更有效率的动态管理。

---

① 联合国国际开发署：《2013 年人类发展报告》：《南方的崛起：多元化世界中的人类进步》，http：//hdr. undp. org/en/content/% E2% 80% 9D – transforming – global – ower – balance – says。

2. 加快对扶贫项目落实和扶贫资金使用情况的核查

扶贫资金对贫困人口的覆盖面和财政扶贫资金到户率的不吻合现象一直是扶贫开发工作较为明显的效率损失之一，到目前为止也依然存在。这里既有覆盖不足问题也有福利漏出问题，同时还有扶贫项目执行问题。虽然现实情况错综复杂，但必须要尽可能地防止执行层面的遗漏错误和政策制定中因失误导致的排除错误。也就是说，要想扶贫项目和扶贫资金在方法和结果上实现精细瞄准，不断提升效率，首先要在政策制定和执行过程进行精准瞄准，并保证一定的连续性；否则花再多的人力物力也是本末倒置。

3. 增加专项工作经费将差异化扶持措施落到实处

通常，贫困家庭陷入贫困陷阱使他们对未来的负面冲击更为脆弱，同时又无力抓住实现改善的机会[1]。这就需要了解贫困家庭的贫困原因、贫困家庭实际意愿。当前精准扶贫工作中，各级政府要求摸清每个贫困家庭的致贫原因后登记录入数据库，便于今后精准扶贫工作的针对性开展。但在实地调查中发现，虽然很多县级政府规定了对应的动态管理，在经费上按不低于农村低保金支出总额的 3% 左右列入同级财政预算，并主要用于聘用基层低保工作人员及调查核实、制证建档、信息系统建设等工作费用支出[2]。但建档立卡工作针对的不仅仅是低保人群，而是县域内所有贫困家庭和个人，建档立卡工作涉及几万户、十几万人的情况很普遍，而且，贫困发生是动态的，不仅有贫困家庭脱贫的情况，还有非贫困家庭陷入贫困的情况发生；后者更需要及时摸清情况获得准确数据。如此庞大的数据管理工作如果缺少专项工作经费支出，长此以往势必会导致工作深入度不足，准确率不够高。

4. 需长期关注公平与效率的平衡

我国的精准扶贫开发工作是以各级政府为主导的自上而下的推动过程，这一模式的效率以及取得的成效令世人瞩目。我国在此期间的扶贫政策制定、扶贫开发资金的使用与管理、扶贫资源的筹集以及扶贫开发项目的选择都是由政府部门统一完成，贫困人群和社会各界的多元化主体的参与相对缺失。这一模式存在高效优势的同时也有可能会导致扶贫资源配置方式粗

---

[1] 世界银行：《2014 年世界发展报告：风险与机会　管理风险促进发展》，清华大学出版社，2015。

[2] 湖北省贫困县长阳土家族自治县的调查数据。

放，效率损失，尤其是在扶贫开发工作中容易忽视贫困主体的自我发展和自我脱贫能力的提升。为此，各级政府需加强公平性和效率性在扶贫工作中的落实、考核。具体可通过增加民主评议环节，进行群众对具体扶贫工作的满意度调查，学术研究机构等第三方介入，增加绩效考核的透明度和科学性等方式最终推动精准扶贫工作以实现既定的扶贫目标。

六　闽宁镇精准扶贫的民意调查分析

闽宁镇近年来按照自治区、银川市和永宁县的安排部署，全力推进精准扶贫、产业扶贫，确立了以"规划引领、产业支撑、项目带动，推进扶贫开发由输血式向造血式转变"的发展思路和打造"高标准、高水平的移民扶贫样本镇"的奋斗目标，自治区、银川市和永宁县三级政府先后投入扶贫开发资金21亿多元，永宁县配套资金16亿元，全面推进了闽宁镇基础设施、民生建设和特色产业发展。全镇农村经济总收入从1997年的1350万元增加到2014年的2.4亿元，农村居民人均可支配收入由1997年的不足500元跃升到2014年的9002元，再到2015年全镇家庭人均纯收入10361元。不仅成功进入全国重点乡镇行列，还获得了"全国民族团结进步模范集体""全国社会扶贫先进集体"等荣誉称号。2016年闽宁镇将率先全部脱贫。为了从群众尤其是建档立卡的贫困家庭角度考察闽宁镇的精准扶贫成效，闽宁镇政府和中国社会科学院民族学与人类学研究所课题组在2016年6月随机抽选了闽宁镇746位年龄在16岁以上的建档立卡家庭受访者，并让其通过问卷调查的形式对闽宁镇精准扶贫成效进行了评估。

（一）受访者的主要基本特征

参加闽宁镇精准扶贫成效评估的问卷调查的746位受访者均属于建档立卡家庭，占2014年建档立卡贫困家庭1537户的48.54%。本次调查在问卷中询问了受访者的年龄、性别、民族、宗教信仰、受教育程度、政治面貌、家庭规模、个人从业情况等，主要的具体特征表现为以下几点。

1. 年龄分布情况

742位受访者的年龄介于17岁至81岁，年龄分段的样本分布为：35岁及以下的样本共83人，占比11.19%；36~45岁的受访者人数有205人，占比27.63%；46~60岁的受访者人数是321人，占比43.26%；60

岁以上的受访者有 133 人，占比 17.92%。

2. 性别和民族

回答性别的受访者共 745 人，男性为 590 人，占比 79.19%；女性为 155 人，占比 20.81%。全部 746 位受访者都回答了民族身份，其中汉族 312 人，占比 41.82%；回族受访者为 433 人，东乡族受访者 1 人，因东乡族也大都信仰伊斯兰教，所以将两者合并，共占总样本量的 58.18%。

3. 政治面貌及教育程度

在 743 位回答了政治面貌的受访者中，有 45 位受访者是中共党员或共青团员，占比 6.06%，698 位受访者都是群众，占比 94.94%。

闽宁镇是宁夏回族自治区的移民搬迁扶贫点，来自西吉和固原的贫困家庭较多，在教育程度上，745 位受访者中有 211 位是文盲，占比 28.32%；小学文化程度的受访者有 291 人，占比 39.06%；初中文化程度的受访者有 210 人，占比 28.19%；高中及以上的文化程度受访者有 33 人，占比 4.43%。

4. 职业身份

在回答职业身份的 708 位受访者中，只务农的有 288 位受访者，占比 40.68%；既务农又从事非农劳动的有 296 位受访者，比例有 41.81%；完全从事非农劳动的有 124 位受访者，占比 17.51%。

5. 家庭收入情况

722 位回答了 2015 年家庭收入和家庭人口的受访者，其所在家庭的平均家庭人均收入为 5840.34 元，明显低于闽宁镇 2015 年全镇家庭人均纯收入的 10361 元。根据闽宁镇的历年扶贫标准，低于 2015 年扶贫标准，即低于家庭人均收入 2971 元的受访者所在家庭有 176 户，占比 24.38%；低于 2016 年扶贫标准——家庭人均收入 3150 元的贫困家庭受访者共 201 位，占比 27.84%，其中家庭人均收入高于 2015 年贫困线但低于 2016 年贫困线的受访者共 25 位。高于 2016 年贫困线但低于 2018 年扶贫标准——家庭人均收入 3600 元的受访者有 49 位，占比 6.79%；高出 2018 年贫困线的受访者有 472 位，占比 65.37%。也就是说，在调查样本中，2016 年依旧是低于国家确定的扶贫标准为贫困家庭的占比是 27.84%，接近样本量的 1/3。

6. 上述特征的交叉分析

年龄、受教育程度和家庭人均收入作为受访者的最主要基本特征，对主观评价会有很大的影响，因此进行交叉分析时主要以这三个特点为主。具体表现如表 14 所示。

表 14　不同年龄段下的受访者个人特征

单位:%，人

受访者特征	16～35 岁	36～45 岁	46～60 岁	60 岁以上	合计
不同性别					
男性	9.86（58）	28.57（168）	43.37（255）	18.20（107）	100（588）
女性	16.34（25）	24.18（37）	43.14（66）	16.34（25）	100（153）
不同民族					
汉族	5.48（17）	25.48（79）	50.0（155）	19.03（59）	100（310）
回族	15.28（66）	29.17（126）	38.43（166）	17.13（74）	100（432）
教育程度					
文盲	18.07（15）	20.48（17）	50.60（42）	10.84（9）	100（83）
小学	21.95（45）	37.56（77）	36.10（74）	4.39（9）	100（205）
初中	27.19（87）	43.44（139）	25.0（80）	4.38（14）	100（320）
高中及以上	46.62（62）	42.11（56）	10.53（14）	0.75（1）	100（133）
家庭人均收入					
<2971 元	10.92（19）	29.31（51）	39.08（68）	20.69（36）	100（174）
>3600 元	11.28（53）	27.02（127）	45.96（216）	15.74（74）	100（470）

注：表中括号内是样本量。

表 14 显示，男性和女性都是 36～60 岁的受访者占比最多，35 岁以下的比例最低；这一特点在汉族和回族的年龄分布上也呈现了出来。在教育程度的分类上，文盲受访者的年龄段主要集中在 46～60 岁；小学受访者的年龄段主要集中在 36～45 岁和 46～60 岁两个年龄段，初中受访者的年龄段主要集中在 36～45 岁，高中受访者的年龄段主要集中在 35 岁以下。这也表明，年龄越小受教育程度越高。在家庭人均收入的分布上，低于 2015 年贫困线的贫困家庭受访者 35 岁以下的比例最低，其他年龄段较为平衡；高于 2018 年贫困线的脱贫家庭也是 35 岁以下比例最低，46～60 岁比例最高。

（二）闽宁镇受访者对精准扶贫的主观评价

在 746 位 2014 年闽宁镇建档立卡家庭的受访者回答的基础上，本部分将给出不同特点的受访者对我国当下在民族地区全面推进的精准扶贫政策、精准扶贫效果和精准扶贫实现预期目标的信心度评价。

不同类型的受访者对精准扶贫政策、效果和实现预期目标的主观评价如表 15 所示。

表 15　受访者对精准扶贫政策效果和实现预期目标信心的主观评价情况

来自建档立卡家庭的受访者	知道闽宁镇精准扶贫政策比例（%）	闽宁镇精准扶贫效果好评的比例（%）	对闽宁镇精准扶贫实现预期目标有信心（%）
全体	91.87	95.14	95.66
男性	91.85	96.04	96.16
女性	91.89	91.67	93.75
不同年龄段			
16～35 岁	91.36	92.41	88.75
36～45 岁	91.96	96.84	96.28
46～60 岁	92.65	94.74	96.04
60 岁以上	89.92	95.12	98.28
不同民族			
汉族	88.08	94.01	95.70
回族	94.58	95.91	95.63
汉族男性	88.62	94.81	96.0
回族男性	94.26	96.91	96.27
汉族女性	85.71	90.57	94.44
回族女性	95.65	92.31	93.33
不同教育程度			
文盲	86.27	92.71	95.21
小学	92.98	96.73	96.69
初中	97.06	96.50	94.95
高中及以上	84.85	87.88	93.94
不同家庭人均收入水平			
＜2971 元	89.60	96.45	87.50
2971～3600 元	93.74	94.43	94.84
＞3600 元	91.25	97.01	96.63

资料来源：根据课题组调查问卷整理。

表 15 显示，746 位受访者对精准扶贫的知晓比例达到了 91.87%，精准扶贫效果的好评比例和对实现精准扶贫预期目标有信心的百分比都超过了 95%。受访群众如此高的知晓度、扶贫工作效果的好评和信心比例说明闽宁

镇的精准扶贫工作的确扎实到位，成绩斐然。和男性相比，女性在精准扶贫效果的好评比例和对实现精准扶贫预期目标有信心的百分比都略低，但差距不大。不同年龄段的受访者中，只有 60 岁以上的受访者对精准扶贫的知晓度略低；16 ~ 35 岁受访人群对实现精准扶贫的预期目标有信心的比例为88.75%，虽然比例已经不低但和其他年龄段 96% 以上的比例相比还有约 7个百分点的差距。汉族受访者相对于回族受访者对精准扶贫政策的知晓比例要低，具体到不同民族不同性别的受访者，汉族男性低于回族男性近 5 个百分点，汉族女性低于回族女性近 10 个百分点。在不同教育程度的受访者中，高中及以上教育程度的受访者对精准扶贫的知晓比例、效果好评比例和对预期目标实现信心比例都是从文盲到高中及以上教育程度的四个组中最低的。初中受访者的三个比例都较高，文盲受访者的知晓比例位居第三。从家庭人均收入角度看，本部分按照 2015 年 2971 元家庭人均纯收入的贫困线，2018年 3600 元家庭人均纯收入的贫困线，划分为三类，即低于 2015 年贫困标准2971 元的家庭为贫困家庭，高于 3600 元为完全脱贫家庭，家庭人均收入为2971 ~ 3600 元的家庭介于贫困家庭和完全脱贫家庭之间。从结果看，贫困家庭的受访者知晓度并不低，对精准扶贫效果的好评比例都高于其他两类家庭，但对实现精准扶贫的预期目标信息比例却是三类家庭中最低的，与最高比例脱贫家庭相差 9 个百分点。这也表明，贫困家庭对自身是否能真正脱贫有一定的疑虑；而已经完全脱贫或家庭人均收入高出 2015 年贫困标准的家庭就较为自信，对精准脱贫实现预期目标充满信心。

表 16 是不同受访者对十三项精准扶贫政策实施的知晓情况和主观评价。闽宁镇目前已经实施的精准扶贫项目或措施包括整村推进、易地扶贫搬迁、产业扶贫、"4 + 1 + 1" 脱贫模式①、教育保障脱贫（包括学生的生活补助、就餐补助、寄宿生补助和学费资助）、劳务输出脱贫（包括雨露计划、免费培训、安置就业岗位、提供公益岗位）、社会兜底脱贫（包括大病救助、提高养老金高龄津贴、建立特殊群体集体托养中心）、金融服务脱贫（包括"双到"扶贫资金、脱贫资金、妇女小额创业贷款、村级互助发展资金等），在帮扶方面，闽宁镇实施了五类帮扶，具体为：市县扶贫开发驻村工作队帮扶、县领导"一对一"包村帮扶、科级领导"一对一"

---

① "4 + 1 + 1" 精准脱贫模式包括每户贫困户托管 4 头肉牛并分红的脱贫模式、光伏电站脱贫模式、设施大棚创业脱贫模式。

表16 具体扶贫政策的知晓度评价

单位：%

	整村推进	易地扶贫搬迁	产业扶贫	"4+1+1"精准脱贫模式	教育保障脱贫	劳务输出脱贫	社会兜底脱贫	金融服务脱贫	市县扶贫开发驻村工作队帮扶	县领导"一对一"帮扶	科技领导"一对一"包户帮扶	企业"一对一"包人帮扶	东西协作、互派干部帮扶
全体	76.5	86.75	85.25	96.04	84.84	80.33	84.84	81.69	74.86	67.21	65.30	55.87	63.11
男性	76.82	87.2	86.85	96.02	86.16	82.18	87.02	83.56	76.12	67.99	66.78	56.40	65.22
女性	75.16	85.62	79.74	96.08	79.74	73.86	76.47	74.51	69.93	64.05	60.13	53.59	54.90
不同年龄段													
16~35岁	72.29	85.54	86.75	97.59	86.75	75.90	85.54	80.72	71.08	62.65	59.04	50.60	66.27
36~45岁	76.00	89.00	90.50	98.0	84.0	84.0	85.0	85.50	76.50	68.50	69.00	55.50	65.00
46~60岁	78.34	85.67	84.39	95.54	85.99	81.85	83.76	82.17	75.16	67.20	64.65	55.41	62.10
60岁以上	74.81	86.26	77.86	93.13	82.44	73.28	87.02	75.57	73.28	68.15	65.19	60.74	60.74
不同民族													
汉族	72.0	84.67	79.33	92.0	81.67	75.33	79.33	73.0	66.0	63.33	62.33	54.33	50.00
回族	79.58	88.17	89.33	98.84	87.01	83.76	88.63	87.70	80.97	69.84	67.29	56.84	72.16
汉族男性	88.62	85.06	80.91	92.53	82.16	77.18	81.74	74.27	66.80	63.49	63.07	54.77	52.28
回族男性	94.26	88.72	91.10	89.83	89.02	85.76	90.80	90.21	82.79	71.22	69.44	57.57	74.48
汉族女性	85.71	83.05	72.88	98.52	79.66	67.80	69.49	67.80	62.71	62.71	59.32	52.54	40.68

续表

	整村推进	易地扶贫搬迁	产业扶贫	"4+1+1"精准脱贫模式	教育保障脱贫	劳务输出脱贫	社会兜底脱贫	金融服务脱贫	市县扶贫开发驻村工作队帮扶	县领导"一对一"帮扶	科技领导"一对一"包户帮扶	企业"一对一"包人帮扶	东西协作、互派干部帮扶
回族女性	95.60	87.10	83.87	100.0	79.57	77.42	80.65	78.49	74.19	64.52	60.22	53.76	63.44
不同教育程度													
文盲	86.27	89.52	82.38	95.24	77.62	72.38	78.1	74.29	73.81	68.10	66.19	58.10	57.14
小学	92.98	85.21	83.45	95.77	83.80	81.34	84.15	82.04	71.83	65.85	63.73	57.39	61.62
初中	97.06	85.02	88.89	97.10	92.75	85.99	92.97	88.89	79.71	65.70	64.25	51.12	70.53
高中及以上	84.85	93.55	96.77	96.77	90.32	87.10	87.10	80.65	77.42	83.87	80.65	58.06	67.74
不同家庭人均收入水平													
<2971 元	91.43	97.71	94.14	88.89	84.57	84.57	89.14	81.14	82.86	76.57	74.29	66.29	57.14
2971～3600 元	75.68	97.30	83.78	99.43	91.89	86.49	91.89	85.14	72.97	66.22	66.22	63.51	70.27
>3600 元	70.75	81.08	82.80	91.89	84.09	78.06	82.37	81.72	71.83	63.23	61.08	49.89	64.30

资料来源：根据课题组调查问卷整理。

包户帮扶、企业"一对一"包人帮扶和东西协作、互派干部帮扶。从知晓度上看，总体上，受访者对十三项扶贫项目或措施的知晓度中"4+1+1"脱贫模式的比例最高达到了96.04%，这是因为该模式不仅是闽宁镇各建档立卡贫困家庭都参与的脱贫项目，也是受益最多对扶贫帮助最大的项目，同时也是闽宁镇最主要的扶贫特色项目。闽宁镇自身就是宁夏回族自治区的易地扶贫移民搬迁点，尤其是原隆村在2014年和2015年分别接收了来自西吉和固原的移民，所以对此的知晓度比例为86.75%，位列第二；产业扶贫、社会兜底脱贫、教育保障脱贫、劳务输出脱贫和金融服务脱贫的知晓度差异不大，知晓度都已经超过了80%。整村推进的知晓度为76.5%，这也是因为整村推进的脱贫项目已经和"4+1+1"脱贫模式等进行了融合，没有特意地宣传。五类帮扶的知晓度虽也都过半但相对而言不如其他脱贫项目和措施的比例高，其中市县扶贫开发驻村工作队帮扶的知晓度在五类帮扶中最高，这也是因为驻村干部会到村内每户家庭走访，相应的科级领导"一对一"包户帮扶和企业"一对一"包人帮扶并没有涉及每户家庭，所以知晓度不高，东西协作、互派干部帮扶因数量有限且只限于政府层面，导致很多受访群众对此不了解。

不同性别受访者在十三项扶贫项目或措施上的知晓比例差异不大，四个年龄段中，虽然差异也不十分明显，但16~35岁和60岁以上的两个年龄段受访者与36~45岁和46~60岁两个年龄段受访者相比，知晓度比例相对略低。汉族受访者和回族受访者相比，回族受访者对各个项目或措施的知晓度高于汉族受访者，这既是因为在总样本中回族占比58.17%，高于汉族；而且在2015年依然贫困的家庭中回族的比例达到了73.87%，汉族只有26.14%。贫困家庭数量更多的回族显然更关注精准扶贫的具体措施和项目内容。不同教育程度受访人群中，文盲受访者对各项措施和项目的知晓度相对最低，初中文化程度的受访人群相对知晓度偏高但差距不显著。从家庭收入角度，贫困家庭、家庭人均收入高出2015年贫困标准但低于2018年贫困标准的家庭，关注十三项扶贫项目或措施的比例明显高于完全脱贫家庭。

表17给出了受访者对十三项扶贫项目或措施的满意度评价。总体上，受访者对易地扶贫搬迁和整村推进评价为满意的比例最高。不同性别在满意度评价上差异不显著，在四个年龄段的受访者中，年龄最小的好评比例最低。除了教育脱贫外，汉族受访者的满意评价比例都高于回族受访者，

表 17 具体扶贫政策的满意度评价

单位：%

	整村推进	易地扶贫搬迁	产业扶贫	"4+1+1"精准脱贫模式	教育保障脱贫	劳务输出脱贫	社会兜底脱贫	金融服务脱贫	市县扶贫开发驻村工作队帮扶	县领导"一对一"帮扶	科技领导"一对一"包户帮扶	企业"一对一"包人帮扶	东西协作、互派干部帮扶
全体	80.14	80.47	73.52	78.35	79.55	74.66	74.88	69.23	65.69	69.51	69.46	75.31	66.88
男性	80.14	81.15	73.25	79.24	79.12	75.16	75.55	70.81	64.55	68.96	68.39	74.85	66.58
女性	80.00	77.86	74.59	74.83	81.15	72.57	71.79	62.28	70.09	71.43	73.91	76.83	67.86
不同年龄段													
16~35岁	73.33	70.42	68.06	74.07	76.39	61.90	64.79	59.70	47.46	61.54	59.18	66.67	50.91
36~45岁	80.92	82.02	70.17	75.51	80.95	72.62	74.71	71.35	62.09	63.50	66.67	72.07	65.38
46~60岁	81.22	82.53	76.14	80.27	80.00	77.43	74.52	71.32	69.49	72.04	71.43	78.74	72.31
60岁以上	79.59	78.76	75.49	81.15	77.78	78.13	81.58	65.66	72.92	76.14	73.81	75.64	65.82
不同民族													
汉族	84.72	84.25	75.21	83.33	78.37	74.78	81.51	69.95	70.71	69.95	70.10	75.46	70.00
回族	77.26	77.95	72.47	75.12	80.32	74.59	70.76	69.39	62.86	69.87	68.45	75.20	65.38
汉族男性	84.27	84.39	74.36	84.30	75.76	74.73	81.22	69.83	68.94	67.97	67.11	75.00	70.63
回族男性	77.36	78.79	72.55	75.83	81.33	75.43	71.90	71.38	62.01	69.58	69.23	74.74	64.54
汉族女性	86.84	83.67	79.07	79.25	89.36	75.00	82.93	65.00	78.38	72.97	74.29	77.42	66.67

续表

	整村推进	易地扶贫搬迁	产业扶贫	"4+1+1"精准脱贫模式	教育保障脱贫	劳务输出脱贫	社会兜底脱贫	金融服务脱贫	市县扶贫开发驻村工作队帮扶	县领导"一对一"帮扶	科技领导"一对一"包户帮扶	企业"一对一"包人帮扶	东西协作、互派干部帮扶
回族女性	76.62	74.39	72.15	72.34	76.00	71.23	65.79	60.81	65.71	70.49	73.68	76.47	68.33
不同教育程度													
文盲	75.76	83.51	74.57	77.00	81.60	75.00	78.05	74.10	70.97	72.73	72.66	76.23	70.83
小学	84.62	82.64	76.37	81.62	84.03	77.92	78.24	72.96	72.55	73.26	72.93	77.30	72.57
初中	75.51	75.57	67.76	75.00	80.83	68.54	68.59	67.39	69.52	67.76	69.00	70.75	67.53
高中及以上	96.15	72.41	80.00	80.00	89.29	85.19	70.37	80.00	70.83	68.38	72.00	77.78	67.90
不同家庭人均收入水平													
<2971 元	78.13	85.96	76.69	71.26	87.84	77.70	75.64	60.56	71.72	75.37	79.23	81.90	82.00
2971~3600 元	72.73	73.61	75.41	77.61	79.41	71.88	74.41	68.25	68.52	69.39	71.43	63.83	63.46
>3600 元	82.07	79.31	71.43	81.35	75.96	73.28	73.11	72.89	61.08	65.56	63.73	72.84	61.20

资料来源：根据课题组调查问卷整理。

初中文化程度的受访者满意评价比例相对较低但总体上都差异不明显。贫困家庭除了整村推进、"4＋1＋1"脱贫模式、金融脱贫三类的满意比例略低于其他两组，其他项目和措施的满意评价比例都是最高的，尤其是五类帮扶的满意比例明显高于其他两组家庭，这也和帮扶的主要对象是贫困家庭有直接关系。

（三）不同类型建档立卡家庭的致贫和脱贫原因

本次调查问卷中还询问了建档立卡家庭致贫和脱贫的主要原因，根据受访者的回答得到了表18中的结果。

表18　不同类型建档立卡家庭的致贫和脱贫原因

致贫原因	＜2971元	2971～3600元	＞3600元
孩子小（%）	14.67	10.0	9.89
家里有病人（%）	61.33	50.0	49.45
遇到自然灾害或事故（%）	1.33		6.59
家里盖房或结婚欠了外债（%）	9.33	10.0	12.09
孩子上学（%）	6.67	30.0	18.68
家里人口多（%）	4.0		2.20
其他（%）	2.67		1.10
合　计	100	100	100
样本量（个）	75	20	91
如果脱贫或即将脱贫了，主要原因是			
孩子长大挣钱了（%）	13.64	14.63	14.71
家里的病人已经痊愈或逝世（%）	6.06	9.76	7.75
参加了扶贫项目（%）	66.67	24.39	37.43
家里有人外出或在本县镇企业打工（%）	12.12	48.78	39.84
有过干部结对帮扶（%）	54.49	55.56	72.42
其他（%）	1.52	2.44	0.27
样本量（个）	66	41	374

资料来源：根据课题组调查问卷整理。

根据表 18，家中有病人是致贫的最主要原因，分别占到三类家庭致贫的 61.33%、50% 和 49.45%。2015 年依然是贫困家庭的受访者认为，孩子小、家里有外债和孩子上学是致贫的另外三种重要原因，但显然远远低于因病致贫的比例。高于 2015 年扶贫标准但低于 2018 年扶贫标准的家庭，孩子上学致贫的原因达到了 30%，完全脱贫家庭的致贫原因中有 18.68% 的比例选择了孩子上学。

从脱贫原因上看，参加扶贫项目是 2015 年依然为贫困家庭的受访者认为未来脱贫的主要措施，这也再次证实以政府为主导的扶贫项目对贫困家庭意义重大。而完全脱贫家庭（高于家庭人均收入 3600 元）和高于 2015 年扶贫标准但低于 2018 年扶贫标准的家庭（家庭人均收入为 2971～3600 元）将"有过干部结对帮扶"作为最主要的脱贫原因；位居第二的脱贫原因是家里有人外出或在本县镇企业打工，表明这两类家庭已经实现了从输血向造血的转型，立足于自身的发展。

表 19　闽宁镇加快建成小康社会的建议

单位：%

建议内容	＜2971 元	2971～3600 元	＞3600 元
认为 2020 年闽宁镇能全面建成小康社会	97.71	97.26	96.57
为加快小康社会建成，认为本地最应采取的一项措施是			
加大扶贫攻坚力度	76.00	65.75	49.36
加快发展当地经济	3.43	10.96	17.81
加快当地的基础设施建设	3.43	1.37	3.65
政府应当更加廉洁	1.14	1.37	1.72
中央政策应落实到位	4.00	5.48	7.94
应扩大当地就业	6.86	4.11	7.94
应提高就业工资	1.14	1.37	3.00
应调控房价	0	0	0.64
提高医疗水平	2.29	5.48	5.79
提高养老金水平	1.14	4.11	1.29
提高教育水平	0.57	0	0.86
其他	0	0	0
合　　计	100	100	100
样本量（个）	175	73	466

资料来源：根据课题组调查问卷整理。

　　表 18 是受访者对加快闽宁镇小康社会建成的建议。从表 18 可看出，三类家庭都认为要加大扶贫攻坚的力度。但 2015 年依然是贫困家庭的受访者主要关注扶贫攻坚的力度，其比例达到了 76%；高于 2015 年扶贫标准但低于 2018 年扶贫标准的家庭和完全脱贫家庭受访者选择发展当地经济的比例明显提高。此外，落实中央政策、扩大就业和提高就业工资也是三类家庭受访者共同关注到的内容。

文化扶贫与特困山区跨越式发展

李春南　杨欣萌　沈　红[*]

一　文化扶贫：多民族贫困山区的发展探索

威宁彝族回族苗族自治县是一个多民族聚居的人口大县，有着高原的雄浑与悠久的历史，各民族共同创造了灿烂的民族文化。近年来，民族文化产业在这个多民族聚居的贫困山区迅速兴起，民族村寨、民族文字、民族歌舞的开发，是文化资源产业化的重要措施，也是扶贫和脱贫的重要形式。文化资源的开发对贫困山区民族文化的传承与可持续发展的作用及意义有待深入研究。因此，国情调研选取威宁来调查少数民族贫困县的民族文化发展和传承现状，并考察文化资源产业化对扶贫攻坚的作用，评估文化资源开发给民族文化的传承和发展带来的影响。

（一）政府组织的文化扶贫：市场导向

作为我国扶贫攻坚的主战场，边远少数民族地区因其文化多样性和独特性，成为旅游扶贫政策实施的重点区域。2008年至今，从中央到地方各级政府出台和推行了各项规划和方案，推动威宁贫困民族地区发展旅游业。[①]《乌

---

[*]　威宁调研组负责人：沈红、王苏粤；文字报告执笔人：李春南，中国社会科学院研究生院社会发展系博士；杨欣萌，中国科学技术发展战略研究院博士后；沈红，中国社会科学院社会发展战略研究院研究员；数据整理和分析：李春南、刘龙腾。特别致谢对调查报告有重要贡献的国情调查员：杨华忠、赵庆富、王庆华、萧宁、牟德兵、张荣发、杨鼎、陶凯、杨华明、张国辉、朱明富、杨道才、王定昆、吴天旭等，感谢威宁自治县政府各部门、调查乡镇政府的热情支持。

[①]　《中国农村扶贫开发纲要（2011～2020年）》（中发〔2011〕10号），《关于进一步促进贵州经济社会又好又快发展的若干意见》（国发〔2012〕2号），《乌蒙山片区区域发展与扶贫攻坚规划（2011～2020年）》（国函〔2012〕10号），《贵州省威宁喀斯特地区扶贫开发综合治理试点工作总体规划（2010～2015年）》（省政府黔府函〔2011〕77号），这些主要的扶贫政策文件内均将旅游扶贫作为推动老少边穷地区脱贫的重要举措。

蒙山片区区域发展与扶贫攻坚规划（2011～2020 年）》将威宁自治县列为六个旅游业与民族文化产业的重点区域之一①。在 2016 年《乡村旅游扶贫工程行动方案》中公布的全国乡村旅游扶贫重点村中，贵州有 2422 个村入选，威宁自治县占 57 个。2009～2013 年，威宁自治县相继拟定《威宁自治县乡村旅游示范县方案》《威宁自治县旅游发展"十二五"规划》《威宁自治县文化旅游重点特色项目扶持优惠办法》《威宁自治县集中连片特殊困难地区产业扶贫发展规划》，自治县政府在这些规划中细化了推动全县旅游发展的措施，提出让乡村旅游业项目覆盖 100 个村，覆盖农户65430 户，带动贫困户 18410 户，覆盖贫困人口 66260 人。

威宁自治县把文化资源保护与发展作为县政府的一项重要工作，其中生态旅游、民族特色村寨的工作成效显著。

1. 威宁文化资源与扶贫开发

威宁自治县根据本地人文和风景特点，规划了以下主要旅游项目：中国草海生态文化旅游区项目，实施地点为草海镇；乌撒彝人部落旅游区，项目选择在板底乡、百草坪草场、盐仓镇部分区域；"中国石门坎"文化旅游区，项目实施地点为石门乡；马摆大山高原草场乡村生态旅游区，项目规划地点为麻乍乡。②

从主要景区和乡村旅游扶贫重点村的分布来看，乡村旅游扶贫重点村分布较为分散。目前已经开发并且有旅游收入的村庄主要围绕在重点景区和行政中心附近。那些没有分布在主要景区周围的村寨，虽然自然景观和人文景观各有特色，但是由于旅游开发投入高、投资风险高，交通和住宿条件有限，旅游可进入性很低。目前，威宁自治县大部分的旅游文化村还处在规划或者基础设施建设阶段。

威宁旅游业以草海、马摆大山、百草坪、石门坎为核心的风景名胜区申报省级风景名胜区工作已完成资源评估报告，正在进行规划报告的编制。石门乡已经把石门坎申报为贵州省历史文化名村。此外，全县还包括全国重点文物保护单位 4 处（威宁四堡古道、威宁营洪古道、威宁可渡桥、威宁六洞桥长堤），国家级非物质文化遗产 1 项（撮泰吉），休闲避暑

---

① 国务院扶贫办、国家发展和改革委员会：《乌蒙山片区区域发展与扶贫攻坚规划（2011～2020 年）》（国函〔2012〕10 号）。

② 威宁自治县扶贫开发领导小组：《威宁自治县集中连片特殊困难地区产业扶贫发展规划》，2013。

基地 3 处（银龙幸福小镇、江家湾幸福小镇、板底村），乌江源、牛栏江、马摆大山、麻乍坝海营红色遗址、灼浦草场、云贵红军桥、游击团遗址、西凉山等旅游资源。

2011～2015 年，威宁自治县的旅游人次和旅游收入逐年稳步上升，旅游人次增长了 1.2 倍（见图 1），但增长率逐步减缓，从 33% 降到 20%。根据威宁自治县旅游局的统计，前来威宁旅游的游客逐步稳定，主要是来自云南、四川、两广的游客前来休闲度假、清凉避暑。

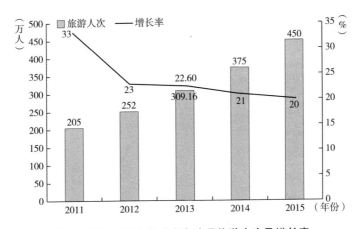

图 1 2011～2015 年威宁自治县旅游人次及增长率
资料来源：威宁自治县旅游局。

与旅游人数逐年上升相对应，威宁自治县旅游收入逐年增加，2011～2015 年增长了 1.1 倍，从 22.2 亿元增长到 42.96 亿元，年均增长 28.25%（见图 2）。2015 年威宁自治县旅游业增加值占 GDP 的 7.3%，高于全国 2.42 个百分点，旅游业已成为威宁自治县的支柱产业。同时，旅游增长率呈现波动状态，在 2012 年旅游收入增长率骤降，之后逐年回升。2009～2011 年威宁正式开始重视打造旅游产业，得益于宣传力度增大和影响力的扩大，旅游人数和收入相较之前迅速增长。在 2012 年之后，威宁旅游推广逐步进入常态化阶段，游客增长较为平缓。

旅游产业的发展减贫效果如何？以威宁草海生态文化旅游区为例，根据威宁自治县旅游局的统计，草海景区近五年来旅游人数增长约 13 倍，收入增长约 59 倍（见图 3）。从宏观的层面来说，旅游经济的增长，对于草海周边乃至整个威宁的经济发展都起到了推动作用。周围村民进入草海旅游公司，从事划船等旅游服务工作。景区周边有些村民的

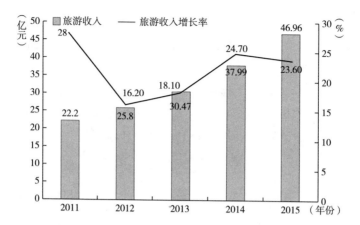

图2　2011～2015年威宁自治县旅游收入及其增长率

资料来源：威宁自治县旅游局。

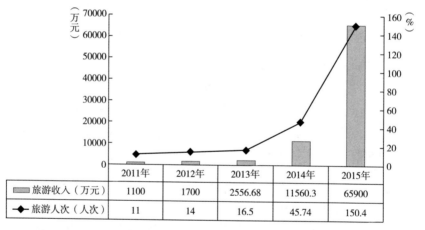

图3　2011～2015年威宁草海旅游区旅游人数和旅游收入

资料来源：威宁自治县旅游局。

30%～40%的收入来自将自己的农产品拿到景区销售所得①。草海乘船分上中下游，一条船六个人，分段为120元、240元、360元。据草海管委会负责人介绍，收入一半用于维护草海旅游公司运转，一半用于船工的劳务②。

威宁自治县推动的旅游扶贫主要有以下模式：景区带村、能人带户、

---

① 王娜：《贵州省民族地区自然保护区建设对当地社区发展的影响》，贵州民族大学硕士学位论文，2013。

② 威宁调研组：《国情调研录音整理：威宁自治县草海管委会座谈录音整理》，2016。

企业（或合作社）+农户的旅游扶贫模式。2015 年，威宁旅游业直接就业人数为 2000 人左右，旅游直接和间接就业人数突破了 1 万人[①]。草海景区直接带动贫困村 22 个，贫困户 187 户，贫困人口 775 人。并且，草海旅游区内成立了银龙幸福小镇乡村旅游专业合作社，该合作社已发展社员单位32 家，其中农家乐 15 家、草海民宿 17 家。

发展旅游总体上改善了当地的贫困状况，但是也存在不足。旅游是否能扶贫，取决于穷人参与决策和运作的机会。在追求短平快的扶贫开发过程中，穷人的参与权利容易被简化为穷人被纳入扶贫项目，而不是扶贫行动的主体。草海的旅游开发增加了当地人的收入，但主要是以间接的方式。尤其是那些贫困的农民，他们面临资金和信息上的短缺，参与旅游开发的能力不足，处在被带动的角色定位中。

同时，威宁自治县文化旅游开发中还存在资源分布和投入不均的问题，尤其是一些边远贫困地区，他们最需要发展的资金和文化保护开发的知识，但是目前的开发模式将大量精力投入了县城周边景点以及重点景点。以草海旅游区为例，作为威宁自治县的重点旅游开放区，其旅游收入和人数占全县比重迅速上升，2015 年旅游人数占全县旅游人数的 1/3，旅游收入占全县旅游收入的 14%。仅"十三五"期间，政府拟计划为草海景区及周边湿地生态修复和旅游发展工程投入资金 61 亿元，这些投资提高了草海景区吸引游客的能力。

然而，非重点景点大多位于乡镇，关注和开发力度不足。据统计，2016 年上半年，威宁自治县乡村旅游共接待游客 81 万人次，乡村旅游总收入为 7.3 亿元。威宁自治县目前很多乡镇旅游产业的开发都局限在单一的观光层次，由于受长远规划缺失、基础设施落后和建设资金短缺等因素的制约，旅游产业未向纵深方向发展。

2. 生态旅游：草海生态文化发展及管理

草海是威宁自治县我国生态扶贫、小额信贷扶贫、旅游扶贫等多项扶贫制度创新的地方。

面积有 5 个西湖大的草海是云贵高原上一片难得的湿地，犹如一颗镶嵌在莽莽高原的耀眼明珠。2011 年 11 月，草海成功申报为国家 3A 级景

---

① 威宁自治县旅游局：《"这里是贵州"——2016 多彩贵州旅游季大型采访活动访谈录威宁访谈内容提要》，2016。

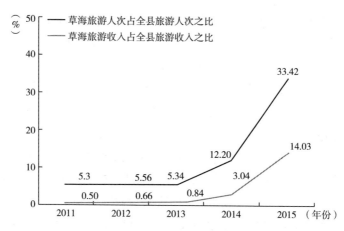

**图 4　2011～2015 年草海旅游人次占全县旅游人次之比和
旅游收入占全县旅游收入之比**

资料来源：威宁自治县旅游局。

区，2012 年 1 月国家旅游局授予草海 3A 级景区标牌。2013 年 3 月，《贵
州草海国家级自然保护区生态旅游总体规划》得到国家林业局的批复。通
过多年旅游基础设施建设，完善配套服务功能，提高接待服务水平，2013
年草海生态旅游度假区已纳入省政府"全省 100 个重点旅游景区"建设序
列，为树立全县旅游品牌形象奠定了良好基础，威宁作为旅游目的地已受
到各地旅游者的关注和青睐。

在草海保护的初期，面临"围湖造田，人与湖争地，人与鸟争食"的
困境，保护草海生态和渔民的生存一度存在尖锐的矛盾。在草海管委会成
立以前，草海周边渔民划私船载客、电网捕鱼现象严重，严重破坏了草海
的生态多样性。草海管委会成立后，探索建立"网格化"执法体系和城乡
疏堵管控机制，打击保护区危害草海生态的各类违法行为。草海公安局、
草海执法大队以及县公安、检察、法院等协调配合，对草海周边"两违"
行为和"乱捕乱猎"违法行为进行打击。管委会建立以来，控制了违法建
筑 112 户，拆除了违章建筑 102 户，打击电网打鱼违法犯罪活动数起。并
且，草海管委会编织一张北岸网管和南岸站点污水处理的全覆盖网络，投
资 7400 余万元的草海污水处理厂，主体工程已经完工，将能日处理 1 万吨
污水。污水处理厂通过活性污泥曝气池处理，可达到城市污水处理一级 A
标，再流入种植有美人蕉、菖蒲等植物的 36 亩人工湿地过滤，即可达到地
表水二类水平，最后再进入草海。

为根治草海的生活污染源，威宁自治县正在实施棚户区改造工程，预计将草海周边上万人迁出，把草海周边恢复为绿地，进一步优化北岸网管和南岸站点，从源头上减少流向草海的生活污水。2016 年，《草海生态保护与综合治理规划》已得到国家发改委批复，项目涉及城镇污水和垃圾处理，水资源控制、生态保护与修复、水资源管理与利用等八大类共 43 项。

草海生态的恢复也带动了旅游经济的发展。根据威宁自治县旅游局的统计，草海旅游收入从 5 年前的 1100 万元增长到 2015 年的 6 亿余元。旅游人次从 11 万人次增长到 150 万人次。草海旅游生态的恢复和旅游的开发，为当地民族文化展示提供了新的平台。当地和云南演艺集团联手打造了大型生态民族歌舞《浪漫草海》，该剧编排展示草海湿地之美的全景剧，分别用现代的声、光、电等手段和舞蹈展现了草海湿地黑颈鹤的婀娜美丽、苗族同胞千年的迁徙和"花山节"的快乐、回族同胞神秘的面纱和艾勒娥圣女生离死别的爱情传说，以及彝族同胞神秘的彝族文化的大型生态民族歌舞剧。

3. 贫困乡村民族风情小镇

威宁自治县政府认为少数民族特色村寨是在社会主义新农村主题下，结合民族政策实施的一项民心工程，保护和发展少数民族特色村寨意义重大。在发展乡村旅游的过程中，政府投入大量资源对于乡村旅游景点进行打造。虽然这种方式有利于解决阻碍贫困村庄基础设施滞后等制约旅游发展的要素，但是政府主导下的景点建设也面临诸多的问题。调查组以草海镇、S 乡的调研为例分析说明。

在多元文化社会中，文化旅游发展模式需要体现当地文化内涵和文化价值，在项目的各个环节上，当地人的智慧及其表现形式作为其文化的重要组成部分必须得到尊重，蕴含着人生真谛和民间智慧的各民族文化以其独特的艺术形式鲜活地体现出来。文化景观并非只是表面上看到的一种光鲜美丽的风景，文化景观表象之下掩盖着复杂的社会关系，是物质性与社会性的统一体。当下，在很多颇负盛名的文化旅游景区，为了实现本地文化产业和旅游产业的快速发展，"穿衣戴帽"和风情小镇等文化建设模式，反而可能抹去当地的文化特色，使之成为千篇一律的样式，造成当地文化特色的褪色。威宁自治县在推动本地民族文化旅游发展的过程中，也一定程度存在类似的问题。但是，参与各方也不断地在套用外来模式发展当地文化旅游的过程中进行反思。

S乡是历史上著名的民族文化之乡，乡内汉、苗、彝杂居，大花苗的传统习俗延续，苗族文化教育薪火传承，文化活动兴盛。2015年成为省重点扶持的极贫乡后，大量扶贫资源进入，这个贫困乡进入开发文化旅游的快车道。

当地政府推动的旅游开发项目主要包括基础设施改善和房屋风貌改造。政府投入了大量资源进行房屋和社区景观改造，"四在农家·美丽乡村"特色村寨改造新农村住房2531户。S乡的房屋改造分为三种方式，乡集镇的房屋统一进行风貌改造，即"穿衣戴帽"工程，统一外观为复古样式，由政府在原来的基础上加盖一层，对盖顶和外墙美化；六条线路沿线进行黔西北民居风貌改造；民族村寨建设，打造苗族风情生态家园两个，目前已经完工。①

在文化特色小镇建设过程中，一些困难逐步显现。

首先，旅游规划和项目实施时间紧迫，设计与村民实际需求有差距。以Z组为例，该村寨为S乡重点打造的民族旅游小寨，项目涉及71户304人，该项目于2015年进入政府规划，当年全面启动，整个规划过程时间非常紧迫。该项目设计主要由省政府派驻的工作队实施，外地设计专家在当地政府官员和村干部的陪同下，在不到一周的时间内考察当地环境，制订出规划。民族旅游小寨房屋沿用西北民居，较少吸收当地苗族原有的建筑文化，房屋设计与村民实际需求存在差距。社区规划设计中存在与当地发展需要不符合的情况，例如Z组作为民族旅游小寨，未来将以发展旅游观光和民宿为主，集中修建房屋单栋住宅面积120平方米，当地每户平均人口5~6人，本身居住空间就拥挤，用以发展民宿的空间严重不足。

其次，建筑风格文化特色不足。新村新居主打的是苗族风情文化，但是项目设计的建筑风格尚未充分体现当地苗族特色，两者之间差距令前来的游客费解。

如何防止文化旅游中的文化褪色？乡政府已经认识到当地居民参与的重要性。调查组发现，当地的政府和居民都在不断地运用自己的智慧，参与到这个文化旅游项目过程中，并且对文化旅游的运行模式进行反思。S乡的文化项目主要负责人就认为，旅游开发还是要立足于本土文化。在两

---

① 贵州省人民政府：《威宁自治县S乡脱贫攻坚总体规划（2016~2010年）》（黔府函〔2016〕42号），2016。

个苗寨建设文化设施，启动民族文化活动室的建设，为苗寨建立一个公共的活动空间。除了文化设施的建设，还要在苗寨中成立文艺队，收集苗族的传统文化。通过组织苗寨中的中青少年，在民族文化活动室里面进行培训与演出，在本寨子里将文化进行传承。组建苗寨文艺队，主要通过唱歌跳舞的方式传承本民族的民族文化。在组织过程中，最重要的是找到既有热心又有公信力和威信的核心人员，让核心人员牵头参与。

同时，S 乡政府现在针对文化遗迹，重点开始恢复原有场景。政府在文化保护上，利用相关领导调查调研的契机，邀请文物保护的专业人士参与到当地的文化保护工作中去，利用专家在遗址防护上排污、排水、防火等方面的建议，同时介绍当地熟悉情况的老人参与到项目的设计与规划中，相互借鉴合作。通过申报非物质文化遗产的方式，把民间的物件收集。目前，县苗学会申报到省文化厅的主要是苗族传统的物件，比如口弦、芦笙等。

在苗族文化传承与保护上，如何保证苗族主体地位？政府也在逐渐地转变工作方式方法，调动苗族群众的积极性和参与性。在修复文化遗址、环境整治等项目中，组织寨子里的人员，把苗族主体引导起来，让他们更多地参与到本民族文化的传承和保护中去。

4. 文化遗产的保护与开发

S 乡文化开发和保护的相关规划已经成型，目前暂定文化遗址的保护和开发方案是通过整体租赁模式进行，景区的所有权和经营权分开，由政府统一规划，授权一家企业较长时间地控制和管理、经营该旅游景区，并按约定比例由景区所有者和出资经营者共同分享经营收益。具体来说，就是当地政府投入进行基础设施完善，引入旅游企业，开发高端的旅游度假区，进行景区改造和封闭管理。[①]

在文化遗迹旅游开发上，今后将会走专业化的方向，开展导游培训，制订旅游规划，结合 S 乡大旅游的方向，逐步将 S 乡的旅游做成专业精品。计划以石门中学为核心区，周边形成点状分布的景点，设立人造景观，做休闲别墅或山庄。将人造景观和学校连接起来，周边的 Z 寨可能进一步会把可以参观的产业放进去。未来引入企业管理势在必行，但迫于政府精力及人员不足问题，现在还未实施。

---

① 威宁调研组：《2016 国情调研访谈整理：S 乡政府访谈》，2016。

引入企业对人文景观进行封闭开发和管理的模式是中国当前人文旅游开发中最常见的模式。这种模式有利于引入经营资本，植入规范化管理，保护物质景观。但是，采用这种模式来开发文化遗址可能引发诸多隐忧。

S乡文化的独特之处，其资源潜力并不在于这些文化建筑本身具有精致的观赏性，而在于该地区经历的跨越式发展历史，以及那段跌宕起伏的历史留下的精神财富。这段独特的历史不能被简化为宗教文化、少数民族文化这些常见的文化旅游标签，而是超越之上的文化交融和文化追思。这一点可以从慕名而来的苗族同胞和外地游客在S乡当地的行动上体现。调查组2005年8月在S乡观察到，前来参加纪念柏格理逝世100周年的上千苗族同胞和民间人士，他们成群结队地去瞻仰柏格理和高志华的墓地，在灵修室、足球场、长房子、石房子面前停留，沿着栅子门长长的阶梯慢慢行走。游览这些地点对于他们而言，不仅仅是观看遗址，也是他们与心中的圣地和那段历史交流的过程。

文化遗址封闭管理可能割裂文化与社群的关系。将一个文化遗址打造为景区，进行封闭管理，看似将其作为一种物质化形式静态地抢救性典藏下来，却可能创建一个与世隔绝的文化孤岛。目前将几处重要的文物隔离起来，然后开发成高档的旅游度假村的计划，实质上是违背了原有的精神，它能给来访者带来什么样的文化体验？对于那些千里迢迢慕名而来的苗族和民间人士来说，封闭景区可能带来副作用，比如历史情感、社区情感的失落甚至于伤害。

贫困乡的文化旅游开发还处在起步阶段，也要避免陷入文化孤岛的陷阱。当地政府需要谨慎审视当地文化及其特质，不能只是简单地照搬其他地方开发旅游经验，需要更多的制度和模式创新保留其文化独特性。文化是在现实生活中通过文化实践不断创新、不断发展的。将文化保护和延续与经济发展、扶贫开发联系起来的时候，应该注重延续文化及其社群的联系，捍卫特定社群作为文化主体的权利和地位。

乡村旅游开发及文化资源产业化，都需要传承和保护民族的传统文化作为支撑，但是让传统的文化继续活态地流传下去，仅仅通过旅游及文化产业化则远远达不到预期。贫困乡民族文化的传承与保护更重要的是文化的传承及人的传承。威宁自治县是彝、回、苗三个民族为主体的少数民族自治县，16个少数民族同胞、汉族同胞共同组合而成，每一个民族同胞的发展对于民族文化发展都起着举足轻重的作用，每一个民族同胞都是文化可持续发展的动力。

5. 小微文化企业的扶持困境

微型企业作为一种新兴的产业扶贫方式正在扶贫攻坚中发挥着重要作用。威宁自治县金融部门、工商局、信用社等，对微型企业的帮扶主要依据"3个15万元"政策，对于文化产业则扶持力度更大。为保障促进民族文化及相关产业发展，威宁自治县将民族文化产业的农户投资门槛降低到不低于3万元，在农户投资的基础额上财政补贴5万元，针对民族文化产业适度加大补贴力度，最高不超过10万元。同时，为增加微型企业的扶贫覆盖面，微型企业审核的其中一个标准是能够获得帮扶的微型企业必须带动5个人就业，对于文化产业类的微型企业必须带动的就业人数降低为3个人。

通过减轻贫困地区微型企业的税收、增加政府财政补贴来帮助微型企业发展并积累资本，获得进一步发展，这是政府推行的旨在通过税收和财政政策来促进贫困地区产业发展的方式。

调研组观察到贫困乡集市上有一家经营少数民族服饰的个体商店，由一位年轻妇女经营七年之久。因做工精致，她的销售额在全乡同行中名列前茅。这家民族服饰店基础投入资金4万元，包括房屋、缝纫器具等，从民族服饰制作到售卖都由她一人完成，月纯收入3000元。

威宁自治县支持文化产业发展，2015年时鼓励民族文化相关产业申报微型企业帮扶项目。乡政府向县工商部门积极推荐这位妇女，帮助店主申请扶贫资金。县工商局的扶贫工作人员亲自到这家服饰店审核，打算批准这家店主立项。但是，这家店主在仔细了解清楚政策之后退却了，表示不愿意接受扶贫项目。问及原因，"政府家的钱不好花"，店主说，能够有政府资金帮扶固然是好事，但是附加条件是要她承诺解决不低于3个人的就业，这位妇女深感难以负荷。店主算了一笔账：如果请3个工人，每个工人每月按照本地平均水平2000元/月支付工资，3个工人每个月至少需要6000元工资。而服饰店月纯收入仅3000元，是需要开支工资的一半。就算工商局投资最大额10万元，这家店也只能维持一年的运营时间。因此，店主以担心过重的社会负担为由，放弃了获得政府扶贫资金的机会。

小微企业扶贫在威宁比较成功的例子，出现在种植、养殖等产业，而文化产业成功的案例尚有待发现。县扶贫部门虽然在文化产业的小微企业的扶持政策上，已经通过投资方式给予力度很大的优惠，但优惠是有捆绑条件的，这个带动 3 人就业的捆绑条件对于真正的小微业主来说，无异于抬高成本、抬高组织门槛，让贫困乡村那些有发展能力的人也望而却步。

（二）民间的文化扶贫：非市场导向

在威宁贫困山区，调查组参与观察过、支持过文化扶贫的不同尝试，组织贫困妇女刺绣小组、举办苗文班等。这样的新事物，收益微薄、带有公益性质，能否成为"产业"或许未知，但是，它们却在非市场导向的轨道上，开辟出了一片新天地，我们称为民间组织的文化扶贫，土壤丰厚，生机勃勃。

1. 民族文字传承的组织和运行

威宁苗族的传统文字又称石门坎苗文、柏格理苗文（Pollard Script），是 20 世纪初苗汉知识分子在英国教育家柏格理先生引导下集体智慧的结晶，这套文字结束了苗族有语言没有文字的历史。石门坎苗文创制出来以后，苗族读书识字的热情高涨。[1]《溯源碑》上记载了当时的盛况："时闻山鸣谷应，牧樵赓赞美之歌，伫见户诵家弦，子妇颂扬之谱。"苗文传播范围之广，超越行政边界、民族边界和宗教教派边界，在川滇黔三省交界地区的苗寨中流传。

老苗文是石门坎文化的重要组成部分，从政府到民间，许多人都在探寻和实践着老苗文的求新图存之路，努力推动老苗文的完善、使用和推广。回顾历史，20 世纪初，传教士便会同苗、汉知识分子依据苗语滇东北次方言创制了老苗文，即"滇东北老苗文"或"石门坎苗文"。这套苗文曾广泛流传使用于滇黔川一带的苗族地区，是国内外苗文中创制较早、推广使用影响较大的一套文字。曾在滇东北次方言区苗族教育的兴起和兴盛上起到重要作用的老苗文，在经历了一系列政治冲击之后遭受了巨大的打击。20 世纪 50 年代，苗族文字从学校教育中退出。直到 20 世纪 80 年代，苗文再次有机会进入乡村课堂，老苗文在民间零星恢复。

威宁苗族在今天的日常生活中，仍普遍使用苗语会话交流，但决定读写能力的双语教学的传统却中断了几十年。调研组在威宁自治县 S 乡、T 乡、L 镇等地了解到，80% 的苗族"只说苗语，不懂苗文"。会写苗文的多是年龄较长、学历较高的苗族教师。其他的苗家人表示因不会苗文感到

---

[1]　沈红：《结构与主体：激荡的文化社区石门坎》，社会科学文献出版社，2007，第 135 页。

"不好意思"，"如果有机会，一定会学习苗文"。

调研组在一个苗寨访问组织民间苗文培训班的负责人，他表示忧虑："苗文在学校中已经找不到一席之位，娃娃们平日里在学校忙功课。如果我们再不把苗文捡起，教娃娃们学，苗文怕是传不下去喽。"因此，越来越多的苗族知识分子开始担心苗文会因其不再作为学生教育考核标准被年青一代认为是"无用之物"，学生对苗文学习的忽略会直接影响苗文的代际传播。

可喜的是，威宁自治县内出现了多主体联合推动老苗文培训的新风尚。

民族文化的传承的坚实基础是本民族知识分子的信念与坚守。威宁自治县石门坎苗族农民杨华明老师就是一个典型代表，25 年来自费外出搜集苗族服饰，搜集整理翻译苗族文史资料，办起了石门坎百年简史展，并且编写了多册图文并茂的苗文识字课本。调查者通过观察村民"家里的博物馆"，看到民间保存民族文化的不懈努力。在威宁和周边的县域，调查组遇见很多如他一样的文化老人，几十年来坚持传承苗文，四处奔走，孜孜不倦。

调研组考察少数民族文化的变迁，并尝试推动有形文物和无形的非物质文化遗产保护多样化形式。多年以来，调研组持续关注民族文化进校园、民族文字进村寨，观察学校、民间保护传承民族文化、文字的组织过程。本报告记录了调研组在威宁观察到的四个苗文培训班的组织过程与培训成果。百年沧桑，贫困的苗族同胞发展乡村教育的历史光辉并未褪去。民间苗文培训班在这样的情况下应运而生。

2. 苗文班：自组织的苗寨盛会

威宁自治县内出现多主体联合推动的苗文班，是民间文化扶贫的创新形式。从 2012 年至今，威宁苗族民间举办苗文培训班已经连续开展了 4 年。县政府、学者、苗族知识分子、教会、学校等多方主体参与到传承老苗文的行动中，使传承苗文成为民间自组织的苗寨盛事。

国情调研基地建立以来，调研组在威宁自治县观察了龙街镇、石门乡和兔街乡的四个苗文培训班。四个苗文培训班累计培训人次 548 人。苗文培训班结业考试成绩平均为：苗文考试及格率 81%；音乐考试及格率 86%；苗文诵读及格率 92%。

苗文班在威宁第一次重要成功举办地是石门坎，即苗语西部方言滇东北次方言标准音所在地，也是贵州省级极贫乡之一。调查组参与观察的最隆重的一次苗文班举办于2012年7月，由石门坎老校友发起的苗文促进会、中国社科院的学者们、威宁自治县苗学会、石门民族学校、石门乡政府共同促成。第一次苗文培训班的圆满成功给予威宁各乡镇苗族重要的鼓舞和文化信心。随后的几年，石门乡两个苗寨举办了三期培训班。威宁自治县的羊街、大街、兔街等苗族聚居地均有老苗文培训班。

天生桥和大水塘苗文班的办班场地在村办小学，是暑假期间由当地苗族老师动员、组织苗寨村民办起来的。苏科寨和觉乐块苗文班是以当地教会为依托，由教务组与当地学校苗族老师动员当地村民在寒假办起来的。调研组观察、参与了四个苗文培训班的组织过程，从起草动员村民组织办苗文培训班到结业典礼。苗寨村民在极艰苦、资金短缺的条件下，将办班成本压缩到最小、收益扩散到最大。

新龙村大水塘苗文培训班是由本村苗族老师们在新龙择善第二希望小学发起，80名学员主要为暑期放假的学生。他们的办班成本与筹到的经费比为1.14∶1；年丰村苏科寨苗文培训班覆盖年丰村、新合村的村民和寒假的学生们，160多位学员错落有致地坐在大教堂里，在现场观察的我们千方百计想为他们拍一张"合家福"，结果终是没成功。让人惊叹的是，年丰村苏科寨苗文培训班的办班成本与筹款金额比为4.15∶1。这样的奇迹是齐心协力地创造出来的；是苗民在冰天雪地中捡柴并一筐筐背出来的；是你家一块肉，我家一袋米奉献出来的；是每个深夜大家围着柴火商量出来的。

2015年7月，L镇天生桥同样办起苗文培训班。龙街镇位于威宁自治县城西北70公里的农业山乡，天生桥因独特的喀斯特地貌而得名。这里历史上曾是石门坎光华小学一个分校。天生桥苗文培训班在苗民们千呼万唤后，伴着灼灼烈日火热开班。

2015年9月，T乡觉乐块教会赴石门坎参加纪念柏格理先生逝世110周年活动。觉乐块人了解到石门坎等地苗文培训班办班的可行性，决定效仿学习，在2016年1月在苗寨举办苗文培训班。

苗文培训班一般举办7～10天，主要讲授石门坎老苗文和民族音乐。参加课程学习的多为妇女，她们平时通过读经初识苗文。

贫困山乡民族文化传习班面临缺少经费支持的问题，但是我们观察到，这些乡村苗文培训班都在极度缺乏经费的情况下成功举办了苗文培训班，参加学习的村民和学生人数约 550 人。调研组将四个苗文培训班的办班成本与筹到的经费做了对比，如表 1 所示。

表 1　民族文化传习办班成本与筹款比较

培训班名称	距县城的距离（公里）	学员数量（人）	办班成本与筹款之比
大水塘苗文培训班	150	120	1.14∶1
苏科寨苗文培训班	156	150	4.15∶1
天生桥苗文培训班	80	136	1.84∶1
觉乐块苗文培训班	60	142	2.14∶1
小　计		548	

资料来源：调查组对培训班组织者的连续访问。

由数据可知，四个苗文培训班办班成本与筹到现金之比最小的是 S 乡大水塘苗文培训班，为 1.14∶1，而成本与筹款相差最大的是 S 乡苏科寨苗文培训班，为 4.15∶1，相当于苏科寨苗家人用手里仅有的一元钱办成了需要四元钱才能办成的事。这样的办班经历让"没钱是万万不能的"的传言不攻自破。苗民是如何做到在经验远远不够时顺利办班的？苗民投工投劳，"众筹"物资：苗民在冰天雪地中捡柴并一筐筐背到苗文培训班；是你家一块肉，我家一袋米奉献出来的；是每个深夜大家围着柴火堆，你一言我一语共同协商出来的。

苗寨里的村民是民间苗文培训班的主体。同时，调研组了解到每一个民间苗文培训班的成功举办都是多主体共同协作的结果。四个苗文培训班的主要参与主体如表 2 所示。

表 2　民族文化传习参与主体

苗文培训班名称	参与行动主体
大水塘苗文培训班	代课教师、村民、村小学、乡政府领导、助学网①
苏科寨苗文培训班	村寨教会、苗族教师、村民、县乡政府领导、县苗学会、国情调研员
天生桥苗文培训班	苗文促进会、村小学、苗族教师、村干部、镇政府领导、村民、助学网
觉乐块苗文培训班	村寨教会、苗族教师、村民、县苗学会、助学网

①　助学网，贫困社区教育支持网络的简称，在威宁自治县石门乡等贫困乡持续开展公益活动十多年。

苗族教师是苗文培训班最重要的构成。在四个苗文培训班中，除龙街天生桥是由石门坎苗文教育促进会的陶绍虎、杨世武老师授课，其他三个苗文培训班的授课老师大多是退休的苗族老师，他们将教授苗文视为己任。调研组发现讲授苗文的老师普遍高龄化。调研组在 S 乡接触到的 6 位苗文教师平均年龄达 63 岁，可见苗文培训的紧迫性和民族文字消失风险之大。为节省开支，这些苗族教师多次表示愿意义务授课，将苗文引进村寨。

四个苗文培训班学员共计 548 名，主要以在校生为主。这些学员中，最小的学员仅 6 岁，学前班在读，年龄最高的学员 71 岁。山区交通条件不便，天生桥苗文培训班为部分外来学员提供住宿，最远的学员家庭住址距离苗文培训班开班地点 70 公里。学员家乡范围覆盖云贵两省的六个乡镇：威宁自治县龙街镇、S 乡、T 乡、黑石镇、麻乍镇和盐津县生基坪。

苗文培训班除苗族教师和学员之外，社区内的教会与学校为培训班提供场地，使苗文培训成为可能。同时，助学网给 S 乡、L 乡和 T 乡四个苗文培训班少量的支持。

民间文化传承活动的成功离不开地方政府的支持。调研组在对威宁自治县苗文班的持续调查中观察到：不论苗文班的规模大小，县政府、乡政府的民族领导干部都会出席苗文培训班的开学或结业典礼。这已经蔚然成风，形成了小传统，体现了政府的重视和积极支持。

大水塘苗文班举办时，通往大水塘苗寨的路况非常差，石门乡苗族乡长、乡武装部长，会同乡中心小学校长、本村全体乡村教师一起，按时出席培训班结业典礼，并为成绩优秀的学生们颁奖。

苏科寨苗文班举办时，更有往返 300 公里前来的威宁自治县民宗局副局长、县苗学会会长、县民政局张老师、县民宗局杨老师及石门乡政府两位负责人莅临。领导们高度赞赏苗族同胞克服困难学习苗文的热情，也表达了他们对苗族传统文化继续传承的殷切希望。

天生桥苗文班举办时，龙街镇副镇长、政法委书记、综治办主任出席培训班结业典礼。正在如火如荼进行中的兔街觉乐块苗文培训班同样得到威宁自治县苗学会的大力支持，王庆华会长及 T 乡苗学会联络员与觉乐块苗文培训班负责人共同商讨、解决培训班教材及奖品。

县、乡两级政府一次又一次对苗族师生进行鼓励，重视村民对乡土文化的热爱，是保护村民对于民族文字的珍视之心，促进村民致力于乡土文化传承。威宁自治县苗学会总结改革开放 30 年以来的保护老苗文行动，是由在政府工作的苗族干部和苗族教师们推动的，主要包括老苗文文献整理和出版工作方面的积极进展。

3. 苗文传承激活历史记忆

调研组访问不同的接受苗文培训的人，苗文课的最大收获是什么。在校生回答"不光会说苗语，还会识、写苗文了"；妇女告诉调研组"终于不再是文盲""识得《圣经》里的字了"。组织苗文培训班的负责人还会讲出办班与教学经验中的不足，争取在明年办班时规避不足。

三年来，调查组持续观察威宁多个村寨的苗文班，不仅举办顺利，而且深受村民欢迎。通过苗文培训班的学习，许多苗民妇女的民族阅读能力、识字能力得到提升，原来的民族文字盲减少了。妇女因识字，自信心和精神面貌有很大改观。她们尝试将民族文字刺绣到衣服和挂饰上，甚至有些学会民族文字的妇女尝试做电商。

石门坎苗文是威宁自治县民族教育历史的集体记忆，承载着少数民族教育的辉煌历史。如今，通过一次次的苗文培训，苗文开始进入课堂也开始进入山村日常生活。调查员观察到：在大水塘雪后，刚上过苗文培训班的小学生在他们堆的雪人上贴出的爱心提示中出现苗文，巧妙地学以致用。

调研组注意到，民间苗文培训班作为一种防御苗文消失的行动，呈现这样一些特点：第一，苗文培训班是社区能力建设，充分体现社区自组织的能力，展示社区的智慧与凝聚力。苗寨社区的自组织能力极强，在经费短缺的情况下也能够办好苗文培训班。第二，举办苗文培训班的成功案例能够在苗寨迅速传播、复制。民间自筹举办苗文培训班的经验在苗寨中相传，并能在很短的时间内尝试。如 T 乡觉乐块苗文培训班在 2015 年 9 月到 S 乡了解到民间办苗文培训班的事情，在 2016 年 1 月就成功落实举办了属于觉乐块的苗文培训班。第三，苗文培训班得到县级、乡级领导，苗学会，学校等的支持。

除威宁自治县以外，彝良、昆明、昭阳、永善、大关、盐津等地的苗族、苗文研究者和志愿者亦投入大量的精力传承老苗文。在云南昭通地区，在苗族知识分子的努力之下，老苗文被确定为盐津县非物质文化遗产。目前，滇东北地区的老苗文教材多达十几种，这些民间课本凝聚着苗族群体传承民族文化的决心，对传承老苗文发挥着重要作用。

在各方努力之下，老苗文得以重新在苗族社群内部推广，但是，传承老苗文依然面临严峻挑战。调查组 2016 年在一个苗寨调查时了解到，46 户苗族中，仅有 6 人能看懂老苗文，并且年龄均在 40 岁以上。由于历史原因和老苗文本身不规范，老苗文一直被排除在正式的教育系统之外，只是作为辅助学习新苗文的工具存在。在规范和统一老苗文方面，由于各方意见不一，尚未达成共识。在外出打工的苗族年轻人中，老苗文的普及率很低。

目前 S 乡开展的非物质文化遗产工作，主要是将苗族传统文物收集起来，建设文化陈列室。S 乡作为扶贫攻坚的重要战场，贵州省文化厅"非遗"保护处很重视老苗文的"申遗"工作，专程来石门乡调研，考虑如何采取变通的方式将老苗文纳入非物质文化遗产类别。目前的工作思路是先把台子搭起来，向申报非物质文化遗产的方向努力。

（三）民族文化发展的可持续性

在少数民族地区扶贫攻坚中，文化扶贫、旅游扶贫受到越来越多的关注。对于少数民族文化如何持续发展、浴火重生，政府和民间都在进行不懈探索。探索的问题包括：扶贫政策和文化产业项目能不能适应多元文化的发展需要，能不能适应少数民族文化发展与保护的新需求，贫困地区旅游开发项目如何平衡开发和保护的关系，这些问题都与民族文化发展可持续性休戚相关。在国情调查中，调查组看到政府、民间运用各自方式参与其中。

从总体上说，威宁自治县旅游开发取得较大成就，但是资源分布和投入不均的问题制约着边远贫困文化村寨的发展。发展文化旅游从总体上改善了当地的贫困状况，但是文化扶贫机制需要转变，以适应当地人的发展需要，增加穷人参与决策和运作的机会。尤其是贫困农民，他们在资金和信息上的短缺，很容易陷入被带动的角色中。如何让他们成为文化发展的主体，让他们成为文化旅游发展的最大受益者，依然任重道远。

文化扶贫、旅游开发不仅仅是物质景观的资源利用和市场传播，也是当地社区经济和社会生态的一次变迁。威宁自治县的旅游开发中包含多个行为主体，各主体之间形成了非常复杂的利益关系。能否建立一个公平合理的利益分配机制，直接关系到贫困人群在旅游发展中的获益程度。政府在旅游扶贫开发中居于主导地位，从宏观上掌握着各行为主体利益分配机制的权力，如何调节旅游开发商、工商企业和贫困农民之间的合理的利益分配比例，这是未来贫困县、贫困乡镇政府推动旅游扶贫过程中须认真思考的问题。

在保护民族文化的过程中，政府、学者、知识分子、学校等多方主体参与到传承的行动中，调研组持续关注民族文化进校园，民族文字进村寨，观察并参与学校、民间保护传承民族文化、民族文字的组织过程。

贫困地区的文化旅游开发还处在起步阶段，也要避免陷入文化孤岛的陷阱。当地政府需要谨慎审视当地文化及其特质，不能只是简单地照搬其他地方旅游开发的模式和经验，需要更多的因地制宜的制度创新，以保留其文化独特性。文化是在现实生活中通过文化实践不断创新、不断发展的。将文化保护和延续与经济发展、扶贫开发联系起来的时候，应该注重延续文化及其社群间的联系，捍卫当地社群作为文化主体的权利和地位。

二 飞跃发展的道路与农房：特困山区最高效的建设项目

威宁彝族回族苗族自治县位于贵州省西北部，北、西、南三面与云南省毗连，一直是乌蒙山区连片特困地区的国家扶贫开发工作重点县。调查组认识到贫困山区在脱贫发展的过程中，政府公共服务的供给方式的转变，对于贫困人口脱贫能力的增长具有关键性的影响。陷入贫困的风险既存在于穷人的生活、家庭生活中，也存在于社区生活和生态环境中。政府的公共服务机制是各个扶贫主体共筑防御返贫风险的重要基础。调查组通过对威宁自治县的公共服务，例如交通扶贫、教育扶贫、卫生扶贫等多个角度来考察贫困山区发展中的风险发生和防御过程。

威宁自治县公共服务的跨越式发展首先体现在政府对公共服务投入的资源的急剧增长。自从 2009 年被国务院列为全国喀斯特地区扶贫开发综合治理试点县后，威宁得到了来自中央、省、市和对口扶贫单位的各种扶贫资源和政策支持，极贫地区的公共服务实现了跨越式发展。

（一）交通扶贫打通深山区发展动脉

威宁自治县交通扶贫项目，通过多种方式加快交通路网建设进度，目前已经形成日益完整的乡村路网，不仅解决边远山民行路难问题，而且为山区修筑经济"动脉"和血管，为贫困的综合治理打下有效的物质基础。

目前，326 国道和 356 国道纵横交错于威宁自治县城，内昆铁路每天有 20 余次列车停靠草海。国家和省在威宁规划"一个机场（草海 4C 机场）、四条铁路（内昆铁路、昭黔铁路、六威城际快铁、渝昆高铁）、四条高速公路（毕节至威宁高速公路、六盘水至威宁高速公路、昭通至威宁高速公路、宣威至威宁高速公路）"主体交通网络的实施，3～5 年威宁将成为区域性节点城市，对外通达条件彻底改善。

威宁自治县还加强了偏远贫困乡镇的交通投入，以威宁自治县最偏远的贫困乡石门乡为例，交通扶贫带来的变化最明显。

在 2014 年以前，进出这个乡就好比一条死胡同，虽有村庄和云南彝良县接壤，彝良的县道就从本乡旁边通过，但由于地势险峻，本乡没有财政能力修路去接通，只好眼睁睁看着别人通畅的交通叹气。年老体弱的村民如果要想搭车去北面的彝良，就不得不从南面的中水镇绕道昭通市，10 多公里的步行距离如果乘车就要多绕出 100 公里。据乡政府介绍，交通部门 2015 年修通了到昭通的出省通道、S 乡与彝良的断头路，石门到昭通的车程将缩短为 35 公里，到彝良县的距离缩短为 80 公里。石门乡终于走出了贵州省公路的"死胡同"①，石门坎位居"公路网末梢"②的历史一去不复返。

就区位分布而言，石门乡虽在行政区划意义上隶属威宁，但其经济发展需要依托云南省昭通市便捷的交通和市场条件。作为典型的山地乡镇。全乡被两条河相阻隔，一道大山梁被切断成三个大沟。人居分散，部分村组落单，独处一隅。这些单村的小组，远离乡镇干道，修筑道路成本也很高，群众投工投劳根本无法修筑。

贫困乡政府积极争取上级项目资金，发挥民办交通的积极性，探索农村公路多元投资的方法——国家投资为主、县乡财政为辅、社会各界共同参与的农村公路投资新体制，促进农村道路交通提速发展。道路修建由政府引导走向了家庭自发需求，如 GC 村，因居住分散道路修建困难大，但村民自发协商，共同出资修建通组主道路，家庭自己开挖进户路。2015 年调查期间，该村道路交通基本开挖完成。

依托交通扶贫资金，石门乡近年来逐步修筑了偏远村寨的通村公路、

---

① 杨鼎：《筑起大道奔小康》，S 乡人民政府提供，威宁发布网，2015。
② 沈红：《石门坎：炼狱还是圣地？》，《中国国家地理》2004 年第 10 期。

通组公路。当第一辆农用车开到偏远的 NF 村七组时，孩子们欢呼雀跃、老人们老泪纵横。70 岁老人说，他没有想到有生之年还会在自己的家门口看到车子，往年成熟了无法运出去的水果，今年就不会再让烂在树上了。

调查组多年前抵达过一个独特的偏远村寨：YP 村 YX 组，这个村寨远离所在行政村，羊肠小道都要从陡坡经过。全组村民拥有一辆他们视为全村寨宝贝的拖拉机，最早是全村人翻山越岭，用全村人的肩膀扛到寨子里面来的。因为寨子通往外界是没有车路的，他们只好集中人力，拆分车体，一步一步把车子扛进来再组装运行。这辆拖拉机是特困山区交通贫困的见证，也是他们齐心协力战胜交通贫困的见证。

经乡政府与农网改造施工方协调，2013 年村两委负责协调土地，农网改造施工方出资，终于修通到组的道路。在一家企业的支持下，由村出土地公司出资，修通了到邻村的道路。巧用社会各界力量，完成了一些偏远村寨的通组路，初步解决了当地农民的出行困难。2013～2016 年石门乡内改造村际道路，晴通雨阻的道路交通大大改观，村民获得了越来越便利的出行条件。

在石门乡的调查中我们了解到，近年以来的交通建设，乡内的路网基本形成，乡内通村路、通寨路、联户路等交通基础设施全面启动，全乡通村路已有 67 公里改造为油路或水泥路，启动新修乡村道路 74 公里未完工，现有道路 183 公里。[①] 小城镇路网建设也已启动，百姓出行难得到改善，有效破解了石门乡发展的瓶颈之一。2016 年威宁自治县交通部门为其启动修整四条出乡道路的项目，建成后将改变石门乡处于全省交通干线末端的处境，乡到县城的路程缩短约 40 公里，两小时可到达县城。石门乡未来的目标是使其成为疏通云贵边界的重要交通枢纽。

（二）五在农家：威宁特色的美丽乡村建设

农村基础设施建设是贫困山区扶贫攻坚的重点环节，威宁自治县政府提出了"四在农家·美丽乡村"，以农村人居环境综合整治为重点，加快农业产业结构调整，加强农村基础设施建设，全面改变农村面貌。该项目计划 2017 年创建点覆盖 90% 以上的行政村，创建"四在农家·美丽乡村"普及型 273 个，小康型 150 个，示范型 102 个，村庄环境整治覆盖所有行

---

① S 乡政府：《S 乡脱贫攻坚工作开展情况汇报》，2016。

政村，为全县"决战贫困、提速发展、同步小康"奠定基础。

在政府扶贫过程中，围绕农村水、电、路、通信等面临的困难进行的基础设施建设，对于缩小边远山区与发达地区的差距，提高边远山区人民生活水平起到了关键性作用。仅 2016 年，全县在长流性水源地区新建水池 637 口，管道入户 25777 户，119992 人饮水安全问题解决；2015 年至 2017 年，计划完成小康电投资 1.15 亿元，供电可靠率达到 99.9%，居民客户端电压合格率达到 97%；2015 年实现全县 39 个乡（镇、街道）627 个行政村（社区）100% 道路通畅，2016 年，完成通组路硬化 246.25 公里，实施"两个硬化"工程 3829 户；"村村通宽带""村村通电话"工程，2016 年安装宽带 243 户，新增通闭路电视 688 户；邮政"乡乡设所、深化村邮、邮政网点改造、快递下乡"工程，提高乡村通信基础设施配套水平；安装路灯 946 盏，通自来水农户 13925 户。开展农村精神文明创建，新建图书室 18 个、文化活动室 20 个、卫生室 28 个、活动小广场 15 个；农村环境卫生整治中，新增垃圾收集设施 51 个，新增排污管网建设 2500 米，改造农户厨房 163 户，改造厕所 122 户，改灶 1205 户，植树绿化美化 14816 棵。

（三）贫困农村的房屋改造与债务风险

这些基础设施建设对于促进当地经济和社会发展起到了重要的作用，但是，在推动基础设施建设的过程中，当地政府和居民也面临新的风险，例如贫困村民因为危房改造项目负债；一些村庄内部贫富差距拉大；扶贫功绩背后，社会负面后果和风险不断积累，政府当前的扶贫评估和责任机制对此反应缓慢。

威宁自治县以解决农村困难群众的基本居住问题为目标，通过政府补助、农户自筹、政策扶持、社会互助等措施，实施农村危房改造"整县推进"。经 2008 年摸底调查，威宁全县共有危房户 68769 户，其中一、二级危房户达 54911 户。2009 年，由于威宁自治县境内连续发生多次 4.0 级以上地震，造成部分民房倒塌和损坏，新增地质灾害危房 7228 户。威宁自治县制订计划，2018 年前全面完成农村土坯房（危房）抗震改造总体目标任务 102248 户。

2011~2014 年，威宁自治县共投入各级财政补助资金 5.34 亿元，完成农村危房改造 63266 户；2015 年实施危房改造 4 万户，其中土坯房

37589 户，其他结构 911 户，地质灾害搬迁 1500 户；在补助标准上，特困户每户补助 5 万元，地灾户每户补助 3 万元，一般户每户补助 2 万元。2016 年，全县各乡镇（街道）改造任务 20000 户。其中，特困户 2145 户、地灾户 1467 户、一般户 16388 户。

贫困面大，贫困度深，危改户自身积累较少，除国家补助外，需要危改户自筹大部分的资金，给他们带来了新的负债。据调查组调查，在危房改造的过程中，边远山区居民资金短缺成为突出的问题，因建房负债的农户数量剧增。在边远山区，农民新修住房是家庭最重要的支出，尤其是关系他们家庭成员婚丧嫁娶的大事，在国家政策的鼓励下，他们一般选择一次性修建较为宽敞和高质量的房屋，其样式和规模往往超出政府预期。调查组根据威宁自治县 S 乡 N 村的抽样调查发现，该村村民建房自筹资金规模平均达到 3.8 万元，村民实际拿到的补助仅仅占建房款的 20% 左右，该村官方数据农民人均纯收入在 5000 元左右，也就是说，该村村民参与危房改造负债风险很高。

在危房改造过程中，除了村民面临的债务风险，政府也面临政策实施的风险。为了保障危改房的政策，县政府分别与 35 个乡镇签订了《威宁自治县农村危房改造工作目标责任书》，实行领导分片联系、部门包保到户责任制，对干部实行绩效考核。建设部门组织力量深入实施危改的村、组举办建筑专业知识培训，并作现场指导和讲解，确保危改工程质量；有关单位和部门配合县农村危房改造办公室，随时对实施的危改工程进行督察，确保工程进度。

在政策实施的过程中，危改房的补助款发放不齐的情况比较常见，最大的原因来源于地方配套资金匮乏。同时，政策实施过程中出现的个别不公平现象严重影响着农民对于这项惠民政策的评价。如何减轻扶贫项目对边远山区贫困农户带来的资金压力，如何保障制度运行过程中的公平性和公正性？当地政府目前已经在行动，在 2016 年威宁自治县对 2014 年至 2016 年三年内享受农村危房改造补助户进行实地察看，察看是否进行了危房改造，是否存在虚报冒领补助资金行为，检查在发放过程中是否存在"吃拿卡要"行为，是否存在村干部克扣补助资金行为。截至 10 月，共发现问题 121 个，立案 40 件，党政纪处分 38 件 40 人，涉及金额 96.81 万元。这些措施也有利于推动完善这项民生工程，保障惠民措施真正帮扶贫困山区居民。

三 难以跃迁的山区医疗卫生服务

（一）威宁医疗卫生服务现状

威宁彝族回族苗族自治县是典型人口密集的喀斯特地貌山区，远离发达的经济、政治、文化中心[1]，2009 年威宁被国务院扶贫办列为扶贫开发综合治理试点县后，扶贫力度剧增，带来了县域经济的快速增长。而威宁和全国的水平相比，差距仍然很大，从 2000 年的 3.7 倍扩大到 2014 年的 4.8 倍。威宁自治县目前人均 GDP 相当于全国 2002 年的水平，也就是威宁的经济发展比全国落后 10 年以上。经济贫困、地理位置边缘和人口多构成了威宁自治县医疗卫生事业发展的三个基本面，制约着医疗卫生资源的可及性和可得性。[2]

近十年，随着国家政策、资金逐步向基层医疗卫生倾斜，边远地区的医疗卫生资源和服务状况得到很大改善。威宁自治县政府对于医疗卫生事业的投入逐步加大，十年内医疗卫生支出增长了 17 倍，占地方财政总支出的比例逐年平稳上升，到 2015 年占到财政总支出的 13.5%（见图 5）。

威宁自治县目前共有各级各类卫生计生机构 707 家、县级公立医院 2 所（县人民医院、县中医医院）、民营医院 35 所，乡镇卫生和计划生育服务中心 35 所、社区卫生服务中心 2 个、村卫生室 610 所，基本实现了对行政区内所有的基层组织全覆盖。然而从总体上看，威宁自治县医疗卫生资源供给不能满足居民的需求。2014 年全县只有执业医师 1110 人，平均每千人拥有职业（副）医师为 0.76 人，排名全省最末。每千人口拥有床位 2.3 张，低于全省 3.81 张/千人的平均水平。同时，优质医疗资源在布局上不合理，两所县级公立医院均分布在县城，边远地区居民前来就诊成本高。

两所公立医院编制床位数 500 张，实际开放 800 张，2014～2015 年上半年床位使用率为 130%，住院高峰时达 160% 以上，县级公立医院作为群

---

[1]　威宁自治县县城距贵阳 310 公里，距昆明 360 公里，距成都 620 公里，距重庆 540 公里。

[2]　"可得性"归于供方范畴，指卫生服务的存在性，"可及性"归于需方范畴，指卫生服务需方实际获取或利用卫生服务的能力。满足需方是出发点，要保证需方的可及性，可得性又是前提。

图5 威宁自治县医疗卫生支出及占总财政支出的比例（2007～2016年）

资料来源：威宁自治县统计局：《威宁彝族回族苗族自治县统计年鉴》（2007～2016年），根据其中财政决算表数据综合计算。

众就诊的主要场所，长期处于高负荷运转状态，不能满足居民的医疗保健需求。加之威宁自治县整体医疗水平与周围行政区（如六盘水市、昭通市、宣威市）相比较落后，也造成了病人向周围优质医疗点的流动。

为了改善基层的医疗卫生条件，提高基层医疗机构的服务能力，国家推行了一系列重要的医疗改革措施：2003年新农合在全国推开；2009年，全国开始启动新一轮医药卫生体制改革，实施国家基本药物制度、基层医疗卫生机构综合改革、公共卫生服务项目[①]。威宁自治县也在国家推动下开始逐步推行这些政策。

威宁自治县按照国家卫生计生委、财政部、国务院医改办《关于确定县级公立医院综合改革第二批试点县的通知》（国卫体改发〔2014〕13号）和《关于印发贵州省推进县级公立医院综合改革的实施意见的通知》（黔卫计发〔2014〕37号）文件和省、市安排部署，根据"保基本、强基层、建机制"的原则推行医改。主要的措施包括：提高县级医院的服务能力，从2014～2015年，县级财政对县人民医院、县中医院人员经费、基础设施建设、大型设备购置、人才培养、公共卫生服务等投入经费共计1050万元。县医院自2015年7月1日起不再收取药品加成，大型医疗设备CT、彩超检查费降低10%，将门急诊和住院医事服务费全部纳入"三大医保"报销，并实施"当场补偿、及时结报"制度。

---

① 中共中央国务院：《关于深化医药卫生体制改革的意见》，2009。

威宁自治县按照毕节市的要求，2011 年实施国家基本药物（以下简称"基药"）制度，所有政府办医疗卫生机构、所有村卫生室和纳入新农合及医保定点的民营医疗机构都必须配备使用国家基药和省增补药物并 100% 网上采购，政府办基层医疗卫生机构和村卫生室必须 100% 使用基药（含省增补药物）和 100% 地实行零差率销售。

随着新农合、基层医疗卫生机构改革、基本药物制度和公共卫生项目的开展和完善，基层医疗卫生体系逐步建立，基础医疗服务可及性不断提高。但是，根据本次调查，农村居民面临的求医困难，主要集中在两个方面：第一，基层优质医疗资源短缺，医疗服务能力分化的现象严重。大型医疗机构得到资源和支持的力度大，服务能力增强，而基层卫生院人才流失、积极性下降、医疗服务功能减弱，基层医疗服务依然是整个医疗体系中最薄弱的环节。第二，农村居民的医疗负担依然很重。新农合保障水平逐年提高，但是医疗费用也逐年提高，威宁自治县次均住院费用为 4272 元（去年同期 3572 元），威宁自治县农民人均纯收入才 4861 元，大病和慢病的治疗费用对于多数农村家庭依然是沉重的负担。

（二）新农合制度运行

新型农村合作医疗是以大病统筹为主的农民医疗互助共济制度，对于缓解农村居民因病致贫问题、维护农村社会安全和社会保障发挥了重要作用，其运行效果直接影响到贫困人群医疗服务的权益获得。

1. 新农合制度运行概况

威宁自治县从 2007 年以来，全面推开新农合制度，并且在 2012 年实行城乡居民医保制度，消除城乡居民医保制度的差异。从目前的数据来看，威宁自治县农民参合率逐年提高，参合规模逐步扩大。筹资水平不断提高，2007 年、2008 年人均筹资 10 元；2009 年、2010 年人均筹资 20 元；2011 年人均筹资 30 元，2013 年、2014 年人均筹资 50 元；2015 年人均筹资 70 元。

2011 年参合率达到 99% 后，一直稳定在这个水平。但是，这个数值的可靠性有待商榷，调研中发现，在偏远的乡镇，尤其是出门打工人口较多的乡镇，参保率维持在 80% 左右。从补偿人次上来看，2014 年比 2007 年增加了 10 倍（见图 7）。从总体上讲各年之间的差距较大，门诊补偿人次远高于住院补偿人次，住院补偿人次逐年略有上升，门诊补偿人次变化较

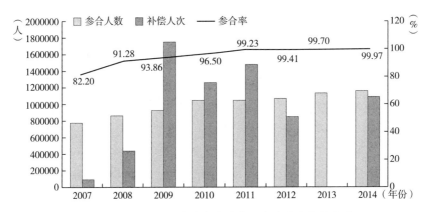

图6 威宁自治县新农合参合人数、参合率和补偿人次

资料来源：威宁自治县新农合历年工作报告和数据，2013年补偿人次资料暂缺。

大。尤其是在2009年达到最大值，主要增加的是门诊补偿人次，这是因为威宁自治县当年大幅度降低了门诊补偿起付线，县级医疗机构为200元，乡镇卫生院为100元，并且在成为国家级扶贫示范基地之后，开始加大投入，完善基层医疗卫生系统。

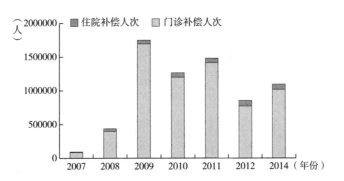

图7 威宁自治县城乡医保补偿人次构成（住院补偿和门诊补偿）

注：因数据资料收集不全，2013年数据未找到。

资料来源：威宁自治县新农合历年工作报告和数据。

图8数据显示，新农合补偿金额逐年上升，在2013年达到4亿元。参合农民受益率在2009年达到100%，也就说通过新农合报销的人次超过了参保的人数。虽然这个指标并不能说明新农合实际的社会效益如何，但是证明了一点，新农合实行了8年，新农合使用逐步地常态化，成为农民就医过程中最重要的保障机制。

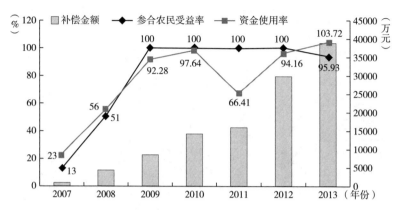

图8 威宁自治县城乡居民医保补偿总金额、参合受益率、资金使用率
资料来源：威宁自治县新农合历年工作报告和数据。

新农合资金的使用率总体上升，在2011年有所下降，结合图8，2011年的补偿人次也呈现下降趋势，这个现象在此次调查中调查组目前无法解释原因。结合2007～2014年的新农合的数据，总的说来，新农合已经逐步地在农民的看病问诊过程中发挥基础的保障性作用。但是由于新农合政策每年变动不定。这些政策的变化，影响了农民的就医选择，也使得新农合的补偿人次和资金使用率等数据呈现不规则的变迁趋势。

2. 农村居民使用新农合的困难

威宁自治县新农合运行中，贫困地区农村居民主要面临三个方面的困难。

第一，目前参合农民自己自付比例仍然很高。新农合筹集资金总量有限，为了控制风险，设置了起付线、共付水平和封顶线，根据今年新农合的政策，各地都加强了二次补偿的力度，能够部分缓解因为大病负债的情况。但是，到县级及以上医疗机构看病自费的比例达到25%～50%，虽然政策对于贫困户和低保户提高了10%的报销比例，但对于那些贫困家庭，即使缴得起合作医疗经费，也支付不了住院治疗费用。对于普遍贫困的山区，由于贫困户和低保户的名额有限，当地居民普遍不富裕，他们无法享受对于贫困人群的特殊政策，医疗费用始终是他们看病过程中最难以解决的问题，因病致贫、因病返贫现象突出。

第二，新农合费用支付采取先自付后报销的方式，贫困农村居民自行筹集全额医疗费用面临困难。新农合住院报销采用最广泛的依然是即时结

表3　威宁自治县城乡居民医保起付线和报销比例

	一级定点医疗机构（政府办）	二级定点医疗机构（含县内定点非政府办医疗机构）	县外毕节市内政府办医疗机构（含二级专科医院）	县内未定点医疗机构
起付线（元）	100	300	500	500
补偿比例（%）	85	75	65	50

报的方式，也就是指参合农民在省、市级新型农村合作医疗（简称"新农合"）定点医疗机构住院治疗，出院时由定点医疗机构按规定初审并垫付应给农民的新农合补偿费用，再由定点医疗机构与统筹地区新农合经办机构定期结算①。实行新农合患者住院医疗费用即时结报虽然减轻了农民报销的经济和社会成本，但是却无法缓解贫困农民大病筹钱难、难以支付自付部分的医疗费用和起付线费用而放弃医疗的困难。

边远地方由于社区经济落后，亲朋好友经济条件相对也较差，贫困农民没有筹资的渠道和资本，甚至有很多家属为了筹措医疗费用背上了高利贷，那些实在不能筹到钱的病人只能放弃去正规医院治疗。S乡村民蒋某的妻子2012年因为一次意外摔断了右腿，虽然他们全家都参加了新农合，但由于当时家里无法垫付前期治疗费，亲朋好友也没有办法筹齐这笔钱，家里只能去请一位土医生用药酒治疗。由于没有正确正骨和后续治疗，妻子腿骨愈合之后没有长正，造成一条腿残疾，现在只能在家做点家务活。蒋家有两个未成年的孩子，妻子残疾之后不方便照顾，他不能出门打工，农闲的时候在附近打点零工，一家人生活十分拮据。

随着住院起付线标准逐年提高，一些本可以在当地卫生院住院治疗的贫困患者，因为不能支付100元的起付金而放弃乡镇卫生院治疗。尤其是那些贫困的慢病患者，每月需要几次入院，起付线标准提高之后，医疗费用直线上升。在贵州威宁S乡卫生院，2015年住院起付标准提高到100元之后，住院病人从每月50~60人锐减到10人左右。由于起付线标准提高，报销又面临各种阻碍，2014~2015年S乡的参合人数减少超过500人。

第三，新农合报销制度不符合当地民情，针对威宁自治县普遍存在的跨区医疗情况，报销制度设计繁杂。威宁面积6295平方公里，全县两座县

---

① 中华人民共和国国家卫生和计划生育委员会：《卫生部关于在省级和设区市级新型农村合作医疗定点医疗机构开展即时结报工作的指导意见》（卫农卫发〔2009〕62号），2009。

级医院均分布在县城，服务半径只有 20 公里，当边远地区居民发生紧急情况或者重大疾病，会选择距离较近的市、县求医。虽然政府努力通过深化医疗卫生体制改革促进医疗资源分布的均等化，但是现状是，优质医疗资源分布不均衡，越是贫穷的地方，医疗能力越薄弱。贫困地区的县级医院医疗水平有限，当地的居民遇到重大疾病只能跨区域就医。

3. 边远乡村就近跨省求医报销难问题

威宁自治县 2015 年 1 ~ 9 月，经县合医办转诊跨省医疗高达 752 人次，大部分转往毗邻的昭通市、宣威市、鲁甸县、彝良县、会泽县等县（市）政府办医疗卫生机构。地理位置最偏远的贫困乡 S 乡，卫生设备简陋，医务人员和药品设备缺乏，只能开展基础诊疗活动。由乡卫生院开具转诊单、去外地就医的患者每年达到 400 ~ 500 人，大部分以外省昭通市而非本省本县的医院作为首选。调查组向遇到大病、进行过手术的患者了解原因，他们说，如果选择本县的医院就医，从自己住的村寨往返县城需要300 ~ 320 公里，交通十分不便，对于贫困家庭来说意味着耽误病情的风险、更多经济负担和体力支出。而如果去昭通市求医往返只要 80 公里，省时省力，比到县城更能及时就诊不耽误病情，所以当地患者一般都选择跨省到昭通求医。2015 年 1 ~ 9 月，S 乡新农合住院报销 307 人次，其中县外就医 183 人次，去昭通治疗 124 人次，占全部跨县就医的 80%。这些跨省求医的边远农民在报销医药费用时常常面临困境，调查中我们了解到他们的种种困难。

第一，跨地区报销比例低。新型农村合作医疗的结报体系实行属地管理，跨区域医疗费用报销只能在患者出院之后，到所属县/市合医办报销。跨省区医疗报销比例一般比省内定点医疗机构低 5 ~ 10 个百分点，县外就医比在县内同等医院报销的比例低 15% ~ 25%。医疗费用压力致使本来可以就近跨区域就医的一些贫困村民不敢去看病，他们感到非常不公平，这样的制度设计违背了新农合设计的初衷。

第二，报销手续繁杂，烦琐的报销流程加重了边远农牧民的负担。县外医药报销需要的手续包括县级定点医疗机构出具的《双向转诊审批表》、住院发票、疾病证明书、出院小结、病历复印件、新农合医疗证、乡镇政府审核的生病住院情况证明、派出所或者乡政府出具的其他负责人证明等共十余项证明材料。为了报销，大病初愈或未愈的农牧民不得不多次往返于医院、村委会和乡政府，反复提交和办理各种"材料"，有些材料达不到要求的患者在这个过程中疲惫不堪而放弃报销。

第三，边远农民报销成本高。即使办齐了所要求的手续，农民前往数百公里之外的县城报销的成本也很高昂。由于县合医办业务繁忙，那些日夜兼程赶来求诊和报销的农民，需要等待 1~3 天、往返 2~4 天时间。他们在县城每人每天平均支付约 100 元食宿费，加上来去交通费，负担沉重，一些贫困农民无奈而放弃报销。

第四，农合管办财务制度与诊疗工作、农民医疗需求均存在冲突。乡镇住院起付线被严格限制，乡村卫生机构的门诊处方权被压低。威宁自治县乡村医生的处方权只在 40~60 元以内，给医患双方带来困扰。本来是一项旨在化解农牧民看病贵方面的政策，实际上却增加了他们求医成本，反而加剧了看病难的问题。

第五，少数民族农民患者面临文化障碍。由于他们不熟悉汉语和汉字、缺乏信息手段，医疗机构的起付线、报销比例、封顶线等新名词和政策术语，对于很少接触电视和互联网的农牧民来说如同天书。政府关于扶贫政策的新规定，少数民族农牧民也难以及时掌握。

当地政府已经意识到，跨省求医、就近报销一直是边远山区患者迫切的呼声与民生要求。一些地方政府听取群众的呼声认识到农民报销难的问题，并且开始尝试新的解决方案，调查组考察到县乡分权的尝试。

比如威宁自治县选择 6 个试点乡镇，2015 年尝试将报销金额在 5000 元以下的县外就医报销交由乡镇合医办管理。但是运行半年后，发现住院报销仅有 110 人次，这一试点运行的效果似乎并不理想。对此，调查组分析其中原因：其一，县合医办不能提前预支医保经费给乡合医办，采用银行转账到患者家庭账户的方式，增加了报销环节。其二，贫困乡全乡只有农村信用社一个营业网点一台取款机，山区农民往往要延迟多日。其三，乡合医办对于新农合报销范围药物审核能力不足，贫困乡更缺少医疗专业人员。很多农村居民更愿意选择立等可取获得现金支付的县合医办报销。由此看来，报销权力下放到乡镇应该考虑贫困地区基层现实，应当从就诊医院出院结算这方面入手尝试解决问题。

（三）基本药物制度在贫困地区的运行

威宁自治县从 2011 年开始，陆续在乡镇卫生院推行国家基本药物制度。根据国家基本药物制度，威宁自治县目前的基本药物使用流程包括基本药物目录制定、生产供应、采购配送、价格管理、支付报销、质量监管、监测评价等多个环节。自从基药制度实施以来，居民就诊费用虽然有小幅度的下降，但是调查发现，费用下降的原因主要是医保报销比例提高，而基药的价格甚至高于市场价格，这一部分溢出的价格最后由政府的基药补贴买单，这样的现象违背了基本药物制度设计的初衷。

威宁自治县已经初步建立起了系统的基本药物供应体系，基本药物的筛选和决定权都在省级层面，出现了基药目录、运作方式上等不符合当地的民情的情况，主要有以下几个问题。

首先，我国的基本药物采购借鉴了起源于印度的"双信封招标"方式，以省为单位、单一货源和价低者得等做法使生产企业价格竞争加剧，形成了"一个买方对众多卖方"的买方垄断局面，买方具备了超常议价能力，又由于基本药物没有独立筹资体系，拖欠货款现象比较严重，价格接近甚至低于成本、回款又无保障，生产企业供货不及时甚至停产现象时常发生。应当说名不副实的基本药物制度和不合理的采购政策加重了药品短缺。根据威宁自治县卫计委提供的紧缺药物名单，比如板蓝根颗粒、护彤、钙片、甘草片等，一般是价格便宜、居民喜欢的药品。现行版的基药目录大部分不适合基层卫生机构，好多品种在基层没有使用，比如抗结核药、抗血栓药、心脑血管用药等药品，减去这些药品后，基层没有剩余多少药品可用了。缺乏常用药的基层医疗机构也在运营的过程中被居民广泛质疑。

其次，由于在乡村两级严格实行"三个100%"政策（基药100%网上采购、100%使用基药和100%零差率销售），在此之前，药品收入一直是乡镇卫生院最主要的经济来源之一，是维持其正常运转的重要保证。这两级医疗机构的市场化的盈利方式被取消，目前主要的收入来源于上级补贴。而在威宁这样的贫困县，财政资金紧张，零差价的补贴时常不能到位，乡/村两级承担垫付资金压力很大。有的村级医疗机构在这样的压力之下不能开展服务，在威宁自治县S乡，14个村级卫生室，只有6个正常经营，并且都是负债经营。

最后，虽然建立了基本药物目录，但既没有实行常用药物的免费供应，也没有实行长期用药的全额报销。基本药物制度以"零差率"、"集中采购"和"报销比例明显提高"等为特点，但鉴于筹资水平有限，农村地区居民基本药物实际报销比例并不高，又由于农村人口大量异地就业居住，而新农合尚无法实现异地结算，基本药物有限的"福利"也被大打折扣。

（四）公共卫生项目

2009 年，新医改方案将促进基本公共卫生服务逐步均等化确定为 5 项重点改革之一，国家开始推行基本公共卫生服务项目，并加大了资金投入。威宁自治县所在的毕节地区 2010 年启动和部署全区基本公共卫生服务逐步均等化项目。基本公共卫生服务项目从 2009 年的 9 类扩大到 2014 年的 12 类 41 项①，居民健康档案建档工作进展顺利，完成医改任务，被考核的乡镇卫生院和社区卫生服务中心档案规范程度高，重点人群管理服务数量有所增加。

国情调研组对威宁公共卫生项目实施情况的调查发现，公共卫生项目的运行存在两个基本的问题：一是公共卫生项目的资金使用不规范，项目资金未做到专账管理、专款专用、封闭运行，未设专账进行核算，无法监测专项资金使用流向。根据威宁自治县 S 乡的调查，村医是当地的公共卫生项目工作主要的承担者，包括收集人群的健康信息，定期提供公共服务等，一个村医平均一个月会花费 5~8 天的时间从事公共卫生的工作。2014 年根据国家卫生计生委的要求，我国人均基本公共卫生服务经费补助标准为 35 元，农村地区新增人均 5 元经费全部用于村卫生室。但是这两个地方的村医，从 2012 年开始就没有领到该项补贴。二是公共卫生项目系统目前是一个封闭的运行系统，信息没有和医疗服务机构共享，大大降低了该项目的社会效益。公共卫生项目建立数据系统花费了大量的人力和物力，在建立数据库之后，居民的健康信息如果能够运用到居民的就诊过程，将会大大地缓减医院的负担，减少病人的重复检查的情况。尤其是在边远的乡镇，基层医务人员花费了大量的时间精力来建立这个数据库，但是这个数据库建立之后就只是用于管理，而不是用作医疗服务的目的。这套系统只是作为健康管理系统单独存在，这是对健康信息资源的浪费。

---

① 国家基本公共卫生服务项目有 12 项内容：城乡居民健康档案管理、健康教育、预防接种、0~6 岁儿童健康管理、孕产妇健康管理、老年人健康管理、慢性病患者健康管理（高血压、糖尿病）、重性精神疾病患者管理、结核病患者健康管理、传染病及突发公共卫生事件报告和处理服务、中医药健康管理、卫生监督协管服务。

（五）村卫生室的发展困境

作为农村三级医疗、预防、保健网的主要承担者，村卫生室担负着向农村居民提供一般疾病诊治的重要职责。少数民族贫困县村医的状况直接影响该地区农村医疗卫生服务质量。威宁自治县 610 个村的村卫生室已全面覆盖，2012～2014 年改扩建的村卫生室共 86 个，但大部分卫生室年久失修，地理位置布局不合理，导致其功能发挥不好。

调研组对威宁自治县贫困乡 S 乡的村卫生运行情况进行了个案调查。S 乡目前有 26 名村医，8 个村卫生室在运作，其中两个卫生室是借用的民房，其余 6 个卫生室全部是危房，其中，X 村的卫生室渗水严重，N 村的卫生室墙体开裂，G 村卫生室面积小，村民只能在门外输液。2016 年以后 S 乡村卫生室的硬件条件得到很大改善。

村医面临的困难除了工作的环境，还有目前的新农合和基药政策的很多规定并不符合农村的实际情况，使得这些村医工作中面临诸多的问题。为了限制药物的滥用，尤其是医生乱开大处方药物，新农合制度规定村卫生室一张药方的药品不能超过 40 元。村医在具体执行这个要求的时候发现，现在农村很多来看病的老人都有并发症，需要的药品种类多，很容易就超出这个范围，并且基药的药品价格比市场价高出很多，几样常见病的药品加起来价格就很高。村医时常为超出规定限额而发愁，在给病人诊疗的时候只能要求他们多来几次，或者借用家人的医疗证件买药，这也导致了病人对村医的抱怨。

村医最急迫的是待遇问题。2015 年调查时威宁自治县的村医工资平均水平在 1250 元左右，其中 400 元是基本工资，参加公共卫生项目补贴 300 元，参加基本药物项目补贴 300 元。除此之外，根据村医诊疗的人次，新农合补贴每单 5 元，基药补贴药费的 15% 的利润。按照这样的规定，村医应该是报酬相当可观的。但是根据调查组对村医的调查，目前，卫生院的公共卫生经费自 2013 年起没有到位，基本药物的补贴也一直没有到位。S 乡 X 村的村医两人一年加起来的收入为 3 万元，也就是每个月 1000 元。这样的收入不能维持村医的基本生活，远远低于出门打工的收入，造成了村医流动性大。

村医的收入微薄，甚至还存在经常性拖欠的情况，工作繁重。在一些运行较好的村卫生室，每天病人量在 30 人以上。除了诊疗服务，村医还要负责公共卫生服务和新农合的基础工作，S 乡一个村的人口在 2000 人左右，一个村医的工作量比在卫生院工作的医生高 4~5 倍，但是工资只有他们的 1/3，这让他们觉得很不公平。并且，所有村医都自己支付参保费参加新型农村合作医疗，未参加任何商业医疗保险，村医亦无任何养老保险。

村医的身份尴尬，既不是公务人员也不能治病营利。一方面，他们需要严格按照新农合和基药等政策要求，不能开展营利性诊疗活动；另一方面，政府给予村医的待遇低，严重挫伤了他们的积极性。这些村医大多数都是本乡本土人，并且长期从事医疗服务工作，为提高边远山区的居民的健康水平做出了贡献，应该得到良好的待遇。

在贫困地区跨越式发展的过程中，农村的贫困家庭的生计、健康、社区、文化等诸多方面依然面临风险，唯经济的扶贫发展模式不足以解决贫困家庭对教育、卫生等民生服务和社会保障的需求，现有的解决机制面临着组织资源和能力上的困境。贫穷在中国仍旧存在，时刻用疼痛提醒着中国的前行路。消除贫困还要从边远贫困地区的需要做起，衡量扶贫效果的重点即是否立足于最基层贫困人群的实际发展需要。

四　非均衡发展的民族地区教育

历史上，中西文化在贵州省西北边陲的威宁彝族回族苗族自治县融合，带动了民族教育的兴盛，该地成为"西南苗族文化的最高区"，百年民族教育的兴衰为当地留下丰厚的遗产。21 世纪前后，威宁自治县教育取得了超常规的发展机会，但是民族教育发展也面临诸多困难。贵州省政府 2009 年提出，要突破高中阶段教育发展瓶颈，突出中等职业教育重要地位，发展职业教育，调整高等教育布局，优化职业教育、高等教育学科结构①。威宁自治县编制的《威宁自治县 2010~2020 年教育发展规划纲要》《威宁自治县 "十二五" 教育改革和发展规划》《威宁自治县义务教育均衡发展实施方案》等，明确了县教育发展的中长期和近期发展目标。

威宁自治县政府的教育事业目标是到 2015 年，60% 以上的义务教育阶

---

① 贵州省政府：《贵州省中长期教育改革和发展规划纲要（2010~2020 年）》。

段学校各项指标达到国家、省规定的初步均衡发展标准，实现初步均衡；到 2018 年，100% 的义务教育阶段学校各项指标达到国家、省规定的基本均衡发展标准。为达到这一目标，中央、省、市和威宁自治县教育部门持续做出了多方面的努力。

（一）威宁教育跨越式发展，控辍保学效果显著

中央、省、市对威宁教育事业财政投入总额不断增大（见图 9），教育财政支出从 3.28 亿元上涨到 21 亿元，在 10 年内上涨了 7 倍，尤其是 2015～2016 年涨幅最大，教育支出占全县财政总支出的 27.6%。从趋势上来看，从 2007 年以后教育支出总财政支出比例连续九年下降，从 36.2% 到 22.7%，但是在 2016 年教育支出占比迅速回升到 27.6%。

图 9　威宁自治县教育财政支出及占财政总支出比例（2007～2016 年）
资料来源：《威宁彝族回族苗族自治县统计年鉴》（2007～2016 年）。

财政投入为威宁自治县义务教育、高中教育以及职业教育改善奠定基础。

2000～2010 年"普九"① 工程验收合格，适龄儿童入学率达到 99%，一直稳定在相应水平。2010～2016 年，义务教育巩固率由 76% 提高到 90%。高中阶段毛入学率在 2008～2016 年呈现迅速上升趋势，从 10 年之前的 26% 提高到 87%（见图 10）。

---

① 2000～2010 年，"两基"：基本普及九年义务教育，基本扫除青壮年文盲。

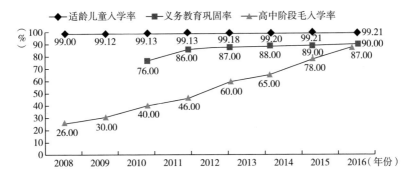

图 10　威宁自治县义务教育及高中教育发展指标（2008～2016 年）

注：因统计路径不一，2008 年、2009 年没有巩固率统计。

资料来源：《威宁自治县教育志》，威宁自治县政府 2008～2016 年政府工作报告。

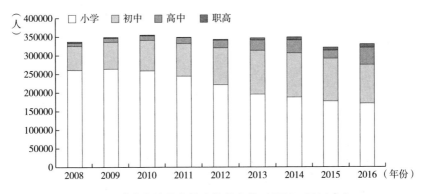

图 11　威宁自治县在校生结构变化（2008～2016 年）

资料来源：《威宁彝族回族苗族自治县统计年鉴》（2008～2016 年）。

图 11 显示，威宁自治县的在校生结构近 10 年发生了较大变化，主要体现在高中生和职高生占比迅速提高。由于应入学儿童人数逐年降低，小学在校生人数规模逐步缩小。同时，与全省做对比，威宁的适龄儿童入学率和高中毛入学率差距很小，在 2016 年威宁自治县的义务教育巩固率已经高于全省平均水平（见图 12）。

以上数据说明威宁自治县政府在控辍保学方面付出了极大努力。贫困地区中小学生辍学和流失一度成为严重的社会问题，新修订的《义务教育法》要求各级政府、义务教育阶段学校、社会和家长共同承担责任。近 10 年来威宁自治县、乡政府对控辍保学工作常抓不懈。调查组根据威宁自治县年鉴以及各个乡镇工作报告了解到完成的相关情况，34 个乡镇在 2013 年就都达到 98% 以上的控辍保学率。其中，海拉乡、玉龙乡、迤那镇和牛

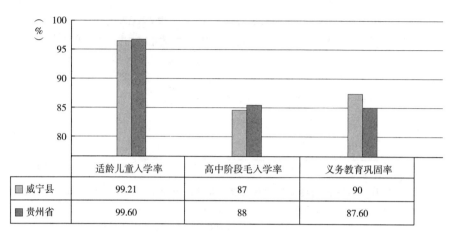

	适龄儿童入学率	高中阶段毛入学率	义务教育巩固率
■ 威宁县	99.21	87	90
■ 贵州省	99.60	88	87.60

图 12 威宁自治县相关教育指数与全省平均指数对比（2016 年）

资料来源：贵州省 2016 年政府工作报告，威宁自治县 2016 年统计年鉴。

棚镇的详细情况如下。

海拉乡在 2013 年时，小学适龄儿童毛入学率已经达到 99.1%，初中适龄少年入学率为 95.6%，义务教育巩固率为 98.7%，控辍保学进一步巩固，全乡小学辍学率降到 1.1%，初中辍学率降到 2.96%。玉龙乡在 2013 年小学适龄儿童入学率达 99.43%，初中适龄少年入学率达 97.3%，义务教育巩固率达 99.43%。迤那镇在 2013 年小学入学率达 99.53%，初中入学率达 98.32%，义务教育巩固率达 86.22%，教育“9＋3”计划共输出初中毕业生 596 名（其中往届生 14 名），升学率达 102.4%；牛棚镇把“重教育，修教室，保学控辍”作为发展的重点，投资 970 万余元，新修学生宿舍 7 栋，总面积为 6100 平方米，在校学生人数达 9079 人，农村适龄儿童入学率从 98% 增加到 100%，中、小学毕业生辍学率降至 1.81%、1.29%。全面实施农村义务教育阶段学生营养改善计划。

（二）职业教育生机勃勃

威宁自治县职业教育发展至今已有接近 30 年的历史。近年来，威宁在做大做强公办职业教育的同时，积极采取“引资代建”等模式，大力鼓励支持民办职业教育发展。威宁教育及相关部门 2013 年开始执行教育“9＋3”计划，即巩固提高 9 年义务教育和实行 3 年免费中等职业教育。为了实施“9＋3”计划，2013 年威宁压缩 8% 的行政经费用于教育事业发展。威宁自治县政府支出 2504.47 万元扩建和建立一批中等职业学校。

现在威宁自治县共有中职学校三所：威宁自治县中等职业技术学校、贵州工贸职业学院、毕节彝文双语职业技术学校，在校生共 8558 人。一所公办，两所民办，形成公办中等职业学校以服务类专业为主，民办职业学校以工科类专业为主，彝文双语学校以发展地方特色为主的"差异发展、差异竞争、特色发展"的发展格局。

调查组在威宁期间，实地考察了两所当时正在建设的职业学校。一所是贵州工贸职业学院，2014 年时投资 2.5 亿元。一期工程完成，招生 2180 人；二期工程正在建设，建成后中职招生规模目标 6000 人以上。威宁自治县中等职业技术学校，园建设总投资 4500 万元（省教育厅专项资金 3900 万元，县级匹配资金 600 万元）①。当时在校生 5090 人，学生主要来自农村。该校学费全免，政府对每名学生补助每个月 300 元左右。

中职学校招生任务分配到各个乡镇，如黑石头镇在统计年鉴报告中提到："9 + 3"教育工作，中职（含征兵入伍）完成 522 人，完成率达 108.58%；炉山镇 2013 年的普通高中和中职招生任务 1051 名，共完成 1088 人②。2015 年威宁自治县共有中职学校三所（威宁自治县中等职业学校、贵州工贸职业学院、毕节彝文双语职业技术学校），在校生 8558 人③。

同时，中职教育为贫困山区脱贫攻坚贡献力量。每年开学初政府组织召开各个乡镇（街道办）、初中学校、省内外中职学校参加的"中职招生洽谈会"，为全县中职招生工作打开局面，并与各中职学校签订"承诺书"保障中职学生受教育权利；引进"YFD 教育基金会"给予威宁中职学校每年 600 名贫困学生 90 万元资助金，促进中职学生控辍保学工作。在省教育厅和省扶贫办的倡导下，2015 年开始为县贫困家庭子女在省属优质职业院校设置"威宁班"。职业教育的蓬勃发展，增强了威宁经济发展储备人才力量，推动威宁自治县从人口大县向人力资源大县的转变。

---

① 威宁自治县政府：《威宁自治县年鉴》，2014。
② 威宁自治县政府：《威宁自治县年鉴》，2014。
③ 威宁自治县教育局：《威宁自治县职业教育发展概况》，2015。

（三）少数民族地区教育的非均衡发展现实

威宁全县人口145.43万人，其中汉族110.96万人、彝族12.68万人、回族11.72万人、苗族7.94万人、其他少数民族2.13万人，少数民族人口占1/3。作为少数民族自治县，民族发展的基石是民族教育。

1. 民族学校双语教学难以坚持

威宁虽然实行民族自治60多年，随着21世纪初"普六""普九"的完成，少数民族地区汉语教育已经普及，少数民族学生的升学成绩与他们是否掌握本民族文字的能力并无任何关系，他们与汉族学生同样接受汉文考试，学生成绩的高低只与汉语掌握能力相关。所有乡村学校开展的都是汉语教学。

威宁全县有五所民族学校：威宁民族中学、石门民族学校、雪山民族小学、新发民族小学、出水民族小学，调查组曾访问过其中3所中小学，均为当地教育部门长期重点支持的学校。但十分遗憾的是，这些以民族冠名、旨在发展少数民族教育的学校，在民族特色教育上虽然有所尝试，例如开展民族文化进校园活动，组织特色民族歌舞课间操，但是没有一所学校能够坚持开展双语教学，民族教育特色日渐消失，民族学校的"本色"几乎不复存在。

威宁目前有能力开展双语教学的主要是三所小学：板底乡板底小学（彝汉）、龙街镇大寨小学（苗汉）、哈喇河乡大院教学点（彝汉）[1]。2014年9月调查组走访了板底小学两位校长，他们表示应试教育早已挤占了彝文教育的课时，双语教育多年以来实际上处于停滞状态。并且，现有双语教师年龄偏大，青年教师后继乏人，也制约着双语教学的发展。在更多没有冠名民族、少数民族人口集中的乡村学校，缺乏双语教学的教师。

2. 边远民族地区生均教学资源不足

由于威宁自治县属2018年义务教育基本均衡发展验收县，所以威宁苗族聚居地义务教育均衡发展各项指标是以《贵州省人民政府教育督导室、省教育厅关于印发〈贵州省县域义务教育均衡发展督导评估实施办法（修订）〉的通知》（以下简称"省督导评估办法"）要求作为参照对比依据。

---

[1]　威宁自治县教育局：《威宁自治县民族教育工作调研报告》，2014。

调查组选取威宁自治县苗族常住人口排前五位的苗族聚居乡镇和所辖学校，分别为：龙街镇（当地苗族人数 12880 人），雪山镇（当地苗族人数 7010 人），兔街乡（当地苗族人数 6957 人），大街乡（当地苗族人数 6815 人），云贵乡（当地苗族人数 4735 人）。这 5 个乡镇苗族聚居人口数量占全县苗族人口数量的 48.35%，且均位于威宁自治县城以北，属同一主干道北部区域，不管从研究样本量的选择，区域范围的划定，对比参考依据都具有一定代表性。

表 4、表 5、表 6 的指标数据是以贵州省义务教育均衡发展重点评估 9 项指标而列出的《威宁苗族聚居地义务教育均衡发展情况统计表》。

表 4　威宁自治县 5 个乡镇苗族学生生均校舍、图书统计

乡镇	2014 年在校生数（人）	生均校舍面积（平方米）		生均体育活动面积（平方米）		寄宿生人均校舍面积（平方米）		生均图书册数（册）	
		小学	中学	小学	中学	小学	中学	小学	中学
龙街镇	8741	5.85	6.16	7.59	6.22	1.22	2.48	8.63	24.97
雪山镇	8296	5.52	4.97	8.97	4.11	1.92	1.38	10.11	12.25
兔街乡	6777	5.65	3.06	19.07	2.47	1.00	1.25	10.14	21.62
大街乡	3671	3.08	6.35	3.89	10.51	2.18	1.67	5.63	19.84
云贵乡	4295	5.25	4.55	4.05	1.54	1.08	2.03	9.40	19.95

资料来源：威宁自治县 2014 年教育系统统计报表。

从表 4 可以分析出大街乡小学生均校舍建筑面积整体不达标（省标：小学 ≥4.5 平方米），雪山镇中学、兔街乡中学、云贵乡中学生均校舍建筑面积不达标（省标：中学 ≥5.5 平方米），与省标相比都存在着一定的差距；大街乡、云贵乡小学生均体育活动面积整体不达标（省标小学 ≥4.5 平方米），雪山镇中学、兔街乡中学、云贵乡中学生均体育活动面积与省标差距较大（省标：中学 ≥5.5 平方米）；这五个乡镇所辖学校寄宿生人均校舍面积、生均图书与省标相比严重不足，差距较大（省标：寄宿生人均校舍面积小学 ≥3 平方米，中学 ≥3.5 平方米；生均图书：小学 ≥20 册，中学 ≥30 册）。

从表 5 可以分析出这五个乡镇所辖学校教育资源配置和投入相对较低，所有学校每百名学生拥有计算机台数和班班通配置严重不足。

表5　威宁自治县5个乡镇苗族学生生均教学设备统计

乡镇	2014年在校学生数（人）	教育实验仪器配置（万元）		每百名学生拥有计算机台数小学≥6台、中学≥10台		班班通设施配置（套）	
		小学	中学	小学计算机达标百分比（%）	中学计算机达标百分比（%）	小学班班通百分比（%）	中学班班通百分比（%）
龙街镇	8741	165.6	140.09	25.64	7.45	65.46	85.92
雪山镇	8296	189.62	56.98	17.68	2.40	31.76	84.44
兔街乡	6777	149.92	22.55	22.44	5.63	10.32	13.16
大街乡	3671	100.85	66.97	22.25	5.20	15.66	25.81
云贵乡	4295	78.01	55.4	18.73	4.92	9.09	21.88

资料来源：威宁自治县2014年教育系统统计报表。

表6　威宁自治县5个乡镇苗族学生师生比及班额统计

乡镇	2014年在校学生数（人）	师生比		班　额	
		小学	中学	小学大于45人百分比（%）	中学大于50人百分比（%）
龙街镇	8741	1∶22	1∶21	29.93	100.00
雪山镇	8296	1∶24	1∶28	46.40	100.00
兔街乡	6777	1∶20	1∶34	47.37	89.47
大街乡	3671	1∶37	1∶25	36.07	100.00
云贵乡	4295	1∶22	1∶24	32.35	100.00

资料来源：威宁自治县2014年教育系统统计报表。

从表6可以分析出这五个乡镇辖区内小学师生比基本达标，中学则还存在一定的差距（省标：小学师生比≤1∶22；中学师生比≤1∶17），小学和中学都存在大班额的现象，中学大班额现象尤为严重，部分中学还存在超大班额现象。

由于威宁苗族聚居地义务教育资源配置、投入长期不足，义务教育均衡发展整体九项指标体系除小学师生比基本达标外，其他几项指标均不达标，并与省标相比存在着较大的差距。指标数据中体现出的差异，表明苗族聚居地义务教育均衡发展形势严峻，也是威宁自治县2018年实现县域内义务教育基本均衡发展的一个短板和亟待解决的问题。

把威宁苗族聚居地义务教育资源平均水平与全县义务教育资源平均水平进行比对（见表7）。

表7　威宁苗族聚居地义务教育资源平均水平与全县平均水平比较

类别	2014年在校生数（人）	生均图书（册）	计算机台数平均值	固定资产平均值（万元）	教学仪器设备资产值平均值（万元）	小学中级以上职称百分比（%）	中学中级以上百分比（%）
苗族聚居地	31780	13.29	67.34	3770.89	278.73	22.18	13.50
威宁全县	306135	15.13	112.51	4811.42	348.61	29.91	21.29

资料来源：威宁自治县2014年教育系统统计报表。

威宁苗族聚居地义务教育资源平均水平低于全县义务教育资源平均水平，表现出了一系列非均衡的现象和不公平因素。首先表现在苗族学生入学后与非苗族教师、学生语言交流困难，适应新环境能力差，以至于在学习科学知识文化上相对困难，表现出生源质量不均衡现象。其次可以分析得出苗族聚居地学校生均图书、计算机台数、固定资产投入程度、教学仪器配置等教育资源平均水平都低于全县教育资源平均水平，表现出了教育资源的不均衡性现象；中小学中级以上任职资格教师比例远远低于全县平均水平。从教师中高级任职资格的比例可以看出这些区域的教师教育教学科研能力相对较弱，教育教学水平相对较低，表现出了师资不均衡现象。这些非均衡现象制约了苗族义务教育健康协调发展，给县域内义务教育均衡发展和公平教育工作带来了一定的困难和负面影响。

3. 苗族教育发展相对滞后

苗族是威宁自治县三个主体少数民族之一，全县苗族18940户，共81351人。2014年全县义务教育阶段教师13304人，其中苗族教师数551人，本地苗族教师297人。[①] 全县义务教育阶段苗族学生13015人，小学8980人（其中女性4437人），中学4035人（其中女性1958人）。[②] 由于苗族主要居住在交通不便的偏远山区，这些苗族同胞的教育面临以下困难。

双语师资缺乏。威宁自治县义务教育阶段苗族教师总数占全县教师总

---

① 2014年威宁自治县教育局政工股提供的数据、2014年教育系统统计报表。
② 威宁自治县教育局2014年的统计数据。

数的 4.14%，其中本地苗族教师总数占全县教师总数的 2.23%；义务教育阶段苗族教师总数占苗族总人口数的 0.69%，其中本地苗族教师总数占苗族人口总数的 0.37%。不论从全县义务教育阶段教师数和全县苗族人口数的比较，威宁自治县苗族教师数量百分比较低，可以得出威宁苗族整体受教育的程度和人才数量偏低。

苗族学生语言障碍。威宁自治县苗族学生从小在本民族的语境下长大，达到适龄入学后使用汉语进行交流感到很困难，相当于重新学习一门新的语言，在学习汉语的同时还要学习相应的科学文化知识，无疑给苗族学生在学习上增加了一定的困难，致使大部分苗族学生学习兴趣低，学习自信心不强，小学基础差的苗族学生升入初中后感觉到学习越加地困难，大部分苗族学生初中还未毕业便放弃了学业。

男女学生比例失调。部分苗族女孩读完小学后就在家务农、做家务，有的到城里打工挣钱为父母减轻家庭负担，学校和教育部门认为女生辍学的原因主要是生活条件艰苦和少数民族观念落后造成的。有的苗族女生未到法定结婚年龄就已经结婚生子，从而表现出初中苗族学生男女比例严重失调的现象，制约了威宁少数民族教育的整体发展。威宁近年推行控辍保学的教育政策，使得男女学生比例失调现象有所缓解。

4. 多民族地区教育均衡发展分析

威宁自治县是彝、回、苗三个民族为主体的少数民族自治县，16 个其他少数民族同胞、汉族同胞共同组合而成，每一个民族同胞的发展对于威宁的整体发展都起着举足轻重的作用。威宁的发展离不开各民族的和谐、民族经济和民族教育等各方面的发展，对于一切的发展来说教育是基础、和谐是关键，所以实现威宁自治县县域内义务教育均衡发展是促进全县教育发展、社会和谐、民族经济发展的有效途径。威宁苗族聚居地目前主要依靠国家政策倾斜、政策扶持、社会的关注和帮扶，力图改善落后的教育管理体制。调研报告从学校师资、教育硬件两方面分析教育资源分布的非均衡发展。

学校师资配置政策的非均衡严重影响到学校发展、教育教学质量的提升以及学生的前途命运。作为义务教育师资配置来说，是以义务教育均衡发展为目标，在数量、结构上对教师和校长进行合理配置，使师资资源得到充分、合理的使用，以达到教育供给与需求相对平衡。由于苗族聚居地生产生活、交通条件不便，环境恶劣，这些区域内的教师流动性大，教育教学工作积极性不高，教师队伍整体学历相对偏低，对比其他民族地区存在差异，明显表现出师资不均衡现象。

针对教育不均衡现象，调研组通过分析认为教育政策可以从以下几个方面改善：第一，特岗教师招考可对苗族教师增加语言考试，适当放宽语言优秀者的其他科目成绩。威宁自治县有两个渠道招收特岗教师：一条是威宁自治县为主的特岗教师招聘；另一条是国家的特岗教师招聘。特岗教师招聘条件门槛过高，将大量苗族教师"避之门外"。第二，教育部门应该鼓励和引导特岗教师到条件更艰苦的苗区任教。第三，双语教学是提高苗族学生成绩、提高苗族教学质量的关键。因此，教育部门鼓励和引导民族聚居区的学校实施双语教学。第四，教育财政投入向苗族地区学校倾斜，扭转教育硬件资源尤其是计算机数量的非均衡配置。苗族地区生均硬件教学设备均低于威宁自治县平均水平，几乎仅占全县平均水平的1/2。第五，教育部门放宽对社会组织、支教人士的捐赠的管理，使偏远苗寨的学校获得更好的社会支持、更多的社会帮助。

（四）贫困边远地区的师资困境

威宁跨越式发展的过程中，贫困地区师资短缺的问题一直困扰着当地的教育事业。自从2007年威宁成为教育部公布的15个存在"教师短缺、设施不足"的县后，威宁自治县通过各项措施改变师资力量，包括大规模清退代课老师，招聘特岗教师，并向"贫困边小"倾斜师资力量。2013～2014年威宁全县有1.6万名教师，其中以特岗教师身份进入教师队伍的高达1.1万名。

1. 代课教师贡献大、报酬低

以调查组在边远贫困乡的一所村小调查为例。X小学和F小学所有的双语教师共计12位，其中有11位是代课教师，另外一位当了三十年代课教师后转正成为公办教师。S乡代课教师与双语教师高度重合，在F小学和X小学任课的教师一度全部都是代课教师。由此可见，贫困的S乡曾是"以苗教苗"的人才循环[①]。教育财政紧缺，许多乡村学校都离不开乡村教师。20世纪90年代初期，学校与社区共生。代课教师生于斯、学于斯，而后教于斯。现有的教师招聘政策打破了本土的人才循环、学校与社区共

---

① 沈红：《结构与主体：激荡的文化社区石门坎》，社会科学文献出版社，2007，第201页。

生的结构。特岗教师招聘后，国家统一管理中小学教师，本地双语教师在招聘特岗教师过程中逐渐流失。

身为代课教师的人，几乎都要为自己的生计发愁。[①] 1985～2001 年，代课教师每月工资 100 元，由县、乡两级财政拼盘。2001～2006 年，代课教师工资每月 250 元。2006～2010 年，学校给每位代课教师从学杂费中补贴 150 元，如图 13 所示。对比其他教师，同样的付出，不同的收入。代课教师的收入仅占公办教师工资的 1/10。代课教师是"穷国办教育"的必要跳板，但同样不能否认的是其知识结构、文化水平和教学能力的不足。这也是代课教师清退的必然性。[②] 2006 年，教育部提出要在较短时间内，将全国余下的 44.8 万名代课老师全部清退，2010 年完成全部清退。[③]

威宁自治县 2006 年开始引进特岗教师，乡村小学师资短缺得以缓解。2006～2010 年，威宁自治县教师数量从 5378 名增长到 9978 名。五年间，威宁自治县教师数量翻倍，师生比为 1∶20，低于国家标准师生比 1∶16。然而，2015 年 S 乡师生比为 1∶27。可见威宁自治县教师总量得到缓解，但结构问题加剧。而过去依靠代课教师的 S 乡，因清退代课教师，加上特岗教师留不住，使 S 乡教师短缺，同时也制约 S 乡的教育发展。

据《威宁自治县教育志（1989～2010 年）》记载，2010 年 10 月，县教育局对 2900 名代课教师进行清理整顿，以威教字〔1999〕142 号文件行文聘用 1800 名，959 名原代课人员被辞退。以威教字〔2010〕186 号文件对 58 名代课教师作一次性补偿，包含年满 60 周岁的 4 名，申请同意一次性补偿在岗的 14 名，存在计生问题的 40 名。补偿费用统一由县财政拨付，按每人每年补偿 1905 元，补偿时间为 10 年，计 19050 元；发给 2009 年 9 月至 2010 年 7 月共 11 个月每月 550 元的代课费用及 246.02 元的养老保险金。

以威教字〔2010〕187 号文件对 404 名至今仍在教学岗位的代课人员实行一年一聘的用人关系，工资由县财政拨付，从 2009 年 9 月 1 日起，每人每月应发给代课费 550 元，县财政承担每月养老保险金 246.02 元（个人需承担 98.41 元），实际每月发放代课费 451.59 元。

[①] 沈红：《结构与主体：激荡的文化社区石门坎》，社会科学文献出版社，2007，第 191 页。

[②] 徐蕾：《清退代课教师：政策演进与执行反思》，《郑州师范教育》2014 年第 3 期，第 1 页。

[③] 中国新闻网，http://learning.sohu.com/20100106/n269411375.shtml。

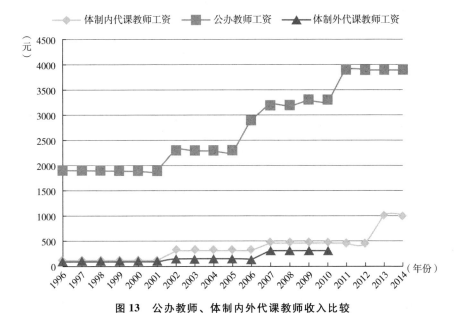

图 13　公办教师、体制内外代课教师收入比较

注：体制内代课教师：1986 年以后，国家教育部取消"民转公"考试，代课教师不能通过考试成为公办教师。1986～1997 年的代课教师，因在当地教育局备案并获颁任用证书，被称为体制内的代课教师。2010 年后，体制外代课老师被请退。

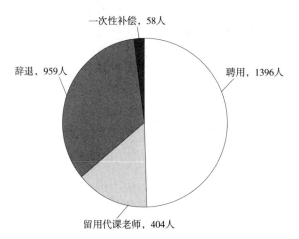

图 14　威宁山区代课老师去向

资料来源：《威宁自治县教育志》（1989～2010 年）。

威宁调研组积极协助 S 乡苗族代课教师张老师申请 TCL 公益基金会组织的乡村教师"奉献奖"。2016 年 7 月 10 日，张老师在清华大学接受奖杯。他说"奖杯是我代替所有代课教师领的"。张老师代课 30 余年，工资从每月 140 元到现在每月 1000 元。用他的话说"打工是可以赚到上百倍的钱，但都走了，村里的小学就没有了"。临近退休的张老师，脊背渐弯，写板书的手也已变形，但他认为所做的一切都值得。

2. 特岗教师进来容易留下难

威宁自治县一度是全国特岗教师最多的县，有"全国特岗教师第一县"之称。威宁自治县从 2006 年开始招聘特岗教师[①]，当年招聘签约特岗教师 1000 名；2008 年，招聘 3000 名特岗教师；2009 年，由于中小学生人数的增加和教师的自然减员，招聘了 800 名特岗教师；2010 年，为迎接省政府对威宁自治县两基复查暨复查验收，为充实师资，继续招聘 1789 名特岗教师。2006 年招聘的 1000 名特岗教师 778 名正式接转纳入编制，其工资和当地教师享受同等待遇[②]。从 2006 年起，威宁自治县共计招聘 10399 名特岗教师，其中 2006 年至 2011 年的 7139 名特岗教师，已有 5568 名接转，接转率达 77.99%。2014 年招聘了 1400 名特岗教师[③]，2015 年招聘 400 名特岗老师，2016 年招聘 600 名特岗老师。这些特岗老师充实了教师队伍，部分解决了义务教育师资紧缺的问题。目前威宁自治县特岗老师数量结构见图 15。

大量招聘特岗教师也带来了一些问题。根据之前的调查，特岗教师聘用期满 3 年后，没有中央经费补助，县级财政将面临巨大的财政压力。威宁自治县县级财政薄弱，2010 年第一批特岗教师接转后全县教师年工资近 2 亿元，而县级财政年收入仅 5 亿元，[④]贫困县财政很难负担陆续转正的庞大的教师工资支出。

特岗老师的工资近年来有所提高。中央财政设立专项资金，用于特岗教师的工资支出，并按人均年 1.5 万元的标准，与地方财政据实结算。

---

① 根据教育部、财政部、人社部、中央编办《关于实施农村义务教育阶段学校特设岗位计划的通知》（教师〔2006〕2 号）精神，贵州省决定 2006 年在威宁等 6 县实施"农村义务教育阶段学校特设岗位计划"，通过公开招聘高校毕业生从事农村教育工作，逐步解决农村师资总量不足和结构不合理等问题，提高农村教师队伍的整体素质。印发《贵州省农村义务教育阶段学校特设岗位计划实施方案（试行）》《贵州省 2006 年农村义务教育阶段学校教师特设岗位招聘简章》，特岗计划正式启动。

② 威宁自治县教育局教育志办公室：《威宁自治县教育志》，2010。

③ 张永霞、金妮：《改变乌蒙的青春力量——威宁特岗教师的故事》，《西部开发报》2014 年 12 月 3 日。

④ 魏曼华、王长中：《贵州省威宁自治县"特岗计划"实施的经验、成效与问题》，《世界教育信息》2012 年第 4 期。

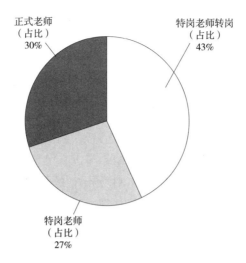

图15 威宁自治县教师数量结构（2016年）

资料来源：威宁自治县教育局统计资料。

2009年实施绩效工资之前，特岗老师工资收入是国家规定的每月1272元。2009年开始，我国义务教育阶段学校教师统一实行绩效工资制度，特岗教师也被纳入其中。实行绩效工资后，特岗教师的工资基本在1900元左右。《中华人民共和国义务教育法》规定，在民族地区和边远贫困地区工作的教师享有艰苦贫困地区补助津贴，之前调查发现，特岗教师的贫困地区补助津贴基本没有①。从2012年起，中央财政特岗教师工资性补助标准提高为西部地区人均年2.7万元，中部地区人均年2.4万元，与地方财政据实结算。这之后特岗老师工资基本维持在这个水平。

此外，特岗教师从大学到农村学校工作，生活工作环境反差大。3年是特岗老师转正的期限，3年之后有了正式编制的特岗老师，还会选择留在偏远民族地区吗？根据之前的调查，特岗教师大多数来自农村，深知农村孩子更渴望优质的教育。然而，报到之后面临的一系列现实问题，如住宿问题、交通问题、吃水问题等都使这些满怀理想的热血青年不得不陷入崇高理想与严酷现实的矛盾之中。为了促进特岗教师能够安心在村小、教学点工作，并在三年期满后能够继续留任，近年来，国家开始关注特岗教师的住房、婚姻等涉及特岗教师生活和生存方面的问题。威宁自治县的特

---

① 杨廷树：《贵州省W县——特岗教师计划——实施中的问题及建议》，东北师范大学硕士学位论文，2010。

岗老师留任率较高。然而，政策和制度更多地关注了特岗教师"下得去、留得住"的问题，对"用得上"的问题关注不够。[①]

调查组对 S 乡的特岗老师做了一些调查。全乡特岗老师 93 名，2014年乡教管中心向县教育局申请 15 个特岗教师名额，但是最后县里只分配来4 位，仅有一位签约报到，因为这位老师是 S 乡考出去的学生。

据 S 乡教管中心介绍，这些分配来的特岗老师很难留下来，并且存在个别上课不认真的现象，由于来自外地，与少数民族学生及当地老师的沟通也存在问题。"外面来的老师，你刚培养好了，他就要走……今年来的特岗老师，我就要他们写 3 年的发展规划，最起码这三年的特岗期你是要在的……我和他们讲的是，起码你要对得起自己，不要讲你要对得起学生，对得起 S 乡的老百姓，这些都太大了。"

随着边远贫困村小的设施的不断完善和老师待遇的提高，特岗老师流动性降低，学校教育质量也因此得到提升。调查组在 S 乡发现，2016 年该乡的教学质量近三年上升到第一位的 QF 小学，背后离不开几位特岗教师在本校的坚守。

（五）能力建设是教育的关键

威宁自治县义务教育在发展大跃进中取得了很好的成绩。全县 34 个乡镇控辍保学率达 98%以上，职业教育发展生机勃勃，县域内职业学校增多，越来越多的贫困学生开始接受职业教育。美中不足的是，威宁自治县县内教育发展不够均衡，少数民族学生在入学和升学方面都与汉族学生存在差距，极贫乡辍学率较高。例如 S 乡 2014 年春季初中辍学率高达 10%。在调查组走访威宁自治县一些贫困苗族村寨时，村干部反映孩子初中没有毕业就出去打工的情况普遍存在。

民族地区教育发展不均衡的关键在于民族村寨的小学师资不足，双语教学能力很弱，导致大批少数民族学童输在起跑线上。调研组整理两所苗寨小学二十年以来的师资、学生结构变迁，显示苗寨边校生存空间不断被压缩。我们分析村小发展困难的原因是，"穷县办教育"时期贡献大的代课教师在教育跨越发展时期被全部清退出学校，由政府招聘特岗教师补充

---

① 安富海：《"特岗教师"专业发展的问题与对策——基于对贵州威宁自治县和河北涞源县的调查》，《教育理论与实践》2014 年第 10 期。

师资。被随机分配到乡村小学的特岗教师，是一群稳定性很弱的青年，进来容易、留下难。特岗教师师资结构问题在于，苗族教师比例低，会方言的苗族教师更少，难以胜任双语教学。

本土民族学会等社会组织，有望成为教育均衡发展之桥，也是能力建设的潜在承担者。威宁是三个少数民族的自治县，各个民族都成立了如民族学会这样的社团组织，凝聚民族发展力量。调查组调查了其中威宁自治县苗学会，成立近10年，它是研究和发展威宁苗族政治、经济、文化、教育等各个方面，致力于改善苗族生活条件、改变苗族落后及各种不利的状况的社团组织。这里聚集了各地各级各类苗族同胞和致力于苗族事业发展的其他民族同胞优秀人才，社会威望程度高，全县苗族同胞对其也给予厚望。以苗学会筹资对苗族大学生进行补助为例，该协会会员每年捐赠资金对考上大学的苗族学生进行一次性补助，这项政策受到了域内苗族同胞的一致好评，社会效益良好。威宁苗学会在弥补政府教育资源边缘苗族聚居地，促使苗族学生接受义务教育阶段学习，组织协调苗族各方面资源促进苗族义务教育均衡发展和促进与其他各民族同胞和谐发展的作用方面，具有重要潜力。

在政府提供的关于教育的资料中，缺少专门考核民族特色教育发展情况的指标和相关的政策。民族教育的发展情况并不纳入政府部门主要政绩考核范畴，民族特色教育因"没有专项经费"难以开展，如双语教学教研[①]。调查组在威宁的调查过程中，看到少数民族文化教育在市场经济、外出务工大潮的冲击下，政策回应力量不足，文化保护机制也面临生存风险。县城东部的板底乡，南部的雪山、龙街、石门等乡镇部分地方，绝大多数少数民族以母语交往，这些区域汉语言文字使用率低，威宁自治县的双语教学也主要是在这些区域存在，而作为发展民族教育支撑体系的双语教学普及程度亟待提高。

贫困山区教育的兴衰与贫困者及其家庭的发展机会息息相关，也决定着民族的进步、社会的进步。义务教育发展是逐步走向均衡，促进县域内乃至整个社会教育也逐渐走向公平，最终体现出社会的公平。威宁自治县教育的跨越式发展，积极整合民间力量，寻求少数民族教育均衡发展的途

---

① 威宁彝族回族苗族自治县人民政府：《关于2007年以来民族中小学办学情况的报告》，2009。

径，是卓有成效的探索。

苗文班成为贫困村民和村庄谋求自我发展、自组织能力建设的行动。能力建设才是教育扶贫的关键目的。

五　威宁发展数据采集和简要统计[①]

调查组于 2016 年对贵州省威宁自治县展开实地调查，调查员收集和整理县域社会经济发展资料，筛选以下约 100 个主要的社会发展指标，反映县域整体发展动态。调研组通过合作共建威宁基地，记录第三年县域发展基础数据，并对以往三年数据进行简要分析。

（一）威宁自治县县域发展基础指标

表 8　威宁自治县县域发展基础指标

指标类	编号	指标名称	2013 年	2014 年	2015 年
	1	常住人口（万人）	126.75	126.82	127.68
	2	户籍人口（万人）	145.43	147.61	147.37
	3	彝族户籍人口（人）	126895	128144	129486
	4	回族户籍人口（人）	117230	122125	105300
	5	苗族户籍人口（人）	79416	76061	79591
人口	6	城镇常住人口（万人）	29.24	32.24	34.00
	7	城镇户籍人口（万人）	17.31	19.25	20.00
	8	农村常住人口（万人）	97.51	97.50	108.00
	9	农村户籍人口（万人）	128.12	128.36	129.00
	10	农村流动人口（万人）	14.51	16.57	18.57
	11	农村留守儿童（万人）	—	2.79	2.38
	12	人口出生性别比（M：F）	106：100	106：100	104.85：100

---

① 数据整理：李春南、沈红、刘龙腾。特别致谢国情调查员：赵庆富、夏波、马勇将、蔡朝友、安德康、孔令松，感谢威宁自治县政府各部门的支持。

续表

指标类	编号	指标名称	2013 年	2014 年	2015 年
土地面积	13	辖区国土面积（平方公里）	6298.7	6298.7	6298.73
	14	常用耕地面积*（万亩）	107.45	357.47	357.47
	15	当年减少耕地（亩）	13278	4799	4799
基层组织	16	乡镇数量（个）	34	34	39
	17	省级贫困乡镇（个）	19	17	9
	18	行政村数量**（个）	548	573	573
	19	居委会/社区数量（个）	80	54	54
	20	村/社区居委会（个）	627	627	627
	21	村干部数（个）	3536	3536	2639
	22	社区居委会（个）	326	326	332

* 常用耕地面积：从 2014 年起，全县耕地面积以国土部门提供的丈量面积为准，不再采用"亩"上报。

** 行政村数量：因 2014 年村委会改居委会，村居两委较往年数据变化较大，且一些乡镇尚未明确村委会改居委会工作，今后可能还将有所变动。

（二）威宁经济发展主要指标

表 9　威宁经济发展主要指标

指标类	编号	指标名称	2013 年	2014 年	2015 年
收入支出	23	国民生产总值（亿元）	123.66	152.03	189.37
	24	县财政总收入（亿元）	17.62	19.80	21.36
	25	县财政税收收入（亿元）	5.49	6.25	6.97
	26	县财政总支出（亿元）	54.12	59.48	70.23
	27	第一产业地税收入（万元）	1037	647	—
	28	第三产业地税收入（万元）	46006	47510	—
	29	旅游总收入（亿元）	30.47	37.99	49.39
	30	人均地区生产总值（元/人）	9766	11992	14882
	31	城镇居民人均可支配收入（元/人）	18555	20306	22195
	32	农民人均可支配收入（元/人）	5596	6196	6945

续表

指标类	编号	指标名称	2013 年	2014 年	2015 年
劳动力	33	劳动年龄人口（万人）	81.31	86.36	78.55
	34	第一产业就业人数（万人）	49.55	50.05	50.43
	35	农民外出务工人数（万人）	12.72	16.57	16.09
	36	农民工返乡创业人数（人）	5519	4142	6087
农工商	37	第一产业增加值（亿元）	42.83	47.46	67.41
	38	第二产业增加值（亿元）	32.34	43.12	49.66
	39	第三产业增加值（亿元）	48.49	61.45	72.31
	40	农民专业合作社（个）	—	1028	1178
	41	矿山企业数目（个）	114	144	144
	42	全县工商业法人数量（个）	1994	1838	1838
	43	淘宝村级服务站（个）	0	0	73

（三）威宁教育、公共服务与环境主要指标

表 10　威宁教育、公共服务与环境主要指标

指标类	编号	指标名称	2013 年	2014 年	2015 年
教育发展	44	教育经费总支出（亿元）	14.67	14.63	18.19
	45	教育投入占县级财政支出（%）	26.90	24.60	29.23
	46	生均教育经费（元/年）	300（2012 年）	376	600（2016 年）
	47	九年义务教育巩固率（%）	82.03	87.00	89.00
	48	高中阶段毛入学率（%）	60.12	65.00	74.00
	49	学前三年毛入园率（%）	—	—	78.00
	50	本科上线率（%）	57.86	30.95	—
	51	高中在校生（人）	26864	35532	41702
	52	初中在校生（人）	115580	113217	114717
	53	人均受教育年限（年）	4.0	—	6.8
	54	高中师生比	1∶21.9	1∶16.5	1∶16.20

续表

指标类	编号	指标名称	2013 年	2014 年	2015 年
教育发展	55	初中师生比	1：28.5	1：26.8	1：24.30
	56	小学师生比	1：21.6	1：22.3	1：22.11
	57	特岗教师（含接转）（人）	10339	10739	10089
	58	双语教学的学校数（所）	4	4	4
	59	双语教师培训人次（人次）	228（2011 年）	100	100
	60	苗文培训人次（人次）	200～300	300～400	200
	61	人均受教育年限（年）	4.0	—	6.8
公共服务	62	城镇化率（%）	31.89	37.80	40
	63	公共财政中医疗卫生事业支出（亿元）	9.30	10.80	9.51
	64	5 岁以下儿童死亡率（‰）	10.72	10.09	—
	65	婴儿死亡率（‰）	7.60	7.73	—
	66	执业医师数（人）	877	1008	1131
	67	卫生机构床位数（张）	3663	4108	4363
	68	每千农业人口乡镇卫生院人员（‰）	0.81	0.68	1.36
	69	每千农业人口乡村医生和卫生员（‰）	1.16	1.07	1.09
	70	村卫生室机构数（个）	610	610	610
	71	平均住院就医医疗费用（元/人次）	3572	4272	—
	72	村村通：通沥青路建制村（个）	413	487	573
	73	通客运车辆的建制村（个）	532	344	573
	74	村村通：通村油路率（%）	66.5	85	89
	75	农村饮水安全达标率（%）	—	76.62	100
	76	农村饮用安全卫生水户数（户）	283274	283274	168548
	77	治理水土流失面积（平方公里）	-63.99	-24.00	—

（四）威宁社会保障与扶贫主要指标

表 11   威宁社会保障与扶贫主要指标

指标类	编号	指标名称	2013 年	2014 年	2015 年
保险	78	城乡居民养老保险参保（万人）	56.93	60.35	58.47
	79	城镇职工基本养老保险参保（万人）	1.59	1.62	1.52
	80	城乡居民医疗保险参保（万人）	107.07	118.00	118.00
	81	城镇职工医疗保险参保（万人）	3.51	3.75	3.89
	82	生育保险参保（万人）	—	2.96	2.97
	83	工伤保险参保（万人）	3.91	4.00	4.23
	84	城镇登记失业率（%）	3.20	3.46	4.12
	85	失业保险参保（万人）	1.81	1.80	2.91
	86	留守儿童关爱资金（万元）	452	412	358.24
贫困识别	87	农村低保人数（万人）	21.60	16.97	15.39
	88	城镇低保人数（人）	5900	5939	5770
	89	农村低保补助标准（元/年）	1841	1960	2580
	90	城镇低保补助标准（元/月）	352	380	440
	91	扶贫标准（戴帽）（元/年）	2300	2736	2968
	92	脱贫标准（摘帽）（元/年）	4900	5600	6600
	93	贫困村庄数量（个）	362	314	314
	94	其中：一类贫困村（个）	—	141	141
	95	农村贫困人口（万人）	38.30	30.64	23.91
	96	贫困发生率（%）	24.05	20.70	18.63
扶贫济困	97	脱贫人口（万人）	5.36	6.73	4.81
	98	减贫摘帽乡镇（个）	2	0	8
	99	干部结对帮扶数（人）	—	8827	10116
	100	财政专项扶贫资金（万元）	10106	11600	—
	101	留守儿童关爱资金（万元）	452	412	358
	102	农村危房改造数（户）	—	11828	23280
	103	累计农村危房改造数（2010 年以来）（户）	71838	83666	117166
	104	城镇保障性住房（套）	5700	7364	23333（2011～2015 年）

（五）部分发展数据简要统计

1. 县域人口

威宁自治县域 2013～2015 年常住人口及户籍人口总量相对稳定，没有发生明显变化。2015 年常住人口比 2013 年增加 0.93 万人，户籍人口增加 1.94 万人，增幅变化不大。出生人口性别比从 2013 年的 106:100，下降至 2015 年的 104.85:100，但都处于公认的出生人口性别比的通常值域（103～107）。

全县人口结构数据显示了两个方面的变化。

少数民族人口结构变动：作为少数民族聚集的地区，威宁自治县人口较多的少数民族中，彝族、苗族人口 2013～2015 年均有所增长，而回族人口则出现相对较大幅度的减少，2015 年比 2013 年减少 11930 人，减少了 10.17%（见图 16）。对于回族人口数据变化，是回族人口的经济流动原因，还是民族政策的原因导致的身份变化，或者是教育发展的结果比如回族考生录取率高、外迁多于其他民族，有待进一步调查。

城乡人口结构的发展：目前威宁自治县正积极推进新型工业化、新型城镇化、农业现代化、旅游产业化进程，加快统筹城乡发展，但从数据反映，威宁自治县的城镇及户籍人口均呈现较大幅度下滑，其中，城镇常住人口下降 12.24 万人，比例达到 37.96%，城镇户籍人口下降 3.25 万人，比例达到 16.88%，这与威宁自治县加快推进城镇化建设的目标是不相符的（见图 17）。再看农村常住人口、农村户籍人口则都有不同程度的增加。（见图 18）另外，威宁自治县农村流动人口由 2013 年的 14.51 万人增加至 2015 年的 18.57 万人，增幅达到 27.98%，值得认真对待。

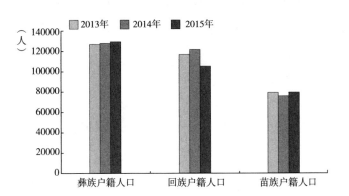

图 16　威宁自治县少数民族人口变迁（2013～2015 年）

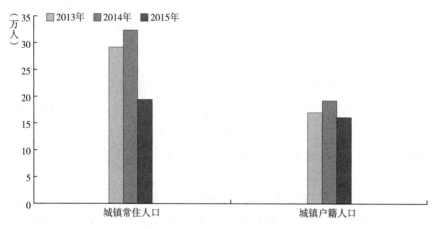

图 17　威宁自治县城乡人口变迁（2013～2015 年）

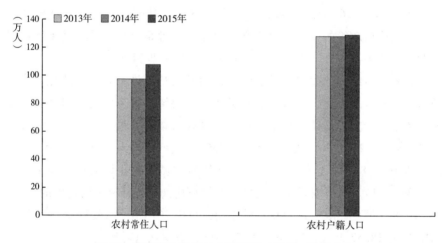

图 18　威宁自治县农村人口变迁（2013～2015 年）

2. 全县经济发展

威宁自治县县域经济发展指标增长显著。地区生产总值由 2013 年的
123. 66 亿元，增长至 2015 年的 189. 37 亿元，增加 65. 71 亿元。威宁自治
县国民生产总值 2015 年与上年相比，增幅达到 24. 56%，远超过全国国民
生产总值 7% 左右的平均增速。第三产业较快发展成为县域经济特点，威
宁第三产业增加值近年来稳居第一，占比高达 38%～40%，超过第二产业
（见图 19）。

威宁自治县重视旅游发展，把旅游业定位为全县第三产业的龙头产业
加以重视和推进，对旅游景区景点建设、旅游接待设施建设、旅游管理和

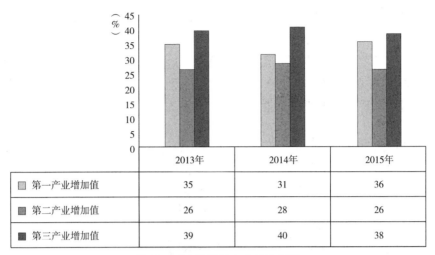

	2013年	2014年	2015年
第一产业增加值	35	31	36
第二产业增加值	26	28	26
第三产业增加值	39	40	38

图 19　威宁自治县产业结构调整

服务机制建设、市场营销加大投入，2015 年实现旅游总收入 49. 39 亿元、年均增长 29. 56%（见图 20）。

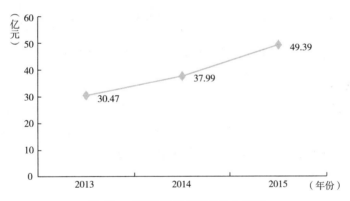

图 20　威宁自治县旅游总收入变化

3. 居民收入水平

随着威宁自治县国民经济的逐步增长，威宁自治县人均地区生产总值也呈现快速增长，2015 年人均地区生产总值增长率达到 24. 09%。与此同时，2013～2015 年威宁自治县城镇居民人均可支配收入与农民人均可支配收入实现稳步增长，城镇居民人均可支配收入由 18555 元增长至 22195 元，农民人均可支配收入由 5595 元增长至 6695 元。可以看出，城镇和农村居民人均可支配收入差距巨大，绝对差距由 2013 年的 12959 元扩大至 2015 年的 15250

元，城镇居民收入可以达到农民收入的3倍多，城乡差距进一步扩大。

2015年城镇居民收入增长9.3%，2015年农民收入增长12.08%，可以看出农民收入在逐步地追赶城镇居民收入。2013年城镇居民收入是农民收入的3.31倍，2015年城镇居民收入是农民收入的3.13倍，略有下降，缩小城乡差距的任务艰巨，道路漫长（见图21）。

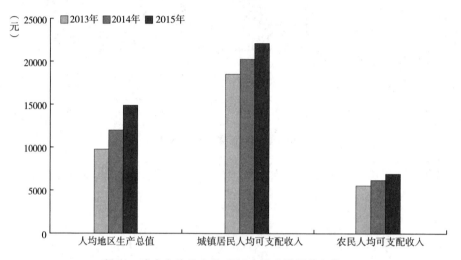

图21　威宁自治县人均GDP、城乡居民收入情况

4. 教育水平

威宁自治县是贫困人口大县，147万人口的人均受教育年限指标在2013年时仅仅只有4年，2015年快速增长到6.8年，仍然低于全国和全省平均水平，说明其基础教育长期薄弱和困难。教育事业的另一些数据显示

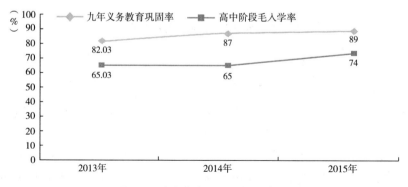

图22　威宁自治县义务教育情况

威宁中等教育的推进，全县初中生在校生持平，高中生在校生增加较快。2015 年九年义务教育巩固率达到 89%，三年提高约 7 个百分点；高中阶段教育毛入学率为 74%，三年提高约 9 个百分点。

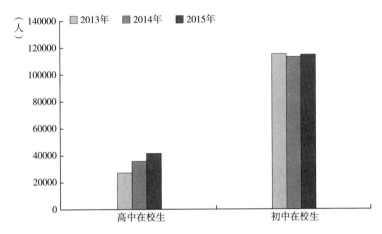

图 23 威宁自治县高中、初中在校生情况

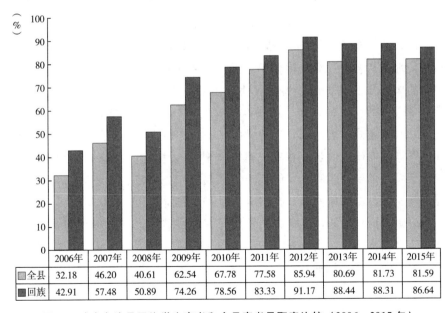

	2006年	2007年	2008年	2009年	2010年	2011年	2012年	2013年	2014年	2015年
全县	32.18	46.20	40.61	62.54	67.78	77.58	85.94	80.69	81.73	81.59
回族	42.91	57.48	50.89	74.26	78.56	83.33	91.17	88.44	88.31	86.64

图 24 威宁自治县回族学生高考和全县高考录取率比较（2006～2015 年）

需要注意的是，威宁自治县的教育教师资源没有明显改善，仍然处于短缺状态。这一情况在小学教育方面尤为明显，小学师生比由 2013 年的 1∶21.6 下降至 1∶22.1。初中教育和高中教育在教师配备方面没有明显改善，其中，初中师生比由 2013 年的 1∶28.5 增加至 1∶24.3，高中师生比由 2013 年的 1∶21.9 增加至 1∶16.8。

在威宁自治县值得注意的一点是，回族一直重视本民族人口的教育，高考录取率在全县少数民族名列前茅，且高于威宁自治县平均水平。

六　威宁国情调查研究方案介绍

（一）调研目的及意义

西部贫困和反贫困、社会建设与社区治理是我国社会发展重要战略研究的领域，也是社会科学的学术前沿领域。对于区域增长非均衡的国家，贫困如何消除，山区如何建设，教育如何进步，文化如何传承发展，一直是我国现代化和社会转型的重大问题，也是发展社会学和组织制度变迁研究关注的领域。

威宁彝族回族苗族自治县在我国贫困县中具有代表性、典型性。威宁是贵州省唯一的三个少数民族自治的县，拥有 143.37 万人口，居住着汉、彝、回、苗、布依等 19 个民族 31.4 万人。2009 年威宁被国务院列为全国喀斯特地区扶贫开发综合治理试点县，开展扶贫发展综合治理，提出"最突出的民生是脱贫，最急迫的民生是农村危房改造，最长远的民生是教育，最普遍的民生是社保，最根本的民生是就业"，实施强有力的扶贫攻坚计划和跨越式发展计划，经济成就卓著。2014 年以来，中国社会科学院社会发展战略研究院选择在威宁建立国情调查基地，目的在于考察中国西部社会发展的变迁过程，了解社会发展政策实施机制，为我国社会发展史提供翔实的县域发展案例，在学术和现实两方面都具有积极意义。

中国社会科学院沈红研究员长期研究中国贫困地区，率领调查组多次到威宁自治县开展社会调查，1998 年以来深入少数民族贫困乡进行田野调查、案例研究和行动研究，获得当地各级政府、学校和乡村的支持和协助。在威宁自治县以及周边云贵高原的贫困社区的研究，已经积累了丰富的调查资料和成果。

关于西部社会建设和变迁的社会机制，国内外研究方兴未艾、有待深入。沈红研究员对于威宁石门坎研究贡献了西部社会和文化结构转型领域的突出案例。在国情调查中，调查组将选取一组案例进行比较研究，作为发展社会学、发展人类学的前沿探索——结构变迁、发展主体和发展动力机制提供实证研究基础，调查研究旨在为弥补上述不足做出努力，运用社会学理论方法，从政府和山地民族两个基本的主体的关系角度理解乡村建设和民族文化教育的发展和社会过程。这是本项研究的学术价值。

这项国情研究可以提供评价社会发展政策的依据。历史上的扶贫实践对今天的新农村建设仍具有启示价值。交融在乡村教育运动之中的石门坎平民教育实践、实业教育实践、公益事业实践，曾经为众多发展中国家做出了示范性贡献，也是目前构建和谐社会和新农村建设的题中应有之义，因此这项研究也具有较强的现实意义。

（二）国情调查内容

威宁调研组计划在 2014～2019 年逐步对民族社区发展、乡村教育进步、扶贫与社保制度和生态文明建设等方面的发展状况开展调查。威宁调查不仅能够为社会发展史提供具体的典型案例，在西部发展现实中也具有典型意义。威宁开展大规模扶贫综合治理中的诸多经验值得总结，其社会效果有待认真评估。

以威宁为国情调查基地，有利于考察中国西部社会发展的变迁过程，了解社会发展政策实施机制。这项国情调查也可以作为评估跨越式经济发展政策的社会效应的依据，作为解决社会不平等发展现实问题的基础。中国的扶贫政策曾经为众多发展中国家做出示范，经过三十年的积累沉淀，也应该是学术界澄清泡沫式发展、回归发展本质的阶段，所以这项研究具有的反思角度更有强烈的现实意义。

（1）充分了解县情。威宁彝族回族苗族自治县是有代表性的国家级贫困县，长期以来贫困面大、贫困程度深、贫困人口多，少数民族贫困特点显著，调查组在该贫困县收集了一套连续的县域发展基础数据。

（2）通过田野调查记录贫困地区社会发展过程。地处黔西北偏远山区的威宁自治县的教育、科技、文化、卫生条件落后，基础设施建设薄弱，劳动力受教育程度低，社会矛盾凸显。调查组运用社会学调查方法，研究贫困发生、变化和缓解的规律。专题调查研究包括：重点村庄的社区调查、乡村学校调查、社区组织和人文生态调查。

（3）评估扶贫攻坚主战场的社会发展效应。威宁成为全国喀斯特地区扶贫开发综合治理试点县以来，开展大规模扶贫发展综合治理。调研组计划逐步进行民族社区发展政策评估、乡村学校的教育政策评估、社区组织和人文生态发展评估。

（4）分析贫困地区社会变迁规律。通过专题调查探讨贫困乡村社会发展效应，探讨社会发展政策和实施的经验教训与规律。

（三）调查方法

研究方法拟采取定性研究方法为主，统计数据收集、座谈会、入户访问、问卷调查相结合。以回访事件地和比较案例法为主，回访重要历史事件发生地是研究社会发展和变迁的有效方法。案例的研究资料主要来自以下几个方面：学术文献资料，地方档案，地方志资料，相关政策法规，统计数据资料，重要事件记载及文字资料，还有一个重要的来源是我们在田野调查中进行的口述史记录和访谈资料。这项研究可以在几个方面对丰富和发展社会变迁的研究方法有所贡献：通过社区调查梳理被访村寨变迁史，产生生动、多视角的调查数据。此项调查以长时段的相对固定地点为取向，便于调查者确定调查资料之间的内在联系，有利于归纳乡村社会变迁的规律性特征。这样就会增加案例资料的可比性、减少案例研究的偶然性。

（四）工作步骤

第一，中国社会科学的学者组成国情调研组，每年前往威宁自治县1～2次开展调查。2015年初举行国情调研威宁基地的挂牌仪式，从威宁本地学者、公务员和教师中邀请一些熟悉威宁发展历史和现实的同志担任国情调查员，与调研组共同工作，把基地建设成为国家科研机构深入了解国策国情运行、与威宁自治县政府开展长期合作交流的工作平台。

第二，调研组根据威宁自治县政府提供的县域国民经济和社会发展工作报告和各项数据，筛选出一批主要发展指标和数据，包括人口结构和流动，经济结构，经济波动，收入增长，城镇化程度，教育、医疗卫生状况，交通设施和条件变化，生态环境变化等，参见社会发展数据采集的县域社会发展各年数据。

第三，选择有代表性的贫困乡镇，实地调查国家扶贫计划和社会保障政策运行情况，贫困深度及其缓解的历史与现状。选择有代表性的少数民族社区，实地调查民族文化与教育政策历史与现状，少数民族文字传习活动以及宗教生活和城乡变迁情况。调研组陆续考察过石门、板底、秀水、龙街、黑石、大街、黑土河等贫困乡镇。

第四，每年调查主题各有侧重。调研组搜集资料，查阅整理文献，运用地方政府行政力量收集全县人口、社会、经济发展的数据，并通过少数民族聚居乡镇的田野调查，了解贫困乡村的发展变化，为调研组长期工作奠定基础。调查组关注发展风险问题，考察县域经济、乡镇之间经济发展的非均衡状况，分析村庄内部对风险的接受程度，考察发展的结构风险，了解其存在的风险以及防御方法。同时，调查组考察了少数民族文化传承与公共服务发展的状况。调查组对贫困农户的调查方法以定性访谈为主，本年度开始运用问卷方法调查贫困村庄。2017～2018年调研组的调查重点将是威宁自治县被列为全国喀斯特地区扶贫开发综合治理试点县以来取得的发展经验和政策问题，分析精准扶贫、精准救助的社会机制和生态效果，特别要探讨贫困山区基层组织与社会治理的创新方式。

第五，撰写专题调研报告。调查组在县域调查和乡村调查基础上，完成专题调研报告。

第六，选择适当时候在威宁或北京召开西部社会发展主题研讨会，推动地方政府与学术界的对话与合作。调研组在国情调查威宁基地持续考察中国西部社会发展的变迁过程，通过年度调研报告记录威宁自治县作为全国喀斯特地区扶贫开发综合治理试点县的发展成就与挑战，分析扶贫攻坚主战场的新经验和新难点，有利于讲好中国故事，深化社会发展战略和社会转型机制的认识。

（五）国情调研基地建设

2015年1月，中国社科院社会发展战略研究院国情调研威宁基地正式揭牌成立。中国社科院社会发展战略研究院党委书记王苏粤，威宁彝族苗族回族自治县县委副书记明忠琴、副县长杨华忠、县人大副主席周跃宁、政协副主席金丽华，社会发展战略研究院组织与制度变迁研究室主任沈红和来自本地的调研员们，共同参加了在威宁自治县政府举行的揭牌仪式。

国情调研基地揭牌仪式上，王苏粤书记为首批国情调研员颁发了聘书。这些同志是来自威宁自治县本地的学者、公务员、教师以及熟悉威宁发展历史和现实的农民，明忠琴副书记要求调研员应该实事求是，具有责任心与使命感，做好调研基础工作，积极为威宁做贡献。王苏粤期望国情

图25　2015年威宁国情调查基地成立合影

调研员们与调研组一起工作，把基地建设成为了解国策国情、与威宁自治县政府开展长期合作交流的平台。

威宁调研基地运行三年以来，国情调研员共同协作，顺利完成一系列专题调研报告，与此同时，调研员们持续在威宁贫困村寨开展公益扶贫活动。比如，调研组积极支持少数民族文化传承活动，支持石门乡、龙街镇、兔街镇的苗文培训班。又如，调查组支持山区教师、医生、本地国情调查员参加全国性教育、医疗交流会议，协助苗族老教师参加公益基金会组织的优秀乡村教师评选等活动。

国家治理体系与治理能力现代化背景下基层社区治理的路径与重要作用

李 群 胡慧馨*

摘 要：社区治理在国家治理体系与治理能力现代化背景下具有重要作用。目前，基层社区治理遭遇四个困境：（1）社区行政化倾向严重；（2）居民和非政府机构在社区治理中参与度不高、社区组织力量薄弱；（3）机构设置、人员配备、经费来源、基本设施与所承担的职责任务不适应；（4）对社区治理权力缺乏监督和制约。要想突破这个困境，在借鉴国外社区先进治理经验的同时，应该着力于建立信任、建立自组织、建立社区文化认同，同时，注重发掘社区领袖、进行公民意识教育、提升社区社会资本、实现资源的可持续性。全福社区和军门社区的治理模式提供了有益的经验。

关键词：社区治理 治理模式 路径

众所周知，我国正在经历历史上规模最大、速度最快的城镇化进程。城市人口快速集聚，城市边界不断扩大，让城市治理的工作越发显得严峻。党的十六大以来，加强和创新社会管理和社区治理逐渐成为我们党和政府治国理政的重要任务。

2004年6月，党的十六届四中全会提出要"加强社会建设和管理，推进社会管理体制创新"；2007年党的十七大报告又提出要"建立健全党委领导、政府负责、社会协同、公众参与的社会管理格局"；2009年底全国政法工作电视电话会议将社会管理列为"社会矛盾化解、社会管理创新、公正廉洁执法"等三项重点工作之中的一项；2011年2月，全国省部级主

---

* 李群，中国社会科学院数量经济与技术经济研究所研究员、博士研究生导师、博士后合作导师；胡慧馨，中国社会科学院数量经济与技术经济研究所博士后。

要领导干部专题研讨会上，中央强调要"加强和创新社会管理，激发社会活力、增加和谐因素、减少不和谐因素"；2015 年 12 月 24 日，中央城市工作会议在京召开，会议明确指出，城市工作要把创造优良的人居环境作为中心目标，还进一步将城市管理问题细化到社区治理工作，并提出了三项社区治理工作的具体操作方式：（1）推进网格管理；（2）发挥社区作用；（3）动员公众参与。党的十九大进一步指出，要加强社区治理体系建设，推动社会治理重心向基层下移，发挥社会组织作用，实现政府治理和社会调节、居民自治良性互动。城市基层社区的建设和发展已然成为当代中国公共政策议程中的一个重要关注点，社区作为城市环境中的最基础的组成分子，在城市管理体系中的重要性越发凸显。

一 基层社区治理的现状与困境

改革开放以来，全国各地先后对城市社区治理在体制和管理方式上进行了有益的探索，取得了明显的成效。从原先的社区管理模式已转变为目前的社区治理理念和方法。在 2014 年初民政部关于同意将北京市东城区等 31 个单位确认为"全国社区治理和服务创新实验区"的批复中，明确提出了对这 31 个实验区进行先行先试。

但是，从社区治理的现状和客观需要来看，我国的社区治理当中还存在不少矛盾和问题，主要表现在以下几个方面。

（1）社区行政化倾向严重。社区变成了行政力量的末梢，居委会整天疲于应对层出不穷的上级要求，无力发挥基层群众自治组织动员居民自我管理、自我服务、自我教育、自我监督的自治功能，居民自治流于形式，成为摆设。

（2）居民和非政府机构在社区治理中参与度不高。作为居民群众自治组织的居委会大多只会完成上级布置的任务和规定动作，不懂得如何组织居民、动员居民，不明白居民才是社区的主体，有权力有能力自发组织起来解决社区的问题。在这样的现实情境之下，居民之间冷漠疏离，对社区事务不关心不参与，遇到问题就秉持"会哭的娃儿有奶吃"的巨婴理念责怪政府不负责不作为，要求政府为所有的事务买单，完全没有作为理性成年人应当有的责任意识、承担精神。

（3）社区组织力量薄弱，机构设置、人员配备、经费来源、基本设施与所承担的职责任务不适应。街道办本是政府的基层组织，为本辖区群众服务是义不容辞的责任。但街道只能行使部分政府职能，在城市管理、经济建设、社会保障等诸多方面不能实行责、权、利相统一，进而造成执法的政出多头、相互配合不够和整体工作成效不高的现状，且街道和居委会人员年龄偏老化，专业、文化知识结构不合理、业务素质不高相当突出，在很大程度上制约着社区治理和服务作用的发挥。

（4）对社区治理权力缺乏监督和制约。当前，我国社区治理的法律法规还不健全，缺乏可操作性，制裁力度软弱，监督组织没有仲裁权力或权力很小，往往只能做一些督促、调解工作。

二　突破困境的路径选择

（一）国外社区治理的路径及特点

1. 新加坡

新加坡社区治理突出政府的"严厉"。由于新加坡有着长期的法治传统，受深厚的儒家文化影响，同时民主观念淡薄，长期推行经济适用房政策，社区治理以政府直接管理、居民相应参与、非政府组织日益发展为最大特点。由于政府对社区进行直接管理，因此，政府设立了专门的职能机构负责社区事务、社区公共服务的规划，对社区和社区组织领导人开展培训，并对社区组织行为进行引导和物质支持。社区治理的主体主要是政府、社区组织、非政府组织、公民；社区活动的资金来源最主要也是政府拨款和政府补贴。从上而下地运行是新加坡社区的治理方式。

新加坡的社区有三类重要的社区组织：咨询委员会、居民联络所管理委员会、居民委员会。从制度体系上看，新加坡的社区组织具有中立的地位，没有政治倾向，完全是民间的区域自治组织。但是社区组织和社区领导都与政府和执政党关系密切。社区领导的政府委任制以及国会议员对社区事务的深度参与，都使政府和执政党对社区组织极具影响力。

2. 日本

日本社区管理重视人的"自律"。日本人比较强调自律，许多大城市的市中心都热闹非凡，但在日本的许多社区，"热闹"和"喧嚣"都销声匿迹。

日本在政府系统中，由自治省负责社区工作，由地方政府设立"社区建设委员会"和"自治活动课"等相应机构。在城市基层社区层面，日本设有"町会联合会"和"町会"这两个层次的带有行政色彩的自治组织，它们在许多方面分别发挥着类似我国街道和居民委员会的作用。例如东京都的管理范围包括24个特别区、26个市、7个町和8个村，面积2100多平方千米。

日本的社区是个大概念，具体分为行政社区与居民社区。前者与基层行政（政府）重叠，后者不带有任何行政性质，是脱离国家行政的地域概念。东京人把前者称为区（或市），把后者称为"町"，各有各的功能。东京人无时无刻不生活在区市或町这样两个社区中。

东京的社区行政长官由民选产生，不是由上级任命产生，他们与东京都政府不存在领导与被领导的隶属关系，区长、市长、町长、村长不接受东京都知事（东京最高行政长官）的直接领导。都政府颁布的条例与规定对东京都全域起作用。理论上区与市平级，实际上，区长的地位略高于市长，因为"区"位于城市的中心地带，"市"位于边缘地带。换言之，市区的行政社区叫作"区"，郊区的行政社区叫作"市"。显然，"区"的人口更密集些，财政税收也更多些，特别是中心区，如千代田区、港区等，地位尤为显著。

东京社区之所以管理得高效有序，是靠全面的自主性加以保证的。社区里的事情，无论大小都由社区自己决定，不必请示"上级"。"上级"政府与地方政府是并列的，无权干预社区的事务。这样就保证了办事的快捷。政府的办事方式也是高效的，所有的政府都是"开放式"办公——政府无门卫、无围墙，无登记手续、自由出入，办公室无屏障。这种办公方式不仅拉近了政府与居民的距离，而且使办公公开化了，有利于防止权力寻租。

3. 美国

美国的社区管理体现官民"协作"。由于有着深厚的民主传统和完善的法律制度，美国的社区治理模式主要表现为政府依法管理、社会全面参与、社区自治管理、资金多方筹集、分工日趋完善。政府与社区的关系是相对分离的，政府在社区治理中的职能主要是制定法律，为社区自治提供法律制度和支持；和社区组织进行社区领域的合作，提供必要的资金支持和拨款计划。社区治理的主体由政府、社区组织、非政府组织、公民、私人企业一起构成。治理方式是典型的自下而上运行。

在社区建设和设施完善中，所有社区管理计划的制订都基于社区居民的意见，反映居民日常生活的实际需要。从计划制订到工程实施，整个过程充分体现基层民主。社区选出"社区管理计划"代表，下面还有居民选出的楼区代表，楼区代表每年会把问题单分发到各家各户，上面列出些具体事项，让居民选择他们认为社区最需要改进的事项。而居民临时想到什么社区福利的点子或者有什么意见，也通过楼区代表向县政府反映。社区管理部和各社区负责社区管理计划事务的代表每月开一次会，讨论社区居民的建议和工程项目。社区管理部根据居民意见进行实地调查，确定社区建设优先事项后，找专业人员进行工程设计，接下来是征求居民对设计方案的意见，如果设计方案得到社区60%的居民的支持，工程就开始实施。

另外，每个社区都有权决定自己的特色，涉及社区建设的规划编制和修改土地利用法规和开发计划的审批等，都要举行听证会征询社会成员的意见。

4. 澳大利亚

澳大利亚的社区管理强调政府对社区治理"宽松"，不干预。受西方发达国家文化传统和民主化倾向影响，澳大利亚形成了特殊的社区运作机制。可以用各级政府分工明确、独特的社区治理体系、社区治理官方色彩和自主治理色彩相结合、资金来源多元化来概括澳大利亚社区治理模式的特点。

在澳大利亚，三级政府都涉及社区事务的职能，但是分工明确，也没有互相扯皮的现象，联邦政府负责宏观事务和政策制定、供给，并设有专门的家庭、住房、社区服务部等机构负责行使社区管理和服务职能。一方面，市政府作为基层政府自上而下落实上级政府的各项政策、提供社区服务；另一方面，作为社区自治组织又必须保障社区居民在社区治理中的参与权、知情权、管理权、监督权。

澳大利亚政府与社区的关系相对宽松，政府几乎不控制或强制社区的发展；政府在社区治理中的职能仅仅只是负责宏观事务及政策供给，规范和指导社区发展；市场化运转社区发展项目，与非政府组织建立合作伙伴关系，培育社区自治，为社区自治提供便利和条件。社区活动的资金来源主要靠两级政府的财政拨款、房地产税等，是典型的上下并行治理模式。

（二）我国社区治理的路径选择

在借鉴国外社区先进治理经验的同时，针对我国社区治理的实际情况和困境，我们认为，应该重点从以下几个方向发力，突破社区治理的困境。

1. 建立信任

信任是社会的稀缺资源，互害型社会的解药是人与人之间的善意。善意由信任而来，要通过寻找支点建立人与人的联结、人与环境的联结，进而相信邻里间的善意，成为朋友，因友情而愿意承担起使社区生活变好的责任，参与到人与人的互助友爱中来，建立起陌生人到熟人、熟人到友人、友人到亲人、亲人到主人的邻里关系。

2. 建立自组织

自组织是一个可以在内部形成秩序的治理结构。社区这个地域性生活共同体的基础，是看重情感和关系逻辑的居民自组织，当社区的居民参与到若干个自组织中找到归宿感、荣誉感、价值感，而且得到社区自组织提供的有温度的互助服务有获得感的时候，居民的参与以及主体性就能够自发形成并且良性运转起来。

3. 发掘社区领袖

高效能的社区领袖能够使自发建立起来的自组织建立规则、成熟运行，根据居民的需求找到组织的使命并且持续发展下去。

4. 进行公民意识教育

社区治理归根结底是对人的公民意识的培养。提升人的生活品质和文化认同是社区发展的目的，要实现这一目的，转变人的意识是关键。通过社区治理塑造公共精神、公共意识、志愿精神、社区意识、责任意识、规则意识、协商意识、妥协寻求共识等，是社区治理的终极任务。

5. 提升社区社会资本

无论是建立联结、建立关系还是建立组织，其目的都在于提升社区的社会资本，促进人与人之间信任、互惠、合作，建立互助互惠规范，提升社区的自治力量，唤起居民主动合作以集体行动解决社区问题、满足社区需求。

6. 实现资源的可持续性

社区发展需要可持续的资源支持，建立社区基金，充分动员居民和辖区的各类组织为自己社区的建设与发展提供源源不绝的资源，解决自己社区面临的各种社会问题，是每一个社区必须破解的问题。尤其是农村社区的持续发展，更加不容回避。

7. 建立社区文化认同

这是"社区感"最为具象的表征，是最高形态的社区认同。要通过社区治理发掘属于本社区独有的精神禀赋和文化气质，赋予它可视化且融合在居民日常生活场景的标志性景观，在日积月累的浸润下逐渐形成社区的文化认同，形成居民的"社区感"。

三　社区治理是和谐城市建设的重要基础

社区是城市生活的重要组成部分，是人居环境、城市文化、城市人文生态的主要载体。随着中国社会和经济建设的迅速发展，中国城市化水平不断提高，城市的数量也在迅猛增加。据《中国城市统计年鉴2010》统计，2010年，中国城市人口超过6亿人，百万人口以上的城市达125个左右，其中200万人以上的特大城市达到50个左右。在这个迅速城市化的过程中，损害严重同时未获修复的基础正是城市的基层社区。有国外学者看到中国日新月异的城市建设曾感叹地说，中国很善于建立新的城市，但三五年或十年后，这些城市的维护和管理问题就会凸显。如何管理和维护这些城市，使城市居民有良好的城市生活质量，才是最具有挑战意义的课题，而城市当中的社区治理，则是解决城市管理难题的关键钥匙。

由于独特农耕文化和市民文化的传承、计划经济体制的影响、改革开放后市场化小区的开发方式，加上城市化过程中对边缘农村、农地的迅速兼并，中国城市的社区分化为五个类型：一是传统市民社区（所谓的市井文化的集中地），其内包含文物保护区、新兴商业区和传统遗留区；二是单位住宅区，以大企业、政府部门的家属住宅区为核心，形成工作单位的附属生活区；三是城中村，被城市包围的遗留农村，它们享受城乡两地的政策优惠却又无须承担过多的城市义务；四是城乡接合部的边缘社区，农民和城市居民混合居住，游走于城乡之间；五是新兴商品房小区，分高档、中档和福利小区。这五大类型的社区在城市化的过程中均或多或少受到影响，传统社区遭到破坏，社区文化传承缺失，导致治理出现困难。

第一种是传统市民社区中，有身居文物保护地区的原住户，国家和政府为了将社区改造成文物保护区或旅游中心，花巨资进行修缮、维护、拆迁，但经过改造的社区，原有的社区文化不复存在，这种改造无疑是旧瓶装新酒，原有的醇香荡然无存。如北京的后海酒吧区、南池子小区，物业的拥有者或承租人甚至可能是外国人。第二种是处于新兴商业中心的传统市民区。传统市民被迁离，外地商家及各类财团入驻，形成了新的趋西洋化、国际化的社区文化。如上海的南京路、淮海路、北京东城 CBD 中心等。第三种是既不属于文物保护区又不属于商业中心的传统小区，它们是社会暂时遗忘的角落，在经历了多年来社会发展的变迁之后，原有社区文化结构失落，老一辈执牛耳者退，新一代佼佼者稀，面临文化更新的挑战。在单位制的老居住区中，有能力者大多都已拥有第二套或第三套房搬出小区，留下的多是老弱病残与保姆、外地房客，过去单位的工会、党团组织或居委会的管理也逐渐放松、社区黏合力下降。而城中村作为城市发展的软肋，一直因管理困难被城市管理者欲去之而后快。城中村以其廉价的租金吸引着众多城市流动人员，这类社区在城市管理的边界游走，给城市稳定与安全带来了极大的隐患。

只有一部分新兴的商品房小区，在高素质居民的自主参与下，开始打造社区文化，逐渐形成公民对小区建设和管理的影响力，但这样的社区数量不多，不成规模。

由此可见，在城市化建设的过程中，中国城市的传统社区遭到的破坏十分严重，过去的传承所剩不多，城市社区的建设和发展，包括城市社区文化的建设和发展，直接影响到和谐城市的建设。社区治理工作在和谐城市建设进程中占据着基础地位，对稳定社会、吸收城市新移民、提高社会自治能力、建立城市的韧性有举足轻重的作用。

四　社区治理是城市管理和社会管理创新的重要阵地

党的十八大报告明确指出，"必须从维护最广大人民根本利益的高度，加快健全基本公共服务体系，加强和创新社会管理"。所以，创新社会管理的出发点和落脚点都应该是为人民群众服务，通过创新社会服务来不断实现好、维护好、发展好最广大人民群众的根本利益。社区治理由于站在社会服务的第一线，与人民群众的距离最为接近，因而成为社会管理创新的重要阵地，在这个阵地上，管理创新大有可为。

科技迅猛发展的今天，"数字化生存"已成为信息时代人类的生活方式和生存状态①，而且，正如曼纽尔·卡斯特（Manuel Castells）所说："作为一种历史趋势，信息时代的支配性功能与过程日益以网络组织起来。网络建构了我们社会的新社会形态，而网络化逻辑的扩散实质性地改变了生产、经验、权力与文化过程中的操作和结果。"② 网络"从根本上改变了我们出生、生活、学习、工作、生产、消费、梦想、奋斗或是死亡的方式"。③ 因此，社会管理体系也依托互联网进行了丰富的创新尝试。

例如社区治理工作当中的网格化管理，即是在社区工作中加入运用了现代化的网络信息技术手段的一种新型的管理模式。"天上有云、中间有网、地上有格"，根据"完整性、便利性、均衡性、差异性"原则将管辖地域划分成若干网格状的单元，由专门网格工作人员对社区实施 24 小时动态、全方位管理。小到社区环境卫生、居民矛盾化解，大到社区党建、社会治安维护等都可以做到凡事不出网格。④

这种创新的管理模式延长了治理链条，下沉并整合了治理资源，加强了基层政府与市场、社会组织的互动合作，构建了服务与管理并重的治理体系。一些地方还引入了数字信息技术，提升了社会治理的精细化水平，在我国很多城市社区得到了推广运用，且运用的效果反馈良好，得到了社会的高度认可。但是，网格化管理也出现了一些非预期后果，比如，"技术化"治理强调治理形式，可能偏离目标实质，"科层化"的组织结构增加了治理的复杂程度，治理的"行政化"制约了社区社会资本生成，"选择性执行"行为导致了治理目标的不完全实现，"目标导向"下存在治理手段运用不当的风险，"网格泛化"则模糊了多元治理主体间的边界，导致权责不清。⑤

基层社区是政府与社会相连接的空间，基层社区治理体制则能够沟通两者并在它们之间发挥缓冲和过渡的作用。作为城市基层治理体制的创新形式，网格化管理对于当前我国城市基层治理体制的优化运行以及秩序整

---

① 〔美〕尼古拉斯·尼葛洛庞帝：《数字化生存》，胡泳等译，海南出版社，1997，第51页。该书英文原著出版于1995年。

② 〔美〕曼纽尔·卡斯特：《网络社会的崛起》，夏铸九译，社会科学文献出版社，2006，第434页。

③ 〔美〕曼纽尔·卡斯特：《网络社会的崛起》，夏铸九译，社会科学文献出版社，2006，第28页。

④ 《社会管理创新的地方样本》，新华网，2011 年 8 月 2 日，http://news.xinhuanet.com/local/2011 –08/02/c_ 121744070.htm，访问日期：2016 年 11 月 24 日。

⑤ 刘安：《网格化管理的负效应》，《决策》2015 年第 8 期。

合起到了一定的积极作用，但上述非预期后果的出现，对于政府治理能力也提出了更高的要求，对政府治理的创新能力也提出了严峻的考验，但同时也给社会管理创新实践提供了广阔的阵地，在这片阵地上，有丰富的实践机会，通过反复不断的试错纠错和改进，社会管理创新就不是一个空想的理念，而能成为一套实实在在为人民群众服务的科学思想。

五 社区治理工作是政府赢得群众信任的重要途径

习近平同志强调"群众工作是社会管理基础性、经常性、根本性工作"[①]、密切联系群众是我们党最大的优势[②]。

然而，当前社群工作的难度大幅提高，一些地方政府与群众的关系也表现得不那么融洽。自20世纪70年代末80年代初以来，福柯、利奥塔、布迪厄等社会学家就提出了"个体意识在全球范围内的觉醒"，对个体性格、个体体验、个体权利的特别强调逐渐成为一个时代的特色，以致他们惊呼"以理性化为特征的现代性社会的终结和以个体意识为特征的后现代社会已经来临"[③]。在中国，随着经济社会的发展，特别是市场机制无所不在地渗透，个体意识的崛起也是一个明显的趋势。这样的现象曾被概括为"集体化社会"日渐萎缩，"个体化社会"不断兴起，其特征主要表现在：第一，个体的产权意识逐渐增强，特别是在住房问题上，人们通过市场取得的房产权是外人不可侵犯的，同时，人们在取得房产时也取得了要求社区提供相应服务的权利，如果这种服务没有很好地提供就很容易产生纠纷。近年来大量出现的物业纠纷就是这样产生的。第二，人们的环境意识明显增强，甚至可以说进入"社会环境敏感期"[④]。一旦听闻政府要启动一个可能对环境有污染的项目就会起来维权，甚至用极端的方式强迫政府取消项目。最近的"什邡事件"和"启东事件"就是这样的案例。之前，还有厦门和大连的"PX事件"、上海的"磁悬浮事件"等。第三，个体的私人空间与公共空间区分越来越清楚。人与人之间的交往越来越限于公共空间、角色

---

① 习近平：《群众工作是社会管理基础性经常性根本性工作》，《党建》2011年第3期（下）。

② 习近平：《始终坚持和充分发挥党的独特优势》，《求是》2012年第15期。

③ 郑杭生、黄家亮：《当前我国社会管理与社区治理的新趋势》，《甘肃社会科学》2012年第6期。

④ 郝洪：《"环境敏感期"的新考题》，《人民日报》2012年7月30日。

行为的来往。第四，个体的民主参与意识将逐渐增强。总之，随着群众权利意识的迅速崛起，他们对公权力不再是无条件地服从了，动辄就与政府发生冲突。而一次次冲突的后果就是群众对政府信任度的逐渐降低。

目前，社会上出现了一种群众"老不信"心态——无论政府说什么、做什么，部分群众总是不信任、不相信。民革中央办公厅副主任蔡永飞曾将出现这种现象的原因归结为七种心态——社会焦虑、不公平感、思维惯性、情感转移、情绪发泄、从众心理、逆反心理①。从根本上看，这反映的是政府的公信力出现了问题，这种现象如果得不到有效遏制的话，就会出现所谓的"塔西佗陷阱"的恶性循环。所谓"塔西佗陷阱"，就是指当公权力遭遇公信力危机时，无论说真话还是假话，做好事还是坏事，都会被认为是说假话、做坏事②。现在许多政府干部都觉得治理社会比过去难多了。为什么难了？其中最主要的原因是老百姓信任的缺失。老百姓的信任，是一种非常可贵的社会资源。老百姓信任，即使社会政策考虑不周全，也能弥补，有矛盾也好解决，大矛盾化解为小矛盾，小矛盾化解为和谐相处；反之如果老百姓不信任，最好的社会政策也难以贯彻，不大的矛盾也难以化解，小矛盾甚至被激化为大矛盾。所以，现在重建社会信任的问题，尖锐而迫切地摆在了我们面前。③

而社区治理工作处于政府工作的最基层，与一线的老百姓接触最为密切，在处理公共事务的时候，能跟群众面对面沟通，信息交换最为迅捷，也能以最快的时间和途径采集基本社会信息。群众对于政府治理方式和措施是否满意、是否有效，也能够直接将信息反馈给基层部门，社区治理工作开展得优劣使得群众能直观地感受政府的公信力，社区治理若是开展得好的话，就能够赢得群众的信任，重树政府的公信力，重建社会信心。因此，社区治理工作是政府赢得群众信任的重要途径。

六　社区治理是社会治理体系和治理能力现代化的内在要求

党的十八届三中全会提出："全面深化改革的总目标是完善和发展中

---

① 蔡永飞：《公众"老不信"的心态分析》，《人民论坛》2012 年总第 369 期。
② 张音、张新苗：《网络语境与创新社会管理：破解"塔西佗陷阱"的舆论怪圈》，《人民日报》2012 年 6 月 26 日。
③ 郑杭生：《当前我国社会矛盾的新特点及其正确处理》，《中国特色社会主义》2006 年第4 期。

国特色社会主义制度，推进国家治理体系和治理能力现代化。"习近平总书记指出："国家治理体系就是在党领导下管理国家的制度体系，包括经济、政治、文化、社会、生态文明和党的建设等各领域体制机制、法律法规安排。"

从治理结构来看，国家治理体系主要包含经济治理、政治治理、文化治理、社会治理、生态治理和党的建设六大体系。其中，经济治理体系中的市场治理、政治治理体系中的政府治理和社会治理体系中的社会治理，是国家治理体系中三个最核心要素。而社会治理体系的关键当数城市基层社区治理。

从治理能力现代化的治理主体角度看，有效的治理，突出强调社会公共事务的多方合作治理。过去我们的社会管理存在一个根本性的问题，就是政府一家独揽，市场、社会、民众的力量比较薄弱，甚至缺席，这导致了社会治理的过度行政化，造成了社会资源配置效率的低下。通过改革，使政府与社会关系回归人民本位，让人民群众以主体身份参与到社会治理中去，实现自我治理，这是治理能力现代化的突破点，在社区治理工作当中就体现为公民的参与。而公民参与最直接的方式除了社区居民会议还有NGO 的建设。

从组织结构角度看，公民参与及社会自治力量的激活，都属于治理能力现代化有效治理的体现。这也是哈耶克提倡的多元主体的治理和治理方式的多样化。他主张社会公共事务治理中各种民间组织机构的参与，倡导国家与社会组织间的相互依赖及互动合作，打破了国家与社会二元对立的传统思维①。

完善公民参与的决策权、执行权、监督权，形成社区治理工作相互制约又相互协调的行政运行机制，用机制再造流程、简事减费、加强监督、提高效能，这既是社区治理工作的有效进路，也是社会治理体系中治理能力现代化的内在要求。

七　社区治理是城市管理体系中的防火墙

随着经济的发展和高科技的应用，现代社会必然是充满风险的社会，

---

① 〔英〕弗里德里希·冯·哈耶克：《法律、立法与自由》，邓正来译，中国大百科全书出版社，2000，第 137 页。

以至于有社会学家说:"古典现代性阶段的理想是平等,而高级现代性阶段的理想则是安全。"① 对于中国社会来说,"风险社会"的内涵则更为复杂:一方面,是来自"当代到处存在的不稳定性"所带来的"人类困境"②,如 SARS、甲型 H1N1 流感那样的新型疾病,不知何时到来的恐怖威胁,全球性的认同危机等;另一方面,则是更大程度上来自中国自身的社会转型带来的"个体安全"问题,包括"现实困境"和"未来威胁"两个方面。

"现实困境"是个人生活中已经遇到的实际困难或问题,如贫困、失业、失房、失地,党群、干群、劳资关系的不协调或紧张,社会不公平、社会治安不力等,这些都严重地影响了社会成员的安全感。目前我国社会处在剧烈变迁的时期,各种不稳定性和不确定性因素容易被激发,社会成员对风险的潜在威胁也很敏感。譬如,公共突发事件(公共卫生事件、生产事故、食品安全事故、水污染等)造成的恐慌,资源短缺("电荒""煤荒""油荒""水荒"等)引发的各种紧张现象,公共物品(如教育、银行、通信、交通、医疗等)的涨价,个人生活中可能发生的非预期性事件(如失业、意外伤害、疾病、残疾),以及个人退休后的生活质量和养老负担等,这些潜在威胁都有可能降低安全指数,导致社会成员的"预期性焦虑"③。

而社区治理工作与社会成员距离最为接近,能够及时了解和反馈社会情绪的变化和波动,以便及时进行风险的干预和处置。而社区切割分布对于社会风险的分散也起着极大的作用。社会事件的发酵、产生通常是从点开始扩散的,而危机点通常能够被准确划分到社区管辖范围之内,若是在危机发生之前,就在社区内及时发现并采取合理的措施进行应对疏解,就能够避免危机点向危机面的转变和扩散,这对于城市秩序的稳定和管理,无疑起着保险丝或曰防火墙的效用。同时,社区内人员关系相对熟悉、简单,在沟通和化解社区个体的情绪危机,缓解"人类困境""现实困境""未来恐惧"等多重压力方面,能够给予足够的安全感。我们认为,以这种思路建设城市的管理文化,在社区治理内回归"人文本位"才是"中国

---

① 〔美〕乔治·瑞泽尔:《后现代社会理论》,谢立中等译,华夏出版社,2003,第96页。

② 〔德〕齐格蒙特·鲍曼:《流动的现代性》,上海三联书店,2002,第250页。

③ 杨敏、郑杭生:《个体安全:关于风险社会的一种反思及研究对策》,《思想战线》2007年第4期。

梦"的精义所在。

八 全福社区和军门社区的经验做法

（一）济南市全福街道创新社区网格化服务管理新模式

2015 年 4 月 30 日，中国社会科学院数量经济与技术经济研究所"全福基地"国情调研课题组、中国社会科学院工程"国家治理指标体系和治理能力现代化指数研究"课题组深入济南市历城区全福街道，就全福街道创新社区网格化服务管理模式进行了走访调研。调研过程中，课题组针对全福街道的基层社区管理模式进行了经验总结，认为全福街道"创新社区网格化服务管理"新模式具有可复制可推广的价值，全福基地的创新管理是经济社会发展"新常态"下认真贯彻党的十八届三中全会通过的《中共中央关于全面深化改革若干重大问题的决定》中指出的"要完善和发展中国特色社会主义制度，推进国家治理体系和治理能力现代化"改革总目标的基层实践，是提升公共服务、增进人民福祉的创新之举。

1. 社区网格化服务对基层治理的重要意义

城市基层社区治理作为城乡社区治理的重要组成部分，不仅关乎百姓的居家生活，更可为社会经济发展提供良好的环境，关系到城市社会的稳定与发展。新形势下，我国经济发展需要更好的政治社会环境。而加强城市基层社区治理能力建设，对于提升城市整体形象，加快地区经济发展起着至关重要的作用。作为城市基层社区治理建设的缩影，全福基地可以为其他基层社区政策制定提供真实可靠的经验和建议。

2013 年 4 月份以来，全福街道在济南市率先推行了"网格化管理"的服务新模式：依托统一的数字化管理平台，把行政管理区域划分成若干单元网格，派出网格员在这些单元网格内巡查，及时发现问题，并通过一套完整流程，形成立案督促处置的程序，由相关责任单位在规定期限内解决。由此可见，网格化管理使得基层社区管理更加精细化、清晰化、信息化和现代化，有助于贴近民生、化解社会矛盾、密切党群干群关系、推动社会有序和谐发展；这也是党的十八届三中全会提出的"改进社会治理方式要坚持源头治理，标本兼治，重在治本，以网格化管理、社会化服务为方向"等政策的落地表现，为国家治理体系和治理能力现代化的研究提供了宝贵经验。

社区网格化服务管理改变了以往"一刀切"的管理模式，将社会管理的重心下移，实现了政府治理与居民个体在微观层面的对接。通过将社区居民信息网格化，增强了治理针对性，使得管理更具系统性，更有助于体察民情、了解民意，对于创新社区治理机制、推动社区治理现代化、提升工作效率具有重要探索意义。

2. 网格化服务治理新模式运作方式

全福街道在多年治理实践基础上，按照"条块融合、职责明确、联动负责、逐级问责"的原则，总结出了一条"一张图、三层网、一线式"的全方位、多层次的管理思路，运作成效显著，取得了良好效果。

"一张图"标注万物。全福街道通过梳理整合"人、事、地、物、组织"形成社区电子地图。一是摸底走访，掌握"一手"资料。通过问卷调查、实地走访、筛查档案等方式，上门走访8万多次，收集调查问卷2万多份，绘制手工地图100多张，初步掌握了居民人口、公共设施、辖区单位、树木绿地等基础信息。二是细致测绘，建立"电子"地图。电子地图由39个图层组成，每个图层代表一项基础信息，每项基础信息再细分若干具体项目，对排水井、垃圾桶、消防栓、大树都进行编码定位，形成一套完备的社区电子档案。目前，电子地图除具备居民、辖区单位等基本信息外，还实现了分级登录、记录、修改、导入、导出、统计、检索、提醒等多项实用功能。三是联动上下，成立"智慧"中心。建立街道网格化局域专网，成立网格化服务管理指挥中心，将13个科室、12个社区连接起来，实现了督办、协调、安全、互动等功能。

"三层网格"连万家。一是合理划分网格单元。以社区为基本单位，根据人口、面积等划分12个一级网格；在一级网格中，以道路、小区等为基本单位，根据资源、事务等划分61个二级网格；在二级网格中，以驻区单位为基本单元划分967个三级网格，确保服务管理对象无遗漏。二是优化配置网格力量。构建"1+4"网格力量体系。"1"是指网格党支部；"4"是指四种力量进网格，即处级领导包管的指导力量，街居工作人员为主力的骨干力量，片警、司法、城管、消防、环卫、楼长等协管力量以及热心社区事务的志愿力量，实现了政府公共服务、居民互助服务、社区志愿服务有效融合。三是科学定位网格职能。一级网格抓统筹监督，掌握网格动态，定期走访调查，收集意见建议；二级网格抓服务对接，所有干部

"人到格中去，事在网中办"，以最快速度回应群众诉求，化解矛盾隐患；三级及以下网格抓信息收集，在履行自我管理义务的同时，及时反馈社情民意。

"一线式"确保实效。一是开展大走访，推行"巡查"服务、建立"五百"走访机制，即串百家门、知百家情、管百家事、解百家难、暖百家心；实行"六必到、七必访"，网格管理员、助理员、监督员在网格中每天至少巡查1次，每周集中走访1次，每月至少上门服务1次。二是建立民情日志，推行"痕迹"服务。网格管理员、助理员将居民来访、入户走访时发现的问题、建议或需求及时记录在案，跟踪解决，快速反馈，形成"立项—跟踪—解决—反馈"闭环管理模式，做到件件有响应、事事有着落。已累计记录民情日志12500多条。三是加强督察考核，确保"实效"服务。每周召开一级、二级网格工作例会，梳理意见难题，确定专人负责，明确时间节点，做好跟踪整改。制定网格化服务管理考核办法，每月月底对网格工作进行考核，量化赋分。每半年邀请网格中的人大代表、政协委员、党员代表、居民代表、驻区单位负责人听取网格负责人述职，进行民主评议。设立"幸福网格"奖，开展先进网格、优秀网格管理员评选表彰等活动。

"图标万物、格连万家"社区服务管理方式创新了党在基层的执政方式，推动社区各项工作顺利开展，实现了管理服务高效化、管理结构网状化、管理责任明晰化、组团人员最优化。

一是搭建信息管理平台，实现管理服务高效化。电子地图集党建、综治维稳、流动人口管理、计生、民生服务等资源为一体，通过"日巡查—日调度—日解决"，工作效率和管理效能大幅提高。2016年以来，群众办事时间节省了1/3，12345服务热线满意率始终保持100%，热线受理率呈不断下降趋势。

二是细分管理服务单元，实现管理结构网状化。自网格化管理运行以来，收集社情民意信息5500多条，化解各类矛盾纠纷200多件，为民办实事3400多件，消除各类社会隐患150多起，实现了"把服务民生落实在网格，把困难问题解决在网格，把矛盾纠纷化解在网格"。

三是强化分片包干职责，实现管理责任明晰化。建立服务下沉和走访巡查机制，网格管理员、协管员、助理员每天主动走访巡查，累计走访居民7万多人次，辖区企事业单位、经营网点3000多次，帮助解决实际问题

3400 多件。

四是整合基层组织资源，实现组团人员最优化。整合街道、社区、执法管理部门、辖区单位、物业、居民等各种力量，与"邻里互助""四位一体"就业服务等品牌相融并促，充分调动群众参与服务管理的积极性、主动性，实现了公共服务、互助服务、志愿服务有效融合，基本做到"联系无缝隙、管理无盲点、服务无遗漏、安全无隐患、和谐有保障"。

3. 网格化服务治理新模式发挥的效用

全福街道创新社区网格化服务管理新模式以来，每个网格管理员不仅要做到对社区所有楼栋数、人口数、特殊人群数等信息了如指掌，而且每天不少于 1 小时巡查网格责任片区，负责该网格内的民情收集和问题排查等，网格内发生任何事情，都要第一时间上报或处理，为居民提供零距离亲情服务；同时，街道办按"大网格"的服务理念，统筹辖区各类资源，构建了集党群、综治维稳等为一体的"社会管理网格化服务中心信息平台"，提高了政府办事效率，更加便利地服务街道百姓生活。

全福街道推行的网格化并非单一用于维稳或走访巡查的网格化，而是集贫困建设、劳动就业、居家养老等多品牌、全方位、全覆盖为一体的跟进追踪服务。通过整合社会资源，全福街道推行的网格化服务治理模式实现了社会管理在"网"上完善，社会力量在"格"中凝聚，服务效能在"图"上提速，有效破解了社区管理力量分散、多头管理和手段落后等难题，基本做到了"小事不出网格、大事不出社区"；同时，"网格化服务品牌"与"邻里互助品牌"、"劳动就业品牌"等一系列特色品牌共同编织了全福街道的幸福网，使社区工作更加立体化，实现了服务群众零距离，也形成了政府引导与居民自治相配合的良性互动，推进了社会的和谐进步。

4. 政策建议

基于实地调研全福街道及对网格化服务管理模式的研究，我们认为，全福街道在今后网格化管理过程中，可从以下几方面不断完善。

第一，拨付专项经费，打造专业局域网络。全福街道应在现有管理模式基础上，积极拓宽资金筹措渠道，升级改造现有网格化管理网络，突出品牌特色，形成差异化，提高资源利用效能，增强工作运行效率。

第二，顺应"互联网＋"潮流趋势，积极推动网格化管理内容多元化。网格化管理的内容要与时俱进，在现有内容基础上，及时更新数据，向老百姓传递更贴近现实、更具时代性的信息，提高生活水平，改善生活质量。

第三，进一步拓宽社区管理思路，创新工作机制，营造良好的社区氛围，坚持"以人为本"的服务理念，合理划分现有网格中的群体，细分服务单元，分层次、有重点地开展社区管理活动，真正保障不同类别社区居民的利益诉求。

（二）找准切入点——以福州军门社区为例

社区治理是一场需要赋予耐心的艰难跋涉，上述突破困局的路径只是指明了治理的方向，具体实施方面还需要找到适合的支点。只有适合的支点和具体项目，才能使社区治理联动成一个总体的治理计划。而福建省福州市军门社区借鉴国外先进的治理经验，结合本土的实际情况，通过营造外在环境促进内在社区感唤回与提高的途径，在公共空间塑造、公共景观改造、公共事务管理、公众互动参与等方面均取得了显著成绩。下文将结合军门社区的实践经验分析社区治理的切入点，以期为其他社区的规划、建设提供借鉴。

1. 社区的公共空间

社区公共空间承载社区活动，也是居民互动交流的重要场所，此外还承担了休闲、娱乐甚至交换互助的功能。有了公共空间，居民的活动、交流就有了承载的场所，美好的互动互助就有了发生的可能。更为重要的是，公共空间的设计、建造、布局、使用、维护的过程就是集合民智、动员居民参与并付诸集体行动的过程，也是产生自组织并逐步转化为公益组织的过程、自主解决社区问题的过程。

军门在公共空间塑造方面，注重"特殊"与"普适"并存，针对不同年龄层、需求、爱好的人群设置了社区活动用房，如专为老年人提供饮食与休闲活动而设立的"居家养老服务站"，既进一步加强了社区群众文化建设，提高了居民文化生活，又能对老人、儿童等弱势人群提供必要的看护与照顾。另外，军门社区为了营造友好的场所感，对社区的功能进行了整合，重新规划步行道，同时将人员较密集的社区公共服务设施进行集中设置，提供了舒适的步行空间和活动空间，增加了居民邂逅的机会与逗留的时长，从而提高交往频率，有利于社区凝聚力的形成与归属感的养成。

2. 社区的自然教育

城市社区在地域上远离土地、远离自然，然而每一个人无论是孩童还是成年人，都对土地和自然有着与生俱来的向往和渴求。在社区内部进行都市农业的营造，可以让居民跟社区的自然环境产生联结，让家庭参与社区自然环境改造的同时也获得大自然的馈赠，从自然中获取智慧和能量，进而营造绿色生态社区。

军门社区将巷道石板路与街巷上的房屋、围墙形成围合空间，鼓励居民在巷道的两侧和每家每户的屋檐下都种上了小葱、辣椒、薄荷叶、苏子叶、秋葵等矮株蔬菜，既美化了环境又可供居民自己食用，大家一边改造着自己生活的环境，同时又享受着环境带来的馈赠，增强了居民的归属感和认同感。

3. 社区的历史文化

共同的信仰是凝聚社区感的重要元素。举行传统节日庆典、制作传统食物、恢复并传承传统手工艺（制陶、烧瓷、酿酒、戏剧等非物质文化遗产）、开展当地居民拥有共同记忆的传统活动、开发以当地的历史文化名人为蓝本的文创产品、保护历史文化遗存等，都可以作为社区治理的切入点。发掘社区历史文化的过程正是重新发掘共同信仰的过程，社区居民能够在这一过程中通过集体活动增强社区感，培养共同的社区治理愿景，并从中发现社区所具备的优势和资源。

为了唤回老城记忆，让历史气氛重现，军门社区重新精雕细琢"马鞍墙"，运用后现代手法，汲取福州古民居特有的"几"字形封火山墙元素，有规则增设竹节漏窗与宋代军营文化主题的浮雕，营造坊巷传统文化氛围。另外，还以历史遗存为主题打造具有地方特色的社区公园。如，南营巷就以苏公井为主题，加以点缀景石、榕树等，形成了极具福州老街坊特色的社区小游园。

通过对一系列福州本土历史元素的挖掘、采集与运用，营造地域特色，这也是改变"千城一面"的重要途径之一，让社区更具独特魅力，从而唤醒居民对老城的记忆，激发居民对家乡的热爱，找回社区感。

4. 社区的环境景观

居民的生活环境是衡量居民生活品质的重要指标，也是居民的重要需求。本着问题导向，从改善环境切入社区治理，往往能很好地带动居民参与。军门社区沿用了古时的街坊格局，但之前的路面是沥青路面，治理之后的巷道采用条石铺装地面，既与周围环境协调，又丰富了空间，营造出了场所感。同时在道路较宽处采用植物等柔性边界，人民在亲切温和的材质环境下，更易慢性、交谈、增进邻里感情。在带状公园的树下还放置面对面的传统石桌椅，对人而言处于较为私密的角落，视野却能面向相对开阔的社区核心区域，便于居民茶余饭后的纳凉聊天，增进街坊邻里的感情。军门社区用地紧张，无新建广场的余地，但也因此发展出具有老城区特色的小尺度公共空间。社区室外活动场地多采用"见缝插绿"的形式，结合小区绿地设置，这对于市中心的社区室外活动场地配置具有借鉴意义。

5. 社区的集会活动

如果要在城市社区的陌生邻里间营造出"集体感"，举行适合人人参与的社区活动也是一个很好的切入点。社区的活动以项目化的方式组织，有意识地引导形成自组织，进而由自组织自主领办新的活动项目，使通过活动激发出来的自组织在承办新的项目过程中不断成长，进而转化为公益化的自组织，为社区成员提供互助公益福利服务，在这个过程中不断积累、增长邻里信任，提升社会资本，形成守望相助的新型邻里关系，在面对社区公共议题的时候，能够由社区内生的公益自组织自发组织协商、达成共识以至集体行动。这个活动项目化、项目组织化、组织公益化的过程，就是基于社区活动为切入点的社区治理路径。

军门社区实行领导、技术人员、群众"三结合"路线，居民通过参与规划、设计、建设，在讨论中形成共识，提高居民的主人翁意识。每个社区整治项目开始前，区、街道、社区都成立宣传小组，通过召开形式多样的座谈会、走家入户向居民阐明项目建设的目的和意义。在规划和建设全过程广泛征集居民意见，使其真正成为集体智慧的结晶。规划部门也进社区与居民就大家关心的问题进行沟通交流、听取民意。限于社会经济的发展水平与体制的制约，目前阶段的公众参与主要仍是在政府的引导下，借助政府的力量开展各项社区营造工作。按照美国学者谢里·阿恩斯坦的公民即参与阶梯理论，仍然处于象征性参与的阶段。随着凝聚起居民共建美好家园的热情，军门社区今后将逐渐向自下而上的社区自治模式推进，居民们在互动中找到共同的事业促发集体行动，这是建立社区感最有利的条件。

6. 社区的优势资源

充分发掘、组织、协调、整合与利用社区资源，是社区治理过程中的重要任务。任何一个社区都有自己的资源，重要的是能否被发现和认知。社区治理者应当充分进行调查，了解各种在地资源，同时善于整合社区成员、团体及政府部门的相应资源，满足社区需求，实现社区目标。

目前军门社区在整合具有特色的社区优势资源方面尚不突出，但这未必表明军门社区就缺乏优势资源，恰好说明军门社区需要治理者继续对社区进行充分的调查和挖掘，同时善于组织、协调、整合、利用，这也将是军门社区下一步的治理重点。

此外，还有制定社区规范、旧城改造提升居住品质、垃圾分类节能减排保护环境、青少年公民素质教育、闲置物品周转借用、居民健康促进、社区居家养老、社区口述史收集等，都可以作为社区治理的切入点，通过一点带动多个社区议题，协商形成共同的工作计划或项目，引导社区成员对社区事业的关心和介入，进而带动整个社区居民参与，培养自治能力，推动社区发展。

九　结语

总而言之，在国家治理体系和治理能力现代化的现实语境下，社区治理在整个城市管理体系当中起着不可取代的助力器的作用，甚至决定着城市管理工作的成败。创新社区治理的模式，改进现有的"网格化"管理方法，激活一直处于"休眠"状态的自治力量，引入多方社会资源参与社区治理，摸索出一条适合中国社会特质的社区管理之路，完成社区"善治"的自我突破，方能达到社区治理的最佳绩效。

参考文献

邓正来：《监护型控制逻辑下的有效治理——对近三十年国家社团管理政策演变的考察》，《学术界》2012 年第 3 期。

李强：《社会治理与基层社区治理论纲》，《新视野》2015 年第 6 期。

陈炳辉：《社区再造的原则与战略——新公共管理下的城市社区治理模式》，《行政论坛》2010 年第 3 期。

开远市城乡统筹发展中的社会
保障事业研究

彭才栋　贠　杰[*]

加快农村新型社会保障体系建设，进一步完善农村社会保障体系，是城乡一体化进程当中的一项重要任务。从全国农村地区来看，农民社会保障缺失在不同程度上存在。农民社会保障的缺失，降低了农民应对各种风险的能力，影响了社会安定团结，抑制了广大农民的消费需求，干扰了城乡一体化进程。近几年来，开远市结合上级有关精神和本市实际情况，在加快农村新型社会保障体系建设上做了很多工作，取得了阶段性成果，积累了不少经验，值得我们关注、研究和借鉴。

一　农民风险不断加大与社会保障缺失的矛盾

开远市加快农村新型社会保障体系建设，是在农民风险不断加大与社会保障严重缺失的矛盾推动下进行的。一方面，市场化、城镇化的推进，加大了农民面临的风险，扩大了对农村社会保障的需求；另一方面，经济转型期农村社会保障体系建设的滞后，造成了农村社会保障严重缺失的局面。开远市的城乡一体化建设，首先面临着农民风险不断加大与社会保障严重缺失的矛盾。

（一）市场化、城镇化进程中农民风险不断加大

随着市场化、城镇化的不断推进，我国农民普遍面临着风险加大的问题。这里所说的农民，既包括从事农业生产的传统意义上的农民，也

---

* 彭才栋，中国社会科学院政治学所助理研究员；贠杰，中国社会科学院政治学研究所行政管理研究室主任。

包括进城务工经商的农民工以及失地农民。农民风险的加大主要表现在：
（1）市场化进程加大了当代农民面临的风险。一方面，农业生产的市场
化加大了农民的经营风险。随着我国加入WTO和外国农产品的大规模进
入，这种风险相较以前大为提高。另一方面，医疗卫生事业过度地市场
化，造成了医药和医疗服务价格不断上涨的恶果，使广大农民面临着有
病不能医、有病不敢医的风险。（2）城镇化的推进给农民工和失地农民
带来了新的风险。由于进城务工经商，农民工往往面对两种前所未有的
风险，即由新的工作条件和工作环境带来的工伤事故、患职业病的风险
和由经济运行周期不稳定带来的失业风险。此外，由于居住条件恶化、
劳动强度加大、劳动时间延长，农民工患常见疾病的可能性也大大增加
了。同时，在城镇化进程中失去土地的农民则面临着另外两种风险，即
由失地补偿标准偏低带来的生活水平下降的风险和由自身文化水平较低、
难以融入城镇社会造成的前途未卜的风险。前述种种风险，把我国农民
抛到了波峰浪谷之间。

　　集中凸显的风险不仅严重影响农民及其家庭成员的生活，而且会给整
个社会带来严重的后果。面对各种风险，农民往往为备险而储蓄，使得内
需更加不振。对于已经发生的疾病，则采取"小病拖，大病扛"的办法，
结果往往是小病养成了大病、大病拖垮了家庭，因病致贫、因病返贫的现
象屡见不鲜。农民工遇上工伤或患职业病，往往得不到足够的补偿，甚至
得不到起码的补偿，轻则使家庭收入严重受损，重则使整个家庭丧失收入
来源。有的时候，难以应对的风险甚至成为刑事案件的诱因、群体性事件
的导火索。这种状况迫切需要通过实施社会保障加以解决。

　　截至2005年，开远市拥有户籍农业人口[①] 15.6万人。农民工也为数
众多，仅2000～2009年就新增加农民工39239人，其中在本市范围内的为
25575人，在市外的为13664人。[②] 由于城镇建设、水利建设、公路建设、
工矿建设的不断开展，失地农民也不断增多。仅2005年的小龙潭矿务局五
期扩建工程搬迁征地，就使6000多名农民失去了原有的耕地。据统计，到
2010年5月，开远市仅接受长效安置、按月在社保中心领取生活补贴的失

---

① 户籍农业人口是指户籍在特定行政区域内（比如本文的开远市）且户籍性质为农业的人
　口，与之相对应的是常住农业人口，即户籍性质虽为农业，但户籍不一定在特定行政区
　域，只是在特定行政区域内长期居住的人口。

② 开远市劳动和社会保障局：《开远市劳动和社会保障工作汇报材料》（2010年5月提供）。

地农民就已经达到 5897 人。① 在全国范围普遍存在的农民风险不断加大的种种表现及其后果，在开远都有所反映，并且因为频发的自然灾害和人口的民族构成等因素的影响，在某些方面还表现得较为突出。

开远市各种自然灾害频发，当地农民面临着大量的自然风险，而且常常损失惨重，抗击其他风险的能力也因此被削弱。开远市几乎年年发生自然灾害，可以说"无灾不成年"，经常发生的灾害有干旱、洪涝、病虫、滑坡、泥石流、低温冷冻、冰冻、冰雹等。灾害所至，往往造成大面积庄稼受损甚至绝收，大量房屋倒塌，给广大农民造成严重的财产损失，有时还带来人员伤亡（见表1）。这种情况给社会保障提出了双重要求：一方面，它要求把救灾作为一项常年的社会保障工作开展，以帮助农民度过灾害；另一方面，它要求加快农村社会保障制度建设，以增强农民抗击自然灾害风险的能力。

表 1　2005～2009 年开远市自然灾害所造成的损失

年份	受灾人次（万人次）	人员伤亡	农作物受灾面积（公顷）		房屋毁损		直接经济损失（万元）	农业直接经济损失（万元）
			总面积	绝收面积	倒塌	毁损		
2005	13.27		11140	2400	136 间		1448.2	1121.1
2006	8.1	1 死 64 伤	19196.47	1254.9	69 户 226 间	189 间	1376.9	1212.9
2007	7.12	5 死 3 伤	42031.51		111 户 229 间	569 间	2489.04	2084.03
2008	11.78	4 死 4 伤	9060.5	2237	170 户 407 间	266 户 399 间	5190.6	4157
2009	16.28		8324.63	1654.03	82 间	912 间	5783.94	

资料来源：开远市民政局 2005～2010 年工作总结。

少数民族在开远市户籍人口中占据多数，农村人口占据绝大多数，这就给农村和农民的风险增添了新的变数，加重了解决这一问题的紧迫性。除了汉族以外，开远市境内居住着彝、苗、回、壮等 32 个少数民族。2005年，开远市拥有户籍人口 26.4 万人，其中汉族 11.2 万人，占总人口的42.4%；彝族 9.6 万人，占 36.4%；苗族 1.5 万人，占 5.7%；回族 1.3万人，占 4.9%；壮族 1.3 万人，占 4.9%。少数民族人口占到了总人口的

---

① 开远市劳动和社会保障局：《开远市失地农民数量统计表》（2010 年 6 月提供）。

57.6%。就城乡分布而言，汉族绝大多数集中在城镇，而少数民族则分散在广大农村，90%以上的城镇人口是汉族人，而90%以上的农村人口是少数民族，因此农村和农民所面临的各种问题，主要都与少数民族的发展相联系。事实上，民族因素从两个方面加大了实施社会保障制度的紧迫性：（1）民族地区的矛盾若不能及时加以妥善处理，非民族性质的矛盾也有可能演变为民族性质的矛盾。当然，时至今日，当地少数民族民风仍然比较淳朴，"花生蚕豆数堆卖"之说仍在流传，讲的是以斤斤计较为耻，甚至买卖肉用黄牛这样的大牲口也不过秤（全凭估计）；村社内部有互助共济的传统，家庭纽带也比较紧密；这在一定程度上缓解了农民风险加大可能带来的问题。但是，这绝不应当成为掉以轻心的理由。从成千上万名的农民外出务工经商不难看出，社会传统正在受到市场经济的消解，农民权利意识在觉醒，积极有为的政府应该通过社会保障等有效形式，及时化解各种社会矛盾和民族矛盾。（2）少数民族科学文化水平较低，自我保障能力较差，对社会保障的客观需求较高。由于科学文化水平较低，对新生事物接受较慢，加上自然条件恶劣，当地少数民族地区的扶贫工作开展较为困难；有些地方仍保留着人畜杂居的传统，加上地高缺水，卫生状况堪忧；在外务工，则面临着竞争能力较弱的问题，甚至存在着语言的隔阂，自我保障能力也难免较弱。只有多开展社会救助，才能夯实当地群众自我发展的基础。

（二）经济转型期的农村社会保障缺失

风险不断加大的农民面临的是社会保障严重缺失的现实，这在很大程度上是经济转型期社会保障滞后的结果。改革开放以前，我国农村一度存在一个依存于集体经济，以基本口粮制度、合作医疗制度为核心，辅之以救灾、救济、五保户供养、优抚安置的社会保障体系。这种社会保障体系，对于保障广大农村人口的基本生存需要曾经发挥了重要作用。当时，我国为了集中力量发展重工业，以建立独立的比较完整的工业体系和国民经济体系，不得不实行了高积累政策，并维持一定水平的工农产品价格剪刀差，广大农民的生活水平因此大受影响。所幸的是，"三级所有，队为基础"人民公社体制下的基本口粮制度发挥了最低生活保障作用，帮助广大农村高达2.5亿名的贫困人口渡过了难关。兴起于"文化大革命"期间的合作医疗制度，则基本上解决了我国农村人口的看病就医问题，并为此赢得了全世界的广泛赞誉，一度被世界银行和世界卫生组织树为"发展中国家解决卫生经费的唯一典范"。但是，随着改革开放的逐步深入，农村集体经济日趋瓦解，传统社会保障体系的两大支柱——基本口粮制度和合作医疗制度——也先后倒塌，传统社会保障体系遂告衰落。受效率优先指导思想的影响，这种巨变的负面影响长期未引起社会各界的重视，建立适应新形势的社会保障体系的任务一直未被提上议事日程。于是，占我国人口绝大多数的农民实际上长期处于一种无社会保障的状况，主要依靠经营所承包土地的收益和家庭成员之间的互助共济应对各种风险，所谓土地保障和家庭保障指的就是这种情况。

农村社会保障缺失问题在进入 21 世纪的开远也同样存在。截至 2005 年，与城镇已经基本上建立了覆盖大多数职工和居民的现代社会保障体系（以医疗、养老、失业、工伤、生育五大保险为核心，辅之以城镇最低生活保障制度）形成鲜明对照的是，广大农村只有适用于特定情况的救灾救济和保障面极小的五保户供养、优抚安置和保障作用有限的农村养老保险（老农保）、医疗救助等。事实上，这些功能有限的传统社会保障形式难以满足广大农民对基本社会保障的巨大需求。

（1）救灾救济制度虽然因为灾情严重而支出较大，但补偿作用有限。2005 年，开远市共争取到救济款 124 万元，发放救济粮 22.4 吨，发放救济衣被 88512 件，救济 22000 多人，搬迁和恢复住房 87 户 226 间。但与 1448.2 万元的直接经济损失、1121.1 万元的农业直接经济损失相比，就显得杯水车薪了。

（2）五保户供养对象是老年、残疾或者未满 16 周岁的，无劳动能力、无生活来源又无法定赡养、抚养、扶养义务人，或者其法定赡养、抚养、扶养义务人无赡养、抚养、扶养能力的村民。2005 年开远市共供养五保户 263 户 264 人。由于缺乏市及市以上财政的补助支持，全靠村提留和乡统筹解决，而乡、村两级财力又十分有限，因此供养水平偏低，每月供应 70 元，与"供养标准不得低于当地村民的平均生活水平"的要求存在相当大的差距，只比 2007 年确定的农村最低生活保障线月均 60 元的水平略高。

（3）优抚安置是适用于军人、军属的城乡共享社会保障形式，但农村的待遇明显低于城镇。以 2005 年为例，农村"三属"（烈属、因公牺牲军人遗属、病故军人遗属）的年抚恤金标准分别为 2640 元、2520 元、2340元，而城镇分别为 4200 元、3900 元、3600 元。这还可以用城乡生活条件的差别加以解释，但农村退伍军人无权享受城镇退伍军人所享有的就业安置权利，就属于明显的保障缺失了。按规定，城镇退伍军人可以参加双考、安置就业，自谋职业的义务兵每人享有 2 万元的补偿金，而农村退伍的义务兵既没有就业安置的权利，也没有自谋职业补偿金。农村军人唯一比城镇军人优厚的待遇是服役期间家属每年享有 3000 元的优待金，城镇军人为 1000 元，但在城镇军人服役期间，家属可以继续享受城镇军人入伍前在国有单位享有的福利待遇。

（4）农村社会养老保险（老农保）是我国建设新型农村社会保障制度起步较早的重要尝试。1992 年，民政部出台了《县级农村社会养老保险基本方案（试行)》，为试行这一制度提供了指导意见。开远市早在 1993 年就开始试点，但存在覆盖面小、资金筹集困难、保障能力差等问题，因此发展缓慢。由于过分强调农民个人积累，对农民吸引力不大，到 2006 年仅有 13769 人参保，大约占应参保人口的 10%[①]，当年新参保人数仅 18 人，以后几年也进展不大。加上交费标准过低，到 2006 年基金累计才达 1123 万元，此后也处于徘徊前进的状态。因此实际上起不到保障作用，2006 年月人均领取水平尚可达到 70.1 元，但此后呈急剧下降趋势，到 2009 年仅为 34.7 元（见表 2）。

表 2　2006～2009 年开远市农村养老保险统计

年份	参保总人数（人）	新参保人数（人）	基金征缴（万元）	基金积累（万元）	领保人数（人）	养老金支付（万元）	月人均领取（元）
2006	13769	18	21	1123	297	25	70.1
2007	13260	41	10	1110	363	24	55.1
2008	13557	356	40	1126	444	25	46.9
2009	13722	188	120	1379	529	22	34.7

注：最后一列根据前面数据计算得来。

资料来源：开远市劳动和社会保障局：《2006～2009 年农村养老保险》。

（5）医疗救助是我国唯一一个率先在农村建立的城乡共享社保项目，也是开远市在全市范围内所建立的具有重要实质意义的农村新型社会保障

---

① 根据开远市劳动和社会保障局 2010 年 5 月提供的《开远市劳动和社会保障工作 2010～2015 年工作规划》，开远市农村养老保险应参保人口为 131223 人。

项目。2002 年 10 月，中央首次提出对农村五保户和贫困家庭实行医疗救助的任务。[①] 2003 年 11 月，民政部、卫生部、财政部联合发文，要求全国各地在 2005 年以前基本建立起规范、完善的农村医疗救助制度。云南省有关部门于 2004 年初就这一工作做出了部署。开远市于 2005 年 9 月印发了《开远市农村医疗救助基金实行办法》，开始实施这一制度。由于贫困人口较多，财力相对有限，开远市首先调整了救助对象的范围，将五保户和特困户作为优先救助对象，救助范围较为局限，救助水平也较低，救助封顶线规定为每人每年 3000 元，这在当时全国范围内也属于中等偏下水平。[②] 当年，开远仅救助 29 人，发放救助资金仅 2.23 万元。

显然，农民风险不断加大与社会保障严重缺失的矛盾，已经成为制约城乡一体化的重要因素。城乡社保制度的这种非均衡性，不仅造成了公民基本权利事实上的不平等，进一步拉大了城乡差别，而且也带来一系列严重的社会后果。在这种背景下，开远市城乡一体化建设工作，以加强农村新型社会保障为重点，不断拓展农村社会保障的范围和领域，逐渐提升农村社保的层次和水平，使开远农村新型社会保障体系建设取得了多方面的积极成效。

二 领域不断拓展的农村社会保障体系建设

2006 年以来，开远市在继续坚持做好救灾救济、农村五保、优抚安置、医疗救助等社会保障工作的同时，根据中央有关精神以及上级的统一部署，结合自身实际情况，在建立分类实施、分档补助的农村最低生活保障制度，以城乡同比例报销助推新型农村合作医疗制度，实行城乡普惠的无固定收入老年人补贴制度，将农民工纳入城镇职工社会保险体系，将失地农民纳入城镇救助和社会保险体系，以及实施从幼儿到博士研究生的一条龙教育资助等方面，进行了积极的探索和创新，并在许多领域都取得了明显进展。

---

① 《中共中央、国务院关于进一步加强农村卫生工作的决定》（2002 年 10 月 19 日），《十五大以来重要文献选编》（下），人民出版社，2003，第 2604 页。

② 截至 2007 年底，全国农村医疗救助封顶线的算术平均数为每人每年 5263 元。见季谭《"兜底"的防线：农村医疗救助体制成效调查》，《第一财经日报》2007 年 12 月 6 日。

（一）推进、完善原有农村社会保障项目

开远市加快农村新型社会保障体系建设，是在继续推进原有社保项目并加以完善和创新的基础上进行的。在过去几年中，除了农村社会养老保障（老农保）以外，原有的几个社保项目都获得了很大的进展和程度不同的创新。

（1）在救灾方面，开远市除了继续根据灾情，对受灾群众实行直接的救助以外，还帮助农民购买了农房保险。面对频发的自然灾害，开远市每年都投入大量财力、物力、人力开展救灾。2006年，下拨救灾救济款155.38万元，修复住房94户279间，转移安置人口190人，发放救济衣被10.2万件、救济粮32.2吨。2007年，投入救济款135万元，其中81万元用于恢复民房135户338间，41.72万元用于冬春灾民生活救济，12.28万元用作临时救济款，12.5万元用于救济粮，共发放救济粮103.6吨。2008年，下拨救灾救济款192.8万元，修复房屋135户338间，并对受灾群众的生活和生产实施全面救助。

为了帮助农民分散风险，从2007年起，开远市每年都要拿出一笔钱帮助全市的农民向保险公司购买农房保险。2007年，为40771户农民交纳保险金21万元；当年有285户1283人获得赔偿21.6万元。2008年，为41384户农民交纳保险金22万元；当年有279户1251人获得赔偿29.67万元。2009年，为42072户农民交纳保险金26.295万元；当年有153户613人获得赔偿12.67万元。[①]

（2）在农村五保户供养方面，开远市一方面按照应保尽保的原则，将所有供养对象纳入供养范围；另一方面想方设法提高供养水平。2006年全市供养308户312人，其中集中供养23户23人；2007年供养311户311人，集中供养25户25人；2008年供养311户311人，对应保未保的64户64人发给农村最低生活保障金，集中供养26户26人；2009年基本上实现了应保尽保，供养365户368人，集中供养24户24人；2010年供养376户386人，集中供养26户26人。

为了提高供养水平，改变过去五保户供养资金单纯依靠村提留、乡统筹的局面，《开远市农村五保供养工作实施细则》明确规定，由乡（镇）

---

① 开远市民政局2007~2009年工作总结（2010年5月提供）。

政府主管五保户供养工作，乡（镇）与市共同承担五保户供养的支出，"农村五保供养物质标准，必须从集体经营的收入、集体企业上交的利润中列支"。"农村五保户供养资金的来源在市财政转移支付经费中安排。"为此，2008年市财政提供了15万元配套资金。2009年，市政府又决定，将五保户供养标准由每人每月70元一次性地提高到150元，当年市财政提供配套资金66万元。开远市还计划改变目前五保户集中供养率过低的局面，准备在未来一个时期内将集中供养率提高到50%。[①]

（3）在农村优抚安置方面，开远市根据《军人抚恤优待条例》关于"保障军人的抚恤优待与国民经济和社会发展相适应，保障抚恤优待对象的生活不低于当地的平均生活水平"、义务兵家庭"优待标准不低于当地平均生活水平"等规定，逐年提高了各项优抚标准（见表3），并实现了全市优待金财政转移支付，保障了优待金的按时足额发放。

表3　2005～2009年开远市农村优抚标准

单位：元/年

年份	伤残人员抚恤金	烈士遗属抚恤金	因公牺牲军人遗属抚恤金	病故军人遗属抚恤金	老复员军人优待金	带病回乡退伍军人优待金	参战退役军人优待金	义务兵优待金
2005	4200	2640	2520	2340	3164		—	3000
2006	6550	3120	2940	2760	3404		—	3200
2007	7080	3600	3420	3300	4004		1200	3500
2008	8520	4140	3960	3780	4364		1560	4010
2009	9800	4760	4550	4350	5204		2400	4670

资料来源：开远市民政局：《开远市优抚安置工作基本数据》。

（4）在农村医疗救助方面，开远市除了按照2005年的部署开展医疗救助工作（具体进展见表4）以外，还推出了贫困危急孕产妇救助制度和全民健康档案计划。2007年，开远市通过了《开远市贫困危急孕产妇住院分娩救助资金管理方案》，决定由市财政每年拨款3万元建立贫困危急孕产妇住院分娩救助资金，对山区贫困、危急孕产妇在乡（处）卫生院单胎

[①] 《开远市人民政府关于加快农村新型社会保障体系建设的决定》（2007年9月30日），《社会主义新农村建设的典范——开远》（《云南农业》2009年特刊），第111页。

顺产住院分娩实行免费，使孕产妇住院分娩率达到 96% 以上。[①] 2009 年，开远市又决定，从 2010 年 1 月 1 日开始，城市低保家庭和所有农村孕产妇到医院分娩全部免费、专车接送、每人 100 元生活补助。而全民健康档案计划，是指从 2010 年开始，由市政府出钱给所有城乡居民每两年进行一次免费体检，并由各医疗机构为每位居民建立健康档案，以此历史性地提高开远城乡居民的保健水平。[②]

表 4　2006～2009 年开远市农村医疗救助统计

年份	救助资金发放总额（万元）	上级拨款（万元）	市级财政配套（万元）	资助参合人数	资助参合金额（万元）
2006	2.97	22.5		727	
2007	18.65	3		1423	
2008	51.01	88	40	1480	1.48
2009	60.36	3		8221	16.44

注：这里的资助参合人数仅指救助意义上的资助参合，不包括为落实有关政策而对残疾人、独生子女户、村组干部的资助。

资料来源：救助资金发放总额、救助资金来源情况来自开远市民政局：《2005～2009 年农村医疗救助情况》、《城乡低保和城乡医疗救助等资金来源情况》（2010 年 5 月提供）；资助参合人数及金额从开远市民政局 2006～2009 年工作总结中获得。

（二）建立分类实施、分档补助的农村最低生活保障制度

农村最低生活保障制度，是政府对家庭人均收入低于最低生活保障标准的农村困难群众，按照不低于最低生活保障标准给予差额救助的新型社会救助制度，是农村社会保障体系的兜底机制和最后防线，是解决农村特困群众基本生活问题的长效机制。自集体经济和基本口粮制度解体以来，我国农村一直缺乏这样一种保障机制，只有临时性的贫困救济。

2007 年以来，开远市在中央和云南省有关政策的指导下，结合本地实际情况，建立起了以分类实施、分档补助为主要特征的农村最低生活保障制度。2006 年 10 月，中共十六届六中全会提出了"逐步建立农村最低生活保障制度"的要求。2007 年 7 月，国务院发出关于在全国建立

[①] 《开远市人民政府关于加快农村新型社会保障体系建设的决定》（2007 年 9 月 30 日），《社会主义新农村建设的典范——开远》（《云南农业》2009 年特刊），第 110 页。

[②] 《开远市统筹城乡建设推进城乡一体化情况汇报》（2009 年 11 月提供）。

农村最低生活保障制度的通知，要求当年在全国范围内建立这一制度。2007年4月，云南省发出了关于全面建立和实施农村最低生活保障制度的通知，要求年内在全省范围内建立和实施这一制度，并从同年1月开始计发低保资金。开远市于同年11月出台了相关实施办法，正式建立了这一制度。

由于云南省贫困人口较多，一时难以实现应保尽保，加上农村低保资金要由各级政府共同承担，因此云南省对红河州、红河州对开远市都有指标控制。2007年，开远市分得的农村低保指标是7000名，2008年增至8000名，2009年又增至9000名，但也仅达到全部农村贫困人口的36%。在这种情况下，开远市在建立农村低保制度时，首先分清轻重缓急、优先救助最需要救助的对象。为达此目的，开远市根据有无劳动能力、收入和其他经济来源，将救助对象划分为三类：无生活来源、无劳动能力和无法定扶养人（包括赡养人和扶养人）或法定抚养人无抚养能力的居民；因残疾、年老体弱或家庭主要劳动力患重病、死亡或遭遇不可抗拒的自然灾害，造成自身无法维持基本生活，田地无法耕种，且无其他经济来源的贫困户；虽有一定的收入，但其家庭年人均收入仍低于农村低保标准的贫困户。此外，还明文规定了不得列入保障范围的情况，以杜绝富人以及其他不符合救助标准的人员冒领低保，杜绝涉黄、赌、毒人员领取低保，杜绝法定赡（抚）养人利用低保逃避自身义务，杜绝利用低保转嫁经营成本，杜绝利用低保转嫁子女择校就读、借读和就读私立学校的费用，等等。常年在外务工的人也被排除在外，因为这些人的收入难以核查，而且他们也不至于需要领取低保。

在对救助对象进行科学分类的基础上，开远市决定采用分档补助的办法对低保对象实施救助。国务院规定"原则上按照申请人家庭年人均纯收入和保障标准的差额发放，也可在核查申请人家庭收入的基础上，按照其家庭的困难程度和类别，分档发放"，云南省强调的是差额补助，开远市为简便易行考虑，决定分四个档次补助：其中第一保障对象按每人每月60元发放，其余保障对象分25元、30元、35元三个档次进行补助。

由于目前的低保救助对象主要集中于特困户，实施救助的参照标准又在一定程度上超过了最低保障线，因此自2009年以来，月人均补助高达50余元（见表5），与开远市确定的最低保障线每人每月60元相差不多。

表5　2007~2010年开远市农村最低生活保障制度实施情况

年　份	累计享受户次	累计享受人次	年发放低保金（万元）	月人均补助（元）
2007	25452	84000	251.16	29.9
2008	30144	96000	388.44	40.5
2009	52920	108000	590.84	54.7
2010（1~3月）	13086	27000	142.7	52.9

注：月人均补助根据有关数据计算得来。

资料来源：开远市民政局：《城乡低保及城乡医疗救助资金发放情况》（2009年11月提供）；《2009年以来城乡低保及医疗救助情况》（2010年5月提供）。

（三）以城乡同比例报销助推新型农村合作医疗制度

新型农村合作医疗，是由政府组织、引导、支持，农民自愿参加，个人、集体和政府多方筹资，以大病统筹为主的农民医疗互助共济制度。与依存于农村集体经济的传统农村合作医疗相比，其共同点在于强调农民自愿参加、农民互助共济，其不同点在于政府以财政支持为后盾的强势介入，使得新型农村合作医疗制度具有了浓厚的社会保障色彩。

农村新型合作医疗是在国务院和云南省统一部署下建立的，但开远市又对这一制度进行了创新发展，城乡同比例报销政策是其重要创新之一和最大的闪光点。2003年1月，国务院办公厅转发了卫生部、财政部和农业部的《关于建立新型农村合作医疗制度的意见》，要求各省、自治区、直辖市开展新农合试点，取得经验后逐步推广，争取在2010年基本覆盖全国农村居民。2005年，开远市成为云南省的新农合试点。当年，开远市制定了新型农村合作医疗实施方案，从2006年1月开始实行。

开远市的新农合起步于国家加大对新农合的投入之际，从一开始就具有财政支持力度大的特征。2006年，开远市农村的个人参合筹资标准是：每人每年10元，而各级政府的配套资金是40元，其中中央20元、州10元、市10元；2007年，政府配套资金达45元，增加了省政府的5元；2008年，政府配套资金大幅涨至80元，中央40元，省10元，州15元，市15元；2009年，个人缴费提高至20元，政府配套资金不变；2010年，个人缴费不变，政府配套资金提高至120元，中央60元，省15元，州22.5元，市22.5元。①

---

① 开远市卫生局：《开远市新型农村合作医疗2006~2010年基金筹集情况一览表》（2010年5月提供）。

为了推动新型农村合作医疗的进一步发展，有效解决广大农民看病就医的难题，开远市还采取了资助参合、提高报销水平等措施。除了根据上级政府关于医疗救助的指示精神资助五保户、特困户参合以外，开远市还积极资助残疾人、独生子女户、村组干部参合。2010 年，资助参合总人数为 28576 人，占全部参合人数的 20%。①

开远市在提高新农合报销水平方面有三大举措：提高住院报销比例，实行城乡居民住院医疗费用同比例报销；调整门诊补偿政策，提高门诊报销比例和额度；实施大病补偿。

城乡居民住院医疗费用同比例报销，是开远市在推进新农合方面的突出亮点。2008 年 3 月，开远市决定，提高新型农村合作医疗住院报销待遇，实现城乡居民住院医疗费用同比例报销。为此，市财政每年都安排了专项预算。② 这样一来，开远市新农合的报销比例比全国城镇医疗保险的平均报销比例还要高出 10 个百分点。与提高报销比例相适应，开远市还提高了新农合的报销额度。2009 年，决定将新农合住院报销封顶线调整为 2 万元，超出了城镇医疗保险的 1.8 万元。2010 年再次调整封顶线，提高到 3 万元。③

提高门诊报销比例和额度，在很大程度上是城乡同比例报销的配套措施，是为了抑制同比例报销造成的住院就诊需求不合理上涨。从 2009 年 5 月 1 日起，开远市取消了门诊补偿的家庭账户报销模式，改为按比例报销，门诊报销比例由原来的乡级 20% 和村级 30% 调整为一律 50%，封顶线由原来的家庭账户余额 + 100 元，改为取消家庭账户以后的 200 元。④

为了有效解决农民因大病致贫、返贫的问题，2008 年 7 月，开远市政府出台了《新型农村合作医疗大病医疗补偿报销政策》，决定对全年累计住院费用达封顶线 2 万元以上的参合患者进行大病补偿，对超过部分实行分段按比例报销的政策，以医疗总费用 15 万元作为最高计算额度，超过了城市居民的 10 万元和领导干部的 8 万元。为此，市政府安排

---

① 开远市卫生局：《开远市新型农村合作医疗工作开展情况》（2010 年 5 月提供）。
② 开远市卫生局：《开远市新型农村合作医疗 2006～2010 年基金筹集情况一览表》（2010 年 5 月提供）。
③ 开远市卫生局：《开远市 2006～2010 年新型农村合作医疗基本医疗报销政策一览表》（2010 年 5 月提供）。
④ 开远市卫生局：《开远市 2006～2010 年新型农村合作医疗基本医疗报销政策一览表》（2010 年 5 月提供）。

了专项资金 310 万元。

开远市上述措施，基本上解决了广大农民看病就医的困难，极大地调动了广大农民的参合积极性。自 2006 年以来，开远市农民的参合率不断上涨，5 年参合率依次为：88.22%、93.92%、97.13%、98.09%、99.57%，连续五年居红河州第一，高于全省平均水平。①

（四）建立城乡普惠的无固定收入老年人补贴制度

无固定收入老年人补贴制度，是开远市为贯彻落实《中华人民共和国老年人权益保障法》所规定的对老年人的各项优待政策而实行的一项城乡普惠的社会福利政策。2007 年 5 月，开远市人民政府印发了 70 周岁以上无固定收入高龄老人生活和保健补助实施办法，决定从当年 7 月 1 日起对本市城乡高龄无固定收入老年人实施补助，这在全省还是首家。

补贴标准是：对年满 70 周岁至 79 周岁无固定收入的老年人，每人每月发给生活补助费 10 元，年补助 120 元；对年满 80 周岁至 89 周岁无固定收入的老年人，每人每月发给生活补助费 10 元，保健补助费 20 元，年补助 360 元；对年满 90 周岁至 95 周岁的高寿老人，每人每月发给生活补助费 50 元，保健补助费 50 元，年补助 1200 元；对年满 96 周岁至 99 周岁的长寿老人，每人每月发给生活补助费 100 元，保健补助费 100 元，年补助 2400 元；对年满 100 周岁以上的老年人，每人每月发给生活补助费 200 元，保健补助费 300 元，年补助 6000 元。这一标准大大超出了红河州 2009 年 10 月 80 周岁以上老年人保健长寿补助实施办法的有关规定。②

自实施以来至 2010 年 3 月，开远市共发放补贴 4797930 元，共 32121 人次（按一年一次计算）领取补贴。其中，城镇发放 1505460 元，10172 人次领取补贴；农村发放金额 3292470 元，21949 人次领取补贴（见表 6）。

---

① 开远市卫生局：《开远市新型农村合作医疗工作开展情况》（2010 年 5 月提供）。
② 红河州规定的补助标准是：年满 80 周岁至 89 周岁的老年人，每人每年发给不低于 200 元的保健补助；年满 90 周岁至 99 周岁的老年人，每人每年发给不低于 400 元的保健补助；年满 100 周岁以上的老年人，每人每月发给不低于 200 元的长寿补助（《红河州人民政府办公室关于印发红河州 80 周岁以上老年人保健长寿补助实施办法的通知》，2009 年 10 月 19 日）。

表6　2007～2010年3月开远市无固定收入老年人补贴发放情况

年　份	补贴人数（人）	补贴总额（元）	城镇补贴人数（人）	城镇补贴额（元）	农村补贴人数（人）	农村补贴额（元）
2007	7518	779400	2432	217200	5086	562200
2008	7829	1711920	2533	510240	5296	1201680
2009	8417	1827720	2554	611640	5563	1216080
2010（1~3月）	8657	478890	2653	166380	6004	312510

资料来源：开远市老龄工作委员会办公室：《开远市无固定收入老年人补贴发放情况》（2010年5月提供）。

（五）将农民工纳入城镇社会保险体系

农民工属于农民向城市工人过渡的群体。在如何对常年远离家乡的农民工实施社会保障的问题上，各地的实践表现为两大类型。（1）广东模式，即将农民工纳入城镇职工社会保险体系，但一般只要求参加医疗、养老和工伤三项，有的地方还降低了缴费标准和待遇（又被称为"双低模式"），以广东为代表。广东模式的优点是：有利于农民工的市民化；有利于城乡劳动力的公平竞争和劳动力市场的统一；有利于城乡劳动者风险共济。其缺点是：费率偏高，用人单位和农民工都缺乏参保积极性；较长的缴费期与农民工的流动性之间存在矛盾。（2）上海模式，即为农民工量身定做的一种专门的保险，特点是：捆绑式保险，一般是医疗、养老、工伤三险合一（宁波是五险合一）；缴费标准较低，而且完全由用人单位承担；待遇相应也较低。其优点是：企业负担较低，农民工没有负担，有利于提高参保积极性；多种保险合并，管理成本低，上海还委托网点遍布全国的商业保险公司运作和支付，更是为农民工提供了方便。其缺点是：农民工社保缴费较低容易导致企业对农民工的偏好，不利于城乡劳动者的公平竞争；两种制度并行，各成体系，不利于农民工的市民化，不利于城乡劳动者的风险共济。[①]

[①]　彭文华：《农民工社会保障"广东模式"与"上海模式"研究》，《生产力研究》2009年第23期；郭秀云：《农民工社会保障：模式评价与路径选择》，《天府新论》2009年第3期；陈天红：《"宁波模式"农民工社保套餐制度分析——对完善我国农民工社会保障制度的启示》，《经营管理者》2009年第12期。

开远市的做法类似于广东模式，即对农民工推行医疗保险、养老保险、工伤保险三大保险。在养老保险方面，以每年 500 元的缴费补贴，鼓励农民工参加城镇职工基本养老保险；在医疗保险方面，对用人单位实行强制参保，但在参保形式上给用人单位留有选择余地，可以为农民工办理城镇职工医疗保险，也可以按市里的规定以其他方式为农民工办理基本医疗保险；在工伤保险方面，根据红河州的统一规定，参加农民工工伤保险。

在农民工参加医疗保险方面，开远市的制度设计表现出了分类施保、强制实施的特点。所谓分类施保，就是在农民工参加医疗保险的具体方式上，给用人单位提供了两种选择：（1）参加城镇职工医疗保险。对于雇用一年以上、签订长期劳动合同、收入相对较高的农民工的用人单位，原则上要求为农民工办理与城镇职工一样的基本医疗保险和大病补充医疗保险，其待遇与城镇职工也几乎完全相同。唯一的例外是，在与用人单位终止劳动关系之后，如果个人账户转移存在困难，其账户余额可以一次性支付给本人。（2）以其他方式参加基本医疗保险。对于使用农民工并签订有劳动合同、但缴费相对困难的用人单位，要求以上一年度红河州在岗职工平均工资的 70% 为基数，按 3% 的比例由用人单位一次性缴纳基本医疗保险费，农民工本人不缴费；所缴纳的基本医疗保险费，80% 划入基本医疗保险统筹基金，20% 划入大病补充保险费，农民工不建个人账户，不计缴费年限；缴费次月可按有关规定享受城镇医疗保险待遇，但费用报销最高只能达到 5 万元，而且只有住院才能享受，因为不建个人账户，门诊费用只能自理。

所谓强制实施，就是在必须为农民工办理参保手续问题上对用人单位实行强制规定：用人单位若不为农民工办理医疗保险手续，或没有按时足额缴纳费用，农民工发生的医疗费用要由用人单位按照医疗保险有关规定进行支付，农民工也可以向当地的劳动保障监察机构举报和投诉。[①] 目前，为农民工办理医疗保险的主要是一些规模较大、比较有实力的企业，因此以城镇职工医疗保险形式参保的人数占半数以上（见表 7）。

---

① 开远市劳动和社会保障局：《开远市农民工参加基本医疗保险暂行办法》（2007 年 5 月 14 日），《社会主义新农村建设的典范——开远》（《云南农业》2009 年特刊），第 95 页。

表 7　2007～2009 年开远市农民参加医疗保险情况

年　份	参保总人数（人）	城镇职工医疗保险形式（人）	其他参保形式（人）	农民工累计住院人次（人次）	享受基本医疗保险待遇（万元）
2007	709	552	157	15	5.8
2008	1002	563	439	4	11
2009	1025	563	462	60	26.6

资料来源：开远市劳动和社会保障局：《2007～2009 年农民工参加医疗保险情况》（2010 年 5 月提供）。

在养老保险方面，开远市实行了给参保农民工每人每年 500 元补贴的政策。2007 年 9 月，开远市出台的《关于加快农村新型社会保障体系建设的决定》规定：凡户籍在开远市的农村进城务工人员，与本市用人单位签订一年以上劳动合同并缴纳城镇职工基本养老保险的，市财政对其个人缴纳部分每年给予 500 元养老保险补贴（不包括已领取城市低保和生活补助的失地农民），补贴采取先缴后补的方式进行。2008 年，共补贴符合条件的农民工 170 人，发放补贴金 85000 元；2009 年，共补贴符合条件的农民工 349 人，发放补贴金 174500 元。外来农民工虽然被排除在外，但是可以通过黄卡制度享受这一补贴。黄卡制度是开远市在户籍改革方面所采取的一个重要举措，即对外地移民，除因婚嫁、（国有单位）工作调动以外，在开远居住满 6 年以后可以享受开远市民待遇。[1]

在工伤保险方面，2007 年 6 月，红河州人民政府办公室印发了关于农民工工伤保险暂行办法。开远市随即开展了农民工参加工伤保险的宣传动员工作，重点是针对建筑施工、煤矿、非煤矿山、危险化学品等高风险行业。当年，开远市农民工参加工伤保险的人数达到了 2745 人，2008 年达到了 7100 人，2009 年达到了 8540 人，2010 年 1 月至 4 月达到了 8589 人。[2] 2009 年 7 月，红河州劳动和社会保障局又印发了《红河州农民工工伤保险"平安计划"（二期）工作方案》，计划用两年时间将服务业企业、个体工商户所雇用的农民工纳入工伤保险范围，并及时推进新增的大型建

---

[1] 李存贵：《开远市积极探索强势推进城乡一体化》，《社会主义新农村建设的典范——开远》（《云南农业》2009 年特刊），第 16 页。

[2] 开远市劳动和社会保障局：《开远市劳动和社会保障局工作汇报材料》（2010 年 5 月提供）。

设项目、工业园区、高新开发区以及乡镇乡村企业所雇用农民工的参保工作。目前，开远市正在积极落实这一计划。

（六）将失地农民纳入城镇救助和社会保险体系

失地农民是指接受土地置换安置以外的所有被征地农民，特别是指没有转化为农民工或城镇职工的那一部分。与农民工主动选择离开土地、并留有返回土地的退路有所不同，失地农民是被迫离开土地、融入城镇缺乏必要的知识技能准备、后退又没有退路的群体，因此也是更加需要社会保障制度覆盖的群体。在如何对失地农民实行社会保障方面，各地采取了土地换（城镇）保障、以土地权利获取工业化利益、留地集中安置等多种形式，其中以土地换（城镇）保障最具有广泛适应性而被大多数地方采取，这也是开远市的选择。

2005年10月，开远市政府办公室印发了《解化集团公司二甲醚项目建设征用地实施细则》，对失地农民享受生活补贴和参加养老保险、医疗保险的办法进行了明确的规定，揭开了对失地农民实施社会保障的序幕。2006年9月，开远市政府批转了市劳动和社会保障局制定的《开远市被征地人员养老保险和医疗保险实施办法》，对失地农民参加养老保险和医疗保险的政策进行了部分的调整。2010年3月，开远市政府又根据云南省政府、红河州政府的有关指导意见，印发了《开远市被征地农民基本养老保障实施细则》，对失地农民的养老保障问题进行了再规范。根据这些文件的精神，开远市对失地农民实施了这样一些社会保障措施。

对因征地而丧失基本生活来源的失地农民，按城镇低保标准发给生活补助。《解化集团公司二甲醚项目建设征用地实施细则》规定：以户为单位，年满18周岁，户口在本村（十里村）的村民，此次被征地在0.5亩以上（含0.5亩）至1亩（含1亩）的农户可有1人享受生活补助；被征地在1亩以上至3亩（含3亩）的农户可有2人享受生活补助；被征地在3亩以上可有3人享受生活补助，每户最多只能有3人享受生活补助。2009年6月公布的《大庄水库移民安置补偿实施细则》则为失地农户规定了三种安置方式，除了（异地）农业生产安置以外，失地农民有两种选择：货币安置或长效补偿安置。为对失地农民实施长期社会保障，该细则对货币安置方案的适用对象进行了限制，要求选择货币安置的对象必须是自愿外迁、有自谋职业能力、不需要配置生产资源和宅基地建设的农户，明确规定贫困户、特困户、五保户原则上不得选择货币安置。长效补偿安置的农户按每人每月 156 元的标准领取生活补贴至死亡。每人每月 156 元是 1999 年确定的城镇最低生活保障线。不过，2004 年城镇低保线提至 166 元，2008 年提至 196 元，但失地农民生活补偿并未随之上涨。

失地农民按自愿原则，参加由财政大力支持、以城镇最低生活保障兜底的基本养老保险。具体办法是：（1）适用对象是：失去全部或大部分土地（被征地后人均耕地面积不足 0.3 亩）、年满 16 周岁以上的失地农民，但录用为国家机关事业单位工作人员、参军入伍后转为军官、被企业录用后参加城镇职工基本养老保障的人员除外。（2）基本养老保障资金由村民小组集体、农民个人、市人民政府按 3∶3∶4 的比例共同承担。个人和集体承担部分从土地补偿费（使用比例不得低于 70%）和安置补助费（使用比例不得超过 50%）中列支；政府承担部分从征地过程中增收的专项用于基本养老保障的征地资金中支出（每征地一亩，市财政增加 23714 元用于基本养老保障）；两项费用不足支付时，不足部分从国有土地有偿使用收入中予以补足。（3）基本养老保障资金采取统筹账户和个人账户相结合的管理模式，政府补贴部分一次性划入统筹账户，个人缴纳和集体补助部分一次性划入个人账户。（4）基本养老保障的缴费标准。基本养老保障费的缴纳，以当年开远市城市居民最低生活保障线的 120% 为基数，一次性缴纳 15 年的养老保障费，个人缴费和集体补助部分不高于筹资总额的 60%，政府补贴部分不低于筹资总额的 40%。（5）基本养老金待遇。参保人员从年满 60 周岁次月享受基本养老保障待遇至死亡。参保的基本养老金由基础养老金和个人账户养老金组成，分别从个人账户和统筹账户中支出，个人账户不足以支付时，由统筹账户列支。月领取基本养老金的数额按这样的公式计算：月领取基本养老金的数额＝月个人账户养老金（个人账户积累总额/180）＋月基础养老金（启领时为本市城市居民最低生活保障标准的 40%）。如果月基本养老保障金达不到城市最低生活保障标准，由统筹账户资金补足。[①]

失地农民按自愿原则，参加按年龄段分类实施的医疗保险。具体办法是：（1）18 周岁以上，男不满 50 周岁、女不满 45 周岁的，按《开远市国有企业解除（终止）劳动合同自谋职业人员医疗保险暂行办法》执行。

---

① 开远市人民政府：《开远市被征地农民养老保障实施细则》，2010。

（2）男年满 50 周岁不满 60 周岁、女年满 45 周岁不满 55 周岁的人员，每人必须一次性缴纳 12000 元的医疗保险费，不计个人账户，并于次月享受城镇基本医疗保险待遇。（3）男年满 60 周岁及其以上年龄、女年满 55 周岁及其以上年龄的人员，每人必须一次性缴纳 10000 元的医疗保险费，不计个人账户，并于次月开始享受城镇基本医疗保险待遇。[①] 与农民工一样，因为不建个人账户，门诊费用只能自理。

由于种种原因，除了生活补助以外，失地农民的其他社会保障进展不大（见表 8）。但在新的基本养老保险办法开始实施后，失地农民参加基本养老保险的人数有望明显增加。

表 8　2006～2009 年开远市失地农民社会保障情况

年份	领取生活补助人数（人）	全年补助总额（元）	参加养老保险人数（人）	养老保险基金征缴（万元）	享受待遇人数（人）	养老金支付（万元）	参加医疗保险人数（人）	医疗保险金征缴（万元）
2006	206	387036	8	24	5	1.1	25	29.4
2007	253	473616	16	47	9	3.4	—	—
2008	5502	11351419	88	10	26	10.2	—	—
2009	5685	10054142	—	—	46	18.6	—	—

资料来源：开远市劳动和社会保障局《2006～2009 年失地农民生活补助》、《2006～2009 年失地农民养老保险》、《开远市劳动和社会保障工作汇报材料》（2010 年 5 月提供）。

三　开远市农村新型社会保障体系建设的经验与特点

开远市的农村新型社会保障体系建设，主要表现出了这样一些经验特点：以社会救助为主，以社会保险和社会福利为辅；分类施保，突出重点，力求全覆盖；社会保障与其他政策相协调；政府积极施保与尊重农民意愿相结合。这些经验特点不仅对开远市今后的农村社会保障体系建设具有指导作用，而且对广大中西部地区推进城乡一体化具有一定的启示意义。

---

① 开远市人民政府：《关于批转开远市被征地人员养老和医疗保险实施办法的通知》，2006。

（一）以社会救助为主，以社会保险和社会福利为辅

从理论上讲，社会保障包括社会救助、社会保险和社会福利三个层次。社会保险以缴费为享受待遇的前提，强调权利与义务的关联，社会救助、社会福利则是国家和政府对公民承担的单方面义务；社会救助与社会福利的区别在于，社会救助是为了满足人们的基本生存需要而采取的社会保障措施，是社会保障的兜底机制，而社会福利则是带有普惠性质的、用来满足更高层次需要的社会保障。

开远市目前对农村和农民实施的社会保障基本上属于社会救助范畴，社会保险、社会福利是其次的。这种特征不仅体现在项目设置上，而且体现在财政投入结构和社会保障支出结构上。在项目设置上，开远市推进农村社会保障体系建设是以社会救助为主、以社会保险和社会福利为辅的，这具体表现在：（1）救灾、农村最低生活保障制度、农村医疗救助、失地农民的生活补助都是纯粹的社会救助。（2）农村五保户供养、教育资助是社会救助和社会福利的复合体。五保户供养是对农村"三无"人员的救助，但供养标准超出了保障基本生存需要的范畴，以农村平均生活水平为标准，超出农村低保线以上的部分属于社会福利范畴，非生活不能自理五保户的集中供养也属于社会福利范畴。在教育资助中，针对义务教育的教育救助部分属于社会救助范畴，而针对义务教育以外的教育资助部分属于社会福利范畴。（3）新型农村合作医疗属于社会保险和社会救济的复合体。个人缴纳参合费，并承担住院补偿起付线以下的全部费用、起付线以上的部分费用以及部分门诊费用，这是新农合的保险性质之所在。但是，当各级财政承担新农合筹资的 4/5、6/7 甚至 8/9[①] 的时候，当住院医疗费用报销比例高达 80% 而起付线仅为 100 元、门诊报销比例达 50% 而且年报销额度可达 200 元[②] 的时候，新农合的保险性质就被大大地稀释了，只能说是一种带有很强救助色彩的社会保险。至少，城乡同比例报销、大病补偿应该视为对农村患者的集体救助。当然，许多人将政府财政对新农合的这种大力支持定性为社会福利，但考虑到它要解决的是广大农民的看病就

[①] 开远市卫生局：《开远市新型农村合作医疗 2006～2010 年基金筹集情况一览表》（2010 年 5 月提供）。

[②] 开远市卫生局：《开远市 2006～2010 年新型农村合作医疗基本医疗报销政策一览表》（2010 年 5 月提供）。

医问题，视为社会救助更为恰当。（4）针对农民工的三大保险、针对失地农民的两大保险属于社会保险范畴。（5）无固定收入老年人补贴属于纯粹的社会福利。

在财政投入结构上，通过表9不难看出，在各项保障全面展开的2008年、2009年，开远市对社会救助的财政投入（含上级专项转移支付）不仅高于对社会保险的投入、对社会福利的投入，而且高于两者之和。这里需要说明的是：（1）表中财政对农村低保、失地农民生活补贴、无固定收入老年人补贴的三项投入，其实是这三项的实际支出，这样处理的原因在于：这三项社会保障的资金由财政全额拨付，并且专款专用，当年支出总额等于当年投入总额；而且每年的支出额比较稳定，不像每年财政实际投入水平那样有起伏，更能反映财政支持的实际状况。（2）根据上面对新农合性质的分析，这里对在新农合上的财政投入进行了分别处理，将新农合筹资的财政配套视为社会保险性质的投入，而将同比例报销专项、大病补偿专项视为社会救助性质的投入。（3）五保户供养、医疗救助、教育资助、大病补偿专项、农民工和失地农民的保险等项目，对比较结果影响很小，因此未列入表中。

表9　2008年、2009年开远市财政对农村三类社会保障的投入比较

单位：万元

年份	农村低保	失地农民生活补贴	同比例报销专项	社会救助总和	新农合财政配套	无固定收入老年人补贴	保险、福利之和
2008	388.44	1135.142	800	2323.582	1233.144	120.168	1353.312
2009	590.84	1005.414	1015	2611.254	1278.928	121.608	1400.536

注："社会救助总和"由前三项相加得到；"保险、福利之和"由其前面的两项相加得到。

资料来源："农村低保""失地农民生活补贴""无固定收入老年人补贴"的数据节选自前面各表；"同比例报销"数据来自开远市卫生局：《开远市新型农村合作医疗2006～2010年基金筹集情况一览表》（2010年5月提供），"新农合财政配套"由该表的参合人数和财政配套标准计算得来。

至于社会保障支出结构，通过表10可以看到，2008年、2009年，开远市农村社会救助的支出不仅高于农村社会保险支出、农村社会福利支出，而且高于后两者之和。这里的"新农合支出（一）""新农合支出（二）"分别代表新农合支出的社会救助部分、社会保险部分，计算办法是将新农合的三项报销补偿之和，按同比例报销、新农合财政配套的比例进行分解。比如，2008年，开远市新农合门诊补偿额为85.714万元，住院

补偿额为 1943. 217 万元，大病补偿额为 40. 343 万元，合计 2069. 274 万元；新农合支出（一）= 2069. 274 × 800/（800 + 1233. 144）= 814. 216 万元，新农合支出（二）= 2069. 274 × 1233. 144/（800 + 1233. 144）= 1255. 058 万元。

表 10　2008 年、2009 年开远市农村三类社会保障支出比较

单位：万元

年份	农村低保	失地农民生活补贴	新农合支出（一）	社会救助总和	新农合支出（二）	无固定收入老年人补贴	保险、福利之和
2008	388. 44	1135. 142	814. 216	2337. 798	1255. 058	120. 168	1375. 226
2009	590. 84	1005. 414	1392. 534	2988. 788	1754. 632	121. 608	1876. 240

注："社会救助总和"由前三项相加得到；"保险、福利之和"由其前面的两项相加得到。

资料来源："农村低保""失地农民生活补贴""无固定收入老年人补贴"的数据节选自前面各表；"同比例报销"数据来自开远市卫生局：《开远市新型农村合作医疗 2006～2010 年基金筹集情况一览表》（2010 年 5 月提供），"新农合财政配套"由该表的参合人数和财政配套标准计算得来。

以社会救助为主、以社会保险和社会福利为辅，不仅是开远市现有农村社会保障体系的特征，而且将是开远市未来一个时期内农村社会保障体系的特征。开远市目前正在积极筹划推行新型农村社会养老保险，若该项目得以顺利开展，会在一定程度上增加社会保险在开远市农村社会保障体系中的比重。从争取更多转移支付以增加本市农民的社会保障收入来看，推广新农保确有其诱人之处：云南省承诺给每位参保农民每年 30 元的缴费补贴，2010 年开远市应参保农业人口为 131223 人[①]，若实现新农保全覆盖，仅此一项可获得近 400 万元。更为可观的是，只要全部年满 60 周岁以上老人参保，开远市每年就可获得不低于 1200 万元的基础养老金转移支付。按照《国务院关于开展新型农村社会养老保险试点的指导意见》的规定，凡子女参加新农保的农村 60 周岁以上老人，本人不用缴费，就可以享受每月 55 元由中央财政负担的基础养老金，开远市 60 周岁以上农村老人大约有 1.9 万人。假设开远市全部应参保农业人口都自愿自费参保，那么财政对开远市农村社会保险的投入每年将至少增加 1600 万元，开远市农村社会保障的支出每年至少增加 1200 万元；若把前一个数字添加到表 9 的比较中，将会使财政对社会保险的投入超过对社会救助的投入；若把后一个

---

① 《开远市劳动和社会保障工作 2010～2015 年工作规划》（2010 年 5 月提供）。

数字添加到表 10 的比较中，将会使社会保险支出超过社会救助支出。不过，在现阶段，假设开远市应参保农业人口都自愿自费参合是不切实际的。首先，贫困人口难以自费参保，应参保人口中属于贫困人口的应当不少于 2 万人；其次，部分处于贫困线以上的低收入者也可能难以自费参保；最后，新农保对于那些没有 60 周岁以上老人或者接近 60 周岁人口的家庭吸引力不大。因此，要实现新农保的基本全覆盖，资助相当一批人缴纳每年 100 元的最低缴费，并（在省补贴之外）追加相当额度的缴费补贴，看来是不可避免的。这样一来，新农保的社会保险性质也将被稀释，新农保也不可避免地会被打上社会救助的烙印。

况且，从农民自身的需要来看，实现农村低保的全覆盖，可能是比实现新农保全覆盖更为迫切的任务。若要把开远市应保未保的 1.6 万名贫困人员全部纳入农村低保，按人均年补助 500 元计算（2009 年人均年补助 656 元，参看表 5 月人均补助金额），每年需要投入 800 万元。假设农村低保全覆盖和新农保全覆盖同时实现，开远市农村社会保障体系以社会救助为主的特征将表现得更加稳定不变。

由此看来，以社会救助为主、以社会保险和社会福利为辅的社会保障结构，是与开远市农村经济发展水平相适应的。只有等到农民收入大大提高了，农民缴纳社会保险费用的能力和意愿提高了，以五大保险为核心的现代社会保障体系才有可能真正在开远市广大农村和农民中推广开来，社会保障的城乡一体化才有可能真正实现。在这一点上，广大西部地区是有共同之处的。

（二）分类施保，突出重点，力求全覆盖

分类施保有一般和特定两种含义，一般含义是指在社会救助中，根据困难程度对救助对象进行分类，依据分类实施力度不同的救助；特定含义是指在城市最低生活保障制度中，根据困难程度对低保户进行分类，依据分类（在原有救助水平的基础上）追加力度不同的补充救助，并对原来不符合最低生活保障标准的边缘困难群体实施一定力度的救助。这个意义上的分类施保，体现的主要是社会公正的原则，它根据救助对象的困难程度实施力度不同的救助，目的是为了实现以救助标准为限度和参照的实质公平。

开远市农村社会保障体系建设中的分类施保，不仅具有城市最低生

活保障中那种分类施保的含义，适用范围也不局限于社会救助领域，它还体现在社会保险和社会福利中。（1）在社会救助中，分类施保表现为：依据困难程度，将应当救助的群众划分出不同的救助等级，优先救助最迫切需要救助的群众，或对不同等级的保障对象实施力度不同的救助。优先救助最迫切需要救助的群众，突出地表现在农村医疗救助和农村最低生活保障中。在医疗救助中，对五保户、特困户的优先救助是有关文件明文规定的，"申请人的家庭实际生活水平明显高于五保户和特困户的不予救助"。[①] 在农村最低生活保障中，优先救助前两个级别的保障对象的倾向，虽未被明确地加以强调，但在实施过程中却表现得相当明显。对不同等级的救助对象实施力度不同的救助，突出地表现在失地农民的生活补助中，《解化集团公司二甲醚项目建设征用地实施细则》根据农户被征地面积确定享受生活补贴人数的规定，是一个范例。另外，农村最低生活保障中的分档补助，也体现了对不同等级的救助对象实施力度不同的救助的指导思想。（2）在社会保险中，分类施保表现为：依据缴费者的缴费能力，采取灵活多样的保险方式，尽可能地扩大社会保险的覆盖面。这突出地表现在农民工医疗保险和失地农民医疗保险中。在农民工医疗保险中，根据用人单位的缴费能力，为用人单位提供了两种为农民工办理医疗保险的方式。在失地农民医疗保险中，根据不同年龄段的失地农民进入城镇实现再就业能力的差别、承担缴费能力的差别，为不同年龄段的失地农民参加医疗保险制定了不同的办法，特别是对男 50 周岁、女 45 周岁以上和以下的失地农民采取明显不同的办法。男 50 周岁、女 45 周岁以上的失地农民按照一次性缴纳 12000 元或 10000 元、终身享受待遇的方式参保，而男 50 周岁、女 45 周岁以下的失地农民只能按照下岗后自谋职业的前国有企业职工的办法参保。[②]（3）在社会福利中，分类施保表现为：根据保障对象的需求差异，实施力度不同的保障。这突出地表现在无固定收入老年人补贴中。同样是老年人，年龄越大，对营养和保健的要求越高，因此开远市对无固定收入老年人的补贴标准，按年龄段呈递增趋势（见图1）。

　　开远市农村社会保障体系建设中的分类施保，首先体现的也是社会公正的原则。对救助对象根据困难程度实施力度不同的救助，体现的是以救

---

① 《开远市人民政府关于印发〈开远市农村医疗救助基金试行办法〉的通知》，2005。

② 《开远市人民政府关于批转开远市被征地人员养老和医疗保险实施办法的通知》，2006。

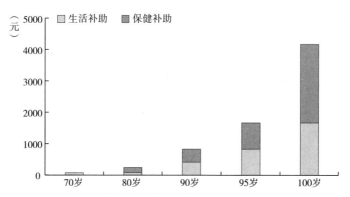

图1 开远市无固定收入老年人全年补贴发放标准

资料来源：开远市老龄工作委员会办公室：《开远市无固定收入老年人补贴发放情况》（2010年5月提供）。

助标准为限度的实质公平，是"底线公平"。采取灵活的保险方式，尽可能地扩大保险的覆盖面，体现的是应保尽保的公平。根据保障对象的需求差异，实施力度不同的福利保障，体现的是以满足自然需求为目标的公平，即按需施保的公平。

同时，开远市农村社会保障体系建设中的分类施保，也体现了效率的原则。在社会救助中，优先救助最迫切需要救助的对象，体现的是救助资源效用最大化的原则。在农村低保中，实行分档补助的办法，体现的是提高社保工作效率的原则。在社会保险中，采取灵活的保险方式，体现的是化解推行社会保险的阻力、尽可能迅速推广社会保险的原则。

开远市农村社会保障体系建设中分类施保、突出重点、力求全覆盖的特点，一方面反映出当地干部为推进农村社会保障所做出的主观努力，即充分利用一切条件，尽一切可能为更多的农民群众提供力所能及的社会保障；另一方面也折射出当地在推进农村社会保障体系建设所面临的艰难处境。一方面，囿于资金限制，难以实现应保尽保，因此才不得不优先救助最需要帮助的特困群众；另一方面，在社会财富和收入两极分化、资本积累制造大量失业的情况下，强制推行农民工社会保险困难重重，任何地方政府若单方面采取超出周边地区的强制措施，就必然面临资本流失的压力。由此可见，经济落后的西部地区的社会保障建设，尤其需要上级财政特别是中央财政的转移支付；而要在我国真正实现"学有所教，劳有所得，病有所医，老有所养，住有所居"，单在社会保障、在国民收入再分配上做文章是远远不够的，必须大力促进初次分配中的公平，为进一步推进社会保障制度改革创造良好的条件。

（三）社会保障与其他社会政策相协调

社会保障制度只是我国政府社会政策体系中的一种，甚至只是帮扶弱势群体的社会政策体系中的一种，只有与其他社会政策协调、配合起来，才能产生合力，使社会保障以及其他社会政策的绩效最大化。

开远市在建立农村社会保障体系的过程中，十分重视把实施社会保障和其他帮助弱势群体的社会政策协调起来。这主要体现在两个方面：一方面，把社会保障与其他社会政策结合起来，巩固和扩大社会保障的成效；另一方面，把社会保障作为落实其他社会政策的杠杆。社会保障与其他社会政策的结合主要表现在：把救灾与防灾结合起来，把实行最低生活保障与扶贫开发、转移农村劳动力结合起来，把实施医疗保障与控制医药费用的增长结合起来。

第一，关于救灾与防灾的结合。鉴于历年自然灾害中农民房屋毁损惨重，开远市一方面帮助灾民恢复、重建房屋，帮助农民购买农房保险以分散风险；另一方面以实施抗震安居工程为契机，对农房进行加固改造，以提高农房抗击地震以及其他自然灾害的能力。农房改造在2006年启动农村基础设施建设时，就已经作为一个重要内容提出并开展。2007年，在国务院和云南省政府就抗震安居工程做出部署以后，开远市迅速地将农房改造工作纳入抗震安居工程实施计划。2008年，开远市又根据云南省和红河州的指导意见制定了《开远市农村民居地震安全工程建设资助资金兑付管理办法（试行）》，决定对全市范围内不符合抗震要求的农房进行加固改造或拆除重建，加固改造的每户补助3000元，拆除重建的每户补助5000元。2007年，全市加固改造1116户，拆除重建970户[1]；2008年，加固改造2500户，拆除重建1500户[2]；2009年，加固改造1252户，拆除重建301户[3]。

第二，关于实行最低生活保障与扶贫开发、转移农村劳动力的结合。扶贫开发和向城镇转移农村劳动力，是早就已经推行多年的政策，也是在帮助农村贫困人口脱贫方面更为根本的措施；建立农村最低生活保障，是

---

[1] 《开远市建设局2007年度工作总结及2008年度工作要点》，2007。

[2] 《开远市建设局2008年度工作总结及2009年度工作要点》，2008。

[3] 开远市农村民居地震安全工程领导小组办公室：《开远市2009年农村民居地震安全工程完成情况汇报》，2009。

在扶贫开发、转移劳动力不能完全解决问题的情况下采取的补救措施。实行最低生活保障与扶贫开发和转移农村劳动力的结合，首先表现在最低生活保障制度包含着动态管理和退出机制，以便脱困致富人员能及时退出。《开远市农村居民最低生活保障制度实施办法》（以下简称《实施办法》）在讲到制度设计的原则时，明确地提出了"政府保障与社会帮扶相结合，鼓励劳动自救的原则""属地、动态管理的原则"。在讲到审批程序时，又要求有关方面"对享受低保待遇的农村居民进行定期核查，动态管理，并公布投诉电话，接受社会监督"。《实施办法》还要求低保家庭在收入发生变化的时候，"应当及时通过村民委员会告知乡政府（办事处）办理停发、减发或增发低保待遇的手续"。实行最低生活保障与扶贫开发、转移农村劳动力相结合，还表现在从 2010 年开始实施的"低保家庭包保制"上。"低保家庭包保制"是开远市为了帮助城乡低保家庭而采取的一项政策，即动员全社会力量，对低保户进行一对一的帮扶包干，以保证每个低保家庭："（1）消除零就业；（2）有安居屋；（3）不挨饿受冻；（4）有医能医；（5）有学可上"，从而夯实社会和谐稳定的基础。①

第三，关于实施医疗保障和控制医药费用的增长相结合。医疗保障（医疗救助、新农合、医疗保险）的实施，一方面满足了城乡居民看病就医的需求；另一方面也会成为刺激医疗、医药价格上涨的因素。如果不及时采取应对措施，就有可能把医疗保障变成对医疗卫生行业、制药行业（包括外国药商）的间接补贴，居民的实际受惠程度就会大打折扣。为了防止医药费用随着医疗保障的实施而上涨的现象，2007 年开远市及时出台了《关于试行新型农村合作医疗住院病种限价及定额补偿管理的通知》，对 22 个常见多发病种实行限价及定额补偿政策。为了保证这一政策的落实，开远市还对违反有关政策的定点医院采取取消资格的处罚措施，到目前为止，已有 4 家定点医院受到了这样的处罚。

至于将社会保障作为落实其他社会政策的杠杆，开远市采取的措施有：将农村最低生活保障制度与扫黄打非衔接起来，规定"家庭中有参与赌博、卖淫嫖娼等违法行为的人员"，不得列入保障范围②；资助医疗救助对象以外的残疾人、独生子女户、村组干部参加新农合（2010 年资助

---

① 开远市新农办：《开远市统筹城乡建设推进城乡一体化情况汇报》（2009 年 11 月提供）。
② 开远市人民政府：《关于印发开远市农村居民最低生活保障制度实施办法的通知》，2007。

19000 余人），以体现对残疾人、独生子女户和村组干部的关爱和关心。①最重要的是，开远市有意把加快农村新型社会保障体系建设作为调节城乡差距的手段。2008 年，时任开远市市长的李存贵在谈到城乡同比例报销和大病补偿时，曾这样讲："我们认为，在开远 30 万人口中，农民的自我保障能力最弱，普通城镇居民次之，干部职工相对较强。所以，保障政策应该向保障能力最弱的农民倾斜。目前，开远农民医疗保险已实现历史性突破：一是城乡居民同比例报销医疗费；二是农民大病报销比例达到 80% ~85%，而且最高报销额度达 15 万元（城市居民为 10 万元，干部职工为 8万元）。这近乎颠覆式的政策，颠覆了被颠覆的历史。"② 考虑到农民的参合费不到城镇职工参加基本医疗保险缴费的 1/25，这里的颠覆意味就更浓厚了。以 2009 年为例，城镇职工参加医疗保险的个人缴费大约为 550 元（2008 年职工平均工资为 27617 元，个人缴费比例为 2%），而农民的参合费仅 20 元。

我们认为，虽然我国城乡收入差距过于悬殊，社会保障的调节作用还很有限，但能够提出用社会保障调节城乡收入差距的想法，已经是了不起的贡献了。这是因为，目前在我国绝大多数地区，城乡二元分化的社会保障制度仍然是扩大城乡差距的因素之一，某些率先建立了城乡一体化的社会保障制度的发达地区也未能扭转这一局面；在思想认识上，侈谈机会均等，讳言实质平等，甚至把实质平等与机会均等绝对对立起来，已经成了我国的社会风气。开远市不仅敢于谈论实质平等，而且敢于采取行动，以完善新农合为契机，初步实现了这一点，这种为民谋利敢为天下先的精神是难能可贵的。

（四）政府积极施保与尊重农民意愿相结合

尊重农民的意愿，是由农民作为小生产者的地位决定的：与城市工人阶级相比，农民是拥有自己生产资料的小生产者，所从事的农业生产也具有非标准化的特征，并且受气候影响大；农民的收入具有季节性、隐蔽性，难以确切计算；因此对农民不可能实施像对城市工人阶级那样的纪律约束，否则就会导致劳动积极性的下降和对生产力的破坏。具体到社会保

---

① 开远市卫生局：《开远市新型农村合作医疗工作开展情况》（2010 年 5 月提供）。
② 李存贵：《城乡一体化在开远的思考与实践》，2008 年 7 月 26 日。

障，如果强制农民参加社会保险，就很有可能遭到农民以收入太低进行集体抵制，而对成千上万名的小生产者进行比较确切的经济核查，显然是不可能的。农民工虽然暂时脱离了农业生产，面对的是工业生产，但仍然保留着小生产者的某些习惯，就业也不稳定，留有回到农村的退路，在社保问题上也不可能接受强制。失地农民在习惯上与完全意义上的农民没有多少区别，只是由于意外原因被抛出了农业生产，并且多少还带有因为被征地而产生的不满情绪，更是不可能加以强制。另外，与大生产者相比，各种类型的农民都不具有操纵市场的能力，作为市场竞争中的弱者，或是由于意外原因被排挤到生产之外的受害者，是需要保护、帮助而非强制的对象。

在社会保障领域尊重农民的意愿，就要做到：在社会保险方面，不强制农民参加新型农村合作医疗、新型农村社会养老保险，不强制农民工和失地农民参加各种社会保险；在社会救助、社会福利方面，在保障对象的确定和动态管理中，除了要遵循客观标准以外，还要发挥农民民主参与、民主监督的作用，弥补政府信息的不足，防止弄虚作假、徇私舞弊，实现社会救助、社会福利工作的民主化、科学化。这也正是开远在推进农村社会保障建设时所采取的办法。

开远市已经实施的各项社会保险，都不具有针对农民、农民工和失地农民的强制性。从缺乏强制性这个意义上来讲，针对农民、农民工和失地农民的各项社会保险，其实都不是完全意义上的社会保险，只是因为以缴费作为享受待遇的前提，并且有相当力度的财政支持，才称为社会保险。不仅如此，开远市有关农民、农民工、失地农民社会保险的文件，往往要明确地强调尊重农民意愿。比如，《开远市新型农村合作医疗实施方案（试行）》（2009）在讲到新农合的原则时，第一条就是"自愿参加、多方筹资原则"，并强调"农村居民按属地化管理原则，以户为单位自愿参加新型农村合作医疗"。由于农民工参加医疗保险主要是用人单位的义务，因此《开远市农民工参加基本医疗保险暂行办法》没有提及农民工自愿参保，但在农民工与用人单位终止或解除劳动合同之后医疗保险关系的处理上，强调"根据本人愿意，给予保留保险关系或者随同转移个人账户、继续医疗关系"。在失地农民参保问题上，《解化集团公司二甲醚项目建设征地实施细则》指出："以户为单位，年满30周岁以上，且被征用土地的村民可以参加养老保险和医疗保险，由被征地农户自愿选择，费用自理。"

几个社会救助项目都强调"公开、公正、公平"的原则。在程序上，都强调民主参与和民主监督。民主参与的第一个表现就是救助对象的候选人通过个人申请或由别人代为申请产生。在审批过程、审批结果的公布以及动态管理中也充满了民主参与、民主监督的制度设计。由于保障对象竞争比较激烈而且缺乏特别明确的甄别标准，农村最低生活保障制度对民主参与和民主监督的要求最高。根据《开远市农村居民最低生活保障制度实施办法》的规定，在个人申请之后，先由村委会干部、居民代表（5~7人）组成的民主审核小组审核，申报对象和审批结果两次张榜公布，审批结果公示7日后才上报乡政府、民政局批准；民政局批准后再次张榜公布7日，无异议才发低保领取证。在动态管理方面，要求民政局、乡政府、村委员公布投诉电话，接受社会监督。

医疗救助对民主参与、民主监督的要求较少，因为其救助对象侧重于五保户、特困户，救助对象相对明确。但也要求村委会对个人申请进行调查核实，乡政府在审核时"根据需要采取入户调查、邻里访问以及信函索证等方式对申请人的医疗支出和家庭经济状况等情况进行调查核实"；已经批准的救助对象，要张榜公布其名单，以便接受监督。

五保户供养因为保障对象最为确定，少有争议，对审批过程中的民主参与、民主监督强调得较少，但对"两头"（审批前的准备工作、审批后的日常供养工作）的民主监督却最为重视，这是因为五保户供养标准较高，供养过程中还会产生某些委托代理关系，比如将部分供养物资、资金交由集中供养机构的工作人员支配。《开远市农村五保户供养工作实施细则》规定："农村五保户供养待遇的申请条件、程序、民主评议情况以及五保户供养的标准和资金使用情况等，必须向社会公开，接受社会监督。"

政府要在尊重农民意愿的基础上积极实施社会保障，只能是：一靠增加财政支持，改善与社会保障相配套的公共服务，增加社会保障项目特别是保险项目的吸引力；二靠放宽保障项目的准入条件和享受待遇的条件，使更多的应保障对象有机会享受保障。开远市在这方面做了大量的工作。增加财政支持在新农合方面表现得特别突出。实际上，在过去的几年里，新农合的参合费、住院费用报销起付线都不是降低了，而是有所提高：参合费由最初的10元提高到20元，乡级医院的起付线由最初的80元提高到

100 元（其他各级医院的起付线提高的幅度更大）①，但对农民的吸引力却不减反增，关键就在于城乡同比例报销政策以及大病补偿政策。仅城乡同比例报销政策一项，2008～2010 年就支出了 800 万元、1015 万元、1300 万元；而为了支持大病补偿政策，2008 年市财政也建立了 310 万元的专项资金。

在失地农民养老保险方面，增加投入和放宽条件都表现得很突出。2005 年，《解化集团公司二甲醚项目建设征地实施细则》规定只有年满 30 周岁以上的失地农民才可以参加失地农民养老保险，财政补贴也很少，只规定给男满 60 周岁、女满 55 周岁的参加养老保险的人员 5000 元的补贴，给男满 45 周岁不满 60 周岁、女满 40 周岁不满 55 周岁的人员 4000 元补贴，给男满 30 周岁不满 45 周岁、女满 30 周岁不满 40 周岁的人员 2000 元的补贴。2006 年的《开远市被征地人员养老和医疗保险实施办法》，将年龄限制降到了 18 周岁。2010 年，《开远市被征地农民基本养老保障实施细则》不仅进一步将年龄限制放宽到了 16 周岁，而且在降低个人参保缴费、增加财政补贴上取得了突破。个人承担部分由原来的 25000～28000 元降到了 12700.8 元（个人承担总缴费的 30%，缴费基数为城市低保线 196 元乘以 12 个月乘以 120%，一次缴费 15 年），村集体也要承担 12700.8 元；市财政要为每位参保者承担 16934.4 元的缴费，要按照每征地一亩增加 23714 元的标准设立失地农民基本养老保障专项，还要准备从国有土地有偿使用收入中拨款弥补基本养老专项以及村集体费用的缺口。

社会救助、社会福利的经费主要来自财政，这方面的投入也很大。比如，对失地农民的生活补贴，2008 年、2009 年连续两年实际投入 1000 万元以上（见表 8）。对农村低保的投入，2007～2009 年共计 3862 万元，其中上级拨款 2897 万元，市级配套 965 万元。②对农村无固定收入老年人补贴的实际投入，2008 年、2009 年连续两年在 120 万元以上（见表 6）。不过，社会福利与较高的经济发展水平相联系，现阶段在开远市农村的发展空间未免有限（无固定收入老年人补贴已经是一个重大创举，这个创举因

---

① 开远市卫生局：《开远市新型农村合作医疗 2006～2010 年基金筹集情况一览表》、《开远市 2006～2010 年新型农村合作医疗基本医疗报销政策一览表》（2010 年 5 月提供）。

② 开远市民政局：《城乡低保和城乡医疗救助等资金来源情况》（2010 年 5 月提供）。

为对周边地区施加了压力，引起了一些议论）。社会救助则受到资金限制和上级政府指标控制双重制约，开远市在放宽救助条件、扩大救助范围方面的权力也有限。但有一个问题，应当还有改进空间，这就是：采取适当办法，降低农村医疗救助对象享受新农合报销待遇的门槛，或者将二次救助提前到新农合报销之前实施。这个问题若不解决，资助参合的意义将大打折扣，因为 20 元的参合费与 100 元的住院报销起付线、50% 的门诊费用自付部分相比要少得多。"摆渡摆到江边，送佛送到西天。"如果不能在进入新农合补偿程序之前帮助解决自付部分，那么部分特困户尽管手握新农合的船票，也只能望洋兴叹。

总体而言，虽然还面临一些现实困难，还存在需要进一步解决的问题，但是，开远市构建新型农村社会保障体系工作，从解决群众关心、社会关注的问题出发，在很大程度上破除了长期以来"重城不重乡"的制度壁垒，各领域工作都取得了明显进展，逐步编织起农村社会发展的"安全网"，改变了农村社会保障体系建设严重滞后的状况，奠定了城乡统筹发展的重要基础，为全面建设和谐开远和推进社会经济又好又快发展，创造了积极有利的条件和环境。

枢纽型社会组织在地方经济社会运行中的作用

朱　燕　吴文鑫[*]

中国社会科学院 2016 年所级国情调研基地项目"新型社会组织健康发展状况调研系列之三——枢纽型社会组织在地方经济社会运行中的作用"于 2016 年 5 月批准立项。2016 年 4 月至 12 月，调研基地成员多次赴山东临沂，通过实地参观考察、召开座谈会、与干部群众交流、发放调查问卷等方式进行了调研。本报告以实地调研获取的信息和数据为基础，并参考相关文献资料、文字材料，总结和归纳了枢纽型社会组织在地方经济社会运行中的作用，并在此基础上提出了促进枢纽型社会组织在地方经济社会运行中发挥作用的对策和建议。

一　本项目调研的目的、意义与步骤方法

（一）本项目调研的目的与意义

1. 社会组织的"异军突起"

社会组织，也称作"民间组织"、"非政府组织"（NGO）、"第三部门"等，是指除行政组织、经济组织以外的社会力量。在我国当前的政治语境下，社会组织主要包括社会团体、基金会、民办非企业、中介组织和社区社会组织五类。

改革开放以来，我国的社会组织得到了一定程度的发展，并逐渐显现出自身的存在价值。然而，由于外部大环境和自身局限性等原因，其发展一直不温不火，作用发挥也不十分突出。党的十八大以后，经济社会转型和政府职能改革急需社会组织力量的参与：一是参与政府职能转移；二是

---

* 朱燕，中国社会科学院马克思主义研究院；吴文鑫，中央统战部政策理论研究室。

参与创造社会财富；三是促进公平分配；四是提高人民精神文明水平。因此政府决定全面启动关于社会组织的规制改革，社会组织迎来了"发展的春天"。

我国政府在多个方面对社会组织开展了大刀阔斧的改革。党的十八大指出要"加快建立政社分开、权责明确、依法自治的现代社会组织体制"；十八届二中全会提出了改革社会组织管理制度的要求；十八届三中全会通过的《关于全面深化改革的决定》13 次提到发挥社会组织作用以促进各个方面的社会治理。2014 年 11 月，中央出台了关于政府向社会力量购买服务的指导意见。2015 年 7 月，中央出台了行业协会商会与行政机关脱钩的总体方案；9 月下发了加强社会组织党建工作的意见。如此高密度地出台政策，意味着大量社会组织将在职能、机构、人员、资产、财务等方面与政府全面脱钩，走上独立自主自办的道路，实现依法自治和规范化运作。

可以洞见，社会组织提速发展的时代已经到来，更多的社会组织将真正肩负起新时期赋予的新使命，切实承担起更多的社会责任。

2. 枢纽型社会组织的提出

"枢纽型社会组织"概念第一次见于政府文件是在 2008 年。当年 9 月，北京市社工委出台了《关于加快推进社会组织改革与发展的意见》，次年发布了《关于构建市级"枢纽型"社会组织工作体系的暂行办法》，将其定义为："枢纽型社会组织是由负责社会建设的有关部门认定，在对同类别、同性质、同领域社会组织的发展、服务、管理工作中，在政治上发挥桥梁纽带作用，在业务上处于龙头地位，在管理上承担业务主管职能的联合性社会组织。"随后，上海、广州等地也逐渐开始使用这一提法，并开展了相关工作。2011 年，广东省也出台了《广东省社工委关于构建枢纽型社会体系的意见》。自 2009 年至今，北京市已经将工会、共青团、妇联、工商联、中关村社会组织联合会、北京市农民专业合作社联合会等 36 个单位认定为"枢纽型社会组织"。

3. 研究意义

"枢纽型社会组织"虽然是一个较新的概念，但是其处于政府与社会之间的过渡地带，"站位"比一般性社会组织要高，其身份类似于一个班级中的"班委"，在促进社会组织健康发展、促进政府职能改革、促进社会平稳运行等方面已经开始显露出其不可轻视的作用。

尤其是在当前政府职能转变，社会力量承接政府购买公共服务呼声渐高的当下，社会组织的发展到底何去何从？政府放手后，社会组织如何实现自我管理、自我服务、自我发展？枢纽型社会组织或许是实现平稳过渡的重要角色。由此，研究枢纽型社会组织显得更为必要。

（二）调研的主要内容与步骤方法

1. 调研的主要内容

本调研将以临沂市社会组织联合会为案例进行剖析，意图回答以下几个问题。

一是当前枢纽型社会组织的发展现状如何？主要了解临沂市社会组织及临沂市枢纽型社会组织的总体情况和发展现状，包括整体组织架构、人员构成及特征等。

二是当前枢纽型社会组织在促进地方经济社会发展过程中发挥了哪些作用？主要从实现抱团发展、承接政府购买公共服务、促进公益事业和社会稳定等几个方面进行深入了解。

三是当前枢纽型社会组织在自身发展和发挥作用的过程中遇到了哪些问题？主要从政社未完全分开的问题、资源分配不均的隐忧、对未注册社会组织的关注度不够等几个方面进行深入了解。

四是这些问题需要如何解决？在对临沂市社会组织联合会这一枢纽型社会组织新模式进行总体评价的基础上，同时借鉴国外相关模式，提出相应的政策建议。

本调研将针对以上四个方面的问题，对临沂市社会组织联合会的基本情况作简要概述，并以其有关活动为案例，对枢纽型社会组织在促进地方经济社会发展中的现状、作用、问题及对策进行分析研究。

2. 调研方法

本次调研将选取典型的枢纽型社会组织，通过半结构化访谈、非参与性观察、调查问卷等形式，与有关枢纽型社会组织负责人、党政有关部门、社区居民、有关专家学者开展深入的访谈交流，以了解掌握情况。

一是实地观察法。到调研地进行实地观察。深入到各类社会组织之中，了解和感受当地自然环境、人文环境、居住环境；通过观察这些物化的现象，获得大量感观材料。

二是个人访谈法。与具有代表性的统战工作负责人及新社会阶层人士进行面对面的沟通和交流，获取多方面微观数据和信息，以及当前新型社会组织统战工作中问题出现的原因、解决意见和建议等信息。

三是集体座谈法。主要与新型社会组织相关职能部门、代表等进行座谈，了解新型社会组织统战工作的状况、其中存在的问题及成因、解决问题的影响因素和对解决问题的信心和希望等信息。

3. 调研步骤

一是调研准备阶段。（1）联系调研地点。（2）对本调研涉及的相关理论进行深入学习和了解，在具有充分的理论积累的基础上再进行实际调查。首先是关于新型社会组织的有关理论；其次是关于枢纽型社会组织概念、作用发挥、发展趋势等的相关理论。（3）与调研相关资料的收集。

二是撰写调研提纲和设计调查问卷阶段。明确调查内容和目的，科学地设计调查问卷，要注意问题之间的严密的逻辑性，同时也要考虑到被调查者回答问题的方便和真实回答的可能性，采用匿名制，并支付调查对象一定的报酬，以保证调查问卷填写的真实性，能够及时、有效地收回问卷。

三是资料整理、调研报告定稿阶段。对通过座谈、深度访谈等获得的资料进行深入分析，将每次调研的数据都进行整理分析，总结经验，寻找规律，寻求问题出现的原因，提出相应的应对策略和政策建议，最终形成总调研报告。

（三）调研地点的典型性

枢纽型社会组织在国内尚属一个新生事物，全国各地的探索模式不尽相同，现有研究关于枢纽型社会组织的案例选择也是各式各样，真正具有很强代表性的典型案例并不是很多。2014 年以来，临沂市以山东省委统战部在兰山区开展的社会组织统战工作试点为契机，在全力做好兰山区试点工作的基础上，抢先机、抓主动，将社会组织统战工作在临沂全市推开。截至目前，临沂市 12 个县区和 3 个开发区全部成立了社会组织联合会，临沂市社会组织联合会也于 2015 年底成立。作为地方政府和社会组织都非常认可的枢纽型社会组织，临沂市社会组织联合会具有较强的代表性，可以适当充实关于枢纽型社会组织的实证研究成果。因此，选择临沂市作为调研地，具有一定的典型意义。

二　临沂市社会组织联合会概述

（一）成立背景

1. 临沂市社会组织基本情况

临沂市地处鲁东南地区，地近黄海，南邻苏北。现辖 3 区 9 县和 3 个开发区，156 个乡镇（街道），3990 个行政村（居），人口 1113 万人，总面积 1.72 万平方公里，是山东省人口最多、面积最大的市。临沂市是人口大市，也是社会组织大市。根据统战部和民政部提供的数据，截至 2015 年末，全市登记在册的社会组织 4768 家，遍及全市各地，全市社会组织从业人员 22 万余人，其中党外比例达 90% 以上。社会组织从业人员总数约占全市 2015 年末常住人口的 2%，占 2014 年 6 月临沂全社会从业人员的 3.1%。

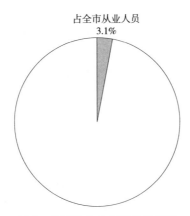

图 1　临沂市社会组织分类情况

资料来源：临沂市委统战部、民政局统计资料。

临沂市社会组织主要有以下几类。

第一，社会团体。社会团体是指公民自愿组成，为实现共同意愿，按照章程开展活动的非营利性社会组织，如学会、协会、研究会、联谊会、联合会等。截至 2015 年底，临沂市在政府部门登记的社会团体有 1929 家，其中市管 296 家，县区 1633 家。这其中，有的社团之前挂靠在政府部门党政机关，有的社团完全属于民间性质，有的专职工作人员较多，有的甚至

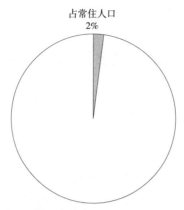

图 2　临沂市社会组织从业人员情况

资料来源：临沂市委统战部、民政局统计资料。

无专职工作人员。

第二，基金会。基金会是指利用自然人、法人或者其他组织捐赠的财产，以从事公益事业为目的的非营利性法人。临沂市在省民政厅登记的基金会有 2 家，为临沂市见义勇为基金会和山东友芳公益基金会。

第三，社会服务机构。社会服务机构是指自然人、法人或者其他组织以及公民个人主要利用非国有资产举办的为了提供社会服务设立的非营利性机构，如民办学校、民办非营利性医疗机构、文化机构、社会福利机构、科研机构等。临沂市共登记社会服务机构 1660 家，市管 354 家，县区 1306 家。

第四，中介组织。中介组织是指运用专门知识和技能，按照一定的业务规则和程序，为委托人提供中介服务的社会组织，可以分为公证性、代理性及信息技术服务性三类。据统计，临沂市有公证性中介组织 278 家，代理性中介组织 513 家，信息技术服务性中介组织 386 家。

2. 临沂市社会组织联合会成立情况

2014 年 5 月，为深入贯彻落实党的十八大提出的引导社会组织健康有序发展和十八届三中全会提出的激发社会组织活力、创新社会治理体制的改革思路，中共中央统战部、中共山东省委在临沂市开展社会组织统战工作试点。2014 年 11 月，临沂市兰山区成立了全国第一家由统战部门主管的区级社会组织联合会。2015 年，全市 12 个县区也全部成立了社会组织联合会。在县区成立社会组织联合会的基础上，临沂市于 2015 年 12 月正式成立了市级社会组织联合会。但实际上，临沂市社会组织联合会的框架早在 2014 年底就已搭建好，各个分会就已经开始组织活动，实际上是"兵马未动，粮草先行"。

临沂市社会组织联合会是由临沂市社会团体、社会服务机构、中介组织、基金会及其党外代表人士自愿结成的全市性、统战性、民间性、社会性的统一战线组织。宗旨是：高举中国特色社会主义伟大旗帜，以邓小平理论、"三个代表"重要思想和科学发展观为指导，深入学习贯彻习近平总书记系列重要讲话精神，团结引导临沂市社会组织及其代表人士积极投身于社会主义建设事业，培养和造就一支综合素质较高、参政议政能力较强、与党真诚合作的社会组织代表人士队伍，充分发挥社会组织代表人士在临沂市经济社会发展中的积极作用。业务范围包括指导、组织、协调社会组织做好统战工作，开展联谊、宣传、咨询和服务活动。

（1）学习和宣传党的路线、方针和政策，做好社会组织代表人士思想政治引导工作；反映社会组织代表人士的意见建议和利益要求，加强党和政府与社会组织代表人士的联系。

（2）组织社会组织代表人士围绕市委、市政府的中心工作建言献策，开展专题研究，为促进全市经济社会发展做贡献。

（3）举办联谊、文化交流、社会考察和社会公益等活动。

（4）向市委、市政府举荐社会组织代表人士中的优秀人才，反映情况、提出意见和建议。

临沂市社会组织联合会成立以后，充分发挥了枢纽型社会组织的身份优势，组织开展各类社会服务活动 62 次，援建希望小学 11 处，资助贫困家庭和贫困学生 1500 余名，捐建爱心厨房 22 个、爱心书屋 13 个，捐款捐物折合人民币近 4000 万元。

（二）组成情况

1. 整体组织架构

临沂市社会组织联合会的业务主管部门为临沂市委统战部。会员分为个人会员和团体会员，团体会员所代表的社会组织负责人吸收为个人会员。

临沂市社会组织联合会由主席办公会、秘书处、常务委员会、执行委员会、会员大会组成。

根据社会组织会员的构成情况，设立法律服务分会、文化教育分会、新媒体网络分会、健康保健分会、经济中介分会、社会服务分会、电子商务分会、地产服务分会八个分会。

2. 人员构成及整体特征

临沂市社会组织联合会第一届会员大会吸收会员 359 人；其中，主席 1 人、副主席 15 人、秘书长 1 人、副秘书长 5 人、常委 49 人。

目前吸收的 359 名会员代表中，从类别看，社会团体占 54%，社会服务机构占 24%，中介组织占 20%，基金会占 2%；从领域看，科技类占 8%，经济类占 16%，教育类占 12%，文艺类占 6%，卫生类占 12%，体育类占 2%，农业类占 11%，社科类占 6%，公益类占 3%，金融类占 19%，旅游类占 5%；从结构看，硕士学历占 16%，本科学历占 55%，大专及以下学历占 29%；妇女占 18%；平均年龄 43 岁；市级及以上人大代表政协会员占 10%。

各分会人数为：法律服务分会（37 人）、文化教育分会（80 人）、新媒体网络分会（19 人）、健康保健分会（58 人）、经济中介分会（35 人）、社会服务分会（80 人）、电子商务分会（24 人）、地产服务分会（24 人）。

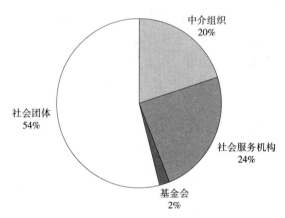

图 3 临沂市社会组织联合会类别统计

资料来源：临沂市社会组织联合会统计资料。

社会组织联合会的团体会员内部差异性较大，但就整体而言，也具有一些共同特征。

（1）聚集在社区、园区、校区。社区是大量社会组织的注册地、经营地。随着城市管理的基层单位由单位体制向社区体制转化，社区的社会职能也不断强化。社会组织的属地化管理决定了其经营、投资和生活环境无不依赖于社区。临沂市有三个开发区（经济技术开发区、高新技术产业开

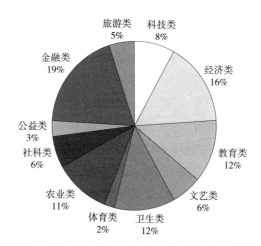

图4　临沂市社会组织联合会领域统计

资料来源：临沂市社会组织联合会统计资料。

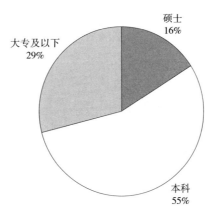

图5　临沂市社会组织联合会结构统计

资料来源：临沂市社会组织联合会统计资料。

发区、临港经济开发区），一个国家综合保税区，还有数以千计规模不一的工业园、创业园，这些区域是社会组织发展的密集地。很多社会组织依托高新科技而形成，宽松的政策环境又极大地促进了它们的发展。校区及周围大都附着各种民办学校、文化机构、社会福利机构、科研机构，是社会服务机构等社会组织的摇篮。这也说明社会组织联合会成员具有较高的知识水平。

（2）贡献巨大，发展势头强劲。其一是促进经济健康有序地发展。社会组织吸纳了大量的社会劳动力，扩大了就业门路，创造了就业岗位，缓

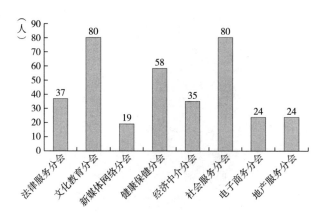

图6 临沂市社会组织联合会分会人数统计

资料来源：临沂市社会组织联合会统计资料。

解了就业和再就业压力。2015年，临沂市社会组织新增就业岗位1万余个，约占同时期全市年均新增就业人员的3.7%。其二是推动政府决策的民主化和科学化。社会组织通过开展各种社会活动，增强公众政治参与意识，指导和帮助广大人民群众以各种形式参与社会主义民主政治建设，增强他们的自立精神和社会责任感，对政府决策提出意见和建议，提高公共政策制定的科学化程度。其三是回报社会，促进社会公平正义。社会组织的重要特点就是以理念和使命为驱动，而不是以追求利益最大化为终极目的。社会组织以提供资金、技术、法律援助、信息扶持等方式，整合汇聚社会各界资源，帮助弱势群体；也通过慈善募捐、社会动员等手段服务大众。2013年，四川雅安地震发生后，仅临沂市各类中介组织就组织捐款捐物折合人民币700万余元。总体上看，临沂市社会组织目前正处于上升通道，呈现快速发展的趋势。全市每年有近8000名本科毕业生进入各类社会组织工作。其人数还将越来越多，其活动领域还将越来越宽阔，其贡献和影响力还将越来越大。这也说明社会组织在吸引和解决高端人才就业上具有一定的优势。

（3）群体队伍正在形成。临沂市社会组织人士在参与经济大市、文化大市、和谐社会、大美临沂的伟大实践中，涌现出大批代表人物。2014年6月，临沂市在浙江大学举办了第一期社会组织代表人士培训班。同时，利用"优秀中国特色社会主义建设者"评选等各类评先树优活动，选树了一批优秀年轻的社会组织代表人士，促使大批社会组织代表人士脱颖而出、健康成长。市委统战部对社会组织代表人士大多已作了合理的政治安排。

据统战部门提供的数据，全市目前社会组织代表人士担任市、县人大代表的有75人，担任市县政协委员的有162人，其中政协常委有36人。他们初步形成了临沂市社会组织代表人士队伍的雏形。

（三）基本特点

社会组织在地方经济社会运行过程中发挥了很大的作用。但是，应该关注到，一些枢纽型社会组织的崛起，正代表着社会组织群体的一种尝试，代表着社会组织发展的一种趋势：合作、共赢、互联、共生。为什么临沂市社会组织联合会能够在地方经济社会运行过程中较好地发挥作用？是因为其有以下几个特点。

1. 成员皆为行业翘楚

临沂市社会组织联合会现有359家社会组织会员，虽然无法囊括全市所有的社会组织，但也基本囊括了各行各业中的领军翘楚。以法律服务分会为例，临沂市政府法律顾问是市政府在本地区法律行业聘请的较有威望的律师，目前有5人，他们全部在临沂市社会组织联合会法律服务分会任副会长。再以文化教育分会为例，其中的各类会员，也基本将临沂市书法界、绘画界、演艺界、民办教育界的各类地方名流吸收进来。

为什么临沂市社会组织联合会能够将各行业的精英都发现并吸收进来呢？这是由于其主管部门为临沂市委统战部，统战工作主要做社会上有一定地位和影响的党外人士的工作，在发现人才这方面具有天然优势，搭建了一个科学健全的人才发现体系，源源不断地将各行业的人才吸纳过来，进行安排。

2. 创建广阔合作平台

作为临沂市规模最大的枢纽型社会组织，临沂市社会组织联合会在资金、技术、人才等方面自成体系，资源丰富，提供了广阔的交流平台。涉及的面广量大，既有社会团体，也有基金会，还有社会服务机构及市场中介机构，几乎每个行业都可以在这个组织中找到合适的项目合作点。实际上，这种运作模式类似于国外的"伞状结构"，指的是不同社会组织之间建立起一种制度化的联合管理机构。在"伞状结构"下，又会分散出不同的"议题联盟"，针对某一可以研究表达的议题，由一个或多个社会组织牵头，以多组织联名的形式开展某一活动。

临沂市社会组织联合会整体架构共分四个层级，分别是第一层级的主席办公会，下辖的常委会和执行委员会，再分别领导八个分会，这八个分会属于八个不同的行业，专业的活动由各专业分会负责开展管理和运营，但是有很多民生类大型项目，往往需要多个分会联合起来共同开展，这时候临沂市社会组织联合会作为一家枢纽型社会组织就起到了推动作用，其开放的多边合作机制大大加快了合作速度，可以吸引更多的服务商。以地产服务分会和新媒体网络分会、电子商务分会共同组织的"2015临沂地产年会"为例，依托"互联网＋"的概念，线上线下互动合作，仅仅半天时间，超过100家地产服务商就签订了双方或多方合作协议。

3. 具有浓厚的"人情味"和"获得感"

因为临沂市社会组织联合会由临沂市委统战部牵头和负责，所以临沂市社会组织联合会体现了浓厚的统战色彩。注重人情吸引，具有更多"人情味"和"获得感"是临沂市社会组织联合会的独特优势。统一战线的工作任务是联谊交友、搭建平台、反映问题、解决困难，具有很强的"人情味"。与其他主管部门不一样，统战部更注重以感情推动事业、以感情凝聚人心。社会组织代表人士和从业人员很多都分布在党外，他们在加入这个组织后，能够感觉到浓浓的"人情味"。这也就是临沂市社会组织联合会能够更加顺利地充分发挥好促进地方经济社会运行作用的关键。

通过对临沂市委统战部社会组织工作有关负责人王佰圣的访谈了解到，这些社会组织虽然在民政局登记注册，但是民政部门却只是负责组织的注册管理，没有时间和义务来做这些社会组织领头人或者代表人士的工作，而统战部正好弥补了这个不足。由统战部来开展社会组织统战工作也是一项非常有意义的尝试。

三 临沂市社会组织联合会的行业协调和社会服务作用

（一）概述

1. 对行业服务的管理

社会组织是很多个人意愿的整合，枢纽型社会组织则是很多社会组织意愿的整合，所以枢纽型社会组织是对个人的再度整合，具有更自觉、更高级的形态，是践行公共价值的带头者。临沂市社会组织联合会凝聚着各个行业社会组织和从业人员对规范的行业风气的追求，作为公推代理人对行业服务进行统筹管理。

（1）行业自治的接盘者

当前，政府简政放权、职能转移是大势所趋。但是政府放手并不代表要完全放开对社会组织的引导和服务。作为枢纽型社会组织，临沂市社会组织联合会承担起这个职责，一个最明显的表现就是承担起社会组织的孵化和培育这个重任。在社会发展的进程中，有一些符合社会发展趋势的社会组织，由于发展生态不完善等原因，在发展过程中遇到了生存困境。临沂市社会组织联合会成立了专门部门，对弱势社会组织进行孵化和培育，以促进社会组织健康发展。

（2）行业规范的引导者

一是有助于自律。加入临沂市社会组织联合会，意味着行业对该社会组织的认可，也意味着加入了一个共同遵守行业规范的组织。临沂市社会组织联合会在其文件中提到，加入其中的社会组织应该在加入之前进行财务情况公开，并在日后进行行为透明改革。

二是有助于互律。临沂市社会组织联合会为行业内共同竞争的社会组织提供了互相监督的平台。在成立之前，很多社会组织都是在私底下对同行业的竞争伙伴进行监督，而因为信息不对称，很容易发生互相误会、互相中伤的行为。在共同加入社会组织联合会后，对对方的信息了解得更多，对对方负责人的人品和行为也有了更多的了解，很多之前关系不好的竞争对手通过互律反而达成了更多的合作。

三是有助于他律。临沂市社会组织联合会定期将行业统一的标准、有关的运作信息公之于众，请公众来对行业的运行情况进行监督，以一种他律的方式，提升了本行业的透明度和公信力，加强了社会组织与公众的交流互动互信，提升了社会组织的社会认同度。

2. 对行业资源的整合

自20世纪末21世纪初以来，我国以单位为单元细胞的形态逐渐解体，社会逐渐碎片化，公共资源也逐渐碎片化。枢纽型社会组织具有强大的资源动员力，不仅包括人力、物力、财力，还包括信息、政策等。

（1）更强的政治影响力

临沂市社会组织联合会作为联合性社会组织，成立了八个行业分会。每个行业分会都囊括了该行业的龙头性和代表性社会组织。这些社会组织通过临沂市社会组织联合会，将自己的声音在更大深度和广度上凝聚起来，形成了更大的政治影响力。

（2）更强的资金筹集力

资金困难是目前很多社会组织的发展困境。但是通过参与社会组织联合会这个平台，不同的社会组织相当于跑上了四通八达的高速公路，在各个枢纽节点上都可以找到自己的资金合作伙伴。可以通过资金找项目，也可以通过项目找资金；可以通过自己所在的分会找合作伙伴，也可以跨分会来寻找合作伙伴。通过在各个节点上的相遇与合作，形成了更强的资金筹集力。

（3）更强的资源整合力

一方面，枢纽型社会组织让碎片化的社会资源得到了横向的整合，一定程度上对同领域的资源进行了二度消化和凝聚。本来能量较小的社会组织得到了更多的人力、物力支持，本来无法实现的项目得到了顺利运作，收到了积小成大、聚沙成塔的效果。

另一方面，枢纽型社会组织避免了某些情况的资源浪费。在行业内部互不了解或者拒绝合作的情况下，很多社会组织各自为战，耗费了大量的资源，每个社会组织不能集中精力做自己最擅长的工作，浪费了发展的机会成本。而枢纽型社会组织提供了这样一种可能：分工精细化，每一个社会组织都只做最擅长的事情，避免了资源的浪费。

3. 对社会服务的促进

作为枢纽型社会组织，临沂市社会组织联合会不仅在行业内部进行协调规范，更是作为社会服务的参与主体。

（1）承接政府公共服务

承接政府公共服务是社会组织的重要业务之一。但是由于种种原因，很多个体社会组织无法对综合性的政府公共服务项目进行业务承包。而临沂市社会组织联合会作为枢纽型社会组织，与政府有着良好的合作互信关系，具有较强的社会动员力和良好的社会治理经验，能够顺利承接综合性的政府公共服务项目。

（2）促进公益事业发展

改革开放以来，我国的社会组织得到较快发展，但是学术意义上的社会组织与现实生活中的社会组织还有一些差距。在概念上，社会组织应该是不以营利为目的的公益机构，但是在现实生活中，很多社会组织在促进公益事业发展方面做得还远远不够。而作为枢纽型社会组织，临沂社会组

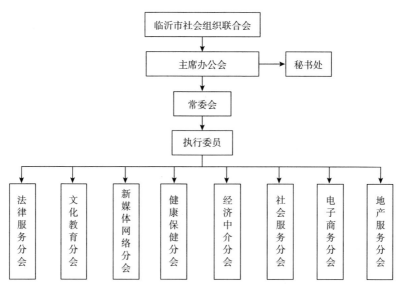

图7 临沂市社会组织联合会整体架构

资料来源：临沂市社会组织联合会工作报告。

织联合会在公益事业上开展了很多有意义有成效的活动，比如百万家庭无癌症公益计划、网络文明直通车等，为一般性社会组织树立了榜样。

（3）参与精准扶贫攻坚

扶贫攻坚是近期党委政府工作的主题。扶贫工程是一项社会化的工程，需要全社会的共同参与。临沂市社会组织联合会紧跟国家风向，在参与扶贫攻坚方面，也充分发挥自己的人才、智力、技术、资金等优势，与贫困农村合作进行扶贫开发。在扶贫事业上，枢纽型社会组织可以有效跟踪贫困村的需求，从而在自己所联系的社会组织中迅速搜索信息线索，并进行对接。

（二）行业服务管理

1. 行业自治的承接者

党的十八届三中全会审议并通过了《关于全面深化改革若干重大问题的决定》，要求"正确处理政府和社会关系，加快实施政社分开"。临沂市社会组织联合通过承担一部分管理和服务职能，帮助党委政府转变了过去以行政手段为主的刚性管理方式，逐渐脱离包办一切的全能角色，有利于促进社会组织自主发展，实现政社分开，管办分离。

这主要体现在两个方面：一是充分发挥枢纽型社会组织的身份优势，通过开展联谊交友、调查研究、专题交流等活动，了解信息，掌握情况。二是对入驻的社会组织提供资金、技术、法律、信息等方面的辅助服务，促成社会组织孵化落地、各类资源的整合对接，提高公共服务的能力。

由此，一些原本由政府负责的事务就交由临沂市社会组织联合会来承办。临沂市社会组织联合会自成立以来，累计孵化社会组织 30 余家，组织开展各类培训活动 42 期，直接培育社会组织从业人员 759 人次；为 128 家社会组织提供一对一专业咨询服务，年指导、培育社会组织从业人员近 8000 人。

表1　社会组织联合会开展培训活动情况

培训内容	培训数量（期）	参与人数（人）
业务讲座	14	204
专题研讨	10	329
团队建设	11	175
咨询服务	7	51
合　计	42	759

资料来源：临沂市社会组织联合会统计资料。

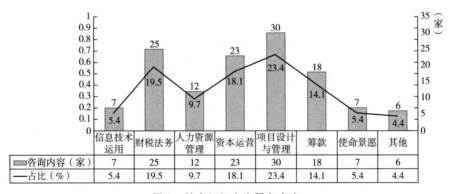

图8　社会组织咨询服务内容

资料来源：临沂市社会组织联合会统计资料。

2. 行业规范的引导者

临沂市社会组织联合会在行业规范方面做了一些探索，发挥了积极影响。比如，为了进一步加强团结协作，形成合力，在行业规范方面发挥作用，临沂市社会组织联合会 15 家副主席单位发起成立临沂市社会组织综合服务联盟，力求打造一支树立行业规范的综合服务团队。下面主要以临沂市社会组织综合服务联盟为例，分析其行业规范引导作用。

成立联盟的主要目的和任务有组织内部管理和服务质量标准以及业务拓展方面的学习、培训、研讨；组织联盟单位进行新型业务和新法律法规的学习、培训、研讨；组织采取公私合营（PPP）模式，对接政府采购等项目，提供公共服务，整合资源，打造一站式服务平台；组织参与社会治理，参与社会矛盾纠纷调处等工作；搜集、发布国内外涉及联盟单位法律、金融等方面的信息，共享给各成员单位，并提供资源支持与客户指引；鼓励、支持联盟单位跨行业协助、合办、合作具体事务，并就有关协作方式、方法及利益分配与争议解决制定指导性意见。

通过对联盟发起人杜家东的访问了解到，临沂市社会组织综合服务联盟一共吸收了53家会员单位，范围广泛，涵盖了律师、工程造价、会计师、评估师、项目管理、置业投资、文化媒体、新型互联网、便民服务中心等多个领域。通过联系服务全市各个方面的经济、社会、社会服务机构组织，形成了贯通上下、联系左右的组织网络。临沂市社会组织联合会作为综合服务联盟的创立者、指导者、管理者，便于沟通财政、税务、工商、金融等部门，能提供较权威的指导和帮助争取更多的优惠扶持政策。

其主要做法如下。

（1）指导社会组织科学规范发展

对会员单位开展了一对一的发展诊疗活动，对一些不规范的情况及时予以纠正。2016年第三季度，有46个社会组织制定了自律制度，环比增长18.9%，占会员总数的86.8%；有39个社会组织建立了重大事项报告制度，环比增长22.6%，占会员总数的73.6%；有21个社会组织建立分支管理制度，环比增长9.4%，占会员总数的39.6%；设立专职财务人员的社会组织有46个，环比增长15%，占会员总数的86.8%。

表2　临沂市社会组织综合服务联盟成员制度建立情况

单位：个,%

制度类别	数　量	占　比	环比增长
自律制度	46	86.8	18.9
重大事项报告制度	39	73.6	22.6
分支管理制度	21	39.6	9.4
设立专职财务人员	46	86.8	15

资料来源：临沂市社会组织联合会统计资料。

由此，各个行业的社会组织纷纷效仿，更加重视自身建设，组织运行更加规范。社会组织的规章制度、组织形态、运行机制得到了很大的提升。

（2）整顿解决行业纠纷

对会员单位之间日常交往中产生的矛盾纠纷，进行中间调停，促进了行业和谐。整顿内部机制不健全社会组织11个，占会员总数的20.8%；整顿强制企业入会的社会组织3个，占社会组织总数的5.7%；整顿巧立名目骗取扶持资金的社会组织2个，占社会组织总数的3.8%。另外，协调行业内外纠纷151次，如农产品行业补贴申诉、食品加工行业的职工社会保障等，体现了社会组织综合服务联盟在各行各业的社会组织间的监督和管理能力。

表3　临沂市社会组织综合服务联盟整顿情况

单位：个,%

	数　量	占　比
内部机制不健全	11	20.8
强制企业入会	3	5.7
巧立名目骗取扶持资金	2	3.8

资料来源：临沂市社会组织联合会统计资料。

（三）整合行业资源

1. 更强的政治影响力

当社会组织联合起来，实现抱团发展的时候，便会形成更强的影响力，引起党委和政府的注意和关注。这是单个社会组织所无法企及的巨大能量。比如，临沂市社会组织联合会社会服务分会筹办的临沂市12343民生服务中心项目，以"政府主导、社会参与、市场运作"为指导方针，利用物联网技术，打造集政府公共服务、企业管理服务于一体的民生综合服务平台，为广大市民提供贴心、优质、全面的一站式家庭生活服务，在社会上引起了极大的影响，自下而上地得到了政府部门的关注和支持。

该项目筹建于2014年8月，2015年8月正式建成，总建筑面积1500余平方米，项目一期投资1200余万元，建有民生服务大厅、12343信息平台、生活淘宝网上商城、综合培训中心，主要为家政服务企业和广大市民提供家政、月嫂、保姆、保洁、居家养老、居家配送、代购代订、代驾、做菜到家、房屋租售等20多个行业41个大类256项民生服务的信息对接，开创了新形势下民生服务的新模式。在得到政府部门的关注和支持后，民生服务中心的规模也越做越大，采用承接政府购买公共服务的形式，中心提供便民服务，政府给予财政补贴。

截至目前，中心共吸纳线上线下入驻企业和社会组织共计96家，初步安置就业720余人，接听市民服务热线1200余个，实现供需对接1000余人次，回访满意率达93%，累计培训各类人员600余人，考试合格率达到98%，就业安置率约96%，帮扶百余名无业人员成功实现创业，为临沂市就业创业工作起到了积极的推动作用。

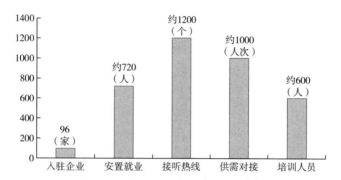

图9　市12343民生服务中心项目业务情况

资料来源：临沂市社会组织联合会统计资料。

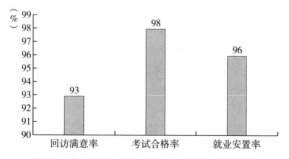

图10　市12343民生服务中心项目成果情况

资料来源：临沂市社会组织联合会统计资料。

在此期间，临沂市社会组织联合会是如何让民生服务中心项目形成更强的政治影响力，从而获得政府更多支持的呢？

主要是实现了基层社会组织力量的整合。12343民生服务中心是由临沂市社会组织联合会社会服务分会发起，聚集了民生服务方面的各大社会组织。这种自下而上式的运作模式，达到了"集腋成裘""聚沙成塔"的效果。党委和政府在关注到12343民生服务中心的力量后，又通过多种方式对其进行帮助指导：通过口头方式提供意见给社会组织联合会；参加社会组织联合会召开的研讨会；走访相关单位，提出建议；以书面形式向社会组织联合会提供有关政策意见；通过新闻媒体进行宣传。

通过之间的互相沟通交流，加深了双方的互相认识，实现了社会组织联合会和12343民生服务中心政治影响力的螺旋上升。

2. 更强的资金筹集力

在临沂市社会组织联合会运作的各类项目中，"百万家庭无癌症"公益计划在资金筹集方面最具有代表性，体现了较强的筹集力。

"百万家庭无癌症"公益计划由临沂市社会组织联合会健康保健分会联合山东卫康医院、山东保生堂医院等民营医院共同发起。

"百万家庭无癌症"公益计划意即建立100个体检中心，配备100辆健康体检车，打造1000个居家养老服务中心，让100万个家庭远离癌症。"百万家庭无癌症"公益计划联合了我国清华大学抗肿瘤蛋白质药物国家工程实验室、中科院云计算中心的多名国家千人计划专家，利用肿瘤标志物分子突变DNA检测技术、云数据计算分析技术，向在临沂乃至全国的百万个家庭，免费提供癌症的前期筛选体检、调整干预、数据分析等。

"百万家庭无癌症"公益计划启动后，由各民营医院在全市各社区、乡镇全面布点，配备免费体检中心、采集中心以及健康体检车；流动体检车采集中心收集市民的检测样本，体检中心进行科学分析检测，通过云计算、云技术到达市民手机App，建立了健康档案。

表4 2015年9月至2016年8月"百万家庭无癌症"公益计划项目收支一览

单位：元,%

科　目	金　额	百分比
收入来源		
1. 捐赠收入	617874.3	78.6
社会捐助	180914.7	
各民营医院	436969.6	

续表

科　目	金　额	百分比
2. 政府补助	102128.4	13.0
3. 利息收入	18068.9	2.3
4. 投资收益	46350.6	5.9
5. 其他收入	1181.2	0.2
收入合计	785603.4	100
支出费用		
1. 业务目的专案	495715.7	63.1
建立体检中心	127630.7	
配备健康体检车	141170.2	
打造居家养老服务中心	226914.8	
2. 专案经费	194044.0	24.7
3. 行政管理费用	69918.7	8.9
4. 其他费用	55925.0	3.3
费用合计	785603.4	100

资料来源：临沂市社会组织联合会统计资料。

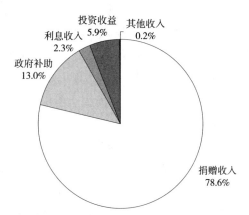

图 11　2015 年 9 月至 2016 年 8 月"百万家庭无癌症"
公益计划项目收入情况

资料来源：临沂市社会组织联合会统计资料。

"百万家庭无癌症"公益计划成立之初是依靠外生资金发展壮大，传统的捐助模式是主要的获资渠道。由表 4 可知，捐赠收入占比高达78.6%。据统计，参与的民营医院有 60 多家。由于各路资金对临沂市社会组织联合会的信任和对该项目前景的看好，促成了更多的资金涌入。此外，用于专案的费用占到 87.8%，行政管理费用每月不足 6000 元，说明公益资金利用率高，这也从侧面体现了高效、节约与公益的特性，更可以持续吸引更多的捐助资金进入。

3. 更强的资源共享力

资源在企业和社会组织发展的进程中十分重要，包括人脉资源、资金资源、社会资源等。尤其是资金资源已经成为现代企业和社会组织发展的重中之重。

在融资服务方面，社会组织联合会经济中介分会利用资产评估、资信验证、法律鉴证等专业化和职业化优势，与财政、金融、银行建立了社会组织融资管理服务中心，争取授信额度 8 亿元，目前已为会员单位、中小企业解决信贷资金、过桥资金 2.6 亿元。

融资管理服务中心依托社会组织联合会会员单位多、服务主体稳定的综合优势，业务区域为全市所有县区，服务对象业务范围除信贷外，还增加了投融资管理登记、票据业务、资产管理、外汇经营、离岸人民币和供应链金融、财务顾问等。服务中心内部组织结构按《公司法》的有关规定设置，内设股东会、董事会、监事会。股东会由全体股东组成，董事会由部分股东和相关人员组成，董事长由最大出资人担任，监事长由市社会组织联合会委派，信贷审查委员会、风险管理委员会由董事会拟定，实行严格的法人治理结构，自主经营，自担风险，自负盈亏，实行董事会领导下的总经理负责制。内部设有信贷审查委员会、风险管理委员会、综合部、核算部和业务部，人员 15 人。

融资服务中心的目的是为会员单位及其所联系服务的企业打造一站式的融资服务，实现业务对接，资源共享。主要服务手段是依托会员网络，筛选符合国家产业政策、发展前景好、市场潜力大的需求客户，培植优质客户群体；广泛联系银行，积极搞好合作，同时，积极与其他贷款公司和融资公司搞好横向联合，实行客户资源和资金资源共享，支持优质客户做大做强。

通过对社会组织融资管理服务中心主任马兴涛和副主任孙旭辉的访谈了解到，该融资服务中心在融资服务方面的作用主要体现在以下几个方面。

一是减少中间环节。设立这样的融资服务机构，不仅可以更加直接地为成员提供发展所需用的资金，减少诸多中间环节和不利因素，有利于资金供需双方"点供"服务，而且有利于社会组织联合会会员资产评估、资信验证、法律鉴证等专业化"一条龙"综合信誉体系，易于操作，风险相对较小。

二是网络覆盖齐全。临沂市社会组织联合会经济中介分会有35名理事会员，2000余名专业人士，联系服务全市各个方面的经济、社会、社会服务机构组织，形成了一个整体稳定的社会网络，服务群体稳定，特别是在便捷资产评估、资信验证、法律鉴定等方面的功能非常齐全。

三是利于规避风险。虽然目前临沂市已经设立了较多的小额贷款公司和民间融资公司，但存在许多诚信方面的问题，风险防控难度比较大，成本比较高。同时，还存在着部分公司定价过高、利率混乱、评估造假等问题。设立社会组织融资管理服务中心可以更加方便地规避风险，解决社会组织会员及所服务的对象的短期急需资金、银行过桥资金以及一些收益较高项目的应急性资金。

由于以上三个方面的优势，该融资服务中心的资源整合力也逐渐扩大。

（四）促进社会服务

1. 承接政府公共服务

"智慧城市"是未来智能社会发展的必然趋势和方向。但是由于"智慧城市"系统建设需要耗费大量的物力财力，很多政府都采用了PPP方式推动"智慧城市"建设。"智慧临沂"电子政务公共服务平台是由临沂市社会组织联合会整合新媒体网络各方面精英打造的政府购买公共服务成功案例。

为了使临沂市政务服务工作更加方便快捷，采用了政府购买社会服务的形式，临沂市社会组织联合会新媒体网络分会的多家社会组织联合打造了一款更实惠、更便捷的办事服务平台——"智慧临沂"电子政务公共平台，突出"智慧"，依托电子网络覆盖面广、影响力大、信息丰富、传播速度快的优势，汇集政府各职能部门办事要求、工作流程、材料准备等内容，形成大数据，做成了网页版和手机App版本，市民只需在家轻点鼠标或者轻触手机屏幕，一键便知前往办事所经环节和所需准备的各项内容，甚至可以与窗口单位工作人员在网上便捷地沟通交流；还可以对所办事项流程进行预演，程序一目了然，极大地方便了办事群众。

"智慧政务"所涉及的四大领域是：智能办公、智能监管、智能服务、智能决策。"智慧政务"主要实现了经济调节、市场监管、社会管理、公共服务的数字化、网络化、智能化、精细化。"智慧政务"的主要特征有：透彻感知、快速反应、主动服务、科学决策。典型应用场景有 G2G、G2B、G2C、G2E 四种。"智慧政务"实现了政府政务的四大模式突破：O2O（Online to Offline）模式，意即线上预约，线下服务；LBS（Location Based Service）模式，意即基于地理位置的服务；移动支付模式，涉及公共缴费、税费、医疗、教育等多个方面；SNS 模式，实现社交化，打造即时通信平台、公共账号平台。

图 12　"智慧临沂"网上政务大厅

资料来源：临沂市社会组织联合会工作报告。

图 13　"智慧临沂"政务电子政府网公共服务平台网页

资料来源：临沂市社会组织联合会工作报告。

"智慧临沂"电子政务公共服务平台的建立，标志着临沂驶入智慧城市的快车道。其作用如下所述。

一是通过数字化、智能化嵌入服务领域，百姓不再"跑断腿，找不到门"。电子政务公共平台服务页面简洁，查询问题十分方便，给群众办事节省了很多时间，以前群众申办证件或者一些证明，往往并不清楚需要带哪些材料，大多数群众都会少带一两份材料，不得不反复多跑一趟，有了电子政府公共服务平台，通过平台就可以咨询清楚需要携带的材料，一次就能办妥所有事情。而且公共服务平台还有手机移动客户端，方便随时查询，就算是老年人，使用起来也十分方便。"智慧临沂"电子政务公共服务平台将以便民、利民的运作模式切入老百姓的生活，真正让百姓享受到智能、便捷、高效的城市生活。

二是强强联手，提升社会组织的整体影响力。"智慧临沂"电子政务公共服务平台成立是由临沂在线和社会组织联合会共同合作创立的，技术服务完全由临沂在线提供，临沂市社会组织联合会则牵线各行业的相关组织共同参与了该项目。"与其花费大量的精力和金钱去开辟不熟悉的业务，不如和社会组织联合会的行业伙伴一起合作。"临沂在线董事长戴新说道。通过细分市场，每个组织都选择最擅长的目标领域，可以集中人、财、物及资源，在开展业务合作的同时也更容易达成共识。临沂在线和社会组织联合会的同行业的伙伴合作，产生了行业间强强联手的品牌效应，利用组建的联网大平台搭建社会组织开展交流、展示的平台，集思广益，凝聚形成合力，提升社会组织的整体影响力。

2. 促进公益事业发展

公益事业也是社会组织联合会积极参与的领域之一。网络文明直通车项目由临沂市社会组织联合会新媒体网络分会发起。该项目旨在深入贯彻落实临沂市蝉联"全国文明城市"的目标要求，以提升文明素养、争做文明使者为主题，以宣传自觉遵守网络文明、倡导推行文明上网为重点，以提高临沂市居民尤其是青少年在网络环境中文明素质和减少不文明现象为目标，准确把握青少年网络舆情动态，引导青少年正确看待网络世界，倡导青少年文明上网、文明发声。临沂市社会组织联合会通过这个项目，组织全市社会组织中的网络文明志愿者走进社区，在广大网民中传播文明、引领风尚。同时充分利用社会各方面的资源和力量，共同构建积极、健康、文明的网络环境，逐步形成多领域、全覆盖、深层次的"文明上网"

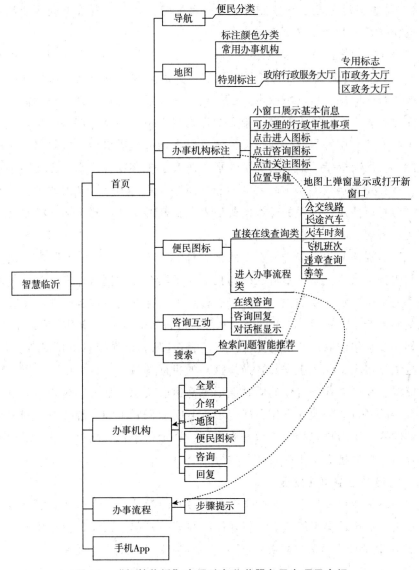

图14　"智慧临沂"电子政务公共服务平台项目介绍

资料来源：临沂市社会组织联合会工作报告。

服务体系。

网络文明直通车服务分别由大众网、临沂在线等网络媒体单位组成，由社会组织各家会员单位募集资金30余万元购买全顺汽车一辆，作为网络文明直通车。该项工作着眼点在于"文明"，着力点在于"传播"。发动网络文明志愿者积极参与协会组织发起的文明上网活动，收集整理相关情况、先进事迹材料，定期在网络上编发相关文字、图片及音视频材料进行长态宣传推广，使文明上网深入人心。

新媒体网络分会还组织社区居民、青少年学习宣传全国互联网协会制定的《文明上网自律公约》和团中央、教育部及中国青少年网络协会发布的《全国青少年网络文明公约》，进行网络法规教育，增强网络道德意识，阐明文明上网的必要性和不文明上网的表现及危害。引导市民自觉抵制网络庸俗、低俗、媚俗之风，不轻信、不传播虚伪和有害信息，不浏览不良信息，不使用侮辱、贬低他人的语言，不扰乱网络秩序。分会还举办了"文明上网，从我做起"专题讲座，通过邀请专家对有关网络法律法规及网络道德规范进行解读，通过观看视频对全国某些典型案例进行分析"网毒"的危害和中毒的根源；结合社区、学校、企业等单位实际情况，宣传科学理论，普及网络文明礼仪基本知识，深化网络道德法制教育，引导大家树立正确网络观，绿色上网，熟悉网络安全通道，提高识别有害信息能力，增强自我约束能力。

根据对东苗庄社区党委书记段友清的访谈了解到，社区也建有文明上网电子阅览室，很多孩子来上网，但是现在网上的信息十分繁杂，存在很多不良信息。不少孩子家长来找过社区，说电子阅览室本来是个好事，给大家提供方便，可很多孩子只来玩游戏，有时候社区工作者很难顾得上去管。可是网络文明直通车活动开展以后，志愿者几乎每个月都要到社区来做一次公众讲座，讲一些文明上网的知识，讲得幽默风趣，孩子也愿意听，养成了良好的上网习惯。解决了社区的一个"老大难"问题。

3. 参与精准扶贫攻坚

当前，国家大力提倡"大众创业、万众创新"，鼓励和支持电子商务的发展。电子商务是存在巨大潜能的朝阳行业，是经济社会发展的重要引擎。在移动终端、大数据、云计算等不断发展的背景下，"互联网＋传统行业"的创新发展模式已成为影响甚至改造行业业态的强劲动力及必要路径选择。

临沂市社会组织联合会电子商务分会针对失业、创业人员联合园区优秀企业共同发起"互联网＋千村万户创业帮扶活动"。帮扶行动设计了全面丰富的活动内容。

对种植、养殖户给予1000元的启动资金帮扶；专家（育种专家、养殖专家、防疫专家、环保专家、毛皮鉴定专家）全程帮扶；产、供、销市场全程帮扶（组织农业企业、饲料生产商、采购商集中定点采购）；争取产业政策帮扶及其他金融产品资金帮扶，给农民提供产、供、销一体化服务；凡有意愿外出投资创业者，在临沂市部分大型农业市场投资经营，均可赠送 6 ~ 10 个月的金铺免租支持。

对愿意从事电商创业的农民，还全程免费提供电子商务理论培训、电商实操培训、行业产品技能培训，并由市场商协会提供担保 2000 万元货品流资，支持创业。以营销策略、品牌管理、市场规划、渠道建设、客户销售技巧、促销管理、营销推广为主要培训课题的市场营销专业课程，具有专业的课程设计以及成功经验和企业背景的案例分享，能够帮助创业者有效规避法律风险。

培训学习流程主要有：实行从县（区）到乡镇再到村的三级招生方式，每两个村结为创业联盟村。由市社会组织联合会统一启动，择期召开创业帮扶启动会。每村初步启动名额 25 人。采用到各县区合作培训和组织重点帮扶对象到社会组织联合会培训教室培训学习的方式。

通过对山东革优网董事长、"互联网 +"千村万户创业帮扶工程主要参与者王慧的访谈了解到，电子商务分会结合自身优势，响应国家"互联网 +""大众创业、万众创新"的号召，开展了千村万户创业帮扶工程。现在已经在多个县区开展了此活动，一共有 8 家社会组织共同参与进来，有的提供电子商务培训，有的提供农业技术指导，有的提供场地，有的提供餐饮，都各尽其能、各显神通。

表5　2015 年 9 月至 2016 年 8 月"互联网 +千村万户创业帮扶活动"收入情况

单位：元,%

科　目	金　额	百分比
收入来源		
1. 捐赠收入	161553.7	22.3
2. 政府补助	79690.2	11.0
3. 分会筹资	437571.4	60.4
4. 投资收益	40569.5	5.6
5. 其他收入	5071.2	0.7
收入合计	724456	100

资料来源：临沂市社会组织联合会统计资料。

表6 2015 年 9 月至 2016 年 8 月"互联网 + 千村万户创业帮扶活动"支出情况

单位：元,%

科　目	金　额	百分比
支出费用		
1. 业务活动成本	568273.5	88.5
农业养殖项目	232400.0	
电商创业项目	213546.8	
课程培训项目	122326.7	
2. 筹资费用	26326.7	4.1
3. 管理费用	37242.8	5.8
4. 其他费用	10273.9	1.6
费用合计	642116.9	100

资料来源：临沂市社会组织联合会统计资料。

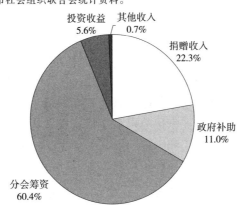

图 15　2015 年 9 月至 2016 年 8 月
"互联网 + 千村万户创业帮扶活动"收入情况

资料来源：临沂市社会组织联合会统计资料。

通过帮扶活动一年内的收支报表，可以对活动情况进行分析。在 2015 年 9 月至 2016 年 8 月"互联网 + 千村万户创业帮扶活动"分会筹资金额为 437571.4 元人民币，约占全年度收入总额的 60.4%，捐赠收入作为第二资金来源途径，比重为 22.3%。根据收入所占比重由大到小排序依次为：分会筹资、捐赠收入、政府补助、投资收益和其他收入。由表 6 和图 16 可知，资金支出主要用于业务活动的成本，项目的费用占主要份额，主要包括农业养殖项目、电商创业项目、课程培训项目，资金并没有将收入用于营利活动以及偏离扶贫以外范畴。由此说明，"互联网 + 千村万户创

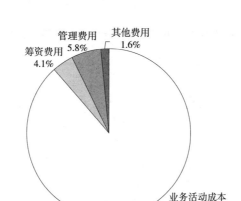

图 16　2015 年 9 月至 2016 年 8 月
"互联网 + 千村万户创业帮扶活动"支出情况

资料来源：临沂市社会组织联合会统计资料。

业帮扶活动"以创业纽带，整合大量剩余资产，全身心地致力于扶贫事业。

在扶贫活动中，临沂市社会组织联合会是如何做的呢？

一是以社会组织联合会为枢纽，整合全市资源。积极引进电商、金融、房地产、新媒体等资源。此次扶贫活动的发起，电商分会充分发挥行业领头的作用，联合全市多家优秀电商企业，打造失业、创业信息资源中心，联动社会各行业各阶层的力量，服务于扶贫事业的发展。

二是以"互联网 +"为平台，搭建扶贫项目信息枢纽平台。搭建"互联网 + 千村万户创业帮扶活动"的信息化管理平台，对帮扶对象分类、集合管理；运用新闻媒体作专题报道，通过网站、微信公众号推送等多种途径进行项目介绍，建立集查询、创业资源信息寻找于一体的服务系统。同时开拓活动项目服务资讯平台，实现资源—项目—帮扶对象的精准对接，使扶贫资金来源和去向透明化、公开化，提高扶贫工作的效率和效益。

（五）发挥作用过程中存在的问题

1. 政社未完全分开的问题

关于枢纽型社会组织的认定，目前仍是由政府部门主导。这就决定了所认定的社会组织极有可能是政府官方指定的领域性统领组织，而社会组织自愿结合的色彩就要淡一些。当然，这方面的问题在临沂市社会组织联合会中体现得并不是很突出，临沂市社会组织联合会的自治色彩还是较为浓厚，但是仍存在着政社未完全分开的问题。

比如，临沂市社会组织联合会由市委统战部主管，主席目前暂由市委统战部分管副部长兼任。社会组织联合会的身份其实类似于具有中国特色的"人民团体"，官办组织的传统形象即是党委和政府的权力下属部门，多多少少会在权力的支配过程中，存在着政社互相影响的问题。

通过对山东省社会组织联合会副会长、临沂市社会组织联合会副主席冯凯的访谈了解到，这项工作是上级统战部门在临沂进行的一个试点。众所周知，工商联是统战部的下属单位，主要开展经济组织代表人士的工作，帮助他们解决困难、联谊交友、加强党建、服务社会。社会组织联合会是探索类比工商联的做法，由统战部门牵头，在社会组织层面上也成立组织，做社会组织的统战工作。一个叫工商联，一个叫社组联；一个负责经济组织，一个负责社会组织。临沂的试点工作，目前也已经走在全国的前列。关于社组联的身份界定，临沂市也还在探讨阶段，目前的定位是代表社会组织发声、为社会组织解决困难的统一战线性质的组织。

2. 资源分配不均的隐忧

虽然，社会组织联合会等枢纽型社会组织会从政府层面上促进对社会组织的分门别类的统一管理，促进抱团发展，但是不可避免地，枢纽型社会组织也有可能为"托拉斯"式的垄断提供发展空间，一些大型的社会组织联合起来，对其他小型的社会组织的生存空间造成挤压。

最初由社会组织联合会15家副主席单位发起成立的社会组织综合服务联盟，曾有发起人建议，其准入条件应该追求行业唯一，一旦临沂地区本行业有一家社会组织加入，则联盟不再吸收该行业其他社会组织。后来，在统战部及相关政府部门的教育引导下，才没有设置准入壁垒。所以，资源分配不均的风险依然存在，如果任其自由决定，则亦有可能成为行业的"托拉斯"，不利于社会组织及相关行业的健康发展。

通过对临沂市社会组织联合会副秘书长主父文翔的访谈了解到，社会组织联合会目前的确是在资源配置或在政策扶持上，对小型社会组织的生存存在着一定程度的挤压。但是从长远来看，社会组织联合会所追求的是像普惠金融一样，尽量照顾到任何一家有需求的社会组织。他们在力求做一个开放性的平台，就像成立一个剧组，不同的社会组织就像是演员，不管是明星还是群演，都可以从中有所收获。社会组织联合会将会尽可能地避免一些垄断式的问题，给更多新成立的社会组织、小型的社会组织更多的成长空间。这也将是他们下一步需要着重考虑的问题。

3. 对未注册社会组织的关注度不够

此外，临沂市社会组织联合会所吸收的，都是在民政、工商等部门进行正式注册登记的社会组织，一些没有注册的"草根"社会组织并不在会员之列。即使是对小型社会组织的孵化，也要求必须是在民政部门注册登记过的。未注册的草根社会组织，一方面会给社会发展带来不安定因素；另一方面也找不到归属感，得不到发展支持。

通过对临沂市社会组织联合会副主席王玉军的访谈了解到，目前社会组织联合会要求正式注册的社会组织加入进来，对一些没有注册的、没有正式牌照的社会组织暂时还没有纳入。社会组织联合会也在探索更宽容的方式，比如对一些表现突出的未注册的社会组织，适当地放宽条件，先加入组织进行孵化培育，社会组织联合会对一些没有注册的社会组织进行指导、帮助，等它们正式登记了再把手续补上。

四　结论和政策建议

（一）总体评价

1. 临沂市社会组织联合会与其他地区的枢纽型社会组织的不同之处

临沂市社会组织联合会与其他地区的枢纽型社会组织的不同之处有以下几个方面。

一是在身份定位上，主要作为社会组织的"联盟"，而不主要是党委和政府的"工作手臂"。在北京、上海等地认定的枢纽型社会组织中，有很大比例的枢纽型社会组织是为了方便政府工作而推开的。而临沂市社会组织联合会工作的出发点则是促进"两个健康"——促进社会组织健康发展、促进社会组织代表人士健康发展。

二是在治理模式上，主要由参与的社会组织自我治理，政府辅助引导。形成了较为完备的自我治理体系，从主席办公会到常委会再到执委会，全部由社会组织从业人员自我管理，市委统战部仅在政策方向性问题上予以指导和帮助。这种带有统战色彩的治理模式，也给参与其中的社会组织带来很多的"人情味"和"获得感"。

三是在项目运作上，将国外的先进经验"伞状结构"和"议题联盟"模式结合起来，整体架构采用"伞状结构"，在具体项目上采用"议题联盟"模式，有效地整合了行业资源，又最大限度地调动了整体的积极性，增强了凝聚力，还有效地避免了官僚性，避免了体制的僵化。

2. 值得探索的新模式

总体来说，临沂市社会组织联合会是枢纽型社会组织的一个成功案例。其成功之处在于并未墨守成规，突破了"人民团体"的传统观念限制，"放下身段"，积极主动接地气，为促进社会组织健康发展和社会组织代表人士健康发展做出了积极的贡献，为促进地方经济社会运行发挥了重要的作用。

（二）政策建议

1. 借鉴国外"伞状联盟"模式

在国际上，社会组织可以基本上通过三种方式进行联合联盟：第一种是"议题联盟"，由一个或多个社会组织针对一个议题发起倡议，具有合作意向的社会组织共同参与；第二种是"网络结构"，这种联合具有长期的合作伙伴关系，但是也没有形成稳定的制度化的组织；第三种是"伞状联盟"，这种联合是建立制度化的联合管理机构，设立了联合理事会，是关系最强的联合模式，其目的是"方便协调和化解梗阻、加强服务和弱化管控、维护平等和消除特权"。

根据我国的实际情况，可以借鉴这种模式，采用"伞状结构"和"议题联盟"结合的方式，在联合理事会下设专门委员会，负责加强各个社会组织之间的联系，同时又可以根据实际情况，由会员们根据议题自由组合，推动项目的创新和发展。

2. 进一步去行政化

简政放权、去行政化是大势所趋。发展枢纽型社会组织，就像在一个班级中选出了"班委"，利用"班级自治"的方式，既减轻了"班主任"（政府）的负担，也减轻了"同学们"（一般性社会组织）的负担，打开了工作局面。这一部分"班委"，利用自身拥有的智慧、人脉、信息、资金等优势，建立了资源共享平台，既推动了经济社会的发展，又促进了自身及其他会员的业务开展，可谓是"一石激起千层浪，两指弹出万般音"。

3. 适当关注未注册社会组织的发展

未注册社会组织的发展始终是一个较难推动的问题。一方面，已经成立起来的未注册社会组织的发展举步维艰；另一方面，还有大量的未注册社会组织散落在社会的各个角落，尚未被政府发现。

社会组织联合会作为一个枢纽型社会组织，在这方面应该投入适当的精力。或许，可探索将一些表现较为突出的、影响较大的未注册社会组织纳入社会组织联合会的统筹范围，对其进行引导、培训，同时及时向民政、工商等部门报备情况，等到条件成熟再帮助这些未注册的社会组织进行正式注册、发挥作用。

老年人社会养老服务需求与政策研究

王　桥*

一　研究背景

截至 2015 年底，全国 60 岁及以上老年人口 22200 万人，占总人口的 16.1%，其中 65 岁及以上人口 14386 万人，占总人口的 10.5%[1]（见表 1）。我国人口老龄化同时伴随高龄化、失能化、空巢化、少子化等问题，目前失能、半失能、独居和空巢老年人的数量持续增长，照料和护理问题也日益突出。数据显示，城市老年"空巢"家庭率已达 70%，失能、半失能老年人突破 4023 万人，占老年人口总数的 19.5%。老年群体在日常生活照料、精神慰藉、心理支持、康复护理、紧急救助、临终关怀等方面需求日益增长，进一步加剧了养老问题的紧迫性、严峻性和复杂性。

表 1　中国 60 岁以上人口数量及占全国总人口比重

单位：万人，%

指　标	2008 年	2009 年	2010 年	2011 年	2012 年	2013 年	2014 年	2015 年
60 岁以上人口	15989	16714	17765	18499	19390	20243	21242	22200
比重	12	12.5	13.26	13.7	14.3	14.9	15.5	16.1

资料来源：民政部：《2015 年社会服务发展统计公报》，民政部门户网站，2016 年 7 月 11 日，http：//www.mca.gov.cn/article/zngk/mzyw/201607/2016070000//36.shtml。

与城镇相比，农村人口老龄化问题更加严重。近 70% 的人口生活在农村地区，截至 2010 年，农村 60 岁及以上的人口超过 1 亿人，占全国老年人口总数的 55.92%。与经济发展不同步，我国人口老龄化呈现城乡倒置。

---

*　王桥，中国社会科学院人口与劳动经济研究社，副研究员。

[1]　民政部：《2015 年社会服务发展统计公报》，民政部门户网站，2016 年 7 月 11 日，http：//www.mca.gov.cn/article/zngk/mzyw/201607/2016070000//36.shtml。

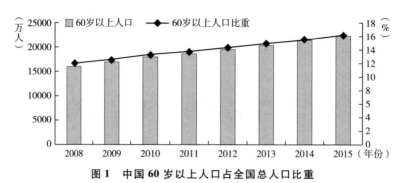

图1 中国60岁以上人口占全国总人口比重

资料来源：民政部：《2015年社会服务发展统计公报》，民政部门户网站，2016年7月1日，http://www.mca.gov.cn/article/zwgk/mzyw/201607/20160700001136.shtml。

发达国家人口老龄化的历程表明，城市人口老龄化水平一般高于农村，而中国的情况则不同。目前，农村的老龄化水平高于城镇1.24个百分点，这种城乡倒置的状况将一直持续到2040年。随着农村家庭小型化发展和农村"空巢"老人的增多，传统家庭养老功能日渐弱化，农村老人照顾问题日益突出。发展农村养老服务，解决好农村老人养老问题，对于实现社会稳定与发展具有十分重要的意义。现阶段，养老服务的发展在我国农村地区处于起始阶段，存在许多问题，如何有效促进农村养老服务发展成为学者关注的重点课题，探讨农村居民的养老问题具有十分重要的意义。

第六次全国人口普查数据显示，农村地区有3.32%的60岁及以上老人生活完全不能自理，16.94%的能够自理老人存在健康问题。目前，我国农村主要存在家庭养老、社区养老和机构养老三种养老模式。绝大多数农村老人仍选择传统的家庭养老模式，然而随着社会经济的发展，农村家庭养老功能逐渐弱化，单纯依靠传统的家庭养老模式已经无法满足农村老人的养老需求。国家统计局数据显示，随着城镇化加快，大量农村年轻劳动力向城镇转移，农村"空巢老人"现象日益严重，农村劳动力转移人数以每年1000万左右的人数增长，并且其增长速度仍在不断加快，2013年第3季度农村外出务工劳动力已达到17392万人（国家统计局，2013），子女外出务工对"空巢"家庭养老的诸多方面产生了显著影响（罗芳、彭代彦，2007），大量农村老人留守农村，得不到家人的关心和照顾，其养老状况令人担忧。此外，受计划生育政策等因素的影响，农村家庭结构悄然发生变化，逐步向小型化、核心化方向发展，也都成为导致农村家庭养老功能逐步弱化的重要因素。第六次全国人口普查数据显示，我国农村地区的老年抚养比为 22.75%，预计到 2030 年，农村地区的老年抚养比将超过少年抚养比，达到 34%，并将持续数十年（张恺梯，2008）。显然，单纯依靠家庭养老的农村养老模式亟待改变。

本文基于目前我国人口老龄化以及养老服务体系不健全的背景，以郫县养老机构、社区老年服务业为样本问卷调查①，对此区域入住养老机构的老年人以及同一社区居家养老的老年人的生活现状开展了抽样调查。经过调查发现当前国家职能部门实施养老服务政策在供需指导方面需要弹性调节，需要重塑政策支持体系；当前亟待打破部门分割、政策分割的格局，代之以统筹规划布局、精准支持的完整政策体系，突出居家养老的主体地位；行业标准化管理；养老护理员、护工老龄化断层；养老护理员、护工"用工荒"；养老护理员、护工待遇低；养老护理员、护工护理专业水平极低等仍然是重点问题，亟待解决。"十三五"将是留给我们应对老龄化挑战的最为宝贵的时机，国家应当以更高程度的重视、更大的投入、更合理的政策设计来促进养老服务业大发展。

二 文献综述

1. 概念界定

长期照护（Long Term Care，LTC），是指一段持续的时间内由非正式照顾者（家庭成员、朋友、邻居、志愿者等）或专业人员（护士、康复师、心理师等），为缺乏自理能力的人群提供一系列康复护理、生活照料和社会服务，以满足其享有最高可能的生活质量和最大可能的独立、自主、参与和个人自尊，由政府来投入资金和进行管理，由机构、社区和家庭等多元化服务主体运作的社会服务制度。

长期照护具有六个特征：第一，缺乏自理能力的人群应当既包括完全失能的人，也包括部分失能的人，既包括老人，也包括年轻人；第二，长期照护的目的是提高生活质量和保持独立、自尊，而不是治疗疾病和提供医疗服务；第三，需要长期照护的群体通常患有短期内难以治愈的各种疾病，长期处于失能和半失能状态；第四，照护服务的提供者是多元的，可以是非正式

---

① 中国社会科学院所级国情调研项目"我国养老服务体系与政策研究——四川省成都市郫县调研"，自 2015 年 5 月至 2016 年 12 月。

的家庭成员、朋友、邻居，也可以是专业的护士、康复师以及专业的服务机构人员；第五，长期照护服务的内容是个人照料、健康护理和社会服务；第六，长期照护服务体系应当以居家养老为基础、社区养老为依托、机构养老为支撑，并充分发展机构养老、社区养老、居家养老的优势。

失能等级划分，以自理能力为指标，"缺乏自理能力"划分为失能和半失能。按照国际惯例，以日常生活能力量表（ADLS）来定义失能程度和等级。从吃饭、穿衣、上下床、上厕所、室内走动、洗澡六项指标来评估，分轻度失能（无法完成其中一项至两项）、中度失能（无法完成三项至四项）、重度失能（无法完成五项至六项）三个级别，有一项至两项不能完成就属于失能人员，就可以享受长期照护保险，失能老人是对长期照护需求最多、最迫切的群体。

2. 国外研究现状

家庭规模核心化发展，家庭养老功能逐渐弱化，导致仅仅依靠家庭照护已经不能完全解决老人生活照料问题。学者通过对欧盟国家的研究，提出了"国家和家庭共同承担长期照料服务"的对策性建议[1]。也有学者指出，当家庭照护已经无法满足照护服务的需求时，社区应该为老年人群体的照护服务提供更多的支持与保障[2]。社区养老服务因不同的照护服务需求产生了生活照护、日间照护服务等多种类型服务，不同的服务类型在提升老年人的照护上具有各自的特点及意义。Plemer（1989）针对生活照护（home help services）进行了研究，主要包括为老人料理家务、陪护老人看病、提供卫生保洁服务等，研究结果表明生活照护服务可以有效减轻家庭照顾老人的负担，能很好满足老人的生活服务需求。

Schunk. M. V 和 Estes C. L.（2001）将政治经济学作为分析框架，比较分析了德国和美国的长期照护的有关政策，认为德国鼓励社区照护，并向非正式照护提供者经济补偿，不足之处是使得健康和长期照护保险持续割裂，并希望美国借鉴德国模式建立保障人们长期照护权利、照护需求者选择权利、公平一致的长期照护模式[3]。

---

① Allen walker, *Sharing Long – term Care Between the family and the state – A European Perspective, who should care for the elderly*? Singapore University Press, 2000.

② Rhonda J. V. Montgomery, Edgar F. Borgatta and Marie L. Borgatta, *Sosietal and Family Change in the Burden of Care, Who Should Care for the Elderly*? Singapore University Press, 2000.

③ Schunk. M. V., Estes. C. L.,"IS German long – term care insurance a model for the United States?"*International Journal of Health Services*, 2001, Vol. 31（3）, pp. 617 – 634.

Moroney（1998）对日间照料中心（adultdaily care）的研究表明，对于身体状况或精神状况较差的老人，日间照料中心可以给予一种安全、周到，并且具有一定治疗性的日间照顾。布鲁贝克夫妇（Bmbaker & Brubaker，1992）研究认为如果老年人能够在自己家中得到照顾服务，可以减少老年人和服务照护人员之间的隔阂，使相互之间的关系更加融洽，增进老人与家人之间的沟通交流。家庭养老咨询或心理治疗服务，主要是为老人及其家庭照护者提供一定的辅导及心理治疗服务，如日间照护中心、社区健康中心等。心理治疗服务可以提高家庭养老服务的水平，同时能够有效减轻老人及家庭照护者的精神压力，改善精神状态。

3. 国内研究现状

国内学者在对各地区进行调研的基础上，从不同的角度分析了老年人的养老现状，指出现阶段居家社区养老服务存在诸多问题。近年来，国内学者开始关注老年人养老问题，长期照护制度成为热门话题。施巍巍[1]（2009）概述发达国家的经验提出，老年人口的生理特点和医疗技术的进步，即使拥有完善的养老保险、医疗保险制度，也无法解决老年人群体的照护问题和人口老龄化问题。长期照护制度的缺失，导致养老保险、医疗保险支出的严重危机，影响社会保障制度的实施，尽快建立老年人长期照护制度迫在眉睫。房莉杰[2]（2012）介绍了日本长期照护保险制度、长期照护服务的实施，既满足了社会成员健康需求，又能使老年人有效利用医院获得住院服务，因而控制医疗费用。

如何建立一个应对我国国情的长期照护体系，学者们借鉴了国外长期照护制度的经验。

第一方面，杨成洲、余璇[3]（2015）以德国长期照护保险为例，详细分析了制度发展进程，肯定了长期照护保险在社会保险中的份额和对社会的贡献，指出了在服务质量、筹资机制、申请条件等面临的困难。伍江、陈海波[4]（2012）对荷兰长期照护保险制度的发展背景、服务体系、服务

---

[1] 施巍巍：《国内外老年人长期照护制度研究综述》，《哈尔滨工业大学学报》（社会科学版）2009 年第 11 卷第 4 期。

[2] 房莉杰：《从"疾病治疗"到"健康维持"——老龄化社会健康服务模式的整体转型》，《社会工作》（社会福利专题）2012 年 3 月。

[3] 杨成洲、余璇：《德国长期照护保险制度：缘起、规划、成效与反思》，《中国卫生政策研究》2015 年第 8 卷第 7 期。

[4] 伍江、陈海波：《荷兰长期照护保险制度简介》，《社会保障研究》2012 年第 5 期。

内容、受益资格、费用控制等进行考察，指出应当以法律文本对长期照护保险的权利、义务进行明确的界定和划分；统一需求评估和准入机制，并进行严格监督与审核；不断进行制度革新，实现可持续发展。何杨、明帮胜、周渭兵[1]（2015）从美国 CLASS 计划的背景、内容及失败原因分析中获得启示，警示我国在进行长期照护保险制度设计时要采用强制参保的形式，避免逆向选择风险；合理确定保费标准，把政府补贴控制在合理范围内；明确保障水平与实际照护成本相适应原则，将长期照护需求划分不同照护等级，并设定不同等级的待遇支付上限。王欣、于英杰[2]（2012）重点关注日本以家庭为主体、以社区为依托的社区居家养老服务体系，提出我国应当借鉴日本成功经验，构建以家庭养老为基础，社区养老为依托，机构养老为补充的老年福利体系框架，重点发展社区养老服务内容。

第二方面，学者的研究指出我们面临缺乏人才的现实问题。徐新鹏、王瑞腾、肖云[3]（2014）指出我国长期照护服务人才学历较低，缺乏专业知识和技能培训，养老服务呈现短板现象。王东进[4]（2015）分析目前养老机构困境体现在政府办养老机构虽然价格较低，但是由于数量少，服务设施和质量参差不齐，"进不去"和"不愿去"现象并存。民办机构虽然硬件好，服务质量高，但由于价格昂贵，中低收入者望而却步。社区照护中心一类的组织，因缺乏专业人员、规模小、经费拮据难以为继。当前养老服务滞后于高龄、失能失智、半失能老人的长期照护需求。

第三方面，长期照护保险顶层设计规划方面。杨晓奇[5]（2014）提出建立以政府强制性社会保险为主体、商业保险为补充的长期照护保险模式。韦颖[6]（2016）建议采取金钱给付和行为给付相结合的给付方式，金钱给付用于补偿居家老人申请专业人员上门护理和购买必要护理用具等开支。

---

[1] 何杨、明帮胜、周渭兵：《美国长期照护保险制度研究及对中国的启示》，《中国医疗保险》2015 年 11 期。

[2] 王欣、于英杰：《日本老年福利制度及其对我国的启示》，《辽东学院学报》（社会科学版）2012 年第 14 卷第 4 期。

[3] 徐新鹏、王瑞腾、肖云：《冰山模型视角下我国失能老人长期照护服务人才素质需求分析》，《西部经济管理论坛》2014 年第 25 卷第 1 期。

[4] 王东进：《从完善社会保障体系的战略高度考量构建长期照护保险制度》，《中国医疗保险》2015 年 6 期。

[5] 杨晓奇：《对中国长期护理保险的思考》，《经济研究导刊》2014 年第 21 期。

[6] 韦颖：《关于在我国建立长期照护保险法律制度的探讨》，《法制与经济》2016 年总第 420 期。

第四方面，近年国内学者开始注重对长期照护服务利用方面的调查，根据长期照护服务制度实践数据进行实证研究，指出长期照护保险的利用率与年龄、性别、疾病等因素相关。李冬梅、王先益、戴小青[1]（2013）分析 OECD 国家长期照护政策及其相关服务的利用情况，发现患有糖尿病、精神障碍、呼吸系统、消化系统以及骨折疾病的人群相比其他群体需要支付更高的长期照护费用。OECD 长期照护受益者现状报告[2]（2011）表明，65 岁以下人群长期照护利用率仅占 1%，65 岁及以上人群平均利用率为12%。部分国家 80 岁及以上老年人长期照护利用率比 65~79 岁老年人多六倍。

第五方面，许多学者针对长期照护服务需求程度及其影响因素进行了一定的研究。服务需求主要包括经济需求、生活照料需求、医疗保健需求及文化娱乐需求等方面，总体来说老年人的众多需求中，经济需求成为最主要的需求，其他依次为生活照料需求、医疗保健需求和精神慰藉需求，且各项需求都在不断增加。田奇恒、孟传慧（2012）对重庆市慕新区的调查数据分析，发现当地老人对经济、医疗、精神慰藉等方面都存在需求，其中医疗需求方面，对常规检查需求强于康复护理。

三　抽样方法

本次调研，针对不同运营形式养老机构的在住老年群体生活状况以及养老院的工作人员、居家社区养老的老年群体为对象进行了问卷式抽样调查。本文调查采用 PPS 抽样方法进行了 600 份问卷作为样本。

四　调研结果分析

郫县地处川西平原腹心地带，位于成都市西北近郊。面积 437.5 平方千米，其中建成区面积 50 平方千米、耕地面积 20174 公顷；辖 16 个镇（街办），60 个社区居委会、158 个村民委员会，境内有藏、回、羌、满等52 个少数民族，2014 年末户籍人口 54 万人。

---

[1]　李冬梅、王先益、戴小青：《OECD 国家长期照护服务现状分析》，《辽东学院学报》（社会科学版）2013 年第 15 卷第 3 期。

[2]　OECD. Long – term Care：Growing Sector, Multifaceted Systems. Help Wanted? Providing and Paying for Long – Term Care. http：//www.oecd.org/els/health – systems/47884520.pdf, 2011.

全年城镇居民人均可支配收入 30445 元，增长 10.0%；农民人均纯收入达到 15701 元，增长 11.1%。2014 年末，全县居民储蓄存款余额 342.50 亿元，增长 14.2%。"蜀都创业俱乐部"等创业平台新增就业 5296 人，农村富余劳动力转移就业 7235 人，城镇登记失业率降至 2.85%，动态消除了"零就业"家庭。帮扶救助"四大工作体系"进一步加强，资助 1550 名重度残疾人参加社会养老保险，新（改）建 102 户困难群众住房，城乡低保、农村五保对象和困难群众特大疾病医疗覆盖率均达 100%，城乡居民养老保险、基本医疗保险参保率分别达 90%、99.8%；安排 300 万元"救急难"财政专项资金，被列为成都市唯一的全国"救急难"试点县。为 469 户困难群众提供廉租住房，累计发放廉租住房补贴 518 户约 147 万元。

2015 年末全县户籍人口 558556 人，全年出生人口 6037 人，死亡人口 2800 人，人口自然增长率 6.1‰，与上年相比，全年净增人口 3237 人。在发展养老服务业中，郫县先后出台《关于进一步加强我县老龄工作的意见》、《关于进一步加强我县居家养老服务工作的意见》和《关于加快发展养老服务业创新发展的实施方案》，有力推动了全县养老服务业的发展，新型养老服务体系初步建立。

截至 2016 年 11 月末，全县 60 周岁以上户籍老年人口 11.2 万人，占全县户籍人口的 20.01%，老龄化率突破 20%。为积极应对人口老龄化的严峻形势，按照党委领导、政府主导、政策扶持、社会主体、多元发展的思路，推动城乡养老服务统筹发展，以居家为基础、社区为依托、机构为支撑的新型养老服务体系初步建立。截至目前，2016 年全县共有养老机构 23 所（2015 年 18 所），其中，国办福利机构 6 所，民办养老机构 17 所（2015 年 6 所）。养老服务床位 3215 张（2015 年 2256 张），其中国办 830 张，民办 2205 张（含筹建 900 张），社区 180 张；发展为老服务社会组织 8 家，入住人数 3115 人（2015 年 1800 人），提供就业岗位近 1500 个。

表 2 　2010～2015 年郫县人口年龄构成变化对比

年度	总人口（人）	0～14岁	0～64岁	60以上岁	60～64岁	65～69岁	70～74岁	75～79岁	80～89岁	90～99岁	100岁及以上
2010	509359	59650	451051	88114	29806	21975	15398	10304	9247	1342	37
2011	513741	60358	452063	93080	31402	23211	15969	11100	9855	1479	46

年度	总人口（人）	0~14岁	0~64岁	60以上岁	60~64岁	65~69岁	70~74岁	75~79岁	80~89岁	90~99岁	100岁及以上
2012	518680	62095	454812	97384	33516	24170	17105	11208	9976	1362	47
2013	526174	64107	458585	102994	35405	25525	18008	11663	10899	1440	54
2014	542526	69801	470212	108447	36167	27160	19498	12273	11523	1786	40
2015	558556	77059	482903	111901	36248	28359	20203	13305	11825	1919	42

资料来源：成都市郫县民政局提供资料（2016年）。

（一）面临的主要问题

一是养老服务床位总量不足，根据规划目标测算，到2020年郫县还需新增养老床位4000张，建设任务繁重。

二是政策制度尚不健全，部分扶持政策还需要上级相关部门细化，市场监管方面存在养老服务评估标准及体系不成熟、政府购买服务机制不完善等问题。

三是养老服务队伍整体素质不高，缺乏专业技术人员和专业社工人才，护理人员普遍年龄偏大、文化程度低、薪酬待遇低，人员流动性较大。

四是老年医疗服务体系不完善，服务能力不足，健康管理服务政策支持力度有待加大。

五是居家养老服务单一，服务的普及利用率较低。居家养老即"床位不离家，服务送到家"，也就是老人居住在自己家中，社区上门提供服务。对身体健康、有经济支付能力的老人，实行优惠补偿的市场化服务；对低保老人、80岁以上的高龄老人及行动不便的老人，则由政府补贴服务的费用。老年人住在自己家里，置身熟悉的环境，看到相识的邻里，可以感受到家的温馨和安心。所以，老人们大多愿意选择居家养老的模式。对社会而言，这种居家养老模式可以将政府、社区和市场的力量集中在一起，也是破解老龄化社会问题的最佳选择。

在对郫县400名老年人开展的问卷调查，60岁以上老年人单身户占27.8%，目前采用的养老方式是居家养老，占96.40%。由此可见，在老年群体养老需求日益多元化的形势下，多功能社区老年服务中心（站）的建设要涵盖老年全托、日托照料、老年餐桌以及老年活动站等服务项目。

六是社区服务需求与弹性规划。2016年调查显示，机构养老服务的总体供给与需求之间呈现严重的失衡状态。调查中发现，社区服务的建设中存在"一刀切""刚性计划"。根据民政部的规划，要力争在 2020 年底每千名老人拥有的社区养老服务床位数达到 30 张。由于条件所限，有多数社区实施起来困难重重。通过调查和访谈发现，若是堕入这样的"数字误区"，而规划养老院或将呈现盲目发展的结局。一些机构纷纷抢先建养老院，收购有养老院执照的空架子机构，"借壳"得到来自政府部门的床位建设补贴费，引起机构间的恶性竞争。一些运营不当的机构失去了预期收益，退出养老行业。养老设施的需求数量应该按照需要入住养老机构的老年人人数进行规划，而不是简单地按 60 岁以上老年人口总数进行"一刀切"计算。目前存在的问题是对养老机构、养老服务进行弹性规划。

（二）调研分析

推进养老服务业逐步向社会化、市场化、产业化发展，探索和完善养老服务体系，养是为了适应和改变传统的居家养老模式，建立以居家养老为基础、以社区服务为依托、以机构养老为补充的养老服务新模式。为老年人，特别是高龄、空巢、多病和白天无人照顾的老年人，提供日托、陪伴、家政、送餐等多种日常生活服务，发挥社区养老服务的辐射和带动作用。本次调查的全部样本共发放 600 份问卷，对入住养老机构老年人调查数据进行了基本情况的总量汇集，发放问卷 200 份，实际回收问卷 195 份；对居家社区养老的老年人数据进行了基本情况的总量汇集，发放问卷 400 份，实际回收问卷 350 份；统计分析问卷共 541 份，无效问卷 4 份，有效回收率达 90.17%。

1. 基本情况

成都市郫县抽样调查中，60~80 岁人口占 90%，男女比例基本相同（见图 2）。

在全部受访者中，男性受访者的比例为 48.59%，女性受访者的比例为 51.41%（见图 3）；从年龄层面来看，近一半的受访者居于 60~69 岁，老年人口机构年龄段分布见图 4、图 5。

在户籍方面，84.6% 的被调查者是非农业户口，8.9% 的为农业户口，还有 6.4% 的为统一居民户口（见图 6）；教育程度方面，高中文化程度占近 19.2%，初中及以下文化程度超过七成，大学以上只占 3.2%（见图 7）；在职业方面，受访者的职业最普遍的是工人，达到 26.39%，除此之外，

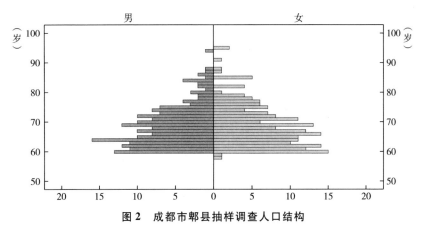

图2 成都市郫县抽样调查人口结构

资料来源：根据本课题"郫县老年人长期照护服务需求个人问卷调查"，2016年。

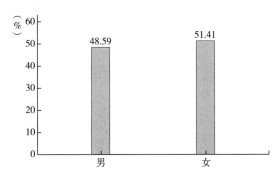

图3 成都市郫县抽样调查人口性别分布

资料来源：根据本课题"郫县老年人长期照护服务需求个人问卷调查"，2016年。

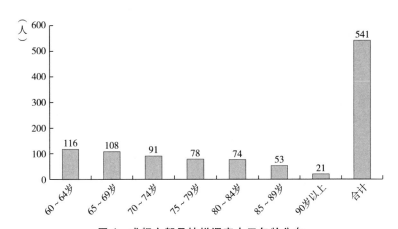

图4 成都市郫县抽样调查人口年龄分布

资料来源：根据本课题"郫县老年人长期照护服务需求个人问卷调查"，2016年。

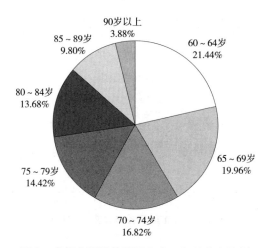

图5 成都市郫县抽样调查人口年龄分布比例

资料来源：根据本课题"郫县老年人长期照护服务需求个人问卷调查"，2016年。

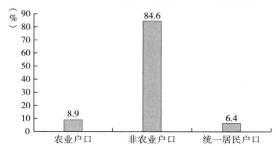

图6 成都市郫县抽样调查人口户籍

资料来源：根据本课题"郫县老年人长期照护服务需求个人问卷调查"，2016年。

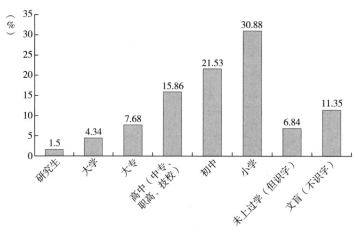

图7 成都市郫县抽样调查人口文化程度分布

资料来源：根据本课题"郫县老年人长期照护服务需求个人问卷调查"，2016年。

国家公务人员（企业、事业单位负责人）、专业技术人员、办事人员、商业服务业人员、军人等也均有涉及，分布得较为平均（见图8）。

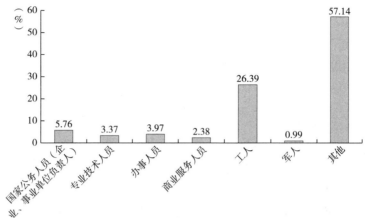

图8　成都市郫县抽样调查人口职业分布

资料来源：根据本课题"郫县老年人长期照护服务需求个人问卷调查"，2016年。

2. 家庭情况

调查显示，90.4%的受访者都有子女，在60岁以上的老人中，绝大多数有一个以上的子女，70岁以上的甚至很多有3个以上的子女（见图9）。

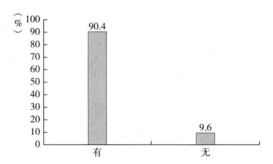

图9　成都市郫县抽样调查人口子女情况

资料来源：根据本课题"郫县老年人长期照护服务需求个人问卷调查"，2016年。

3. 家庭总收入及主要经济来源

调查显示，近一半的受访者家庭月总收入为2001～5000元，这一比例为45.9%，21.2%的人收入为5001～8000元，13.6%的受访者月收入8000元以上；同时也要注意到，还有18.5%的人收入为2000元以下，这一部分人群中甚至有一少部分人月收入仅为几百元，因此，经济压力是他们主要的生活压力（见图10）。

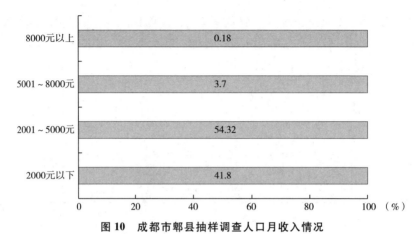

图 10　成都市郫县抽样调查人口月收入情况

资料来源：根据本课题"郫县老年人长期照护服务需求个人问卷调查"，2016 年。

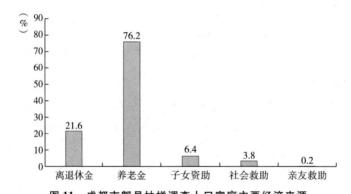

图 11　成都市郫县抽样调查人口家庭主要经济来源

资料来源：根据本课题"郫县老年人长期照护服务需求个人问卷调查"，2016 年。

图 11 显示，在经济来源方面，76.2% 的受访者家庭的主要经济来源为养老金，21.6% 的受访者经济来源为离退休金。仅有一少部分受访者的经济来源为资助，其中，6.4% 的人由子女资助，3.8% 的人由社会救助，仅有 0.2% 的人靠亲友救助。

4. 健康状况与医疗保险情况

自己独立完成日常生活事件情况。调研显示，绝大多数受访者（99% 以上）能够独立完成日常生活事件，例如自己打电话、搭乘公共交通、购物、服药、收拾房间、洗澡、做饭等，尚未到达需要人协助的程度（见图 12）。

患病情况。图 13 显示，在受访者中仅有 16.2% 的人完全无慢性疾病，其他人或多或少都受到疾病的困扰。其中，心血管疾病的患病概率最高，达到了 32.4%，另外，高血压也是较为常见的慢性疾病，达到了 31.5%。

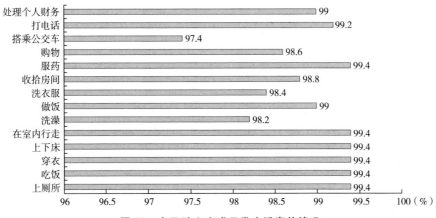

图 12　自己独立完成日常生活事件情况

资料来源：根据本课题"郫县老年人长期照护服务需求个人问卷调查"，2016 年。

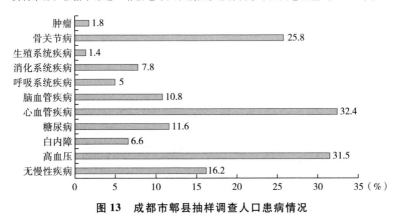

图 13　成都市郫县抽样调查人口患病情况

资料来源：根据本课题"郫县老年人长期照护服务需求个人问卷调查"，2016 年。

除了这些之外，骨关节病（25.8%）、糖尿病（11.6%）、脑血管疾病（10.8%）、消化系统疾病（7.8%）、白内障（6.6%）、呼吸系统疾病（5%）、肿瘤（1.8%）以及生殖系统疾病（1.4%）都有部分人患病。

生活中所需辅具情况。调查显示，在全部受访者中只有 18.1% 完全不需要生活辅具，其他人都或多或少地需要借助辅具。其中，借助率最高的辅具为花镜，达到 70.6%，另外是假牙，达到 40.9%，其他如助听器、拐杖、轮椅、假肢等辅具使用效率较低，均不到 5%（见图 14）。

医疗负担是否过重。对于大部分受访者来说，医疗已经构成了生活负担，其中，23.4% 的人认为医疗费用对于日常生活有一定的负担，16.6% 的人认为医疗负担处于还能承受的范围。而近三成的受访者（29.1%）认

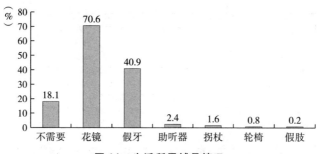

图 14　生活所需辅具情况

资料来源：根据本课题"郫县老年人长期照护服务需求个人问卷调查"，2016 年。

为医疗负担较重，8.9% 的人认为医疗负担令人难以承受。还要注意到，仅有一小部分人（16.6%）的人认为医疗费用基本不是负担。从中我们可以看出，对于绝大多数受访者而言，医疗的支出已经对日常生活产生了重大的影响（见图 15）。

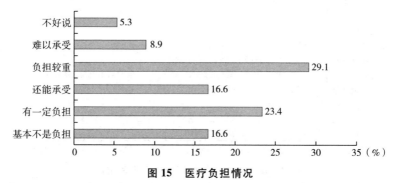

图 15　医疗负担情况

资料来源：根据本课题"郫县老年人长期照护服务需求个人问卷调查"，2016 年。

5. 照护情况与意愿

本人或配偶之前患病照料情况。调查显示，在患病的时候，58.4% 的受访者是在家由配偶进行照料，34.2% 的受访者在家由子女照料。这其中存在重合，即有一部分人由配偶和子女共同照料。31% 的受访者还存在自我照料的情况。其他例如亲友、保姆照料，或者入住医院和养老机构受访者也存在，只不过人数较少（见图 16）。

是否愿意在生活自理有困难时入住老年服务机构及原因。调查显示，63.2% 的受访者愿意在生活自理有困难时入住老年服务机构。在访谈中我们也发现，很多老年人不愿意给子女增加负担，所以都会选择老年机构。而21.9% 的受访者不愿意入住老年机构（见图 17），对这一部分人我们专门调

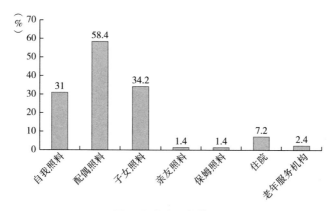

图 16   患病照料情况

资料来源：根据本课题"郫县老年人长期照护服务需求个人问卷调查"，2016 年。

查了一下不愿意的原因。其中，44%的人不愿意去的原因是不愿意离开自己的家，还有 27.24%的人是由于收费太高，经济上无法承受。除此之外，不了解养老机构（15.3%）、养老机构口碑不好（7.01%）、怕家人面临舆论压力（6.45%）等也是部分人不愿意去老年机构的原因（见图 18）。

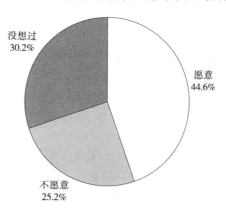

图 17   是否愿意入住养老机构

资料来源：根据本课题"郫县老年人长期照护服务需求个人问卷调查"，2016 年。

选择养老机构的条件。调查显示，在选择养老机构的时候，70.4%的人看重养老机构的服务质量，包括服务人员的素质、饮食等方面，59.1%的人认为价格也是一个非常重要的因素。因为在之前的调查中我们发现，近七成的受访者认为自己的收入水平处于中等或中等偏下的水平，因此价格因素就变得非常重要。此外，35.4%的人认为设施设备也比较重要，还有 18.7%的人认为离家距离也是一个重要的考虑因素（见图 19）。

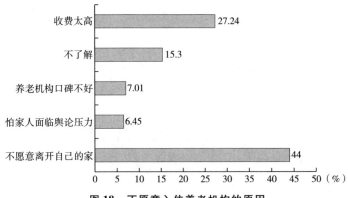

图 18　不愿意入住养老机构的原因

资料来源：根据本课题"郫县老年人长期照护服务需求个人问卷调查"，2016 年。

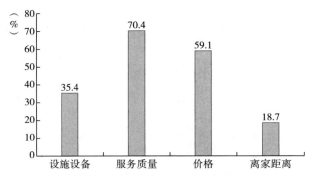

图 19　选择养老机构的考虑因素

资料来源：根据本课题"郫县老年人长期照护服务需求个人问卷调查"，2016 年。

6. 长期照护保险的需求与意愿

需要哪些照护服务。调查显示，一半以上的受访者从没有考虑过对于照护服务的需求，近四成的受访者明确表示不需要任何照护服务。而需要并且已经获得这种照护服务的受访者非常少，最高的仅为 1%。需要但未获得相关照护服务的在 10% 左右波动（见表 3）。

表 3　照护需求调查

单位:%

照护内容 需求	生活照料	心理抚慰	慢性病护理	康复护理	长期卧床护理	其　他
没考虑过	52.2	52.6	50.7	50.4	53.3	53.1
不需要	36.6	37.1	37.2	37.9	36.6	36.2

续表

照护内容 需求	生活照料	心理抚慰	慢性病护理	康复护理	长期卧床护理	其 他
需要并已获得	0.4	0.4	1.0	1.0	0.4	0.8
需要但未获得	10.9	9.9	11.1	10.7	9.5	9.9

资料来源：根据本课题"郫县老年人长期照护服务需求个人问卷调查"，2016年。

参加的医保类型。调查显示，在全部受访者中，仅有5.7%的人没参加任何医保，其他受访者都已参加医保，比例最高的是城市职工医保，达到43.3%，城市居民医保为30.6%，其他例如新农合、公费医疗等也均有涉及（见图20）。

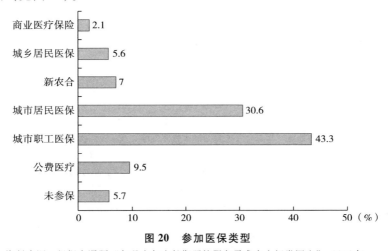

图20 参加医保类型

资料来源：根据本课题"郫县老年人长期照护服务需求个人问卷调查"，2016年。

如果由政府提供资金支持，认为哪种方式更好？调查显示，37.79%的受访者选择社会保险方式，即政府、单位和个人共同筹款，也就是说，愿意个人出资来购买保险。37.01%的受访者选择社会津贴，即由政府和社会进行筹款。25.2%的受访者选择社会救助的方式，即由政府出资，但只救助贫困老人并须经过家计调查（见图21）。

如果采用社会保险方式，需个人支付保险费，是否愿意考虑及原因如下。调查显示，45.2%的受访者愿意个人支付保险费，37.0%的人不愿意支付（见图22）。对于不愿意支付的原因进行调查，46.98%的人不愿意支付的原因是经济上无法承受，这也是最主要的原因。38.39%的人不支付的原因是对政策不了解，还有14.63%的人指望子女进行照料，因而不愿意个人承担保险费（见图23）。

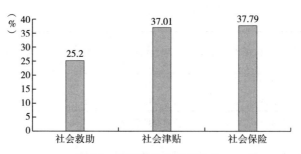

图21 政府资金支持的方式

资料来源：根据本课题"郫县老年人长期照护服务需求个人问卷调查"，2016年。

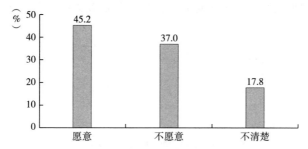

图22 是否愿意个人支付保险费

资料来源：根据本课题"郫县老年人长期照护服务需求个人问卷调查"，2016年。

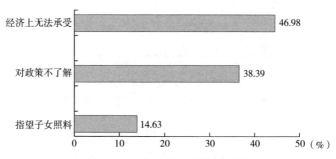

图23 不愿意支付保费的原因调查

资料来源：根据本课题"郫县老年人长期照护服务需求个人问卷调查"，2016年。

您认为政府的长期照护保险应对哪个社会群体负责？调查显示，62.4%的受访者认为政府的长期照护保险应该对所有完全失能的人进行照护，无论年龄多大。26.2%的受访者认为长期照护保险应对完全失智、失能的老人负责。此外，还有7.2%的受访者认为应对完全失能的老人负责，仅有4.1%的人认为应对部分失能的老人负责（见图24）。

如果对完全失能老人提供长期护理，您认为哪些费用应该由社会保险

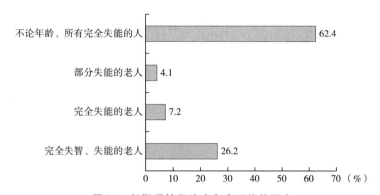

图 24　长期照护保险应负责群体的调查

资料来源：根据本课题"郫县老年人长期照护服务需求个人问卷调查"，2016 年。

支付？调查显示，31.5% 的受访者认为社会保险应承担与失能老人相关的所有费用，但因此，个人需要缴费更多。30.9% 的受访者认为社会保险仅需承担向居家老人提供专业人员上门服务的费用，个人缴费较少。26.4%的受访者认为社会保险应承担入住老年服务机构的费用，个人缴费会较多。还有 11.2% 的受访者认为社会保险应承担由日间照料中心提供服务的费用，缴费会略多（见图 25）。

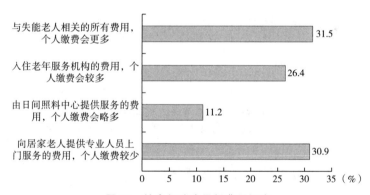

图 25　社会保险应承担费用调查

资料来源：根据本课题"郫县老年人长期照护服务需求个人问卷调查"，2016 年。

是否愿意参加商业保险。如果由保险公司为您提供长期护理保险，调查显示，当问到"是否愿意参加由保险公司提供的长期护理保险"时，39.0% 的受访者表示愿意参加，44.2% 的受访者表示不愿意参加，还有 16.8% 的受访者表示不清楚（见图 26）。对于不愿意的受访者进行进一步的访问，其中 43.3% 的人不愿意参加的原因是对于商业保险的不信任；38.8%的人经济上无法承受因而不参加；10.8%的人认为还有子女赡养，因而不参加保险，7.1%的人由于自己存有积蓄，因而不愿意参加商业保险（见图27）。

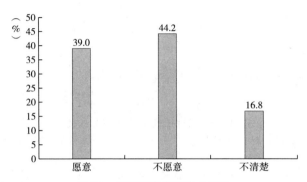

图26　是否愿意参加商业保险

资料来源：根据本课题"郫县老年人长期照护服务需求个人问卷调查"，2016年。

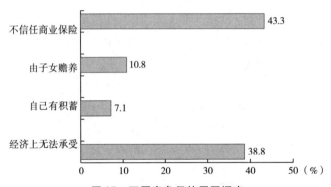

图27　不愿意参保的原因调查

资料来源：根据本课题"郫县老年人长期照护服务需求个人问卷调查"，2016年。

（三）郫县民政部门的对策与建议

（1）坚持科学规划引领

郫县政府编制出台了《郫县城乡养老事业发展第十二个五年规划》和《郫县养老设施布局规划（2010～2020年）》，到2020年将全面构建"9073"养老服务格局，全县养老床位达到1万张，每千名老年人拥有养老床位45张。共规划养老设施点位20个，并纳入了土地利用总体规划和城乡总体规划，通过"三规合一"的方式，使养老设施建设用地有了规划上的保障。

（2）推进居家养老服务发展

构建居家养老服务基础平台。为适应居家养老需要，积极引导并建立了"孝行通"居家养老服务信息平台，运用热线呼叫中心和加盟商运营机制，为居家老人提供生活照料、家政维修、保健护理、紧急救援等服务。2016 年为 2015 年 3000 余名领取"孝行通"手机的困难老人继续发放通信补助，使困难老人也能享受居家养老信息化服务。同时，为不断解决农村居家养老服务的问题，在 2015 年试点设立 2 个农村居家养老服务中心和 1 个农村日间照料中心的基础上，2016 年将继续建设农村居家养老服务中心 1 个、农村日间照料中心 24 个，为农村居家老年人提供娱乐休闲场地和个性化上门服务，逐步推动社会化养老服务向农村社区延伸覆盖。

（3）完善城乡社区养老服务设施网络

建立城乡社区居家养老服务中心 67 个、床位 500 张，在发挥社区、社工人员及社会组织联动作用的基础上，为老年人提供 24 小时全托、临托、日间照料及居家上门服务，让老年人能够在熟悉环境中就近就便养老。

（4）推动机构养老服务梯次发展

公办养老机构体现"保障性"，不断完善中心敬老院管理服务水平，实现城乡"三无"对象和农村五保对象"愿进全进，应保尽保"。公建民营养老机构注重"基础性"，利用可利用的"一号工程"职工生活配套用房改建成一所 200 张床位的标准化经济型养老机构，并通过招标形式交由社会组织经营管理，重点满足中低收入群体的养老需求。社会化养老机构突出"示范性"，引导社会资金参与郫县社会化养老机构建设，养老机构的差异化、专业化等特点逐步得到体现。

（5）健全和完善养老服务政策体系

认真落实《关于加快养老服务业创新发展的实施方案》（郫府发〔2015〕10 号）文件精神，进一步细化了加快发展养老服务的工作举措。对社会力量投资办养老机构的，属营利性的给予新建每张床位 10000 元、改建每张床位 5000 元补贴；属非营利性的给予新建每张床位 12000 元、改建每张床位 6000 元的建设性补贴；对收住成都籍老人的，给予每张床位每月 150 元的服务性床位补贴；养老机构服务性用水、用电、用气与居民用户同价；基础设施配套费按 100% 和 50% 两个标准进行减免；将符合条件的社会化养老机构附属医疗机构及时纳入基本医疗保险定点范围。

五　结论与政策建议

人口是人类社会的根本，在不同时期，不同社会、经济、人文条件下，受关注的焦点人口问题也有所不同。进入 21 世纪，全球大部分地区已形成低出生、低死亡、低增长的人口态势。从我国人口发展阶段上看，1962～1972 年是我国前所未有的人口生育高峰期，因而也就预示着我国最严重的人口老龄化冲击波将在未来 3 年内来临。到 2020 年，中国将呈现"人类历史上人口老龄化的最大浪潮"，预测 2050 年将达 4.3 亿人，每年将净增 600 万～800 万老年人口，老龄化逐渐成为备受关注的焦点。

（一）人口老龄化的影响

人口老龄化的影响是多方面的，主要有以下几点[①]。

1. 劳动力老化和劳动力供给长期缺乏

据 U.N. 估计，西欧及日本的人口年龄中位数 1980 年分别为 34 岁和 33 岁，到 2030 年将上升至 52 岁及 37 岁，许多国家面临劳动力短缺困境。

2. 经济增长放慢

经济增长的要素是劳动、资本的投入、技术进步和制度安排。老龄化使资金中用于储蓄的部分增加，投资减少。欧盟预测如果老龄化现象延续政策得不到调整的话，欧盟各国平均 GDP 增长率将从 2007～2020 年的 2.4% 降到 2031～2050 年的不足 1%。

3. 对公共财政可持续性造成冲击

美国、欧盟都已发生过养老金储备发生危机的现象。老年人的健康、医疗支出、护理费用等都大大高于其他人群。欧洲的经验性结论是：人口平均预期寿命每提高 1 岁，公共养老金支出占 GDP 比例上升 0.5%。日本在 1960 年到 1994 年，医疗费用占 GDP 的比例从 2.5% 增加到 5.4%，其中人口老龄化是影响原因之一。

4. 影响社会服务的制度性安排

老龄化造成人口结构变化，冲击了教育、消费品结构、社区建设、医疗、护理等一系列社会服务制度性安排，因此需要做出相应调整。

---

① 蒋正华：《亦喜亦忧谈老龄化》，《中国社会报》2015 年 12 月 24 日。

5. 影响国家及地区的安全

人口总量的过分萎缩将会影响安全。在发展的问题上不能从一个极端走向另一个极端。为了资源、环境、生物多样性等可持续发展的需要，人口数量应当加以控制，但是现在人口爆炸的"雷管"在绝大部分国家已经"拆除"，到 21 世纪中期，全球生育水平仍在更替水平以上的可能只有 4 个。

中国人口老龄化问题早在 20 世纪 80 年代就引起关注，一些专家着重研究了养老金制度从现收现支制度转变为部分基金制的安排。21 世纪以来，在国务院领导下进行了大量深入研究。2015 年前后，人口老龄化的影响开始逐渐显现，2020～2030 年对经济增长影响最为显著。对任何事物的认识总有乐观和悲观两种态度，对决策者而言，必须两者兼听，择其善者而从之。对老龄化持乐观态度的理由是：老龄化实际应被称为健康长寿化，对人类而言是一个福音；老年人知识、经验丰富，在知识经济时代可以发挥更大作用；老年人工作稳定。美国零售业中跳槽率为 60%，但 50 岁以上者只有其 1/10；老年人形成巨大消费群，可以刺激产生新的产业和产品。

（二）卫生费用增长快

我国 60 岁以上老年人规模巨大，疾病经济负担占 GDP 比例从 1993 年的 2.1% 增至 2013 年的 3.4%，卫生费用增长速度快，成为卫生服务体系应对老龄化的重大挑战。

2015 年，预计由年龄结构变化导致的慢性病例数将比 2005 年上升 31.3%，医疗服务费用比 2005 年增长 19.6%，与发达国家相比增速过快。老龄化将使医疗系统面临疾病谱转型、人口转型、体制转型三大挑战。为应对老龄化的挑战，必须制定实施健康老龄化的国家战略，全方位推进适应老龄社会导向的医药卫生体制改革，全面强化健康管理，建立以社区为核心、以家庭为基础、以专业老年机构为依托的集预防、医疗、康复、护理、临终关怀为一体的服务体系。

（三）亟待全面实施长期护理保险制度

日本的做法是一直强调把发展养老保险事业与市场开发相结合，并提出大力培育和开发老年人需求的市场，这不仅把养老保险提升到满足老年人各方面需求的高度，而且还以此拉动了产业的开发、扩大了就业和促进经济发展。照护服务机构有社区和专业两大类，社区照护机构主要提供居家照护服务和日托服务；专业机构是收住失能老人的养老院、护理院。照护服务由营利性和非营利性的专业照护机构提供，通过市场进行调节。主要服务内容包括生活照料、医学护理、康复训练、运动技能改善、营养改善等。尽管护理保险存在着一些问题，但总体上基本保障了老年人群的养老服务需求。"照护保险"实施不到一年，在日本社会获得了 85% 的民众支持率，中央财政节省的资金高达 4 万亿日元，大部分保险对象享受到了应有的养老服务。从日本实施护理保险制度的经验来看，在解决了养老实际困难的同时拉动了就业市场、拉长了养老服务产业的链条、促进了拉动老年产品、老年照护用品、老年医疗、老年保健等其他产业发展，拓宽了就业的渠道。目前，青岛市、上海市等 15 个城市正进入局部的试行阶段。我国的养老服务市场的发展还处于初级阶段，现在市场上催生了一个朝阳产业——养老服务业。但相比于日本以及欧美国家还不够精致化、细分化、规范化，未能体现出以老年群体为定位服务的特性。目前，我国养老市场的问题表现在需求和供给两个方面，在此基础上，养老市场供需不平衡，存在缺口的现象。由于当前老年用品市场尚未呈现规模化发展，其产品质量、价格体系和品牌诚信的优势一时还赶不上市场发展需要，还需以市场化方式推进养老服务产业的发展。

1. 长期护理保险制度

纵观全球人口老龄化的过程，西方发达国家的人口老龄化都经历了人类社会发展的自然规律和必然趋势。发达国家人口老龄化进程长达几十年至 1 个世纪，法国用了 115 年，瑞典用了 85 年，英国用了 80 年，美国用了 60 年，而日本只用了 24 年，中国将经历 25 年进入老龄化社会，其速度何其惊人。中国和日本的老龄化速度都呈现了进程时间短，要应对老龄化挑战，日本的经验对中国具有参考价值。

为了保障老年人的生活水平，日本政府建立了由国民年金、厚生年金和共济年金等组成的养老金保险制度。1922 年，以劳动者为对象建立了第一个社会保险制度——健康保险制度。1938 年，以农民、渔民为对象建立了《国民健康保险法》。1959 年，颁布了《国民健康保险保险法》。

1961 年确立了"全民保险全民年金"体制，《国民年金法》开始实施。《国民年金法》采取国家、行业、个人共同分担的办法，规定在日本拥有居住权的 20 岁到 60 岁的所有居民都必须参加国民年金体系。1963 年，日本政府推出了倡导保障老年人生活权益的《老人福祉法》，推行社会化养老。20 世纪 70 年代老年人医疗费增加。1982 年又出台了全面推广老人保健设施的《老人保健法》，将日本老年福祉政策的重心开始转移到居家养老、护理照料的方向。1989 年社会性入院（无须治疗和住院，但仍因居家无人照顾或家人拒绝照顾等原因要求住院）和卧床老人问题的社会化，制订黄金方案（老年人保健福利推进十年战略），推动居家福利。日本社会对养老金、社会养老、雇用、医疗、护理照料、教育、居住环境等问题非常关注，1995 年制定了《高龄社会对策基本法》，并根据《高龄社会对策大纲》实施对策。1997 年 12 月制定了《护理保险法》，2000 年 4 月 1 日开始实施护理保险制度。

表 4　老年人福利政策

年　　代	老龄化率	主要政策
20 世纪 60 年代 老年人福利政策起步	5.7% （1960）	1963 年老年人福利法制定 ◇创立特别养老院 ◇使老年人家庭保姆（家庭助手）立法实施
20 世纪 70 年代 老年人医疗费增加	7.1% （1970）	1973 年免除老年人医疗费用
20 世纪 80 年代 社会性入院（无须治疗和住院，但仍因居家无人照顾或家人拒绝照顾等原因要求住院）和卧床老人问题的社会化	9.1% （1980）	1982 年制定老年人保健法 ◇导入老年人医疗费用部分报销的制度 1989 年制订黄金方案（老年人保健福利推进十年战略） ◇设施紧急维修和居家福利的推动
20 世纪 90 年代 推进黄金方案	12.0% （1990）	1994 年制订新黄金方案（新老年人保健福利推进十年战略） ◇扩充居家护理服务
准备导入护理保险制度	14.5% （1995）	1996 年联合执政三党在政策上达成一致 ◇有关设立护理保险制度的"执政党协议事项" 1997 年建立《护理保险法》
21 世纪第一个 10 年 实施护理保险制度	17.3% （2000）	2000 年实行护理保险

资料来源：根据日本厚生劳动省网站整理，2014 年。

护理保险制度将 40 岁以上的被保险人都纳入长期护理保险的范围。护理保险制度的财源以政府为主体，公费 50%（其中国家负担 25%、都道府县负担 12.5%、市町村负担 12.5%）；每一个 65 岁以上的老年人均是"第 1 类被保险者"，负担 21%，在养老金中扣除；40 ～ 64 岁的被保险人则是"第 2 类被保险者"，保险费每月在年金或工资等收入中按比例扣除，负担 29%。第 1 类和第 2 类保险费的比例，是根据各计划期的第 1 类被保险人和第 2 类被保险人的人口比例确定，本文是第 5 期（2012 ～ 2014 年）的比例。该法规定，市町村及特别区、都道府县和医疗保险机构等为保险人，40 岁以上的人为被保险人，被保险人为了今后得到护理服务，要缴纳一定的保险费。需要护理时，可提出申请，经"护理认定审查会"确认后，即可享受护理保险制度所提供的不同等级的护理服务，被保险人只需承担护理保险费用的 10%，其余部分由护理保险负担。老年人只要经专门机构体检认定，就可得到不同等级（共分 5 级，月额由 6.43 万日元到 37.95 万日元不等）的居家护理服务，也可选择入住护理疗养院、托老所、护理院和养老院等机构的设施服务。

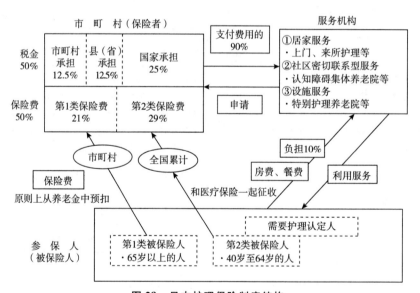

图 28　日本护理保险制度结构

资料来源：根据日本厚生劳动省网站整理，2014 年。

2. 护理保险制度的服务要点

第一，3 个主体——保险人、服务机构、被保险人（参保人）。

第二，护理保险金的财源构成——国家、都道府县、市町村的官方费用 50%、保险费（第 1 类、第 2 类）50%。

第三，3 个种类与多种多样的服务（预防服务为其他途径）——居家（上门、来所）服务、社区密切联系型服务、设施服务。

第四，护理服务提供主体原则上为民间企业。

第五，护理服务价格由国家决定，个人承担 10%，保险给付服务 90%。

参保人为 40 岁以上。其中，需要护理认定人自己选择要利用的服务，认定科目通常为 74 项。

日本是世界上建立了护理保险制度的 5 个国家之一，这项制度是继"全民皆年金"和"全民皆保险"之后最重要的社会保障制度。创立 13 年来，65 岁以上被保险人的数量增加了约 1.4 倍，利用服务的人数增加了3 倍。

①65 岁以上被保险人数：制度实施以来增加了约 929 万人（1.43 倍）。

表5　65 岁以上被保险人数[①]

人数 ＼ 时期	2000 年 4 月末	2013 年 3 月末
65 岁以上被保险人数	2165 万人	3094 万人

②需要支援、护理的评估认定人数：制度实施以来增加了约 346 万人（2.6 倍）。

表6　需要支援、护理的评估认定人数[②]

人数 ＼ 时期	2000 年 4 月末	2013 年 3 月末
评估认定人数	218 万人	564 万人

③接受护理服务人数：制度实施以来约增加 309 万人（3.1 倍）。

表7　接受护理服务人数[③]

人数 ＼ 时期	2000 年 4 月末	2012 年 4 月至 2013 年 3 月
接受护理服务人数	149 万人	458 万人

---

① 资料来源：根据日本原生劳动省网站整理，2014。
② 资料来源：根据日本原生劳动省网站整理，2014。
③ 资料来源：根据日本原生劳动省网站整理，2014。

（四）《护理保险》制度实施，催生养老服务产业

日本护理保险制度的实施，通过市场化的原理，引导社会组织积极参与，推进了老年护理服务社会化，较大程度上解决了社会性老年护理问题。制度实施明确了护理保险服务的提供主体由地方自治公共团体（公营）、社会福利法人（公设民营）、医疗法人、农协、支援者团体等民间非营利组织法人（NPO）、营利组织法人（民间企业）等构成。

1. 养老机构链接产业

1995 年，日本全国养老机构总数为 5522 家。2000 年养老机构总数为 8650 家，比 1995 年增加 56.65%。2009 年养老机构发展到 16001 家，比 2000 年增加 84.98%[1]。2012 年老年福利设施、收费养老机构以及事业所约 115629 家，养老服务产业迅速发展[2]。《护理保险制度》的实施，使大批民间企业进入老年护理服务市场，因此催生了大批的民间营利性与非营利性养老机构。

——老年福利机构

老年福利机构是不以营利为目的、以福利性质为主导的养老机构，主要面向经济收入低的孤寡老人，依靠政府或者企业提供的资金，进行所有的建设以及经营管理。由于收费低廉，条件受到限制。缺乏各种娱乐设施，医疗条件较低，不能满足刚刚进入老年社会的老人。到目前为止，与国家规定的低收费福利性养老机构限定数已经基本接近，日本政府已决定今后不再增加此类机构。

老年福利机构包含养护老年机构（两种：一般生活护理、医疗护理）、低收费养老机构（三种：A、B、护理之家）、老年福利中心（三种：特 A、A、B）。截至 2012 年 10 月 1 日统计，老年福利机构共有 5323 家，其中养护老年之家 953 家，低收费养老机构 2182 家、老年福利中心 2188 家。

低收费养老机构是面向由于家庭环境及住宅状况所致，在自宅生活有困难的老年人（包括老年夫妇）缴纳低费用就可以入院的养老机构。入院老人年龄为 60 岁以上，或夫妇的一方为 60 岁以上者。入院者均享受单间

---

① Copyright 2006~2011 养老机构网，CORDIAL CORPORATION. LTD。
② 日本厚生劳动省：《平成 24 年社会福祉设施调查情况》，日本厚生劳动省网站，http://www.mhlw.go.jp，2012。

待遇，每天的生活费由本人负担，其事务管理费的收费标准按老年人的年收入不同而议。低收费养老机构有 A 型、B 型、护理之家型三种。

——收费养老机构

收费养老机构以政府或慈善机构为背景，带有福利的性质但也有营利性的养老机构。根据入住老年人要求的不同，采取不同的收费标准和服务内容。服务项目在基本养老服务之上，还有一些免费的娱乐服务。营利性养老机构则表现在收费服务方面，根据入住的环境和服务程度制定收费标准。固定收费是入住时的一次性收费和每月收费，经常性收费为护理费和医疗费用、事务管理费等。

表 8　低收费养老机构服务构功能与类型

A 型（提供饮食）	B 型（自理做饭）	护理之家型
面向与非亲属及与家庭同居有困难者，低收费带饮食服务的设施。原则上饮食费自己负担，事务管理费按照收入缴纳	面向因家庭环境及住宅状况，在自家不能独立生活、可自理做饭的困难者，低收费设施。其费用全部自己负担	入住设施时能自理日常生活，但入住 24 小时后达到需要特护级别的"护理型"的低收费设施
具有提供饮食服务特征，需要护理时，可利用护理保险得到住宅护理服务	需要护理时，可利用护理保险得到住宅护理服务	"自理型"属于护理保险的"住宅护理服务"范围。"护理型"可利用护理保险的"特定设施入住老年人生活护理"条款得到住宅护理服务

资料来源：笔者根据 2013 年 4 月日本养老机构考察及《九州高龄者住宅情报》整理。

表 9　收费养老机构服务功能与类型

护理型	住宅型	健康型
接受指定的省级特定，接受来自设施职员护理服务的"一般型"设施，以及接受外部护理营业者的"外部服务利用型"设施	大体能自理者可以入住，在宅需要护理时，能够得到上门护理等护理服务。设施里准备了很多上门护理的服务项目	以能自理者为对象，拥有丰富的设备，让老年人度过快乐健康的每一天
护理保险服务的类别——"特定设施入住老年人生活护理"	需要护理，可利用护理保险的"住宅护理服务"	当入住老年人成为需要护理对象时，原则上必须退居

资料来源：笔者根据 2013 年 4 月日本养老机构考察及《九州高龄者住宅情报》整理。

截至 2012 年 10 月 1 日统计，收费养老机构共有 7519 家，其中护理型机构 3115 家，住宅型机构 4323 家、健康型（复合型）81 家。

——功能细化的养老服务机构

日本正在进一步走向超高龄社会。日本总务省统计局公布的调查统计显示，2012 年日本的总人口为 1.25957 亿人，其中 65 岁以上 3079.3 万人，初次超过 3000 万人。为适应少子高龄化的发展，日本采取了一系列的积极应对措施，养老服务产业在政府的引导、支持、鼓励下得到了快速发展，已成为日本经济的一个重要经济板块，实现了养老服务产业的良性发展。厚生省的统计显示，2012 年 4 月至 2013 年 3 月（日本新年度从 4 月开始）老年服务机构总数 11.6 万家，利用者人数 458 万人[①]。老年服务机构类别包括居家护理、重度症上门护理等养老护理服务业。日本护理保险制度对产业和经济产生了巨大影响，由此可见照护市场的增长之快。需要护理照料的人数呈现增长趋势，生活不能自理的老人呈增长趋势，为照护产业提供了广阔的发展空间。

——具备多种服务功能的老年住宅

以下三类老年住宅是由专业公司经营管理的养老机构。是以营利为主要目的，公司出资兴建管理的老年住宅。这些养老机构多建设在优美的环境里，提供了高水平的设计，各种人性化的齐全设施。居住场所具备各种完善的服务，以出租或分期付款购买为主要经营方式。出租型老年住宅及分期付款公寓的收费水平要比福利型养老机构高，一般入住老年人需要缴纳一定数额的抵押金，每月缴纳房屋管理费。

表 10　老年住宅服务功能类型

老年人专用出租型住宅	面向老年的优质出租型住宅	面向老年的分期付款公寓
方便老年家庭入住的老年专用住宅，60 岁以上（或 60 岁以上的夫妇、亲属）可利用	60 岁以上（或 60 岁以上的夫妇、亲属）可利用的优质出租住宅，提供无障碍等住宅条件。一些住宅可得到国家或省级地方的房租补助	采用分期付款购买型的公寓，可作为财产继承、转卖出售，拥有齐全的设施和完善的服务
当需要护理时，可利用护理保险的"住宅护理服务"项目		

资料来源：笔者根据 2013 年 4 月日本养老机构考察及《九州高龄者住宅情报》整理。

---

① 日本厚生劳动省，平成 24 年社会福祉设施调查情况，日本厚生劳动省网站，http://www.mhlw.go.jp，2012。

日本的养老产业在市场规模、社会功能、从业人员的专业化和生产技术装备的专业化等方面都具备了产业构成的要素，进入了扩张期，产业规模约 39 兆日元[①]。

2. 护理队伍链接产业

2000 年，日本首次制定了《照护保险法》，让那些生活不能自理的老人可以通过国家补助，获得必要的看护服务，这大大推动了日本看护产业的发展。2000 年，日本全国的老人每个月支付给照护服务业的费用仅为 4 亿日元，2005 年，每个月则需要 148 亿日元，短短 5 年就增加了 36 倍多，其中 80% 的费用是用在轮椅租赁和特别看护用床方面。日本护理保险制度对产业和经济产生了巨大影响，由此可见，看护市场的增长之快。需要护理照料的人数呈现增长的趋势，生活不能自理的老人越来越多，这就为看护产业提供了广阔的发展空间。

第一，扩大了市场需求，拉动经济增长。护理和生活服务需求不断扩大，还直接或间接地带动老年用品、养老设施和老年住宅、金融保险、大学教育等多种行业的需求增加。

第二，吸收传统产业富余劳动力，增加就业机会。根据计算，老年护理服务业和机构养老业，每 100 亿日元老年护理方面的需求所创造的就业机会可达 1785 个，而 100 亿日元基础设施建设等公用事业方面的需求所创造的就业机会仅为 994 个。到 2025 年，日本的从业人员将比现在减少 5% 左右，唯有养老服务相关产业的从业人员大大增加，其中以老年人为主要对象的服务业更将增加 200% 以上，从而大大降低传统产业减裁人员对社会经济的冲击。

第三，振兴地方经济和社区的发展。老年护理和生活服务业、养老机构服务业和老年住宅房地产业等多立足于当地社会，对地方经济和社区发展具有持久性的影响。政府的功能除立法规定制度之外，还要承担筹资、审查资格和确定护理等级，以及遴选实施者或运营者[②]。

3. 老年护理用品开发

近年来面向老年人养老服务、针对老年服务和保障的市场正在悄悄孕

---

① 王曼：《日本老龄产业的发展与启示》，《特区经济》2012 年第 7 期。

② 〔日〕驮田井正、原田康平、王桥：《东亚地区少子高龄化与可持续发展——日中韩三国比较研究》，日本株式会社新评论社，2010。

◉社区密切联系型服务 ○定期巡视、随时应对型上门护理看护 ○夜间应对型上门护理 ○认知障碍应对型来所护理 ○小规模多功能型居家护理 ○认知障碍应对型共同生活护理 　　　（集体养老院） ○社区密切联系型特定设施 　　　入住人生活护理 ○社区密切联系型护理老人福利设施 　　　入住人生活护理	◉居家服务 ┄【上门服务】┄┄┄　┄【来所服务】┄┄┄┄┄┄┄ ○上门护理（上门护理服务）　○来所护理（日托服务） ○上门洗澡护理　　　　　　　○来所康复训练 ○上门看护　　　　　　　　┄┄┄┄┄┄┄┄┄┄┄┄┄ ○上门康复训练　　　　　　┄【短期入住服务】┄┄┄┄┄ ○居家疗养管理指导　　　　○短期入住生活护理（短期入住） ○特定设施入住人生活护理　○短期入住疗养护理 ○特定福利用品销售　　　　○福利用具租赁 ◉居家护理支援　　　　　　◉设施服务 　　　　　　　　　　　　　○护理老人福利设施 　　　　　　　　　　　　　○护理老人保健设施 　　　　　　　　　　　　　○护理疗养型医疗设施	服务护理给付
◉社区密切联系型护理预防服务 ○护理预防认知障碍应对型来所护理 ○护理预防小规模多功能型居家护理 ○护理预防认知障碍应对型共同生活 护理　　　（集体养老院） ◉护理预防支援	◉护理预防服务 ┄【上门服务】┄┄┄┄┄　┄【来所服务】┄┄┄┄┄┄┄┄ ○护理预防上门护理（上门护理服务）○护理预防来所护理（日托服务） ○护理预防上门洗澡护理　　　○护理预防来所康复训练 ○护理预防上门看护　　　　┄┄┄┄┄┄┄┄┄┄┄┄┄┄ ○护理预防上门康复训练　　┄【短期入住服务】┄┄┄┄┄┄┄ ○护理预防居家疗养管理指导○护理预防短期入住生活护理 ○护理预防特定设施入住人生活护理　　　（短期入住） ○特定护理预防福利用品租赁○护理预防短期入住疗养护理 　　　　　　　　　　　　　○护理预防福利用具租赁	服务预防给付
市町村指定并监督的服务	都道府县、政令市、核心城市指定并监督的服务	

图 29　日本护理服务类型一览

资料来源：根据日本厚生劳动省网站整理，2014。

育，大力开发新产品正在兴起。如何引入市场为独居老人服务，发展养老服务产业经济，成为热门话题。目前在日本除了为老年人提供服务，还招聘志愿者，带上新研发产品为老年人服务，服务的内容包括家政服务、上门服务、卫生保健服务、医疗护理服务等，陪老人就医、聊天，还对身体不好的老人必须每天走访探望。随着经济收入的提高，老年人正在逐步抛弃"重积蓄、轻消费""重子女、轻自己"的传统观念，特别是在子女无法照顾自己时，老年人对市场服务的需求是特别旺盛的，"花钱买健康、花钱买潇洒"正成为现代老年人的追求。调查显示，目前独居老人需求的服务市场非常庞大。

日本在原有养老服务实践经验的基础上，近10年来，其社会养老服务发展进一步形成了相对完善的养老服务体系。传统的居家养老已难以适应社会发展的新形势，除了因为不便受到社会服务外，主要还有两个方面的矛盾：一是年轻人有财力而无精力照顾家中的老人，已是比较普遍的现象，严重制约着生产力的最大限度发挥；二是，青年人的新思想、新观念与老年人传统的行为方式形成反差，居家养老模式影响家庭和睦进而影响社会的稳定。现代化社会发展进程，促使社会集中养老、享受社会化服务成为大势所趋。大力推行以社区化居家养老为主的养老方式，为老年人提供良好的生活环境，保证老年人与社会的接触交流，尽可能延长、保持老年人的独立生活能力。日本有 80% 以上的老年人选择社区化居家养老方式，因此养老服务产业从老年人的实际需求出发，注重开发护理、医疗、保健、娱乐等多项指标，旨在按照老年人的需要为其提供家里家外的全方位服务。这种以需求为导向、以服务为基础、以多项指标开发为原则、把家庭和社会结合起来的多元化养老方式，符合现代社会养老服务业发展。

（五）政策建议

（1）依据中国国情设计护理服务制度框架

我国作为世界上第一人口大国，目前处于边富边老的阶段……随着我国社会的发展、国家人口政策的调整、人们生活方式的转变，家庭出现小型化、少子化趋势，每个家庭多是独生子女或少子女，家庭养老功能日益弱化，一旦出现失能或半失能老人，一人失能全家失衡，家庭就会面临困境。全国老龄办 2016 年 10 月发布的《第四次中国城乡老年人生活状况抽样调查成果》显示，我国失能、半失能老年人大致 4063 万人。未来这一数字还在持续增长，已经成为我们必须应对的社会问题。和城镇相比，农村社会化养老服务发展滞后，农村居民的养老、医疗保障不健全，保障水平低，城乡倒置的人口老龄化结构进一步强化了农村养老服务的"短板"问题。因此，我们不能直接照搬国外长期护理保险制度模式，可以借鉴国外成功经验，制定符合我国国情的护理服务制度。

为了解决失能、半失能老人面临的护理难题，早在 2012 年，山东省青岛市在全国率先试行城镇职工长期医疗护理保险制度。随着城乡一体化发展，从 2015 年 1 月 1 日起，农村老人也被纳入长护险覆盖范围。公开资料显示，截至目前，有 4 万多名参保患者享受了护理保险待遇，平均年龄 80.4 岁，累计支出护理保险基金 11.3 亿元。2012 年青岛迈出了第一步。青岛市政府在国内首创，在城镇职工、城镇居民中建立了长期医疗护理保险制度，开启了国内长期护理保险制度探索之先河。2015 年又将这一制度扩大到农村，成为全国第一个医疗护理保障全覆盖的城市。近年来，青岛市又在全国范围内率先将失智老人纳入护理保险范围，开展"失智专区"管理。中国人民健康保险股份有限公司青岛分公司于制度建立之初，就以城镇职工大额补助项目的名义派驻联合办公人员，无偿参与长期医疗护理保险的制度设计和经办工作。2016 年 7 月，在青岛等个别地方探索的基础上，人力资源和社会保障部发布《关于开展长期护理保险制度试点的指导意见》，提出要用1~2年时间，在上海、重庆、广州、青岛等15个城市试点，探索建立长期护理保险制度，力争在"十三五"期间基本形成适应我国国情的长期护理保险制度政策框架。长期护理保险的试点城市为15个，试点范围已经很广，试点也在一定程度上探索解决了失能、半失能老人面临的经济上和照料上的困难。以青岛为例，青岛实施护理保险制度以来，失能患者在家或养老机构中即可得到医疗护理，不必去挤住院，个人负担同时有所减轻。

（2）护理服务立法化以及监管制度

每个国家都必须有一套法律、法规和质量监管、审核标准，来确保老年社会服务的质量，并对各种机构进行检查和监督。目前各地试点时根据当地情况各自创新护理保险模式，既不规范，也不统一。建议国家在前期探索的基础上，尽快结束试点，把试点经验通过行政法规的方式规范和固定下来，在国家层面出台法律法规，依法实施长期护理保险制度，保障护理保险制度的实施，在全国普遍实施长期护理保险制度。长期护理保险法律法规需要统一和明确的问题包括：缴费人群、缴费年龄、缴费标准、护理标准、保障对象、待遇支付等。缴费机制的确定，也是一个非常基础的、关键性的问题。既要考虑制度的可持续性，如果没有可持续性，制度就无法运行……还要考虑相关各方的缴费能力。同时应该考虑到我国失能、半失能人群数量庞大，长期护理保险的参保条件不应该进行过多的限制，只要遵循权利与义务对应原则，只要缴得起费，就应该可以参保。

除政府监管之外，第三方评估等非政府部门的监督也将起到重要的作用。日本的养老护理服务经验，注重老年人（特别是失能失智老人）生活品质因素，即在尊严、个性、安逸、有意义的活动和人际关系、安全感和精神富足等方面的需求。虽然评估机构和评估方式各有不同，但消费者更愿意相信独立评估的结果。让更多的服务供应商努力提高服务水平，改善服务质量，而不是只应付来自政府职能机构的例行检查。

（3）加强政府职能部门间的协作

加强卫生部门、社会保障部门和民政部门间的协作。卫生部门应制定支持养老机构开展老年医疗卫生和老年病护理服务的政策。对于养老机构取得"医疗机构执业许可证"，符合定点医疗机构资格条件的，可以联合社会保障部门，将其纳入城乡医疗保障定点医疗机构范围，以方便老人就近就医和报销。对于养老机构内办的医疗、康复机构具备对外开展医疗和康复服务条件的，卫生部门可将其纳入当地社区医疗机构设置规划，并安排专业医疗机构加强技术指导。还可以考虑充分利用现有的医疗卫生资源，特别是对城市社区已经过剩的公立医疗资源进行整合，将部分一级或二级医院包括厂企医院进行结构和功能调整，直接转型为老年康复院、老年护理院等医养结合服务机构，明确其为老年患者提供长期医疗护理等服务的功能和任务，完善所需的房屋设施和器械装备，并加强医务及护工人员的业务培训。

从目前的一些调研、访谈中，接触到了"三足鼎立"的气氛。例如，国务院近几年大力推行的"医养结合"服务，目的是为了解决老年人群看病、照护服务等问题。特别是失能、半失能老人，可以因此获得医疗和生活的双重照料。众多可能的服务提供方中，公立的社区卫生服务中心一直被认为在这方面有其优势，地理位置遍布城市社区，现成的场地、房屋，又能提供基本医疗服务，可以充分地利用资源。民政部门的补助政策，是针对养老机构，以政府购买服务的方式提供运营补贴。卫生部门认为都是提供养老服务，为什么民政部门的补贴只给民办机构、不给公立社区中心？民政部门的看法是，民办机构自行负担所有成本，包括房屋租赁、人员工资等，而公立社区中心本身已有政府的财政常规投入（覆盖了大部分职工工资）、政府提供的场地、房屋，政府给的人员编制等，开展医养结合服务是利用闲置的国有资源，不能再让公立社区中心享受和民办机构一样的补贴政策，避免重复补贴。这就在两个职能部门之间产生了矛盾，阻碍了社区的医养结合服务工作。以往的老年服务管理是由医疗保障部门负责，服务的供给则是由社会福利部门负责。这种分割式的管理体制导致供给到本部门间接"撞车"。应该对各种护理服务项目实行统一管理，这样才有利于满足老年人对综合性照护服务的需求。

（4）尽快建设老年护理专业人才队伍

老年护理专业水平低。2015 年，我国自报需要照护服务的城乡老年人比例为 15.3%，比 2000 年的 6.6% 上升近 9 个百分点，老年人照护服务的需求持续上升，其中社区养老服务中上门看病的需求居于首位。2015 年开展的第四次中国城乡老年人生活状况抽样调查，城乡老年人的居家养老服务需求项目排在前三位的分别是上门看病、上门做家务和康复护理，其比例分别是 38.1%、12.1% 和 11.3%（全国老龄办，2016）。养老服务大多停留在基本的生活照料上，服务水平不高，服务方式单一。大多数民办养老院还处于投资阶段，有的靠对租用的民房仓库或闲置房屋进行改建，环境差、设施陈旧简陋。建筑设计不符合老年人生活习惯，且往往因缺乏资金无力改建或因受场地限制难于扩建。养老院的服务管理水平较低，工作人员缺乏专业知识和技能。由于护理人员缺乏，一个护理员往往服务七八个甚至十几个老人，老年人无法得到精准照护。

教育部门应加强相关专业人才培养力度，在大中专院校设立"社会福祉"学科，在卫生职业技术学院和普通中等卫生学校中开设老年护理专业，在各省市地区设立"护理人员培训中心""取得护理专业的资格认定中心"。加快老年护理专业人才培养。并对各类养老服务机构的高校、专科（高职）、中等职业技术学校的毕业生，入职满一定年限的，参考国家标准给予一定的奖励补助或其他政策照顾。人力资源和社会保障部门应认真落实职业技能培训政策。要将养老服务从业人员纳入职业技能培训范围，享受相关补贴政策，并按规定发放资格证书。对在养老机构从业的就业困难人员，可纳入政府公益性岗位政策扶持补贴范围，增加他们的收入，使他们安心从事老年护理行业。从长远来看，还要通过制定岗位专业标准和操作规范，抓好在职人员职业道德、专业知识和岗位技能培训，逐步提高养老服务队伍的专业化水平，积极推行养老护理员职业资格制度，不断优化养老服务人员队伍结构，保证从业人员持证上岗。日本实行"护理福祉士"的培养和认证制度，要求高中以上学历，经过二年的专业学习，共计1650个学时，并经国家二级考试合格后，才能从事护理工作。根据日本的《护理保险法》规定，在养老机构里，每3位入住老人必须配备1名已取得护理福祉士资格的专业人员。护理福祉士与护士是不同的专业人员，日本的护理福祉士几乎来自大学或大专社会福祉学科护理专业的毕业生。针对中国的养老机构及养老服务人员技术和管理服务水平低，"软件"服务管理更差的现状，应尽快建设专业的护理人员培养机构。

（5）建立健全农村地区养老服务政策体系

农村地区照护服务的发展状况不容乐观，全国老龄办一组数据显示，城市社区建立养老设施比例占社区72.5%，农村社区养老服务覆盖率仅仅只有6.5%，不及城市的1/10（阎青春，2014）。应当在农村地区发展完善老年护理服务产业的组织架构，同时注重各种社会资源的有效整合及其各类社会力量的有序参与，将其联合为农村社会公共服务产业链之间的聚合体。在资源支持政策方面，可以考虑以乡镇为管理边界和统筹单位，建立农村老年护理服务体系。县乡政府机构及其相关部门是养老服务政策体系的直接推动者，在政策执行过程中起着政治保障和资源支持的作用。需要卫生部门对老年人护理的技术支持和农民护理员的资质认定、劳动部门对社会养老保险管理、民政部门对老年人的生活保障和经济救济的支持等。民政部已在全国乡村试点社区服务中心，将来可以考虑整合各类功能，将中心建设为农村卫生、老年护理和文化教育的平台。即在卫生机构的技术支持下，将老年护理服务、卫生保健服务融入农村综合性的公共服务体系。养老服务是在国家的政策支持下由乡村社区自行积累公共资产进行的一种公共服务，要按照社区公共服务的模式创新养老服务的运行机制和管理制度。乡村政府需要建立老年护理基金运行的评估与监管制度，养老服务体系的组织方式和基本规范（工资、津贴的发放办法）、服务质量评估，等等。

老年人养老护理服务是社会养老服务体系建设的一个重要组成部分。做好这项民生工程，政府应由提供护理服务转为对护理服务供给的规划、引导和监管，通过从市场中直接购买护理服务或资助，由受照护者自主选择方式来满足他们的照护需求。在照护服务市场引入竞争机制，调动社会力量参与，尽可能满足人民群众日益增长的养老需求，让广大老年人在幸福中安度晚年。

参考文献

民政部：《2015 年社会服务发展统计公报》，民政部门户网站，2016 年 7 月 11 日，http：//www. mca. gov. cn/article/zwgk/mzyw/201607/20160700001136. shtml。

Allen walker，*Sharing Long – term Care Between the family and the state – A European Perspective*，*who should care for the elderly*? Singapore University Press. 2000.

Rhonda J. V. Montgomery，Edgar F. Borgatta and Marie L. Borgatta，*Sosietal and Family Change in the Burden of Care*，*Who Should Care for the Elderly*? Singapore University Press，2000.

Schunk. M. V. ，Estes. C. L. ，"IS German long – term care insurance a model for the United States?" *International Journal of Health Services*，2001，Vol. 31（3），pp. 617 – 634.

施巍巍：《国内外老年人长期照护制度研究综述》，《哈尔滨工业大学学报》（社会科学版）2009 年第 11 卷第 4 期。

房莉杰：《从"疾病治疗"到"健康维持"——老龄化社会健康服务模式的整体转型》，《社会工作》（社会福利专题）2012 年 3 月。

杨成洲、余璇：《德国长期照护保险制度：缘起、规划、成效与反思》，《中国卫生政策研究》2015 年第 8 卷第 7 期。

伍江、陈海波：《荷兰长期照护保险制度简介》，《社会保障研究》2012 年第 5 期。

何杨、明帮胜、周渭兵：《美国长期照护保险制度研究及对中国的启示》，《中国医疗保险》2015 年第 11 期。

王欣、于英杰：《日本老年福利制度及其对我国的启示》，《辽东学院学报》（社会科学版）2012 年第 14 卷第 4 期。

徐新鹏、王瑞腾、肖云：《冰山模型视角下我国失能老人长期照护服务人才素质需求分析》，《西部经济管理论坛》2014 年第 25 卷第 1 期。

王东进：《从完善社会保障体系的战略高度考量构建长期照护保险制度》，《中国医疗保险》2015 年第 6 期。

杨晓奇：《对中国长期护理保险的思考》，《经济研究导刊》2014 年第 21 期。

韦颖：《关于在我国建立长期照护保险法律制度的探讨》，《法制与经济》2016 年总第 420 期。

李冬梅、王先益、戴小青：《OECD 国家长期照护服务现状分析》，《辽东学院学报》（社会科学版）2013 年第 15 卷第 3 期。

OECD. Long – term Care：Growing Sector, Multifaceted Systems. Help Wanted? Providing and Paying for Long – Term Care. http：//www. oecd. org/els/health – systems/47884520. pdf, 2011.

Copyright 2006 – 2011 养老机构网，CORDIAL CORPORATION. LTD。

日本厚生劳动省，平成 24 年社会福祉设施调查情况，日本厚生劳动省网站，http：//www. mhlw. go. jp, 2012。

王曼：《日本老龄产业的发展与启示》，《特区经济》2012 年第 7 期。

〔日〕驮田井正、原田康平、王桥：《东亚地区少子高龄化与可持续发展——日中韩三国比较研究》，日本株式会社新评论社，2010。

张展新、王桥、林宝：《人口老龄化与养老保障》，载《人口老龄化与“中等收入陷阱”》，社会科学文献出版社，2013。

医养结合的社区框架

——可行性、问题与对策

赵　锋　夏传玲*

一　问题的提出

自人类诞生，养老问题就成为人类不可忽视的问题，而养老方式也随着人类的社会变迁而不断发展。现代养老方式不仅包括家庭养老、机构养老，也包括居家养老和社区养老等。显然，不同的历史时期由于不同的经济、文化、生活方式、家庭结构等的不同，人类社会对于养老方式的需求也会不同。目前，我国已成为世界上老年人口最多的国家，也是人口老龄化发展速度最快的国家之一。根据国际的通行标准，人口老龄化是指，当一个国家或地区 60 岁以上老年人口占人口总数的 10%，或 65 岁以上老年人口占人口总数的 7%，即意味着这个国家或地区的人口处于老龄化社会。而国家统计局公布数据显示，截至 2014 年底，我国 60 岁以上的老人人口占总人口的 15.5%，达到了 2.12 亿。很明显，我国已进入人口老龄化社会。根据联合国的统计预测，到 21 世纪中期，即 2050 年，全世界老年人口将达到 20.2 亿，其中我国老年人口将有近 5 亿，占全球老年人口的 1/4①。虽然与世界上很多国家和地区如日本、欧洲相比，我国人口老龄化问题出现的时间不长，但我国的人口老龄化具有两方面的特征：一是增速快、规模大、未富先老；二是高龄化、失能老人、空巢老人问题突出。同时，我国以往的计划生育政策导致我国家庭结构以 "4 - 2 - 1" 为主，这就使得传统的家庭养老模式已经被无情打破。因此，如何在 "未富先老"

---

* 赵锋，中国社会科学院社会学研究所　社会调查与研究方法室，副研究员；夏传玲，中国社会科学院社会学研究所　社会调查与研究方法室主任。

① 《老龄化加速：中国成世界老年人口最多国家》，《第一财经日报》2015 年 7 月 22 日，ht-tp：//news. mydrivers. com/1/439/439579. htm。

和"未备先老"的现实背景下，探寻一种符合我国现实国情使老年人既能够颐养天年，又能推广开来具有普遍性意义的养老方式，是我国现阶段亟须探讨的问题。

关于如何养老已引起政府、社会和学术界的广泛关注。国家"十三五"规划已把养老服务列为重点发展领域。2016年"两会"期间，与会代表也在热议"互联网+养老""医养结合"等社区养老服务模式等。目前的困境是：传统家庭养老方式已不能担负起如今我国社会的养老重任；而机构养老整体规划得不合理，大量老年人口既难以进入公益性的养老机构，也难以承担营利性养老机构的费用，致使机构养老也难以承担起我国目前的养老任务①。因此，在现有的条件下，人们亟须转变养老服务的观念，创新养老模式，建立多层次的养老服务体系。

养老主要包含两方面的基本问题，一个是老年人的日常生活（衣、食、住、行）和日常照料，另一个老年人的医疗卫生需求。据2013年卫生部统计数据显示，有60%～70%的老年人有慢性病史，老年人全年平均医疗费是普通人群的2.56倍；在医疗支出方面，65岁以上老年人的医疗支出是青年人的3倍。"北京市养老问题与健康城市建设研究"显示，全市老年人群人均患有2～3种疾病，老年人余寿中的2/3时间处于带病生存状态②。也有专家认为"医院不能养老，家庭医生难进家，养老机构没医生，养老机构费用不能报销"是长期困扰养老的难题（顾国爱，2016）。因而，在社会化养老模式中，"医养结合"新型养老模式备受关注。在五中全会"十三五"规划建议中就有明确表述，"推动医疗卫生和养老服务相结合，探索建立长期护理保险制度。"2015年11月18日，国务院办公厅转发卫生计生委等部门《关于推进医疗卫生与养老服务相结合的指导意见》（以下简称《意见》），明确地提出了医养结合的发展目标，"医养结合"新型养老模式便进入研究者和各地政府的视野。

"医养结合"是对传统养老服务概念的延伸和拓展，是在人口老龄化加剧和疾病谱改变的新时期，重新审视和思考养老服务内容之间的关系，并进行适时调整的需要。作为"医疗保健服务"和"养老照料服务"的结

---

① 吴玉韶、王莉莉、孔伟等：《中国养老机构发展研究》，《老龄科学研究》2015年第8期。
② 《北京市养老问题与健康城市建设研究》，北京市民政信息网，http://www.bjmzj.gov.cn/news/root/llyj/2012-03/103644.shtml。

合，它可以为老人提供一体化的服务，能够有效整合现有医疗和养老资源，为老年人提供健康教育、生活照护、医疗保健康复、体育锻炼、文化娱乐等服务，涵盖生活保障、精神心理、价值实现，体现老有所养、老有所医、老有所乐。医养结合养老模式相对于居家养老更加契合老年人的需要，解决了养老实践中"养老不医护"的问题和医疗实践中的"治病不养老"的问题。从目前来看，推进"医养结合"，探索医疗机构与养老机构合作新模式，将成为未来养老的发展方向。

以往的对"医养结合"的研究，多集中于总结各地的经验和探讨医养结合实现路径等方面，如提出养老机构配备医疗功能，医疗机构扩展养老功能，医疗结构与养老机构的合作等医养结合的机构养老方式方面。但是国外的研究显示，即使在发达国家进入各种养老和养护机构的老年人在所有老年人中的比例不超过20%，所以基于机构养老提出的医养结合框架，对于我国这样一个以传统的家庭养老和社区养老为主的社会，可能难以解决未来我国所面临的人口老龄化问题。因而，对于医养结合的新型养老模式，有必要进一步探索新的实现方式。

我们认为，应对中国社会未来的老龄化，特别是城市社会的老龄化，我们还必须探索以城市社区为依托的老年群体的养和医的结合模式。

二 研究综述

1. "医养结合"的概念界定

对于"医养结合"这一新的概念，学者间已经有许多讨论，但没有达成共识。归纳起来，主要观点如下。

张旭（2014）将医养结合作为一种养老模式进行研究，提出应当更加注重养老机构与医疗机构之间的合作，即这些机构的服务对象区别于普通养老机构服务的老年群体，主要面向慢性病老人、易复发病老人、大病恢复期老人、残障老人。服务内容以为老年人提供生活护理服务、精神慰藉服务、医疗诊治服务、大病康复服务以及临终关怀等服务项目。他还总结了各地开展的医养结合养老模式的三种类型：养老机构与医疗机构结成联盟、合作服务；医院转型为医养结合服务机构；在养老机构中设立医疗机构，医养一体化经营。刘琼（2013）也提出，医养结合的养老新模式，是医疗机构设立养老区或者由医疗机构定期派出医疗专家为养老机构、社区卫生服务站中的老年人进行医疗服务。景杨洋、张红晋（2016）也将医养结合作为新型养老模式。他们强调，医养结合的养老模式，是将养老与医疗资源有机结合的一种新型的养老模式。这里扩展了医养结合的外延。同时，作者总结了医养结合模式的三个特点：多元化主体参与；分级化服务体系；五位一体的养老服务模式。

健康老龄化。有学者认为，"医养结合"模式能够为老人持续提供服务，这也是实现健康老龄化的重要途径（刘兰波，2016）。王赟和曹勇等（2015）等对"医养结合"养老模式的认识侧重于认为一种养老服务模式，将它作为传统养老模式的延伸和升级——既包括传统的生活照料服务，还包括医疗康复保健服务。鲍捷、毛宗福（2015）更是从时间的视角来理解"医养结合"，认为它反映了"持续照料"的养老理念，包括病前疾病预防、病中便捷就医和病后康复护理三个相互关联的阶段。刘稳与徐昕等（2015）则从综合性的角度对"医养结合"进行了界定，主要包括服务供方、服务需方、服务项目、服务形式、服务机制五个方面。

"养"与"医"。有学者从服务的内容来理解"医养结合"。从"医"的方面说，它包括传统的生活护理服务、精神心理服务、老年文化服务；从"养"的方面来说，它包括医疗康复保健服务，具体有医疗服务、健康咨询服务、健康检查服务、疾病诊治和护理服务、大病康复服务以及临终关怀服务等。这能够实现资源的最大化，消除了患病老人及其家属的后顾之忧，使得患病老人在养老机构也能得到及时治疗（景杨洋、张红晋，2016；王元元、朱霖等，2014；沈连法，2015）。

2. 探索中的模式

许多学者根据各地区在医养结合实践领域的探索，总结了他们的相关经验，提出了多种"医养结合"的模式。

对四川"医养结合"养老模式的探讨中，张璐（2015）介绍了各种不同的形式，包括成都模式：医养延伸到社区医院，将社区卫生服务中心与日间照料中心结合，如曹家巷社区卫生服务中心；自贡模式：除了"医养结合"，该养老公寓还大力推行"居家养老"模式和"候鸟式"休闲养老模式；广元模式：打造"一对一"养老新模式，每位老人都由专门的医护人员负责，定期对老人进行日常疾病诊治及护理并建立健康档案；遂宁模式：把医院"搬"进敬老院，区中心敬老院依托仁里镇中心卫生院的医疗支撑，将医疗、康复、护理、心理等医疗和护理服务，纳入敬老院医养中心的日常工作范畴。李雪洁（2016）针对成都武侯区的医养结合研究，提出要建立产学研合作组织，广泛开展与国内外科技机构和企业合作，地面护理服务站的布置和空间支持；加大政府扶持力度，为医养结合项目发展提供政策资金保障。其中有关"候鸟式"休闲养老也是比较新型的养老模式，与全国各地条件较好的养老机构签互助协议，根据老人的需求或季节的变化进行相互的调动，也是满足老人多元养老需求。

在对青岛"医养结合"养老模式的探讨中，陈庆华、侯建媛（2015）对青岛市长期护理保险制度政策下，开展康复型的"医养结合"养老模式进行了研究。从服务对象来说，重点在于脑血管病、慢性病等老年多发病的诊治与临床康复治疗；从资金方面来说，长期护理保险制度有利于建立稳定的资金来源。王赟、曹勇等（2015）提出其中存在的问题主要是"医养融合"的养老机构认定标准过高；入住"医养融合"养老机构的老年人认定标准过高；老年人获得的医护照料质量缺乏评价监督机制。

孙培航、焦明丽、吴群红、郝艳华、康正（2016）通过分析宁波市养老机构外包的案例分析养老行业外包现状，将公共服务外包当作解决养老服务资源配置的途径和手段之一，通过对经验事实的分析，得出缺少监督体系、照护人员的缺失，及如何保证民营医院营利性是公共服务外包目前所面临的制度困境和资源约束的结论。

沈婉婉等（2015）对上海市养老机构医养结合采用模式情况进行了调研，这里将"医养结合"作为概念，"医养结合"模式是经验层面开展的具体实践。在对上海市长宁区、闵行区、金山区共85家养老机构进行的调研结果表明，在市区的长宁区，29家养老机构中，医养结合主要以社区卫生服务主导模式为主，有18家。养老机构内置医疗机构模式，有9家。企业法人联动模式1家，企业医院带动模式1家。在城乡接合部的闵行区，32家养老机构中，社区卫生服务机构主导模式和养老机构内置医疗机构模式的数量相同，各16家。地处郊区的金山区，24家养老机构中，同样以社区卫生服务机构主导模式为主，有14家。养老机构内置医疗机构模式，有7家。另外有3家采用逐级转诊模式。由此可见，"医养结合"模式作为经验层面的实践，上海市主要以社区卫生服务主导模式为主，其次是养老机构内置医疗机构模式。

对于"医养结合"模式的类型，刘兰波（2016）总结了山东省临邑县开展的"医养结合"模式。主要有三种类型：（1）以机构融合型为依托，推行"民办公助"医养结合模式。（2）以社区嵌入型为支撑，建立医疗养老融合发展联合体。（3）以居家服务型为基础，建设医养结合智能化智慧型基地。

吕鹏飞、陈晓玲（2016）系统地总结了"医养结合"的模式类型。a. 养中有医模式。即养老机构中设置医疗机构。b. 医中有养模式。充分利用现有优良医疗资源，通过增设、改建等方式使养老服务融入医疗服务。c. 医养结合新模式。探索医疗机构与养老机构合作新模式，医疗机构、社区卫生服务机构应当为老年人建立健康档案，建立社区医院与老年人家庭医疗契约服务关系。这里作者丰富了"医养结合"的模式，特别提出了作为社区医院与老年人家庭医疗服务结合的医养结合新模式。

3. 现状与问题

沈婉婉、鲍勇（2015）谈到，上海市老龄化情况严重，进入养老压力最大的时期。上海是全国第一个进入老龄化社会的城市，也是目前全面人口老龄化程度最高的特大城市。截至2013年底，上海全市户籍人口中，60岁及以上老年人口为387.62万人，占总人口的27.1%。预计2020年，上海60岁以上老人将达500万人，其中80岁以上的将近100万人。2025年将分别为600万人和120万人。上海市进入养老压力最大时期。

传统养老模式存在的无法保障老年人医疗保健需求的问题，得到了学界的共识。沈婉婉、鲍勇等人以及王赟、曹勇等人（2015）都认为传统的养老模式不能满足老年人的特殊需求。传统的养老模式主要由老年人的亲人提供照顾老年人所需的物质资料的家庭养老模式或是老年人入住传统养老机构的机构养老模式。传统的养老模式不能保障老年人的医疗保健需求，老年人一旦患病就不得不在家庭、养老机构与医院之间往返，耽误诊治的同时增加负担。然而关于传统养老模式中存在的问题，往往缺乏证据支持。更多是从作者主观认识出发提出的观点。推行新型医养结合模式的必要性，有必要深入分析传统养老模式中出现的医疗费用支出、老年人生活质量水平、老年人对传统养老模式的认同等变量。对比开展新型医养结合模式后，相应的变量的变化情况，以充分的论据来支撑结论，即开展医养结合的新模式取代传统的养老模式。

有许多学者较为深入地探讨了医养结合中存在的问题。

（1）资源问题

服务供给不足。由于老龄化加重、家庭护理功能弱化等原因，沈连法

（2015）提出医疗需求难以得到满足。一方面，目前养老机构及床位远远不能满足现有老人的正常需求；另一方面，现有的各种机构医疗设备不全（於军兰、周文萍等，2015）。医养结合服务供需的这种不平衡性，使吸纳有的机构和服务形式无法满足需要提供服务的对象。陈淑君、王岩（2015）提出产生这种现象的原因主要是医养服务床位量严重不足。

服务人才不足。王元元、朱霖等（2014）在研究中发现养老机构医疗照护能力欠缺；沈连法（2015）提出缺乏临床医学人才（包括医疗管理人才），养老院的管理工作者中绝大部分只懂养老管理，不懂医疗管理。冯丹、冯泽永等（2015）提出老年护工是养老机构发展的主力军，而因其社会地位低、自身职业认同感低、付出与收入不对等原因，导致养老机构老年护工数量不足且质量不高。同时，由于教学过程中缺乏对老年护理相关理论知识的讲授，以及老年医学培训基地，在培训项目和资格认证考试也属于空缺状况。目前，中国的护理人员主要由下岗职工及进城务工人员组成，缺乏专业技能和专业素养，这都制约了护理服务的发展（陈淑君、王岩，2015）。如何发展养老机构的软件建设，使其向制度化、产业化、规范化方向发展，是养老机构面临的重大挑战。

资源整合不到位。政府对公立养老机构投入的资金相对较多，因此公立养老院收取的费用少、服务和环境相对较好，老年人大多会选择公立的养老院养老，这就造成了床位紧张（陈淑君、王岩，2015）。王元元、朱霖等（2014）认为现有医疗机构与养老机构未有机对接，资源不能共享；已有"医养结合"养老机构入住率较低，患有慢性病、残障、大病康复期、绝症晚期的失能老人是医养结合机构养老最主要的服务对象。刘稳、徐昕等（2015）提出机构间的层级分化严重，服务能力差距较大。

马明慧（2015）总结了推行"医养结合"机构养老服务模式的现实基础：作者通过对黑龙江省进行调研，提出黑龙江省医疗资源丰富，各地市、县区一级或二级医院都存有过剩的公立医疗资源，只要通过结构和功能调整，财政稍加投入，完善其所需的病室设施和器械装备，就可以直接转型为老年康复院、老年护理院等医养结合服务机构。陈淑君、王岩（2015）也注意到，目前多数中小医院的资源闲置、病床利用率低，可以考虑将这些闲置的资源分配给就近的养老机构，将这些医院的医生、护士聘用到养老院进行服务。然而，他们将一级或二级医院中的这种现象当作闲置资源，忽视了三个假定，即就医者没有就医偏好、医生的救护质量在各个医院是一样的、前往医院就医的便利度是一致的。

（2）制度问题

制度保障不健全。养老机构和医疗机构的结合服务主要依据政府部门的规章、政策文件才能得以开展与监管。陈淑君、王岩（2015）提出对医养结合具体如何实施、资金来源渠道、如何监督管理等都缺乏相应的法规、政策。从政府角度来说，对医养结合服务的支持保障力度不够，表现在医养结合配套的财政、土地规划等政策方面（於军兰、周文萍等，2015）。刘稳、徐昕等（2015）从养老机构与医疗机构间的转诊制度、合作规范、医保报销、行业准入、质量评估等方面均缺乏针对性的指导文件，来阐述"医养结合"养老服务制度的不健全。

社会保障体系不完善。目前养老机构筹资来源多元化，但是缺乏合理的医疗费用筹措机制（冯丹、冯泽永等，2015）。但全国没有建立老年病防治基金，也没有建立老年护理保险制度。童立纺、赵庆华等（2015）提出我国"医养结合型养老护理机构"的收费标准及医保运行方面缺乏统一性，各地仍参照二级或三级医疗机构的收费标准进行医保结算。同时，缺乏统一配套的医疗保险报销规范，由于医保报销金额以及住院时间等方面的限制，慢病康复期的老年人只能连续出院转院或押床，浪费医疗资源的同时延误治疗（刘稳、徐昕等，2015）。沈婉婉（2015）在上海养老机构的调研中，发现"医养结合"模式的开展存在诸多问题，在上海市631家养老机构中，具备医保联网的仅有92家，医保覆盖比例仅为14.6%。养老机构的医保覆盖率低，导致尚未纳入医保范围内的养老机构，入住老人无法通过医保结算承担医疗成本，大大提高了入住老人的养老成本。这里，作者认为，养老机构的医保覆盖率低必然导致提高入住老人的养老成本。将医保的覆盖率与医疗成本建立了直接的因果联系。这里建立的假设为医保覆盖率低，直接影响了医疗费用支出的提高，从而导致了养老成本的提高。但事实上，医保覆盖率的高低与医疗费用的支出情况，作者未给出数据支持，影响了研究的效度。

多头管理。传统养老机构由民政部门审批和管理，医疗卫生机构由卫生部门认定和管理，医保报销由社保部门管理。实行医养结合养老模式，三部门工作职责会有交叉，导致"三不管"。冯丹、冯泽永等（2015）认为明确卫生行政、民政、劳动和社会保障部门的监管与监督职能，能够加强管理部门之间的协调。如果出现多重管理，会导致政策监管落实难度大

（刘稳、徐昕等，2015）。

（3）养与医的结合问题

也有的学者是从"医养结合"的具体方面进行的研究。童立纺、赵庆华等（2015）从长期照护制度的角度，对组织框架、管理体系、运行体系三方面进行了探讨，认为此模式可以改善我国养老体系医疗服务支持系统薄弱的现状。鲍捷、毛宗福（2015）则从创新医疗保险制度的角度提出了制度设计，如建立长期护理社会保险、资助"签约医生"制度、转变医保偿付结构等角度。吕鹏飞、陈晓玲等（2016）从卫生监督角度出发，提出了加快出台相关法律法规、加大扶持医养结合项目建设力度、加强卫生监督队伍建设、各监管部门间加强合作、重视宣教以促进医疗机构自律等对策。刘文红、彭嘉琳（2015）从护理服务的角度，提出要明确医养分工，按各自职能提供服务，做好衔接，才能促进养老服务全面发展。刘清发、孙瑞玲（2015）从技术方面，通过远程医疗破解区域医疗资源不均衡的问题，探讨了远程医疗在远程诊疗与监护、远程教育、远程健康管理等方面的应用。

沈婉婉等（2015）对养老机构中存在的医疗水平问题进行了阐述，通过对上海市养老机构进行的调研，发现多数养老机构所属的医务室医疗水平偏低，无法取得医疗机构许可，也无能力与医疗机构相对接。由于养老护理员工作劳动强度大、福利待遇低，就业吸引力有限，养老机构护理人员在职称评定等方面无法享受与医疗机构执业人员同等待遇，护理工作人员短缺问题在养老机构普遍存在。

王赟等（2015）对"医养结合"的养老机构认定标准，以及养老机构的老年人认定标准过高的问题进行了阐述。作者指出，青岛市区的110多家养老院中仅有30多家具备资格申请成为"医养结合"的定点机构。入住"医养结合"养老机构中的老年人，必须是常年卧床，生活无法自理的失能老人。

吕鹏飞等（2016）从卫生监管方面论述了"医养结合"模式开展存在的问题。作者指出：a. 目前，我国对于医养结合模式的监管标准尚不够细化、不具有针对性；b. 医养结合项目建设条件不足。体现为人才的缺乏、养老机构整体面临资金不足的困境；c. 医疗安全隐患较多；d. 多部门监管职能交叉。

唐钧（2015）在谨防"医养结合"陷阱中谈到，国际经验表明，医疗服务是与社会服务相区分的。美国病人住院的平均时间只有七天，因为无论是医院还是医生，都是稀缺资源，提供服务的成本非常之高。在病人接受治疗后，对被要求出院的病人实行了不同的制度安排。一种病人是可以痊愈、恢复健康的，他们被安排进入康复医院。另一种病人是不可能痊愈的，他们更需要的是日常生活照料。针对这两种不同需要，就有了医疗服务和社会服务的区分。一般而言，提供日常生活照料、康复护理是为了控制老年病、慢性病病情的发展，所以无须将医疗护理放在"更加重要"的地位，因为会增加不必要的服务成本。尤其是在中国，医生的人工服务费用低，可以作为下一个转移成本的目标极有可能是长期护理。用医保基金来支付长期照护的费用，实际上是一个潜藏的陷阱。

三　质性研究法与调查对象

1. 质性研究法

质性研究法是以研究者本人作为研究工具，在自然的情境下采用多种资料的收集方法，对社会现象进行整体性探究，使用归纳法分析资料形成理论，通过与研究对象互动对其行为和意义建构获得解释性理解的一种活动。（陈向明，2000）对于社区"医养结合"模式的研究需要的是一种从研究对象角度去理解他们行为和需求的研究，因此，本文选取质性研究的方式，希望通过访谈，能够从被访者的生活材料中挖掘"医养结合"在社区层面新的需求和未来的发展路径。

本次研究是基于中国社会科学院社会学所在汽南社区已有的三年研究的感情基础上的继续推进。我们通过大量的调查，分析医养结合的社区实践效果。因此主要选取的调查方法是深度访问和参与式观察。参与式观察主要是参与到协会的日常运作中，以及参与到汽南社区魅力老人和十佳孝星评选颁奖等活动中去。

本研究共抽取该社区内9位访谈对象作为样本，对社区内的老年人（3名）、老人子女（1名）、卫生站工作人员（1名）、汽南建设协会工作人员（2名）以及家政工作人员（2名）进行深入访谈。

本次访谈采用半结构式访谈，由于九组访谈由九组不同人员进行，在问题设置上略有差异，但主题围绕小区医养结合的现状来进行询问。

2. 调查对象

北京市西城区月坛街道汽南社区是一处建于 20 世纪 50 年代的老旧小区，由汽南居委会和白云路居委会合并而成，面积 0.101 平方千米，成立于 50 年代末，经过几十年变迁，由原来的机械部产权管辖，扩大到国资委、商业部、月坛房管所、海印厂、京安厂五个产权单位所组成。

社区设有党组织、社区居委会、社区工作站。党委成员 9 名，下设 3 个党支部，10 个党小组。共有社区党员 221 名。居委会成员 9 名，工作站成员 11 名。社区居民由社会各方面人员所组成。社区内规划有序、设施完善、环境优美、交通方便、购物就医便利是居民安居乐业的好场所。

所辖范围：汽南社区东侧相邻名胜古迹白云观，南侧紧靠莲花池东路，西侧是小马厂和公安大学，北侧是昆玉河。社区内有楼房 26 座，平房 9 处。其中有 14 号楼、15 号楼、16 号楼、17 号楼、18 号楼、19 号楼、20 号楼、21 号楼、22 号楼、甲 22 号楼、乙 22 号楼、丙 22 号楼、23 号楼、24 号楼、25 号楼、26 号楼、27 号楼、28 号楼，平房 9、10、11、12、15、21、18 排，十八号院平房；莲花池东路丙 3 号楼、乙 3 号楼；白云路七号院 1 号楼、2 号楼、3 号楼、七号院平房；莲花东路甲五号院；莲花东路甲五号院 6 号楼；莲花东路甲三楼。

它还具有以下特点。

首先，是独特的地理优势。汽南社区坐落在二环西南角。汽南社区周边环境十分幽静、优美。小区大门对面，是著名景区白云观，名胜古迹为小区增添了一丝历史厚重感；向北望去，一条清澈的河流穿过熙攘的都市，这是昆玉河，可以说，汽南社区天然的地理优势为开展养老服务带来了无尽的好处。

其次，汽南社区是一个老新结合的小区，能够较为充分地反映城市社区的变迁。居民结构多样，有机关、企事业单位职工，有中央和市属单位职工。

在这个老居民小区，无论是建于 20 世纪 50 年代的灰色三层苏联老房、80 年代的红色六层砖楼，还是 90 年代有电梯的高层，我们都能在这里见到。可以说，该小区基本反映了社会变迁的几个关键时期，居民的居住年限较久，对于把握社会变迁家庭养老观念的变化具有一定的意义。

最后，这是一个已经步入"老龄化"的社区。现有居民 2900 户，6197 人。60 岁以上老年人 1859 人，占社区总人口将近 30%；70 岁以上老年人 930 人，占老年人口总数的 50%；空巢和独居的老年人家庭 206 户、408 人，是典型的老年社区。具体来说，校区内离休干部比例较高，其余的为退休职工或无保障人员。我们知道，老年人退休后的身份直接影响着晚年的生活质量，基于年龄与身份的双重考虑，该小区老人的异质性和饱和度较高，具有研究意义。

四　汽南社区的"养"

1. 经济来源

我们的调查个案显示该社区老年群体的经济基本都很自主，很少有在经济上依赖儿女的现象。特别是那些离休的老干部，不仅在经济上不依赖自己的子女，有的甚至还成为儿女的经济来源。

社区老年人的第一经济来源，首先在于他们的养老金。就该社区目前而言，社区老年夫妇的养老金主要有以下几种模式：

双高型，所谓双高型就是夫妻两人都是离休干部，每月的离休工资在万元以上。我们的调查对象毛老和陈老就属此种类型。毛老和陈老都是原机械部的离休老干部，典型的"80 后"（年龄 80 岁以上）。

毛老在新中国成立伊始当过钳工，后来进入专门培养工人的学校"人师"学习，再后来又被专门派往苏联学习电机，学成归国，回到了哈尔滨电器厂。1957 年毛老被调到北京搞原子加速器（那个时候是叫电器科学研究院，现在叫自动化所），从那个时候开始搞精工的，搞了一二十年，以后调到部里精工师，也还是搞精工。毛老曾经作为高级工程师，随中国代表团参观过美国洛斯阿拉莫斯原子能实验室。

陈老自己介绍说：

> 我没到过工厂，只是在初中、高中的教室里教过俄语。那时候他在工业部，我也在工业部上班，经常下车间，接触工人。晚上就在夜大教俄语。后来，"一五"计划前，苏联和毛主席签订了《中苏友好条约》，签了 156 个项目。部里要派很多的实习生，还要培养车工、钳工、刨工整个工序的一套人才。当时国内没有这么多人才，只有日本留下来的一点，所以就派了很多车间主任、工长、电工，还有工程师去苏联学习。我就去做翻译。其实我就学了两年，肯定懂得很少。

但是，组织叫干什么就干什么。我就跟着一起去，一去就去了两年。每个工序都有工人，我比较勤劳，每个工序我每天都走一遍，他有什么问题就问我。所以就学到了本事，比如说这个设备是怎么制造的。回来后，部里就不让我回厂了。说部里要有专家了，你就甭回工厂了，所以我就有幸跟部里的专家组长一起工作。这专家组组长干什么呢？《中苏友好协定》签订后，苏联要援助我们建工厂，比如哈尔滨电器厂，同时要派专家来检查我们是不是按照条约完成任务，所以这些专家就成天哈尔滨、上海、沈阳、大连的去检查。所以，我就有幸跟这个老头、老专家成天的跑，大肚子也得跑，因为他不愿意换别人。苏联专家走了，我就编了个电工杂志。我就知道这个行当里边有多少就行了。

毛老和陈老属于典型的知识分子出身的双高型离休老人，两人每月各自的离休工资都超过万元。不仅足以支持他们目前的日常生活开支，还同时承担了一个 50 多岁患有先天性痴呆的小儿子的生活支出。

一高一低型，一高一低型通常是老夫妻两人中，丈夫是离休干部，而妻子则是普通退休的职员或工人。夫妻中的丈夫可能属于部队系统，一个革命的军事干部，而妻子则来自家乡，随丈夫进入北京，从而成为某工厂或单位的一名普通职工。这样丈夫的退休待遇就是离休干部的待遇，每月工资在万元左右；妻子则只能是普通退休人员的待遇，每月 3000～4000 元不等。我们访谈中的秦老家的情况就属于此种类型。当问到，"您现在和您老伴儿的一个月的离休工资有多少？"，秦老回答，"我们俩是比较多的，老头儿是离休的，一万多点。"秦老属于随军家属，来自农村，"我是来北京上的班。我是解放妇女那一天，毛主席把我解放出来的家庭妇女。""我说我冤在什么地方，从刚结婚时我就干活，孩子大了，就来这儿上班来着，就带着一身衣服来，那时候，衣服穿着有换的就行了，来了就没走，自己以前准备的东西都没带过来。"目前，"尽管照顾着老头儿，但我还沾着老头儿的光呢，我现在才挣三千多块钱。"在秦老的观念中，"北京市一个月挣三千多块钱很普遍，因为什么啊？因为一轻、二轻这两大块人多得是，都是三千多块钱。"虽然秦老并不觉得家庭经济条件不好，但是，还是保持了老一代勤俭持家的风格。秦老从年轻时，"我弄了三个孩子，上班特远，我还没买过一针活，包括鞋、军大衣我都是自己拆，自己做。"

现在，"要说节俭我也确实节俭，但我不是为我的钱节俭，第一我不爱吃菜，第二我们都爱吃粗粮"，同时，"老头儿不花钱，我说实在的也不怎么花钱。"

双低型，双低型老年夫妻都是退休的工人或普通职员，每月的退休金收入各自在3000~4000元，也就是夫妻两人每月的退休收入不足万元。他们主要依靠这每月不足万元的收入和以前的积蓄节俭度日，尽量不给儿女增添经济上的负担。访谈对象田阿姨家就属于这种情况。田阿姨："我原先在（沈阳）皇姑区，我那个工厂在皇姑剧场附近，完了我在那个皇姑区住，后来我还是1974年8月份调过来的，那个时候我这个单位，正好是新建的厂子，需要模工、车工、洗工……我是模工。就这么调过来的（北京）。"而她的丈夫，"他是当兵，在这儿当兵。"目前，她自己是一个退休工人，"我现在退休工资，一个月才3300（元）。"她丈夫的退休工资比她也高不了多少，他们两个人的退休工资加起来才能够一个人进入养老院的费用。她和丈夫在这种经济状况下，除了节俭持家以外，信条就是，"我现在就觉得，你高兴也是一天，愁也是一天。你愁，这个问题再大，你也解决不了。所以说你钱多、钱少，咱无所谓，够花就得。人家天天吃那什么，咱就是天天吃这个，够就行。不攀比，钱多少不攀比。穷富咱不攀比。健健康康快乐一天。因为像我们这个岁数，今这么着，明那么着，干吗呢。"田阿姨和丈夫有一个儿子，现在也已经30多岁，还没有结婚，每月工资才2200多，无力自己购房，还得依靠二老的经济资助，申请购买房山区的经济适用住房。

以上我们总结的是夫妻两人的养老金来源类型。当夫妻中的一方去世以后，那么上述的类型就会变成，单高型（通常是男性离休干部，年龄在90岁左右，或更高。个别有女性的离休干部，年龄也在90岁左右，或更高）和单低型（通常是女性的退休工人，70岁至80岁，月收入3000~4000元。但是，也有男性的退休工人）。单高型老人的经济收入足以负担他们进入养老院，所以有相当一部分单高型老人离开了社区，住进了养老院。没有住进养老院的单高型老人通常他们的每月支出不会超过6000元，所以还有一部分经济收入成为其子女的经济来源。

社区老年人的第二项经济资源就是他们的房屋财产。这是他们最重要的经济资源，也是社区老年人经济差异的最大区别。简单来说，根据房屋所有的情况，社区老年人可以分成三种类型：大房产型、普通房产型和无房租住型。

所谓大房产型，即住在社区内部长楼中的老人，他们住房楼层最高为3层，居住面积在150平方米左右，通常有子女或保姆同住。由于北京市这两年房价的飞速上涨，以及这一地区独特的地理位置，目前该小区的每平方米房屋出售的均价在7.5万元以上。所以一套150平方米的房屋，目前售价在1000万元以上。我们调查对象于阿姨家即属于这种类型。于阿姨同老伴儿都已经退休，同她的公公，一位90多岁的离休老干部住在部长楼中。

普通房产型，为社区内普通的楼房，即有20世纪80年代的科长楼和工人楼，6~7层，不带电梯，房屋面积在50~80平方米；也有90年代中后期建的高层住宅，带有电梯，房屋面积在60~90平方米。上文中的调查对象毛老和陈老夫妇即住在一栋20世纪90年代中后期建的高层住宅的10层，房屋面积80平方米左右，三室加一个小客厅。调查对象田阿姨夫妇俩的住房就是一套两居室的旧楼房。他们原来住在北京大栅栏的平房，1988年通过换房，住进了现在的楼房内。"那个时候都是公家，交房钱都归房管所，每月交5块多钱的房费。完了你不合适你就跟它换，就这么换过来的。现在不行啊，现在都是买啊。你只能买，把这个卖了再买去。那个时候方便，说在这不行，小，换一下子，他搬你这儿，我搬他那儿去，完了你交他的房钱，他交你的房钱就行了，把名字一改就行了。""我这个房子，没怎么装修，来了以后就刷了浆，铺了地砖，铺了墙砖，这么多年了，也没动。没那么些钱装它，现在装修多贵啊。就凑合活着。""我们这个房子400多万元啊，两居室。"毛老和陈老的房屋目前的市场价格也超过了600万元。

最后是无房租住型。老人们自己并不拥有租房，而是租住的单位或房管所的地下室或平房，面积窄小，租金便宜。这种住房在小区内不算多，仅仅是非常个别的现象。这些老人几十年如一日地住在这里，每月缴纳很少的租金（相对于该地区房屋的市场租赁价格而言）。由于居住情况简陋，他们的家除了老两口居住以外，很难容下其他人（如保姆或其他照料者）居住。调查中，我们曾经了解到一对70多岁的老夫妻，租住在一套40平方米左右的半地下室中。由于居住面积太窄小，老两口只能共同睡在一个11~12平方米的小屋子内，不仅影响相互的睡眠，还曾经由于房屋窄小，在夜晚起夜时，发生过摔倒的事情。由于房屋是租住的，所以这些老人除了每月 2000～3000 元的退休工资以外，就没有财产上的保障了。

2. 家庭关系

这里的家庭关系主要指社区老年人夫妇之间，老年人以及同他们的直系亲属之间的关系，特别是他们之间的交往关系，包括居住方式、日常问候、偶然或经常发生的生活照料、经济关系。

进入老年之后，夫妻间的关系成为最重要、最核心的关系。共同的经济以及相互间的尊重、爱护和照护，成为老年夫妇相互对待和支持的核心。调查对象毛老和陈老就是互相照顾的典型，相互协作共同料理饮食和家务。毛老说，"我另一个主要的特点是什么？我虽然年纪大了，我只要能动那我就动。我现在还能做饭，我还能够弄。她的话，你不是不知道，身体很虚弱、头晕，什么的。有时候，反正我们就是分工。这个，上午就是我来整，包括早饭什么的，因为我起得早，五点我就起来了，起来我就给家里弄完。晚上、中午那是她来，我们家里有个家庭分工。"在我们调查的时候，毛老家的橱柜上还贴有他们女儿的建议诗，要二老多容忍、多体谅、多协作、少吵架、少动气。这大约是对二位老人平时关系的一点总结和建议。

调查对象田阿姨在发生心梗之前，是家庭劳动的主要承担者，但是在心梗之后，就同老伴儿形成了互相照顾的关系。她说，现在"有时候他做，有时候我做，我要是不爱做了，他做，我有时候不爱动了，就他做。我一做，他们就说淡，还得就点咸菜吃，我说那没办法。他要是做咸了呢，我就泡点水。"还说，"就在我有病以前，大部分活都我干。后来一有这个病，差点死了，他就那啥。真的。我这个命是他们（丈夫和儿子）救的。要不然就完了。"因为，她的丈夫也有老年的常见慢性疾病，糖尿病和血压高，所以，他们两个现在每天基本同进同出，互相关照。

在老年夫妇中也有像秦老和她老伴儿之间的一方给予生活照料另一方给予经济支持的关系。秦老的老伴儿是一位久卧在床的离休老人，生活基本不能治理，完全依赖于秦老的照料和照护；但是秦老老伴儿的离休工资接近万元，而秦老自己的退休工资则只有 3000 多元，在经济上，还要依靠自己的老伴儿。

老年夫妇间也偶尔可以看到互相独立的状况，比如男性老年人自己一人独居，而女性老年人随儿女居住在一起，他们在每日中餐或晚餐的时候在一起，其他时间基本不发生交集。

　　社区老年人第二重要的关系就是他们同直系亲属，特别是同他们的子女间的关系。这里，我们不谈社区老年人同子女间的照护关系，即子女作为日常生活照料和医疗照护的提供者，同他们的父母形成的关系，而只关注子女作为交往者和生活的帮助者，同父母形成的关系。第一种类型，是老年夫妇同子女生活在一个屋檐下，或住得非常近，每天有共同的生活。这时，子女同老年父母之间的关系，往往不是单向的生活照料的关系，而是相互的生活照料，还常伴有父母对子女的经济帮助。这种类型的生活关系，在该社区中似乎不多见。一般而言，社区老年群体中，多见的是，所谓的空巢老人，就是子女成家立业后，都搬出去另过了，并不同老年父母形成共同的日常生活关系。

　　调查对象毛老和陈老同其子女就是这样一种关系。毛老和陈老共有三名子女。二儿子患有先天性痴呆，五十多岁，同父母生活在一起，由于国家相应福利支持的缺失，他目前还只能依靠两位有病的父母的照料。毛老和陈老谈到小儿子，"他在美国当大夫，你知道的，他鞭长莫及啦。他想来照顾，每礼拜来一次电话，问问好。"他们的大女儿，"我的大女儿也快六十了，所以她还有婆婆，她婆婆还比我大一岁，就是住在那个北花庄，那个部里的。她经常来照顾我们，礼拜二、礼拜四、礼拜六，还是到我们这，早上来，下午走。要买一点什么东西，都是她来的时候给我们买。""现在就是我那个女儿，她比较忙一点，前两天，她的那个婆婆住院，刚刚出院，结果呢，（笑），每天上午又要陪她（陈老）到复兴医院去输液。"

　　调查对象秦老和她的老伴儿也没有同子女生活在一起。秦老夫妇虽然不同子女辈生活在一起，但是她依然认为，她的子女还是非常孝顺的，"我不是吹，我家孩子基本上我叫他们做甚就是什么，有什么打声招呼马上就过来了，儿子、闺女、儿媳妇、姑爷，只要我一说话准过来，那儿子问，老妈要钱么？我说不要。都问，那就行了呗。我不结账了，你们谁去结账吧。现在孩子们也不容易，现在花销多大啊。"

　　社区老人不仅有同他们子女的关系，有的孙子女辈也已经成人和工作了。调查对象王老是一名88岁的离休正师级老干部，他现在，"首先，我两个儿子，都工作，孙子都上大学，对他们既实惠，又严格要求，孙子过生日，给他个红包，不是给我，是给他，孙子媳妇，给她个红包，但生活上要求很严，有一定威信。我们孙子有个联通的高管。"孙子女有事偶尔可以给老人提供一些帮助，但是他们并不会有耐心和持久的动力去做。像王老的孙子是联通的高管，"这不高管么，电脑方面，他妈妈有些事问他，他就不耐烦，他觉得说一遍就会，不可能啊。我有事也问他，我说经常有骚扰电话，弄个防火墙行不行啊，后来他告诉我怎么弄，就类似这样的事情，他觉得给你说一遍你就会了，实际上不可能。"往往是孙子女辈还得依靠老人的帮助，"二孙子，在银行工作，也是高管。后来他说爷爷你存钱啊，到我们银行来，这是我政绩，你动员周边的老同志来，我说可以，都按他说的做了，后来他调走了，跳槽了，把钱都取出来，我们孙子都这样，我弄不清他们年轻这代。"

3. 社交与娱乐活动

正是在日常的社交和娱乐中，社区的老年人同家庭以外的他人发生关系。我们很难以归类的方式来探讨社区老年人的社交和娱乐活动，但是，他们主要的社交和娱乐活动包括：

逛街和购物。逛街和购物既是社区老人日常生活的一项必要活动，也是一种带有社会交往和娱乐性质的活动，在他们的日常生活中扮演着非常重要的角色和不可替代的功能。当问到社区的田阿姨每天都干些什么的时候，她的回答是，"现在啊，就是遛弯儿。上午跟老头儿遛弯儿去，出去买点菜啊，买点什么。"调查对象秦老也是基本每天上午10点左右出门，上街购物，这成为她上午的主要活动。

遛弯儿和闲聊。遛弯和闲聊虽然看起来是最不起眼的日常活动，但是如果仔细观察一下，就会发现这两个紧密交织在一起的活动，几乎是所有老年人每日必不可少的活动，是他们生活最重要的组成部分。无论是男性老年群体，还是女性老年群体，他们的遛弯的路线可能不必相同，聊天的对象可能常常变换，时间和节奏可能随着季节和天气，以及自己的生活内容和身体状况而有所变化，但是这总是他们最常态的活动之一。所有的调查对象，除了那些完全失能的老人，只要还能走得动，他们总是要出来遛弯儿和聊一聊。像社区的田阿姨，生病以后，每天要有两次遛弯儿，上午同老伴儿，遛弯儿兼买菜和购物，下午则自己出门遛弯儿，同自己的交往圈子进行沟通。调查对象秦老在得空儿的时候，也会出门遛弯儿，或是请朋友到家里来做客，聊天。我们在调查时还注意到，小区内固定有几个老年人的聚集点儿，每天在一定时间内总有些老人聚集在这些户外的地点聊上一聊，家长里短，内容不限。

各种娱乐活动。社区老年人根据自身的身体健康情况和喜好往往还有一些集体性的娱乐活动。社区的集体舞活动就是许多女性老年人乐意参加的一种活动。调查对象田阿姨在没有发生心梗之前，几乎每天都会去参加社区的跳舞活动。田阿姨在退休之后，"在那河边跳舞，因为我从退休一直就是锻炼身体，身体特别好，一般什么病都没有。""早晨跳，晚上也去跳。"

位于汽南社区西北角上，有一个麻将室，每天从早到晚都有许多老年人在里面打麻将。调查对象秦老偶尔也会去那里打上几圈麻将。她说，"我也爱玩牌，老在家里头没事呀，没事就去玩牌。"不过她并不是每天都去，"我这活动也没准儿，我那桌子上什么破玩意儿都有。我那什么社区什么的都有，我就看看呗！"

社会服务。作为社区自组织的活动组织者、志愿者或参加者，参加社区组织的老年活动是许多老年人继续实现其社会价值的一项主要的社会活动方式。汽南社区建设协会的会长88岁的王老，以及副会长80岁的何老是其中突出的代表。王老从部队退下来后，就来到了汽南社区居委会，成为居委会的主任。从居委会主任的位置上退下后，他带头成立了汽南社区建设协会和汽南社区无围墙养老院。他现在每天准时到建设协会工作，"充满极高的热情，我也不要任何报酬，我们这里没有任何报酬，而且我每天来这里感觉非常充实。这个地方接触社会。老人带着问题来，好多我都不知道，他谈完以后我都很震动。比如说，最近有个老人，是国资委的一个司长，他说，王主任我有个问题想请教你。他说，王主任，你原来是部队上的，咱们和日本有没有战争的可能。我说，没有，怎么不是十年前的中国，从武力上是没有问题的，但是我们不打第一枪，但是我们也不让别人打我们。后来，他说为什么，我说我们现在的装备不在话下，火箭、飞机。这是由我们的国家性质决定的，绝对不会挑起战争。他说你说说咱们现在的部队都有什么创新。我说这个坦克，和十年以前的坦克都不同了，过去坦克里面是四个人，一个开，一个指挥，一个装炮弹，一个打炮弹，还有机电员，现在就三个人，没装炮弹的，现在是可溶炮弹，随着发射就走了，原来不行，所以为什么，坦克兵都穿马靴，现在都没这个了，现在都瞄准，现在事先都对好数据，在家把数据都弄好，按钮就行，完全智能化的。现在96式，飞机和海军更是如此。后来，他说，对对对，真信服了。"他认为，"我现在写东西是一种幸福，工作量是不小。"同时，作为回报的是，"主要是社区里边，朋友圈太大了，我走到街上去，都认识我，我经常到其他社区做居家养老的报告，人家的名字我都记不住，但是人家都认识我。"

现年 80 岁的何老（女）也同王老的情况类似，在居委会工作了 30 年后，退下来就到了建设协会工作，每天上午和下午都在建设协会内工作近 2 个小时，主要负责联络和组织社区志愿者参加各种活动。

4. 生活与健康

社区老年人"养"的主要内容发生在日常饮食、保健食品和日常药品的服用三个方面。这三个方面既同他们的经济能力、行动能力和健康状况内在地联系在一起，反过来又直接地影响着他们未来的健康状况。

日常饮食是任何人都不可能缺少的事项，但是社区老年人在日常饮食上往往反映出他们自身的特点，这些特点同他们自己的经济状况以及健康情况直接相关。

照顾了丈夫十多年的秦老和老伴儿，"我们都爱吃粗粮，你说以前那个棒子面跟麦面比差多少啊。现在棒子面比白面贵。我都是在老家弄的棒子面，我老家孩子们给我弄的。""吃面食，这个菜我要是想多吃点，我就自己弄，弄拌菜，像拌白菜里头搁点醋、花生米、芥末。""我自己做粗粮，就像我雇了两个小时工，早上两个小时，晚上两个小时，人家做好饭老头不吃，人家一出门，我说：'你想什么时候吃啊？吃什么啊？'他说想吃小白薯。我说我的天啊，就一个小白薯了，我给你蒸。"

当问到田阿姨饮食的注意事项时，她回答，"饮食，我注意荤的和素的搭配了吃，我早上就那样，我有的时候，天天一碗牛奶加麦片。每天都这么喝。有时候吃一个鸡蛋，有时候不吃鸡蛋，就吃三个鹌鹑蛋，我吃一块面包，或者吃一块花卷。我要是吃花卷，就用苦苣蘸点酱。这块只能自己调理。我现在油腻的东西不特别爱吃，像我老头儿，男的就特爱吃炖肉啊，我对那个不感兴趣，我要是吃，就吃一块瘦的。老头儿有时候做饭，做菜要是咸了的话，我就泡点水，人家做出来，你不能老挑，一挑人家不高兴。"

我们在调查中发现，多数老年人的饮食方式都很相似，一日三餐，早餐以购置的牛奶和面点为主，中餐是一天的主餐，有菜有饭，常做得多一些，晚餐是一天当中最随意的一餐，常常吃中午剩下的菜，外加些稀饭。有的老年人为了避免吃饭的"麻烦"还常常吃前一天剩下的饭。买菜和做饭对于上了年岁、身体条件不太好的老人而言，无疑是一项带有相当困难程度的工作。然而，简单的饮食往往带来的并不是健康，而是健康的恶化。

保健食品是当前许多老年人生活中的一大内容，有的老人依赖保健食品的程度，甚至有过于日常饮食。社区老年人保健食品的范围非常广，从接近于食品而带有增强体质的到具有特定医学功效的类药品。社区老年人不仅自己吃保健食品，同时保健食品还成为他们社交活动的重要内容，参加各种保健食品的推广活动和试吃活动，向其他老年人推荐看似有效的保健食品，展示自己最近吃保健食品的功效等。

社区的秦老自己患有多种老年慢性疾病，由于对吃西药过敏，所以她每天都要吃一种叫"软灵脂"的保健品。她说，"我自己买的，我叫他们也吃，那个软灵脂是清理血管的。我就吃这个软灵脂。"有时，她偶感风寒，嗓子不舒服的时候，"我这不舒服，一感冒嗓子就不舒服，我买一种保健品是润口佳，我就吃两片那个就行了，嗓子就过来了，稍微重一点，就弄点姜糖水喝。"

我们在社区调查时，参加过几次老年人的聚会活动，在每一次这种集体活动中，我们发现老年人交流最多的就是保健食品，一方向另一方宣传某种保健食品的神奇疗效。我们还发现，保健食品的使用在女性老年群体中的比例似乎高于男性老年群体的比例。不过这一点还需要有大样本调查数据的支持。

对于患有各种老年慢性疾病的社区老年人而言，日常药品无疑构成了他们每日生活的一个重要组成部分，一个显著地同其他健康老人区别开来的特征。

当问到社区的毛老目前是否还吃药的时候，毛老的老伴儿陈老说，"吃！哎哟，你去看看那个药去。"毛老自己也笑着说，"我的药……我的药好多呢！"在调查过程中，毛老还向调查人员展示了他每天都吃的各种药品。他说，"你看呐，我的配好了的药。每天三次配药，都是我自个儿配药。他们不知道（怎么配）啊。这是晚上的药，你看，这个是中药，这个是西药，这个（抽屉）里面还有中药、西药，很多种。这个是最后……睡觉以前吃的，就是（治疗）心脏（病）的。（问：这些药都是治什么病的啊？）主要是心梗、脑梗，主要的现在是糖尿病。糖尿病当然要打那个针呐，哈哈哈，这是我自己……每天都是我自己在屋里打。对。（问：每天都要打？）嗯，每天都要打，打的剂量还挺高的。"可以说，每天的药品构成了毛大爷生命持续的基本条件。

社区的田阿姨在 2013 年突发心梗，从此药品就成为她随时带在身边，并日常服用的东西。田阿姨说，"反正我口袋里总装着药。装着那个硝酸甘油。"还说，"我现在啊，终生吃，因为我这里做了两个支架，终生吃药。阿司匹林，泰嘉，还有美托洛尔，都是必吃的药。"然而，"这还不多，我刚出院那会儿，一天要吃五六种。后来，两年以后，就把那些药都给减了。"

对任何一位患有老年慢性疾病的老人而言，日常药品都是他们生活的重要组成部分。

5. 生活照护

目前，我国老年人的照护问题是养老问题的关键问题之一，在汽南社区医养结合的养老模式中，根据访谈资料，我们认为社区内老人提供照护的提供者主要包括如下人员。

第一种是夫妻互相照护。毛老和陈老是相互扶持照料的一对夫妻，对于目前的养老现状，两位老人显得很乐观，虽然两位老人都有慢性病，但相互还能彼此照顾着。秦老照护她曾患脑梗、现在卧床失能的老伴儿已经有十多年了。

第二种是子女照护。调查中，有一位老人——S 大爷，从 2008 年儿媳妇退休，一直由儿媳照护。由于 S 大爷老伴儿走得早，8 年前心脏做了支架，后来 2010 年在家中跌倒又做了开颅手术，虽然手术后恢复得不错，但儿媳妇觉得自己年轻时老人帮助过自己，到老人需要帮助时应给予老人及时的照料，这是费孝通所说的典型的"反哺式"照护模式。

第三种是专门的保姆照护。选择保姆照料的往往是生活不便自理的老人。基于保姆与老人之间的价值观、生活习性等方面的不同，往往会发生保姆与照护老人搞不好关系的事情，比如在访谈家政服务管理者时，常以为不够吃、买东西没拿小票等小事发生矛盾，很多老人也因此不愿意找保姆照护。保姆 D 是小区里有名的保姆，不仅在王大爷家工作多年，同时保姆 D 跟王大爷及他们一家的关系也很融洽。

> 保姆 D：我这人比较随性，不会强求什么。强制他干吗，他不愿意做的事情我不强求，就像小孩子一样，不高兴了哄着点。水呀，吃的，全都弄好了放那儿。刚来，水呀，西瓜，我都弄好了放那儿，坐

在那儿，我说我一会儿就回来，他说行。他人也很好，特别讲理。

访员：脾气好。

保姆D：对，脾气好脾气好，真的素质好得不行。他吃什么给你吃什么。

对于保姆D和王大爷关系融洽的原因，从上面的关键词可以看出，原因是双方的。在访谈中，我们也了解到，王大爷有高血压和生理性便秘，经常由D帮王大爷打开塞露，有时还会弄得满屋都是粪便，而保姆D也从来不抱怨，她觉得这是她该做的，就赶紧帮王大爷清洗整理。从这里看出，保姆身上的勤劳本分朴实与王大爷的"脾气好"共同作用，才能建立良好的照顾与被照顾的关系。

最后一种是由聘请的小时工进行临时的照护。调查中，大部分互相照顾的老年夫妻或独居能自理的老人都选择小时工。一则是小时工工作时间不长，费用较低，一小时25元；二是因为这些老人还未到完全不能自理的状态。社区每栋楼还有一名志愿者，帮助解决老年人平时的需求。

6. 养老院

养老院似乎是社区老年人的一种最终的、不得已的选择和归宿。但是，即便是养老院对于相对低收入的老年家庭而言，也是一个可想而无法选择的选项。

社区的秦老以一己之力照料和照顾自己患病卧床的老伴儿已经有十多年了，由于自己本身年事已高，身体健康也大不如从前，许多事情做得已经力不从心，就想到要将老伴儿送进养老院。然而，她的老伴儿表现出了极大的不情愿和抗拒。秦老说，"前天我说上养老院去，儿子说给找找，四处找后回来说这个还不错，问老伴儿愿意不愿意去，他不吭声，点点头。等儿子一走，我看他也挺可怜的，他说我眼睛流泪，我说别废话，我跟你处60多年了，我还不知道你干吗呢。我说，别哭，不愿意去别去。"当秦老被问到以后是否会去养老院的时候，她说，"我说我冤在什么地方啊？从刚结婚时我就干活，孩子大了，就来这儿上班来着，就带着一身衣服来，那时候，衣服穿着有换的就行了，来了就没走，自己以前准备的东西都没带过来。我自己挣下的屋，我自己买的房子，把儿女们都打发了，现在我还伺候了一辈子的人，这老了把我送到养老院去我自己觉得冤。可是我还不敢喊冤，我一喊冤孩子们就说，你要怎么着？那我还说什么去啊！我就没得说了。地儿随你挑，这就可以了，你说能叫孩子们怎么着，他们不过日子啊，他们也有孩子啊。"

北京市目前养老机构的一个基本状况是根本不能面向一般经济收入的老年家庭。据秦老反映，"那天那个小谭，就是刚才找衣服的那个小伙子，跟他在这儿聊一聊，他说阿姨我跟您说啊，真正又便宜又好的，你住不进去，你排队一百次也排不上你，要不是那个什么的话。有那个私人的，私人搞得特别好，又干净伙食又好，哪儿哪儿都好，可您知道一个月多少钱？两万。你说我们这样的能去住？便宜的还得一万。一万也住不起啊，拿什么给人家啊？那工作了一辈子那还叫孩子们养着？"

像社区田阿姨这样的低收入老年家庭，他们就认为，"你上那个、那什么养老（机构）去得起吗？咱这俩钱不够。是不是啊？你现在看，这个养老院的钱一个月好几千，我们才挣三千多，都搭进去也不够啊！现在，像他们这楼都那啥（应该是指收入高的老年人也居家养老），现在不是实行家庭养老吗？"

无论是由于自己的意愿，还是经济承受能力，对于很多社区的老年人和老年家庭而言，养老院都是非常不得已情况下的被迫选择，或者是不可能的选择。社区才是他们真正的居所。

五　汽南社区的"医"

在汽南社区，我们调查发现社区老年人的医可分为重病或突发性急病的就医和治疗、老年人常见慢性病或普通疾病的诊疗，以及急重病手术或医疗后的护理三个主要类型。下面，我们就上述三个方面，分别予以论述。

1. 重病或突发性急病的就医和治疗

汽南社区老年人的重病或突发性急病的就医和治疗通常都由相应的合同医院接受治疗，而医疗费用的报销也根据他们享有的不同社会待遇而有所区别。比如社区的毛老和陈老，他们的合同医院之一就是附近（乘车5分钟可达，步行20分钟以内）的复兴医院（一家拥有许多特色诊疗的三级综合医院）；而由于他们两位都是离休老干部，所以他们的医疗和医药费用，除了已经市场化的一部分以外，都能够报销。毛老说，"所以我这胰岛素是从1980年开始打的，打到现在，大概三十多年了。打的剂量挺高的。因为我是（离休干部），国家对我们这个离休干部（待遇很好），所以我的这个医药费呀，能够全部报销。每个月单打胰岛素就要好几百块钱——五六百块钱。"社区的王老虽然也是离休干部，但他的合同医院就不在附近的复兴医院，而在稍微远一些的301医院；当然由于他是正师职干部离休的，所以他的报销待遇比毛老的待遇更好。社区的其他退休的老人的合同医院也不尽相同，像社区的何老，她的合同医院就是北医三院和积水潭医院。社区的田阿姨，她的合同医院就是附近的复兴医院。社区退休老人都有医疗保险，同时，他们的医疗和医药费用有相当一部分需要根据他们使用的治疗手段和医药种类而自行负担。

通过调查，我们也发现社区老年人在重病和突发性疾病诊疗中遇到了一些问题。

诊疗困难。例如，社区的何老说，"我这个病（注：椎管狭窄，腿部需进行手术）本来被建议去北医三院，根本排不上（病床），我又没门子（注：指后门儿），等一年还差不多。积水潭医院都得等半年，这个病必须得手术，后来就去的世纪坛医院。"

治疗不完善。社区的毛老在复兴医院做了心脏的支架手术，但是，"那我在医院不是打了支架。你们可能不太知道，我打完了支架以后，他要从这个地方（手指着胯部），插根管子到我的心脏。我打完支架以后，他就用沙袋，把我的腿压住，不能动。一定不能动，他怕我这个动脉出血，动脉出血的话，那我就（很危险）。九天晚上，我就是这样子的，用沙袋，什么也不能动。其他大便和小便都要护士帮助。等到我九天，拿开以后，我的屁股就搞成那个褥疮。我的那个就有血就给粘在一起了。最后，又请了他们那个外科的大夫。外科的大夫最后说你们不懂，你们动手术，像他这个九天不能动怎么能这样呢。怎么办呢，我的屁股烂了，就是褥疮了。然后你不能老是住医院，就说你回去吧，然后我就回去。"虽然毛老在医院做好的心脏的支架手术，但是术后却患上了压（褥）疮，引起了新的疾病和危险。

医疗过程中专业护工缺失社区的毛老反映，在他术后的恢复期，"现在啊，医院啊，他都有护工组。这个护工啊，他是没有专门受过训练的。他有一帮一帮的，比方讲，甘肃帮、河南帮，不是他是医院雇用的。医院他有种属于专门管理的。五年以前是一百二十块钱，现在是一百五。一百二的话呢，像我们那个时候，这个费只能报八十二，然后要我们自己掏。

那个倒无所谓了。你，护工来干什么呀？他就是来大便小便弄一弄，另外一方面就是，中午我们订饭来了，那他给你拿一拿，桌子搬一搬。其他时间他就干什么呢？他就看他的电视。那个时候，我也年纪大了，我也要睡，又不好说人家看电视。护工呢，他有一套东西，一张床——折叠床，还有一床被子，他就来回跑。我在那个病房，他就在我的旁边，摊开来就睡了。他不是这个专门的护理，他不懂这个护理。这个对患者是个问题。"毛老还说，"五一年我在苏联学习，我突然有病，就送到医院去。我到医院去以后，那个护士，就是专门是照顾我的护士，我想也不是对我一个人，她什么的都干。到时候有什么事情，给你送饭来，打开水来。（陈大婶：给你倒尿盆吗？）倒，她什么都干。这个对我的印象是很深。所以我们应该，一定要向国外学习，是吧？我有一次在美国，就是一九七三年，那（时）还没建交，那我也是参加了一个中国代表团，第一个，就是中国高能物理科学家代表团，那我也是病了，生过一次病，那他们也是，当时对我照顾，特别那个啦，他们也是护士啊，他是什么都管。这一方面，咱们也应该要改进。"

2. 老年人常见慢性病或普通疾病的诊疗

社区老年人常见慢性疾病或普通疾病的诊疗通常不用去正规的医院进行专门的诊疗，可以在社区内的汽南社区卫生服务站进行。他们可以在卫生站就诊、治疗、拿药和报销。社区老年人在卫生站的就诊、治疗和拿药是没有区别的，唯有区别的地方在于他们能够报销的部分，离休老人如果诊疗关系在卫生站的可以全部报销；退休老人凭借医保可以部分报销。

社区老年人离不开卫生站。像社区的毛老就说，"没有打支架以前，我一直是在那个医务室，就是咱们医务室看病。"社区的秦老，由于被诊断为右侧传导组织心肌损伤，也常去卫生站，她说，"我是定期去医务室开药，那都给我开，我只要带着病例去。我想住院，现在就能住院，拿着病例去了，去了就能住院。唉，老叫我住院，我说去他的，住什么院啊，我这还有人要照顾呢，还有人等着我照顾呢，还住院呢（笑）。"社区的何老反映，"要我说呢，这院儿里要没有卫生站，没这么多服务的，你要没点儿东西，跟以前似的，你要买点儿东西得跑到广安门……那就根本不行，生活都解决不了，更别说医疗了。以前我工作的时候，是北医三院是合同医院，我退休以后，这院儿里建立了卫生站，我一共只上了3次医院。这儿（社区医院）一个是服务态度好，大夫的态度很好，感觉病都好了一半。换药、打针、急救，给卫生站打电话就可以。另外老病号的情况（卫生站）也都了解。"社区的田阿姨，也说，"（卫生站）解决不少问题。你像我们有时候小病，一般（都来这儿）。"

社区的田阿姨还介绍了卫生站的报销方式。

> 田阿姨：它叫医保卡。反正那个卡现在就给你1300（元），你花完1300（元）以后就按百分之多少报。
>
> 问：那平时呢，平时小病的话它报销吗？
>
> 田阿姨：不行，不够1300元，也不报。够了1300元以后，按百分比给你报。
>
> 问：噢，这个样子呀！
>
> 田阿姨：卫生站，没告诉你，够1300元之后，1300元，就假如说我这个月看病花了600元，这600元就自己拿，第二个月又600元，1200元，还不够，第三个月够了，就按照那个比例。多大岁数，按照比例给你报。
>
> 问：1300元以上的部分？
>
> 田阿姨：1300元以下不报，超过1300元才报。
>
> 问：噢。这个就是累积的。你看您，第一个月，第二个月……
>
> 田阿姨：对呀！累积呀，你这一年，你累积1300元，这是一个"杠儿"，超过1300元，哪怕1350元，这50元就得按百分比给你报。
>
> 问：就是1350元的话，就是额外的50元钱按照百分比给你报？
>
> 田阿姨：唉，对。就是那50元钱。按照，假如说10%、20%、80%给你报，是按岁数。应该是按照岁数的。
>
> 问：嗯，它是这样给报的。
>
> 田阿姨：你们都不知道吧。可能，现在像有的职工，可能是2000元吧。早先我记着好像是够2000元。2000元以内，自己看病自己拿，超过2000元以后他就按着你们看病多大，百分之几给你报。

3. 病后护理

还有一部分"医"也发生在社区之内，就是社区老年人重病手术后，回到社区，由社区卫生站或自己家人进行的专业护理。

社区的毛老在心脏支架手术后，由于9天在医院卧床不动，患了压（褥）疮症，他的后期治疗和护理就是由社区卫生站提供的。毛老介绍说，

"回来以后呢，就是他们三个护士（陈大婶：侯大夫）和侯大夫，他们每天都轮班地给我清理。这个大概搞了一个月了。（陈大婶：上午是他们。）最后，上午是他们弄（陈大婶：下午我和闺女，一天两次，那个药是侯大夫开的。）"

　　社区的秦老介绍了她自己为老伴儿求药和护理的过程，"我儿媳妇以前是搞医的，她退休了又给人给聘用了，就说这个褥疮啊，得先照几个片子，她拿去给专家看。我那小丫头就带老伴儿照了片子，给专家看。专家说，咱们国家就中医研究院那儿有功效药，别处都没有。我在哪里看病的呢，复兴医院不是常治么，咱们这常治医务室，我常来这儿拿药的，可这不行啊，然后就上中医研究院，中医研究院的开的药，虽然行，不过就暂时的。后来上了一段时间，然后还是不行。老是这样熬着可不行。然后我儿媳妇就急了，说，片子呢？我再去找人去。这中医研究院、北大医院，还有哪儿呢，开着车，还得带着他的小推车，人家医院没有推车，他还走不了道儿，就让儿子推着推车去找药去。后来，我儿媳妇就找着了个专家给他看，拿了那个药啊，上了也不行，药给糊上了都不行。几年前，刚长的时候就脱了一块，那时候没怎么重视，没想过这个东西会这么皮（注：指顽固）。后来我们（和其他病人的家属）在外面聊天，他们就问我说老头怎么样啊？有一个同志就告诉我，她爱人的老妈怎么好的。我忘了是三七粉还是什么玩意儿，还买不着。我正好有个侄孙女，农村的，这大学毕业实习会计来着，她说，找不着么，我有办法，我找药房去，那会儿她正给两家药房做财务账呢。结果她回去给两家都打了电话，每一家都给她一个塑料袋，药都装里面了。这拿来了，使了一段时间好了。又拿了中医研究院的药了，糊上后老长小包，那药是湿的，再给撒上三七粉不就干了么。再用纱布给包上，那被子褥子不就脏了么。我就说那就隔个三天两头给换换吧，反正就放到洗衣机里搅搅不就行了么，又不是什么有毒的东西，又不是传染的，我用洗衣机给清洗一遍。我给他上了第三天，就看见有点结痂了，我就不管它，接着上吧。接着上了一个礼拜，都长出痂来了，反正我是接连着给他换药。换完后撒三七粉。我使用的棉花棍儿什么的，能消毒的我给它消毒了。不是有那镊子什么的，酒精棉花球，镊子剪子都给它消消毒。消毒后，我再给他拿两层纱布给他包上。现在，基本上，我昨天给他换药的时候，都长出痂来了，都好了，大部分的痂都自己掉了。昨天我去拿那个治咳嗽的疾风颗粒。我就跟他说，大夫，我老头儿的那个褥疮都结了痂了。他说，是吗？您可真厉害，这么些年来，您就让它结痂了？我说，结痂还不算，一些浅的自己结痂就自己掉了。"

六　汽南社区的医养结合框架

用汽南社区建设协会王士良会长的话说，"现在，我们（社区）医养结合的整体框架都有了"，这个框架包括社区组织、地方政府、公益性组织（卫生站）、社会组织（十方缘）和市场（家政公司）五个要素，以卫生站为核心，以社区组织（如建设协会）为纽带。

1. 社区自组织

所谓社区的自组织，这里主要指的是汽南社区建设协会和它的无围墙养老院。2004 年 8 月，汽南社区居委会和社区内的单位联合注册登记了北京市第一家基层社区社团组织——月坛街道汽南社区建设协会，针对社区居家养老的老年人提供个性化、多样化的养老服务。面对社区庞大的老年群体和老人多样化的服务需求，汽南社区建设协会主动向街道、区政府申请成立了一家具有法人资格的民非企业单位——无围墙敬老院。通过整合社区各类服务资源，打破传统养老院模式，不设固定场所和床位收养老人，按照老人需求，由"无围墙敬老院"与各社会专业单位服务人员把老人所需的生活、家政、医疗等服务送到老人家中，让老人足不出户就可享受到如住在"敬老院"一样的专业服务。

建设协会的王老（会长）介绍了协会成立的经过。

十年之前，社会组织属于起步阶段，你凡是够注册资金，社会单位是 50 个单位或个人，注册申报，注册资金 5 万～10 万元，这就齐了。现在很复杂现在，现在要集中 50 个单位很难，过去这 50 个单位，都是为我们社区服务的，比如修自行车的啊、理发的啊，过去我们有两个，叫修车一部、修车二部，我们就有 50 个单位。现在它（政府）需要企业化和专业化的单位，像这些都不行了。像这些没有注册资质的就不行，必须有注册资质，有法人资格。50 个单位和个人，申报一个社会单位比过去难度都大，我们 2004 年申报的，那会儿比较简单。

问：都是由您发起和组织他们的？

王老：当时是很巧的，我在居委会工作，任居委会主任和党委书记。我们这个院里老龄化问题特别严重，原来就是靠院里的志愿者，用志愿服务去服务，后来觉得力不从心。就拿老人吃饭问题来说，开始我们就在这个屋子给老人做饭，那时候就是十来个人，是村居民，没工作，没子女，没单位，后来社会单位（制度）改革，单位人都回到社区了，哎哟，这一来像洪流一样，几十个、几百个，回到社区，吃饭问题都解决不了。而且他这些社会单位回到社区，老人吃饭要求高，国家机关来的，有南方有北方，靠我们居委会的小媳妇根本满足不了，数量也解决不了。后来我就想，能不能社会化管理？得成立一个敬老院，既能满足老人做饭，又能够解决老人养老问题。我说咱们社区有这么多服务单位，我们就成立敬老院，地方也找好了。就这，我那时候是北京市人大代表，按说是有一定权威的，我就跑民政局、跑财政局。后来他说不行，他说你是社区居委会，你是自治组织，不是法人，没资质。我说为什么没资质，我们都管理他们，服务他们。他说一旦起诉你违法违规，你做被告都做不了。后来我感觉到居委会自治法有问题了。我说这怎么办，现实又有这么多老人。后来他说你成立社会组织吧，那时候社区没有社会组织。我说那怎么办呢？他说你把社区与你服务有关的单位，把它们都串起来，绑在一块儿，然后写一个章程，报到区里面注册。后来就出这么一个点子，这是民政局出的，北京市还没有，后来我就作为第一个吃螃蟹的人。这些服务网点的人特别愿意，能把他们管（理）起来，后来一呼，就 50 个单位，修自行车的两个，修车一部、二部、其实修车就俩人（笑），便民服务网点，加起来就 50 个绰绰有余。后来到区里，作为创新项目，觉得是在居委会自我管理、自我服务、自我教育的基础上是一种创新，那时候没有"创新"两字，是一种革新吧，后来很快就批了。批了以后，我看社会组织不是实体单位，限制你在社会建设方面的，在经济领域开展活动不行，这个玩意儿，当时批了汽南社区建协会。

问：当时注册的是协会？

王：对，当时注册的，后来我说这怎么办呢？那就好，上边有人给我出主意，说王主任你在建设协会下面申请一个无围墙敬老院。我说没地方啊，他说无围墙敬老院是老人住在家里，没有固定的床位和场所。你要多大有多大，你把服务送到家里去，让老人享受敬老院待遇，有社会单位赞助你，后来我就写了无围墙敬老院的报告，很快就批了，市里边很重视，认为这是解决北京市养老的途径。

建设协会和无围墙养老院的主要活动如下。

（1）关怀爱心志愿者服务队。王老介绍，"基本是面向社区的，我们现在在探索经验，一个就是居家养老，老人住在自己家里边解决养老问题，不是过去的家庭养老了，是家庭养老和社会养老的综合体。居家养老首先研究它的一些特征，现在老人和儿女不住在一起，老人谁来照顾？所以，首先成立一个关怀爱心志愿者服务队，把社区里面可利用的爱老资源整理起来，每个楼里面我们选一个到两个，五十岁左右的，他又有爱心，爱做这样的工作，又熟悉情况。现在有十八个人，每月10日在这开会，它主要属于管理型。根据老人不同的年龄，去家里看看，有什么需要，记录下来，反映给我们。我们再对号入座，属于哪些事，比如需要搞卫生，我们就找专业的家政公司，找家政公司这方面老人也有有经济收入的，没有经济收入的。就说有经济收入的，按市场规则走，该付多少钱付多少钱，没经济收入的，我们报国家来买单，其他也都这样。这是一个，大体十八九个，一个人管一个楼。然后这些老人，你让他做志愿者，不能像雷锋一样，我们给他们发电话补助，一个月240元钱，作为电话费的报酬，这个钱从市里财政拨。"

（2）志愿帮扶服务队。王老介绍，"还有办实事的，就找在职的、楼里上班的，有爱心的，这叫帮扶志愿者服务队。这些人从哪里来，社区里面的年轻小伙子，搞维修、保安的，都是院里的人，老人比较熟悉。这个是按照市场化，和老人结成对子，比如老人出行困难，打了电话就来了，像老人的儿子一样。（老人）不舒服了，陪老人去医院挂号、晒晒太阳啊，这大概是一次20元钱。解决了老年问题，儿女放心，老人高兴。"

（3）党员志愿者。据王老说，"在楼里边还有党员志愿者，这完全属于责任义务，凡在楼里住不管哪个单位的，我们都注册，作为党员义务，两学一做，做个合格党员，都登记起来了。这个我们怎么考核呢，都和他们单位的人事部门和工会挂钩了，单位张三，在社区里做了什么，写个三联单，我这儿留一份，单位留一份，和他晋升还有晋级都联系起来了。党员志愿者和老人邻居，晚上经常帮忙，分文不要，党员志愿者有1300人，就是每个楼里边所有党员都有注册，他们党员也是很愿意的，不觉得有负担，他们乐意干。"

除了线下活动，协会在线上还创建了网站，困难群体可以通过网站与协会进行联系，志愿者在线下活动时也会对老人进行指导，帮助其掌握网站的使用。比如，"老人有熟悉电脑的，给他个QQ，他加入QQ群，满足服务，比如说志愿者服务队，他帮助老人来掌握和熟悉这个东西。但是这只是部分老人，多数老人还是靠线下，他那个年代掌握不了计算机，掌握的都是时尚的、很少的。"

除了建立各种志愿者服务队和加强社区老人之间的信息联系以外，建设协会还组织开展了许多活动。

收集儿女电话，促进儿女问候父母。王老说，"除此之外，我们把社会可利用的资源统统挖掘出来，包括儿女、儿女手机工作单位，我这儿都有注册。儿女的亲情服务是代替不了的，我们经常给儿女打电话，老爷子、老太太想你了，回家看看，我们经常叮嘱他，儿女没有不管的。"

老年趣味运动会。"最近组织了老年趣味运动会，适合老年体能特征的运动会，项目设置有七八个，过独木桥、抓杆、丹顶鹤直立。这些题目也不是我创造的，（20世纪）50年代有劳卫制。我把50年代都搬来了，现在人都淡忘了，都不知道了。独木桥就是在地上画一条20公分的白线，在地面上，老年走的时候沿着白线走。离开白线等于掉到桥下，'淹死'了，能顺利通过，说明老人大脑和肢体是密切配合的。合格就给他奖品。老人走的时候都是拄着棍儿，也有掉下去的。丹顶鹤直立就是一个腿立着，一条腿翘起来。但这个我们选的是一部分，老人摔倒就坏了。我们是选了一部分人参加这些运动会。还有些失能老人，我们送到家里，在床上抓杆，老人坐在床上，扔给你，杆是一米二，上面有刻度，看能不能抓到规定的刻度上，如果能抓住说明你大脑反应还是可以的，三次都抓住，合格，也给奖品。老人特别高兴，八点半开始，七点多老人就排大队，准备参加运动会。当然我们要动员社会单位捐赠的奖品，一等奖是爬楼车、二等奖是药枕、三等奖是把伞。奖品对他们都吸引力，没有得奖的每个人发一个坐垫，又是扇子又是坐垫。老人看这些奖品有吸引力，有200多人参加。一句话就是哄着老人玩，老人感到快乐开心。"

帮助居家老人交费。王老说，"比如老人现在的家务事，交水费、煤气费、电费、他就过马路。对面有个工商银行，就出了一次事故，电动自行车把老人撞上了，后来逃逸了。我觉得这是个问题，马路那边是工商银行，横穿马路，老人腿脚不灵活，我想这怎么办呢？我就想到和银行联网，后来我跑到工商银行和他们联网。他们给我们发个 POS 机。我说这个报酬，他说千分之五，你收 1000 元钱，我给你五元钱。现在执行了 3 年来，挺好的，老百姓特别满意，水费、电费、煤气费都可以收。他是给你一个卡，那个卡里面存着钱，老人在我这刷卡，把卡里的钱，刷到银行，老人特别满意。"

还有帮助老人们解决家庭婚姻以及财产继承等问题。比如，王老说，"像现在一个普遍问题，老人住房都是福利房，老人担心百年以后房子怎么办。现在我们一般动员他写个遗嘱，还不能公证，公证要按住的面积每平方米 60 元。遗嘱还得通过儿女同意后，拿到公证处，70 平的房子就得交 4200 元，给个公证书。现在就写个遗嘱不公证。公证完还得过户，有的房主有四个儿女，就有四个房证。现在老人就写个遗嘱，百年以后儿女还这么处理。这样比较好。这个院子这个问题以致影响到家庭的和睦、社会的稳定。这是学区房，八九万一平，一套得好几百万，儿女现在都盯着。现在的办法就是写个遗嘱，也别跟儿女商量，老人百年以后拿着这个去处理。谁要房子，评估后拿着个钱跟大家分。"

2. 社区卫生服务站

汽南社区卫生服务站隶属于首都医科大学附属复兴医院月坛社区卫生服务中心，建站于 1997 年 1 月，位于西城区白云路西里汽南小区院内 28 楼旁，辖区覆盖 2 个居委会，即汽南居委会和汽北居委会，目前负责常住人口共 3007 户，8800 人的健康管理。

该卫生服务站的功能有：

疾病的诊断和治疗。据该社区赵护士长介绍说，该社区医疗服务站有 4 个大夫，4 个护士，1 个中医。口腔科、牙防科，1 个大夫 1 个护士，还有药剂师 1 个，一共 12 个人，医生都是全科大夫。该社区卫生服务站在诊断治疗过程中，有一些不同于正规大医院的特征。一是看病全，不分科诊疗。赵护士长介绍，"不像大医院，很多其他的我们都得管。你看大医院开心血管病，就直接开心血管的药。不像我们这儿，搁一个病人可能有八种慢病，全都有，我们得一样一样地看。要是大医院，你是高血压，就挂心内科，你是糖尿病，那得挂内分泌科去。医生只给你看一样的病。"二是看病细致。赵护士长说，"大医院可能觉得，我给你治完，我下回不见得来了。所以我们这儿呢，尤其是大夫看病，看得特别细，所以很多人在大医院查完了，拿着报告都没问他们，直接拿回来，说'侯大夫您给我看看体检报告'。侯大夫给他一项一项细讲，包括我们这个董大夫、边大夫都一样。所以大医院不可能做到那么细致。"三是医患关系融洽。社区的毛老就说，"这个医务室挺好的，咱们这个医务室。他就是不错的，很累、很辛苦。所以有时候，我去的时候，都是考虑什么呢，尽量地能够不要去，因为他的负担太重。当时有三个护士，我跟你说啊，这三个大夫挺好的。"有个边大夫还专门为了社区内的病患建立了微信群。

转诊。当社区卫生站遇到了他们难以解决的重病和急病的时候，他们还提供很好的转诊服务。比如，社区的田阿姨就是转诊服务的受益者。田阿姨介绍：

> 反正他这儿，我这应该是 2013 年，正好是什么的，我这是在那儿跳舞，在那河边跳舞，因为我从退休一直就是锻炼身体，身体特别好，一般什么病都没有。后来，上午九点回来后就出汗。然后我衣服也没换，我就在那坐着，我就觉着脑袋怎么晕乎。就待了有那么 5 分钟，就觉着不好受，就出汗就不好受，就往厕所跑。到厕所以后，就是又吐又拉，完了以后就没劲了。没劲以后，我说这可咋办，我就强迫往床上走，完了就不行了，这汗呐出得满身全是湿的。等我老头儿回来，问我怎么的。我也不知道这是心脏的问题，因为没看那健康的（注：应该是健康知识宣传或健康指导）。我说我没有（吃什么不该吃的），后来我说得了，他去开会去，我说我躺那里吧。躺到晚上，喝了一点东西，但是也挺晕乎，我就没起来。等到个半夜，可能是一两点钟，就是这儿（指着心口）疼，前后胸特别疼，疼完我也没说打 120 上医院，因为我身体好，没拿它当回事。后来我就挺到第二天早上 8 点，他们这儿（卫生站）开门，正好侯大夫来了，然后我就挂号，说我这儿，前后胸特疼，我说你给我做个心电图吧。就这么着，做了以后呢，侯大夫说田阿姨你赶紧上住院处啊。他说，你可能是心梗。但是我也没拿当回事，他当时给我吃了药。吃完药，老头儿打车，我就赶紧走了。就说到了医院以后，我就做了心电图，又做肺的照相、又抽血。化验完以后，给我吃了一丸药，吃完不疼了。不疼了以后呢就给我输液。她说你住院吧，我说我不住。这么给我治完以后，我就回家了。都到下午四点了，侯大夫还打电话，往那头打电话就跟他们联系。他们说让她住院她又不住。回家后，听说，救我那侯

大夫，叫我们，他因为（这事）跑我们家也好几趟，完了找不着我，因为我没回来啊。后来告诉我们那个门长，那个门长也跑我们家去一趟我也没回来，后来我正好回来了，门长过去，他就一说，我说我现在有点憋气，后来我赶紧打120。总觉得它这个医院（卫生站）还是特别负责任，这头（卫生站）也好，那头（复兴门医院）也好，都特别负责任。我现在这心脏，就像一个人五个手指头，现在已经两个，或两个多快三个都没了，已经心肌梗死了。就剩那几个活动，再梗就没了，呵呵。就是说，他们这个医务室吧，对人比较认真负责任，还是比较认真负责任，有什么事他都老催你，有什么事他老怕耽误事，所以说，他们这个来讲确实是不错的。我们在这多少年了，侯大夫来这儿13年了吧。

社区的何老也介绍说，"去年也就这个时候（2015年3月左右），一位周姓老人住一楼，出单元门洞，下台阶，摔了，躺到地上。被院里的居民发现了送到卫生站。骨折了，在卫生站先救治，输液。大夫说需要送医院，我当时正好在场。"

巡诊和体检。卫生站还提供巡诊的服务，即预约卫生站的医生和护士到居民家中进行诊疗。每次巡诊费用25元，完全自费。赵护士长介绍，"我们现在有老年体检，周二我们仨就得分布好了，一、二、三早上来了我们就得先抽血。抽完血上午就是基本的治疗，然后及时出诊服务。因为有的老年人行动不便的，我们就得上门去服务。然后上午基本就是这些工作。还有就是下午的时候，就是约着的老年体检。"

健康管理。健康管理主要是一项正在推进中的家庭签约医生的项目。赵护士长介绍，"现在叫家庭医生式服务。每个家庭每个人都要签家庭医生。签了以后，这个病人来看病以后，医生会给他一个预约单。拿着预约单到窗口挂号，医生优先会给他来治疗。你比如说别的病人都在排队，他可以优先。家庭签约管的不仅是这一个人，还把这一个家庭都覆盖了。他家里的问题，都归这一个医生和这个护士管，还有一个防保人员，三个人是一个团队。"此外，大多数老年人都到该站上来看，该服务站已给7000多位老年人建立了健康档案。65岁以上的老年人有1780人，高危人群有400人。

社区共建活动。除了正常的治疗活动，由于卫生站是汽南建设协会的一个共建单位，它还提供许多共建的服务活动。老年疾病的预防、保健和治疗宣传是最重要和最持久的共建服务。这种宣传活动卫生站每月举办1~2次，涉及的内容十分广泛，老年人的"三高"、老年人的眼病、骨质疏松、癌症、肠胃功能失调、老年痴呆症等，主讲人常常是大医院的主任或副主任医生。一个能容纳30人左右的课堂上，常常挤满了听众，有时候，后来的老人还得站着听讲。比如，赵护士长介绍说，"对于高危的老年人，我们定期举办健康教育，还有一些户外活动，宣传一些健康知识。还有家庭保健员的培训。给这个家庭找一个脑子清楚、文化层次高一点的人，作为这个家庭的家庭保健员，进行培训，让他把这个知识带回家里去。每年差不多培养9~10个，现在已经培养了100多个。"此外，在建设协会举办社区老年运动时，社区卫生站还派出医疗团队，予以保驾护航。

3. 市场要素

市场要素在汽南社区医养结合实践中占有很重要的地位。由于老人需求的多样性，社区内掌握的资源不可能包罗万象，无法满足社区的需求，必须靠社会补充。而市场是以营利为目的的，汽南社区建设协会在引进外部企业参与的过程中严格把控质量关，尽量选择一些具有知名度的大品牌公司。自汽南社区建设协会及无围墙敬老院建立以来，众多社会单位纷纷走进汽南社区无围墙敬老院携手共同推进居家养老服务，其中少不了市场单位的支持。从成立至今，有包括家政服务公司、物业公司、纸用品公司、网络通信有限公司、科技软件公司在内的多家企业或公司的参与。无围墙敬老院与各个企业单位本着互惠互利、共同发展"共赢"的原则，为社区开展丰富多彩的服务。例如，中国联通北京分公司开展便民服务，在协会办公室开设了mini网络缴纳水、燃气、电话、手机充值费用缴费站，居民随时持缴费凭证单，用现金在社区内即可办理，免去外出到银行用银行卡交费的烦恼，深受社区居民特别是老年人称赞。由此可见，社区与外部企业的合作也是探索社区有效治理的一种尝试。

在社区医养结合框架中，很突出的一个要素就是由建设协会负责引入的家政服务公司。据家政服务公司在该社区的负责人介绍：

> 这边就是属于老年人单独住的多，然后跟子女住的少。有在一块儿住的，有不在一块儿住的，大部分都是不在一块儿住的。有的就是儿女白天（指上班）没时间照顾老人，等到晚上孩子回家了，阿姨就

下班了。有的是那个白天儿女在（老人）家，晚上的时候回去（自己家），找专门的晚班的（保姆）。专门管晚上的，因为就这一个老人，孩子都不在一块儿住，老人也八十多了，儿女也照顾不了，所以他就找一个阿姨来给他，晚上万一有啥事儿的话，就是可以给他们家人第一时间的沟通。还有小时工。就是孩子虽然也跟老人一块儿住，在一块儿生活，可是孩子他都忙，都上他的班，所以中午来不了，就找一个小时工，就是中午去两个小时，或者每天晚上去俩小时。

社区的老人多数是退休干部，有退休工资、医疗保险等福利保障，因此，在经济支出方面，老人对子女的依赖不大，由于儿女没办法全天照护，老人在生活照料方面则投向家政服务公司。家政服务的范围，几乎涵盖了老年人日常生活的方方面面。可以说，老年人提出需求，家政服务几乎都可以满足。家政服务公司负责人介绍：

> 我们有小时工，有住家的，有 24 小时陪护的。小时工就是到家里给他做做饭、打扫打扫卫生，小时工和那个其实住家是一样的，只不过就是小时工他家不需要那么长时间，就是需要两三个小时，你那个做做饭、洗洗衣裳、打扫打扫卫生，孩子到点回来，就走了。像我说的这种，小时工的呀，管晚上的呀，管白天的呀，这都是老人差不多都能自理的。半自理的那种，就是说能拄着拐棍走啊，有时候能自己去热热饭那种。打扫卫生啊，做饭啊，买菜啊，这种的（事）孩子不放心他们去做。卧床的那就都是住家的了，保姆 24 小时住在家里头。

除了日常生活照料，老年人的家庭对于殡葬有着潜在的需要。老人本身对殡葬有需求，但他们往往不会直接告诉子女，也有的因为身体原因无法表达出来；年青一代的子女对"白事"的关注明显不如上一代人。家政服务公司则成为联结老人和子女的桥梁。负责人介绍说：

> 我们主要为的不是光家政，有那个殡葬啊、墓地啊，进这个社区就是为了这个老年人的一条龙服务。好比我这给老人介绍一个阿姨服务，要是老人家出现什么问题了，特殊的情况下的话，我们公司里可以给他（安排后事）。你说要哪种都可以，帮着给那啥（安排后事）。因为我们都搁这儿两年多了，也见过一些，也接触一些活儿了，真是

老人有需求这种，老人突然地就走了，就什么都没准备的时候，我们都给弄。

4. 社会组织

老年的精神照顾过去是一个经常被忽视的问题，而且也缺乏专门的资源和人员的投入。如何不仅照顾好社区老年的身体健康，还涉及关注和关爱老年的精神健康，是社区居家养老的一个新课题。两年前，这个专门提供心灵服务的义工组织同汽南社区建设协会签署了战略协议，开始进入社区每周开展服务。十方缘是全国各地十方缘老人心灵呵护中心和十方缘老人心灵呵护小组的简称。各地十方缘老人心灵呵护中心是在民政局注册的民非公益组织。主要为养老院、临终关怀医院及社区的临终老人提供义务心灵呵护的服务。

据建设协会副会长何老介绍，"他们想全国覆盖，在这儿做了两年了。主要是陪伴老人，包括失能的、空巢的，和子女不在一块儿的。（老人）心里有什么难言之隐，苦处、好的和坏的，十方缘就听他们说，给老人解忧。咱们这儿（建设协会）有志愿者是管生活上的，比如水管子堵了、下水道不通这些事。但是这些（心灵关照）方面做得不够，我就希望我们的志愿者如果能和十方缘合作，那就更好了。既能关照老人的生活，也能关照精神。"

但是，在社区实践过程中，也遇到不少困难和难题。何老说，"精神方面的护理不好做，我刚才跟他们（十方缘）聊，我说我看你们这儿老换人啊。他说他们去做陪护去，屋里全是躺着的（老人）。临终关怀可不全是躺着的嘛。有的还捆着的，因为给他输液难受，有的不想被捆，（十方缘的护工）也不敢解呀，怕出事儿，所以去一次就不去了，看着受不了。一个（老）人你看着都不好受，要是好几个，更不行。所以他们（十方缘）不好做。"

但是，将专门的义工组织引入社区，为重症老人和临终老人提供相应的心灵关怀，不仅值得肯定，还值得长期的探索，总结其中的经验和不足。

5. 政府要素

2016 年北京推出《关于推进医疗卫生和养老服务相结合的实施意见》，提出建设"医养平台"，即实现养老机构与医疗机构统筹规划建设，全面推进社区医养结合，打通上门医疗服务、家庭病床、家庭医生等方面的政策瓶颈。

西城区在中央和北京市养老政策的指导下，在市级优待政策标准的基础上根据西城区实际情况和需求，加大资金投入，努力扩大受益面，并进一步加强制度建设，制定并出台《西城区老年人社会保障和社会优待办法》，将养老保障所需经费严格列入财政预算并建立长效保障制度。西城区为推动居家养老服务工作，专门成立了以主管区长为组长、民政局局长为副组长、相关单位为成员的居家养老工作领导小组，专设办公室。依托区、街居家养老服务中心，社区居家养老服务工作站，积极引导、整合社会资源，构建起区、街、居三级由政府、医院、养老机构、志愿者及其他社会力量五方互补联动的养老工作机制。尤其在利用辖区医疗资源，大力推进"医养结合"模式、科技化养老服务信息平台建设方面，不断推动养老服务的观念创新，方式创新，技术创新。其中包括：开展基层为老服务社会组织建设，支持基层群众性自治组织开展养老互助服务；引导公益慈善组织支持养老服务。西城区根据功能核心区城市建设工作开展情况和老年人家居环境建设要求，对区域养老服务设施进行科学布局，构建起机构养老、社区养老和居家养老"1＋1＋1"设施建设体系，达到配置合理、满足需求、持续发展。西城区老年人中，空巢家庭比例高达49.43％，其中独居的老年人占10.83％，夫妻户占38.60％。空巢家庭中的老年人由于缺乏家庭成员的及时帮助，在居家生活方面存在很大的安全隐患。西城区根据国务院、北京市《关于加快发展养老服务业的若干意见》的要求，以科技手段助推养老服务的新型工作机制，研究开发了"零距离"居家养老服务信息管理系统。

街道办事处作为政府的派出机构，在医养结合的社区治理实践中扮演了政府的角色，在汽南社区无围墙敬老院模式中有较为重要的辅助作用。一方面，它提供了居委会所不具备的政府职能，帮助居委会申办了具有开创性的社区建设协会——首个具有法人资格的社团；也协助社区申请设立了医疗服务站、邮政所等设施，这些都是仅仅由居委会出面无法办到的。另一方面，它也为社区直接注入资金，租房子，开办了实体养老院，补充了社区在财力方面的缺陷。但是，这一切都是在居委会的请求和协调下完成的，包括养老院房屋，也是居委会出面协调的。因此，街道办事处与社区的合作是医养结合在社区内实现的至关重要的前提条件。

七 汽南框架的问题与建议

1. 社区自治组织在社区医养结合中面临的困境

（1）社会自治组织自身面临发展问题。人才短缺的问题。建设协会的成员主要是以五十岁的退休老年人为主，他们所获得的报酬就是每个240元的电话费，而这个报酬可以满足有退休工资的老年人，但是显然无法满足需要养家糊口的年轻人，因而建设协会由于经费短缺出现人才年龄断档的问题，这使得协会的运作受到一些限制。

建设协会未来的发展存在不稳定因素。由于建设协会从申请成立到现在都是由王士良会长担任领导，他个人对养老事业的热爱以及个人谋略，使该协会能够成为促进汽南社区养老服务提升的重要力量，而组织的制度规划、长期发展却有许多不稳定因素。因而，如何保证优秀的社会自治组织保持旺盛的生命力，是社区医养结合始终应该深入探讨的问题。

（2）志愿者服务团队存在的问题。志愿者服务是社区医养结合过程中不可或缺的力量，然而，尽管建设协会在千方百计地提升志愿者服务，加大对志愿者的激励，但是，对志愿者服务的激励存在一定的问题，这是一个全国性的问题。建设协会曾经搞过爱心储蓄银行，即将每位志愿者的志愿服务进行登记，服务够一定时长，在志愿者本人年老需要服务时，可以享受相应时长的服务，这样，就能够激励志愿者长期地服务下去。然而，由于全国没有形成这样的机制，加之人员流动快，爱心银行在其他社区无法兑现，这样的尝试很快便失败了。

（3）整合各方资源存在的问题。尽管建设协会在将市场引进小区时非常审慎，但是难免存在缺乏专业知识的问题，使得一些不该引进的资源进入小区，影响了社区养老质量。同时，在面对一些新鲜事物时，由于不了解，而将该引进的资源拒之门外，使社区养老无法享受到高品质的服务。比如十方缘老年心灵陪护中心的引进就说明这个新鲜事物有利于老年人的养老，他们陪伴失能老人、空巢老人，给老人心灵上的安慰，替老人排忧解难，使老年人的精神生活得到了提高。

2. 社区卫生服务站在社区医养结合中面临的问题

（1）药品不够齐全。有老人提出，由于年纪大了，所需药品种类更高级，而社区服务站却不提供。知晓社区事务的建设协会会长王会长也是提出了卫生站的药品不够齐全，尤其是像汽南这样的社区，应该专门有针对增加老年人用得上的、经常用的药品。但是药品的开放涉及多个层面，不仅在政府采购层次上、药品管理方面，还有中心配给方面，都需要更多的制度层面上的措施才能够更好地解决这个问题。

（2）医生接诊量大，加上职称考核、培训、评优等，压力过大。卫生站的赵护士长提到卫生站每个月的门诊量大概是两千人。只有 3 个大夫，有时还要去开会。平均接诊一天也得 100 多人，一个人接诊三四十个患者，多的时候五六十个。此外还有科研教学任务、职称评定、专业培训，医生工作量大、压力大。而同时养老院需求大，高危老人多，出诊困难。

（3）多级多头管理，影响社区卫生服务站的工作效率。赵护士长提到，仅一家社区卫生服务站就有这么多级管理单位：社区卫生管理中心、月坛街道、药监局、发改委、卫计委。而且卫生站的财务归月坛社区卫生服务中心管理。人事却统一在复兴医院。不同单位评选和考核，规章制度的限制等，包括还有一些同级别单位需要协调事宜，都会分散社区医院提供医疗服务的重点任务，影响社区医院更好适应医疗养老需求的改革进度。

（4）科室不够齐全，空间有限。访谈中王会长和老人还提及如果社区卫生服务站能够有更多的科室，满足多样化的医疗需求，如此一来，老人不出社区就能看好病。另外，由于诊室接待量大，服务站的空间也变得不能满足需求。王会长还谈道，想要扩展空间的过程，也涉及多方单位的协调，很难开展。

但是，社区卫生服务站也只能承担部分的看病需求。能去大医院看病自然是好事，但是却有很多因素阻碍了老人，其中涉及的问题如下。

（1）专业护工的欠缺。访谈中的毛老和陈老都提到了与国外专业的护士和护工的护理相形见绌的是目前国内的护工都缺乏专业的护理知识，服务态度也参差不齐，不能为已经患病的住院患者提供专业的医疗照护服务。

（2）大医院人太多，排队排不上。所有的受访老人都谈到了大医院排队挂号难的问题。这使得许多老人对看病望而却步，只能就近解决。这说明优质的医疗资源不能得到很好的分配。

（3）报销政策限制过多。访谈中的于阿姨在照顾老人的时候，就遇到了报销手续的繁杂、异地报销受阻的情况。医保报销的药品项目、医保定点医院，以及报销地等诸多限制使得看病报销产生了很多阻碍。

3. 医疗体系"嵌入"社区中的问题

（1）医疗服务的可及性、不可替代性。国家的三级医疗卫生服务系统中，社区卫生服务站发挥基层医疗卫生服务的作用，主要以常见病、慢性病的诊疗、公共卫生服务、计划生育等为主要职能，满足社区内居民的生病就医需求，缓解大医院看病贵、看病难的压力。社区卫生服务站因其地缘性以及服务的特定覆盖范围，因而更贴近人们的生活，具有大医院无法取代的可及性与便利性。

汽南社区卫生服务站，集医疗、预防、科普、计划生育、双向转诊、健康管理为一体，设立全科、中医、牙科等科室；实行了家庭签约式服务，将医疗卫生服务送到了老年人家庭；并利用新的通信技术，建立微信群，探索医患沟通的新方式。汽南社区卫生服务站进入老年社区，嵌入居家养老服务模式，其医疗服务的触角延伸至老年人的家庭，为老年人以及社区居民提供多元化的医疗卫生服务。所谓"麻雀虽小，五脏俱全"。在社区医养结合的实践中，"医"是"养"的保障，而医的实现，社区卫生服务站是后盾。

（2）社会关系的建立：信任。社区是以一定地域为基础，由具有相互联系、共同交往、共同利益的社会群体、社会组织所构成的一个社会实体。在这样的地域性的生活共同体中，内在的互动关系与文化维系力是社区的典型特征。以社区为平台，医疗卫生服务嵌入居家养老服务模式的实践，也是社区卫生站与社区居民之间展开的互动过程。社区卫生服务站的医护工作人员与社区居民通过长期的共同生活，构成了社区内特定的文化维系力和心理的归属感。双方具有了较强的关系纽带，相互间的信任由此形成。

汽南社区卫生服务站的医护工作人员与社区居民建立的信任关系，来自双方长期的互动。医护人员敬业的精神、较好的服务效能，使得社区居民对于医护工作人员充分信任。医护人员与社区居民之间，不再是身份上的医患关系，在社区这样一个共同体中，双方都对社区有着较强的认同与归属感，结成了亲密的私人关系网络，互帮互助的良好传统在社区层面得以充分的展现。

（3）嵌入中的缝隙：护理的不足。一事物结构性嵌入另一事物过程中，由于机制、文化、行动要素等原因，会出现嵌入中无法"严丝合缝"

的问题，从而出现嵌入中的缝隙。嵌入中的缝隙，使得事物双方难以合力发挥出最大的效能。医疗卫生服务嵌入居家养老的过程中，嵌入中的缝隙主要表现为护理的不足。

护理的不足，体现的是医疗卫生资源与居家养老需求的不匹配。社区中居家养老服务对于专业性护工的需求较大。医疗卫生服务仅是护理的一方面，更重要的是精神护理，满足老年人的心理需求。然而社区卫生服务站的护理工作交由大夫或护士完成，同时承担好两种角色对于卫生站的工作人员来说力不从心，从而出现嵌入过程中的缝隙。

4. "医养结合"社区居家养老的框架

（1）社区医养结合的理论基础

社区照顾理论。社区照顾最初起源于英国。"二战"后，在英国及一些西方国家掀起的"反院舍"化运动是社区照顾兴起的直接原因。所谓大型院舍式的福利模式，又称院舍照顾或机构照顾，是指国家对孤寡老人、孤疾成人、孤儿和各种精神病患者等社会弱势群体实施住院式照顾，即将他们安置在由政府出资兴办的、与自然生活社区隔离的福利院舍中进行统一照料的模式。这种模式便于管理，却有两个严重的负面影响：一是隔离式的管理客观上造成了受照顾对象容易产生强烈的依赖性并因之逐渐失去社会适应能力；二是部分管理人员主观的因素使一些受照顾对象受到了非人道的待遇。到20世纪60年代，通过对院舍照顾模式负面影响的反思，"在合适环境中养老"的理论被提出，社区照顾的理念渐渐得到了认可和应用。

夏基（Peter Sharkey，2006）认为社区照顾是一种官民结合的架构，包含了一个管理员、关键工作员和照顾人员的工作体系，容许老年人在其所居住的熟悉社区内获得照顾，是区别于传统养老的新模式。多数学者对这样一种养老模式表示肯定，比如泰斯特（Susan Tester，1996）认为，社区照顾对老年人彼此的沟通交流有积极意义，有利于帮助老人缓解空虚寂寞感并促进老年人融入社区活动之中。

福利多元主义。福利多元主义是指福利的规则、筹资和提供由不同的部门共同负责、共同完成，而不局限于单一的政府部门。福利多元主义主张福利来源的多元化，既不能完全依赖市场，也不能完全依赖国家，福利是全社会的产物。在福利多元主义的政策方案中，政府以外的部门，如市场、家庭、志愿组织、社区以及各种互助团体，它们在社会福利体系中具有非常重要的作用。老人是时间上的移民，我们不仅仅需要注重老人当前的需求问题，更需要考虑老年人随着年龄的增长而面临需求的扩大与增长。因此，构建一套持续稳定的福利制度是亟须的，也是必要的。"医养结合"的社区居家养老模式正是一方面能够多方面为老年人提供福利，另一方面也考虑随着年龄的增长，他们对医疗的需求增多。因而，基于福利多元化理论，"医养结合"社区居家养老保险模式能够体现社会公平。

（2）社区医养结合的界定

一般认为，"医养结合"就是指医疗资源与养老资源相结合，实现社会资源利用的最大化。其中，"医"包括医疗康复保健服务，具体有医疗服务、健康咨询服务、健康检查服务、疾病诊治和护理服务、大病康复服务以及临终关怀服务等；"养"包括生活照护服务、精神心理服务、文化活动服务。也有学者认为"医养结合"是一种有病治病，无病疗养，医疗和养老相结合的新型养老模式。我们认为医养结合新型养老模式是指通过相关部门制定相应政策以期实现老年人的无病养老、有病能够得到较好医疗服务的一种新型养老模式，它体现了人类从关注生活质量向生命质量的转变，体现了社会的进步。随着我国人口老龄化的加剧，养老问题备受社会瞩目，人们逐渐意识到老年生活的一个突出特点就是老年人更容易患病的问题，因而从生命质量的角度提出养老应该医养结合。

在这里，我们认为医养结合新型养老模式不是单一的，而应是一种养老服务的体系。我国人口众多，地区经济发展极不平衡，多层次的养老服务体系有利于满足多样化的养老需求。换句话说，养老机构配置医疗功能有它适用的老年群体，医院配置养老功能也有它适用的老年群体，养老机构和医院合作有它适用的群体，但仅仅这些医养结合的方式并不能满足所有老年人口的养老和医疗需求。通过整理北京汽南社区的深度访谈资料，我们发现"医养结合"社区居家养老模式也不失为一种较适用医养结合新型养老模式。

何为"医养结合"社区居家养老模式？我们认为，它是在政府相关政策的引导下，由相关医院在有条件的社区开设医疗服务站，由医疗服务站对社区内老年人提供相关医疗服务，实现老年人在社区内及社区周边就能享受到相应的养老和医疗服务的一种养老模式。相关医院是按照就近原则考虑的，一般应是具有一定资质的医院按照方圆一定距离对附近社区设置医疗服务站，由医疗服务站实现疾病预防、治疗、康复的第一道防线，缓解医院人满为患的状况。有条件的社区是指老年人口达到一定比例的社区。医疗服务站提供相关医疗服务是指门诊、拿药、相关疾病课堂、家庭病床、上门服务、转诊等服务，实现有的疾病能在医疗服务站解决就在医疗服务站解决，不能解决的可以直接转诊到相关医院。

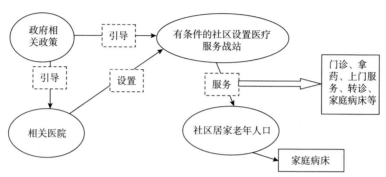

图1　"医养结合"社区居家养老模式流程

（3）医养结合中的行动者及其行动逻辑

养老任务复杂而艰巨，如何结合各方力量，更好地推进医养结合养老服务模式，是一个难题。在汽南社区养老服务的实践中，表1反映了各个主要资源提供方是在怎样的行动逻辑下提供养老服务的。

表1　社区医养资源提供者及其行动逻辑

资源提供者	资源内容	资源属性	行动逻辑
家庭	日常生活支持、日常照料、半专业医疗护理	义务性 个体性 非专业和半专业性	家庭内的伦理义务 亲情 家庭内的经济考量
汽南社区建设协会	各种志愿者服务	社区公益性 群体性 非专业和半专业性	社区伦理 共同体情感 老年的价值实现 组织依赖
街道办事处	地方政府的政策支持和资金支持	政策性	政治效应 福利效果 官僚主义
居委会	各种志愿者服务和慰问活动	政策性 社区公益性	半官僚主义 组织的社区声望 半经济考量

资源提供者	资源内容	资源属性	行动逻辑
医院	疾病治疗	政策性 专业性	政府的福利效果 组织的服务效率和服务效益 医护的职业伦理
社区卫生服务站	日常疾病的诊疗、护理和疾病宣传	政策性 专业性 社区公益性	社区伦理 医患情感 医护的职业伦理
家政公司	保姆、小时工、丧葬	市场性 半专业性 社区公益性	公司利润 个体伦理 个体情感
十方缘	心灵呵护和临终关怀	社会公益性 半专业性	非营利组织的声望逻辑 团队成员的组织依赖和组织情感 个体的价值实现

（4）社区医养结合的框架

作为一个典型的老年社区，汽南社区无围墙敬老院的医养结合实践中包含了多方参与社区治理，即政府、社区和市场三个主要构成要素之间的协调。另外汽南社区案例的特殊之处还在于，该社区还与包括中国社会科学院等研究机构进行合作，它们共同构成了一个较为完善的服务支援体系（见图2）。

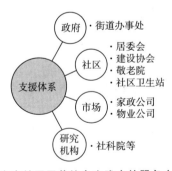

图2　汽南社区医养结合实践中的服务支援体系

本文认为，政府、社区、市场、研究机构四个要素在汽南社区医养结合实践模式中各自发挥自己的作用。在多元主体共同探索治理社区问题的过程中，起主导作用的还是社区，如果社区内部本身没有推动医养结合实践的内生力量，就缺少了该模式本身得以实践的前提条件。在社区自身有推动医养结合的意愿的基础上，才会形成巨大的行动力，主动寻求政府支持和外部市场资源。从这一层面来说，政府在该实践中扮演政策和资金支持的角色，市场在其中扮演了外部资源提供者的角色，而研究机构则扮演知识提供者的角色（见图3）。

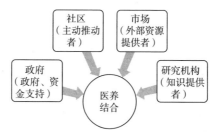

图3　汽南社区医养结合实践中的社会共治模式

5. 建议

（1）加强社会自治组织在社区医养结合中的作用

通过北京市西城区汽南社区的实证研究，我们发现社会自治组织在社区医养结合中发挥着不可或缺的作用。第一，它作为一个有效整合各方资源的机体，使得居家养老不再原子化、个人化，使得每一位老人、每一位家属不再单打独斗、各自为政。在社会自治组织的作用下，每一位居家养老的老人、家属均可以轻松享受到被整合了的资源，体验到集体的力量。第二，作为一个自治组织，它在提供各种优质的养老服务过程中，营造了爱老敬老的良好氛围，使得整个社区充满温情。第三，通过组建社区内的志愿者服务队伍，社区被整合成一个共同体。汽南社区在汽南建设协会的日常工作的构建下，保持着传统熟人社会的人与人之间的关系，这不同于现代意义上的冰冷的城市社区。可见，社会自治组织能够充分调动社区居民的积极性、能动性，为社区医养结合提供便利，这是任何组织都无法取代的，只有让本社区的人自觉自愿地去服务、去组织，才能发挥自治组织应有的作用。因而，在社区医养结合模式中，应鼓励和支持社会自治组织的建设，让社区自身的资源成为整合各方资源的有生力量，发挥社区自身的优势和作用，这是一条根本的长久之策。

（2）加强"医""养""护""情"四位一体服务模式

"医养结合"社区家居养老模式在"医""养""护""情"四个关键

点上没有主次之分，对于老人而言都同样重要。这就要求在社区"卫生服务站""敬老院"与"老年建设协会"协同合作的基础上，再提高敬老院护工的数量与质量，从而让老人在情感上得到慰藉与呵护。因为在访谈中了解到，敬老院大概有18位女性护工人员，都是年龄在40岁以上来自北京以外的地方。她们实行的是三班倒制度，4个人一班，一班8小时，也就是说，她们4个人工作时要同时照顾近40位老人，工作相当紧张，老人有时候得不到及时的照料。更重要的是，敬老院内的老人大多都是全护理的失能老人，这个环境让她们对生活没有一点憧憬，甚至有厌世情绪。所以，更重要的是在"医""养""护"的基础上，给老人情感上的慰藉。所以，当务之急是培养更多的、专业的护理人才，不仅能够给老人物理上的照顾，又能关怀到情感需求，达到"医""养""护""情"四位一体服务模式。

（3）社区卫生站与上级医院建立有效的沟通渠道

社区卫生站的医生、护士服务态度良好，得到了居民的一致好评，但是在问及转诊服务时，现实情况不是很理想。病人遇到医疗问题首先会到社区卫生服务站咨询就医，卫生站医生根据具体病情决定是否推荐病人直接到上级复兴医院转诊就医。但是在社区卫生服务站与复兴医院之间并没有病人病历等协调沟通的渠道，这就造成了医疗资源的不完全整合。既然上级医院与下设卫生站点之间有上下级的管理体系，那么不仅在转诊通道上要协调起来，更要在病人病历等资料沟通上建立有效的传递渠道。建议上级医院与社区卫生站之间能够建立互动的计算机网络平台，实现信息共享，根据互动范围及辐射功能的要求，选择相关社区卫生服务网络软件，借助大型医院的数字化力量，建立互动的计算机网络信息平台。这样病人才能够实现小病在社区、大病到医院、两家都知情的有效就医状态。

（4）基层医疗卫生服务的延伸和嵌入的深入

以社区为依托，探索医养结合的养老服务模式，首先的前提条件是我国的医疗卫生服务向基层倾斜，触角向家庭延伸。基层医疗卫生服务能否延伸至社区，能否嵌入社区居家养老服务模式，也是国家与社会的博弈。鼓励基层自治组织的发展，鼓励其探索本土化的医养结合模式，正是"小政府，大社会"的体现。因此，社区层面开展医养结合的实践，社区卫生服务站应作为有力的后盾。已经有社区卫生服务站的，社区居委会发挥带头作用，主动构建医养结合式居家养老的服务网络；未建立社区卫生服务站的，应首先建立社区卫生服务站。医疗资源向社区基层倾斜，并给予社区与医疗卫生服务站之间开展资源互惠的空间。

从医疗卫生服务结构性嵌入居家养老服务模式的程度来看，目前社区层面开展的医养结合实践是浅层的结构式嵌入。深层次的结合还未实现。总体来看，社区卫生服务站的医疗卫生服务与居家养老的服务依然处于相对独立性的状态。如果没有社区居委会的牵头和主导作用，社区卫生服务站嵌入居家养老服务模式的主动性很弱，即使有家庭诊疗等服务，也往往流于形式。社区养老机构与社区卫生服务站之间的深入合作，由于工作量大，还需要顶层设计的推动，仅依靠社区居委会的力量，往往较难实现。未来医疗卫生服务嵌入居家养老服务的深层次发展，应从被动式的嵌入向主动式的深入嵌入发展，在双方互惠互利的基础上社区卫生服务站为社区老年人及社区养老机构提供必要的医疗卫生服务。

针对结构性嵌入过程中出现的缝隙化问题，需要向深入式嵌入发展。整合社区中的医疗卫生服务资源与可利用的养老资源。通过顶层设计的推动，培养具有医疗护理专业知识、资质好的专业护工，以弥补居家养老过程中护理不足问题。可探索社区居委会与社区卫生服务站的真正结合，共同办公，减少双方互相扯皮问题。依靠居委会的力量，解决基层医疗卫生服务站场地、空间不足等问题。未来有待深入探讨，社区内养老院与医疗机构如何进行资源整合？从功利角度探讨社区卫生服务站与社区居家养老服务模式如何实现互惠互利？

（5）社区社会工作的专业化

医养结合是一项专业化的"技术活"，涉的专业也不只是养老，譬如还有医护人员、营养师、康复师等。因此，就需要专业化的从事老年服务的社会组织参与进来，并与城乡社区相配合。居家养老式医养结合必须有完善的社区服务的支持，包括送餐服务、家政服务、康复服务、心理咨询、综合性的日间照料、短期托养，都要由相关社区服务机构来提供，并不是单纯地依靠志愿者与社区卫生服务站。笔者认为医养结合中的护理问题，对我国今后对于绝大多数老人而言，更为迫切需要的是日常生活照料，以及并非以治愈为目标而是以延缓病情（慢性病）发展和维持生理机能的护理和康复。因此要将长期照护引入社区内部。

目前我国的长期照护主要是针对失能老人的，笔者认为将长期照护引入社区，首先是在以专业机构为主体，长期照护服务进入社区，建立老年服务中心和老年人日间照护中心，使部分失能的老人仍然可以居家养老，而在需要的时候，由专业机构提供专业的服务。在社区服务机构签约的前提下，对于经济困难的老人，政府同样应该提供补贴。其次为了使长期照护服务进一步延伸到家庭，可以组织俱乐部式的以低龄老人为主的家庭长期照护服务社团，在专家的指导下，对自己家中部分失能和完全失能的老人提供生活照护，最终形成家庭、社区、机构相整合的照护体系。

志愿者不同于专业的护理人员和社会工作者，社区内严重缺乏老年护理专业人员、社会工作者和专业志愿者。对于外聘专业的护理人员，需要较大的经济投入，这还要依靠政府或者是社会投资。在这方面专业人员中，不乏爱心的公益人士，可以尝试招募志愿人士，利用休息时间对老人进行护理及心理疏导，逐步发展为定期的护理网络机制。对于失能在家的老人，可以由在街道或社区建立家庭长期照护服务的社团，社团以社会工作者为核心，组织为老人提供长期照料的家庭成员进行养老服务的专业知识培训，并负责对签约的失能老人家庭的探访，对老人接受照料服务的情况做出评估。

社区内的老人、高龄老年人口群体规模越来越大，现在的志愿者队伍无法提供满足越来越多的老年人的需求。在协会的网络支持下，社区骨干可通过开展社区活动、组织联谊等发现并发展有爱心、乐于奉献的"小老人"，招募其加入志愿者队伍，扩大社区志愿人员的规模。

社区社会工作是以社区和社区的居民为案主，通过发动和组织社区居民参与集体行动，确定社区问题与需求，动员社区资源，争取外力协助，有计划、有步骤地解决或预防社会问题，调整或改善社会关系，减少社会冲突，培养自助、互助及自决的精神，加强社区凝聚力，培养社区居民的民主参与意识能力，发掘并培养社区领导人才，以提高社区的社会服务水平，促进社区的进步。现在的社区缺乏专业的社区社会工作者，作为专业的社会工作者进入社区，需要在社区内扮演资源联结者、倡导者、教育者的角色，主要工作是鼓励社区居民参与到社区的决策和管理中来，通过倡导、为居民寻找资源等方式鼓励居民自己发动起来，解决社区问题。同时，为社区培养领袖人物，这对于社区的发展而言具有很大的意义。并且，针对不同年龄层的老年人的多样化需求，提出并实施可行的服务方案，从而为老人的未来生活提供更多的保障性服务。

在老龄化形势日益严峻、老龄化需求日益复杂的当下，家庭养老功能逐渐弱化，同时社会养老服务明显"缺位""错位"，亟须优化社会养老服务体系。从破解当前城乡社会养老服务体系建设"养"与"医"分离的关键性问题导向切入，优化社会养老服务体系，协同医疗与社会服务健康发展，具有重要的理论意义与现实意义。

随着社会管理范式逐渐被社会治理范式所取代，一种多元主体参与的社会共治模式出现在越来越多的社区治理案例中。包括政府、市场和社会组织、公民和各种形式的自组织，以平等和自愿的价值基础，通过对话、竞争、妥协、合作、集体行动等方式解决公共问题或提供公共服务。汽南社区无围墙敬老院案例，就是一个涉及多主体的社区治理的典型案例，政府、社区、市场、研究机构等在对养老问题共同的价值追求的基础上，相互配合、协调，共同为实现社区内的医养结合贡献力量。在汽南社区医养结合的社区治理案例中，具有内生推动力的建设协会起到了主导作用，政府扮演政策和资金支持的角色，市场则在其中扮演了外部资源提供者的角色，而研究机构则扮演知识提供者的角色。在政府、市场、社会组织、研究机构四大板块构成与运行的社区治理过程中，汽南社区建立起了"政府支持、民间组织承办，市场化运作，专业化服务，社会力量参与，志愿者服务为补充"的居家养老运行模式。

参考文献

《中国养老机构发展研究报告》，《北京晚报》2015年7月17日，http：//www.ccgp.gov.cn/gpsr/gdtp/201507/t20150717_5572025.htm。

《北京市养老问题与健康城市建设研究》，引自北京市民政信息网，http：//www.bjmzj.gov.cn/news/root/llyj/2012-03/103644.shtml。

《老龄化加速：中国成世界老年人口最多国家》，《第一财经日报》2015年7月22日。

鲍捷、毛宗福：《社会医疗保险助推医养结合服务的政策探讨》，《卫生经济研究》2015年第8期。

陈庆华、侯建媛：《"医养结合"康复养老模式的实践与启示》，《中国民康医学》2015年第9期。

陈淑君、王岩：《医养结合养老服务模式研究》，《牡丹江师范学院学报》（哲学社会科学版）2015年第6期。

陈向明：《质的研究方法与社会科学研究》，教育科学出版社，2000。

冯丹、冯泽永、王霞、李秀明：《对医养结合型养老机构的思考》，《医学与哲学》2015 年第 7 期。

顾国爱：《从医疗机构与养老机构现状谈医养结合的发展路径》，《商业时代》2016 年第 6 期。

景杨洋、张红晋：《医养结合新型养老模式概述》，《西部皮革》2016 年第 2 期。

李雪洁：《成都市武侯区：搭建医养结合创新平台为互联网时代全民健康保驾护航》，《中国科技产业》2016 年第 2 期。

刘兰波：《"医养结合型"社会化养老的探索与思考》，《中国民政》2016 年第 2 期。

刘清发、孙瑞玲：《嵌入性视角下的医养结合养老模式初探》，《西北人口》2014 年第 6 期。

刘琼：《谈医养结合养老新模式》，《企业家天地旬刊》2013 年第 8 期。

刘文红、彭嘉琳：《护理服务推动"医养结合"养老模式发展》，《中国护理管理》2015 年第 8 期。

吕鹏飞、陈晓玲、周宏东、孙畅、朱美芬：《上海市医养结合养老模式卫生监督困境及对策》，《医学与社会》2016 年第 2 期。

马明慧：《推行"医养结合"养老服务模式》，《奋斗》2015 年第 1 期。

沈连法：《关于医养结合的思考》，《疾病监测与控制》2015 年第 6 期。

沈婉婉、鲍勇：《上海市养老机构"医养结合"优化模式及对策研究》，《中华全科医学》2015 年第 6 期。

孙培航、焦明丽、吴群红、郝艳华、康正：《公共服务外包视角下民营医院参与医养结合模式的可行性分析》，《卫生软科学》2016 年第 1 期。

唐钧：《谨防"医养结合"陷阱》，《中国经济报告》2015 年第 3 期。

童立纺、赵庆华、丁福、肖明朝：《医养结合老年长期照护模式的探索与实践》，《护理研究》2015 年第 4 期。

王元元、朱霖、牛丽娟、叶宜德、纪艳、孙国梅等：《安徽省"医养结合"机构养老模式实施路径探讨》，《牡丹江医学院学报》2014 年第 6 期。

王赟、曹勇、唐立岷、潘聪聪：《青岛市"医养结合"养老模式探索》，《卫生软科学》2015 年第 2 期。

吴玉韶、王莉莉、孔伟等：《中国养老机构发展研究》，《老龄科学研究》2015 年第 8 期。

於军兰、周文萍、张杰、林传俊、徐凌、李京鹤：《黄石市医养结合养老服务现状分析》，《护理研究》2015 年第 9 期。

张璐：《"医养结合"的四川模式》，《四川劳动保障》2015 年第 8 期。

张旭:《医养结合养老模式研究》,《赤峰学院学报》(哲学社会科学版）2014 年第 3 期。

Peter, Sharkey 2000, *The Essentials of Community Care: A Guide for Practitioners*. Basingstoke: Palgrave Macmillan.

Tester, Susan 1996, *Community Care for Older People: A Comparative Perspective*. London: Macmillan Education UK.

东四街道公共文化服务研究

孟雨岩　李国庆*

一　本次调研的设计逻辑

（一）本次调研的意义

公共文化服务是政府服务社会的基本职能，同时也是公民基本的文化权利，它以公益、共享和普惠性体现文化民生的质量。2013 年，十八届三中全会提出"构建现代公共文化服务体系"的理念。2015 年，中共中央办公厅、国务院办公厅印发《关于加快构建现代公共文化服务体系的意见》，同时颁发《国家基本公共文化服务指导标准（2015～2020 年）》，充分体现出新一代领导人重视广大人民群众精神文化需求的治国理念。近年来，我国公共文化服务体系建设投入稳步增长，覆盖城乡的公共文化服务设施网络基本建立，但是，与当前经济社会发展水平和人民群众日益增长的精神文化需求相比，与基本建成公共文化服务体系的目标要求相比，公共文化服务体系建设仍然存在着一些亟待解决的问题。这些问题既表现为宏观层面的资金投入、体制机制等问题，同时更多地表现为基层微观层面的公平、效能、供需矛盾等问题。随着从国家到各级政府对公共文化服务投入的不断加大，以及文化体制改革的不断深入，宏观层面的问题正在逐步解决。微观层面的问题，由于涉及基层服务部门和为数众多、千差万别的个体群众，因此，问题的具体特征、影响因素、发展趋势等难以清晰把握。要想制定有针对性的方针政策，加快建设现代公共文化服务体系，提高文化民生的质量，必须到基层服务部门、到普通群众中间，进行深入细致的调查研究。这正是本课题的意义所在。另外，东四街道从 2014 年起被列为

---

* 孟雨岩，中国社会科学院城市发展与环境研究所助理研究员；李国庆，中国社会科学院城市发展与环境研究所研究员。

中国社会科学院城市发展与环境研究所调研基地，周期 5 年，每年一个主题，2014 年、2015 年连续两年进行了社会管理和公共安全的调研，公共文化服务为系列调研的主题之一，本课题是在前两年基地调研基础上的延续。

（二）本次调研的主要内容

2016 年东四街道公共文化服务调研的主要内容包括：第一，基础数据指标调研。通过调研，了解东四街道社会、经济、文化等方面发展的基本情况。第二，居民文化需求调研。了解居民真实的文化兴趣、文化需求和相关愿景。第三，居民对公共文化服务的评价调研。了解政府公共文化服务的普及程度以及群众对于公共文化服务的评价和建议。第四，公共文化服务均等化调研。了解外来人口（尤其是农民工）与户籍人口相比，享受公共文化服务的差异特征。了解外来人口（尤其是农民工）对公共文化服务的需求愿景。第五，公众参与程度调研。了解公众对公共文化服务活动的积极性和影响因素。第六，基层政府公共文化服务模式创新调研。了解街道公共文化服务工作中的主要做法、主要难点、主要经验和教训，以及创新的潜力。通过以上调研，力图对城市基层政府公共文化服务体系建设中存在的主要问题和产生问题的原因具有较为清晰的把握，在此基础上提出科学合理的政策建议。

（三）调研地点的典型性

第一，东四街道位于北京市东城区，从其整体条件来看，其区域范围内社会、经济、文化要素比较完善，人群类型复杂多样，选择其进行大城市街区的案例研究，具有明显的典型性意义。第二，东四街道是一个有着深厚的历史文化底蕴和浓厚的老北京传统文化氛围的北京老城区，街道办事处对历史文化资源保护以及公共文化服务工作极为重视。近年来，东四街道在公共文化服务方面一些创新性的做法在北京市乃至全国范围内产生了良好的反响，对其实践经验进行考察和总结很有意义。第三，东四街道办事处与中国社会科学院城市发展与环境研究所已经有十余年的合作关系，2014 年被列为中国社会科学院城市发展与环境研究所的调研基地，街道办事处领导对基地调研项目非常重视和支持，因此，选择东四街道作为调研地点既符合学术要求，也具有现实条件。

（四）调研的主要方法

1. 理论指导与资料收集

运用公共管理、公共资源共治、权力公平等理论工具，对相关问题进行深入思考；广泛查阅国内外相关问题的研究成果。在此基础上，制定出此次调研的目标取向以及数据采集框架体系；从街道相关部门获得有关统计数据和文字资料，充分把握调研地点的基本情况。

2. 深度访谈

分别选择不同年龄、性别、职业、受教育程度的居民进行深度访谈；选择外来务工人员进行深度访谈；与街道办事处公共文化服务部门工作人员进行深度访谈；与居民委员会成员进行深度访谈；与相关 NGO 进行深度访谈。

3. 问卷调查

随机抽取东四街道 7 个社区内的 400 户家庭进行问卷调查。调查问卷为本地户籍人口和外来人口两类人群分别设计。对回收问卷进行综合分析处理。

需要说明的是，本课题原本设计发放问卷 500 份，但是由于 2016 年东城区东四街道实施了非首都功能疏解和人口调控任务，街道辖区内外来人口剧减，2016 年功能疏解影响外来人口约为 1700 人，本次问卷调查在保持本地居民与外来人口比例 3∶2 的前提下，将问卷发放总数减少为 400 份，其中本地居民为 240 份，外来人口为 160 份。

4. 参与考察

实际参与 1~2 项东四街道公共文化服务群众活动，以贴近的观察获得真切的感性认识。

（五）调研实施的保障

东四街道是中国社会科学院城市发展与环境研究所所级调研基地，双方已经有十余年、多次项目的合作经历，东四街道近年来历任领导对我所调研都十分支持和重视，双方合作非常愉快。2014 年，我所在该基地调研题目是"市民化背景下北京核心街道综合治理调研"；2015 年，我所在该基地调研题目是"城市安全与治理调研""东四街道公共文化服务研究"是该基地系列调研的组成部分，课题组成员全部都是自 2014 年起即开始该基地的调研工作，都具有较高的理论素养和实际调研经验。

二 东四街道基本情况

(一) 空间范围

东四街道位于北京市东城区中东部，属于北京市核心城区的一部分，面积 1.53 平方千米，辖区内有大街 4 条、胡同 31 条。其空间四至范围是：东邻东二环路，西至东四北大街，南到朝内小街，北邻平安大街，区域外形呈长方形。以朝阳门内小街为界，该区域划分为特色不同的东、西两片，东片大部分已在危改和拆迁后被建设成为现代化的楼房，位于此处的明清时期皇家仓厫旧址则被打造成南新仓文化休闲街。西片的头条至九条胡同，除头条、二条、九条胡同因地铁占用已不完整外，其他胡同在外貌上基本保持老北京城区的传统格局。

(二) 社会概况

1. 人口与社区

2015 年末，全地区常住人口为 45532 人，共 17000 余户。2015 年 11 月，全地区共登记流动人口 12152 人，出租房屋 1901 户，全地区共有登记外国人 219 人。2016 年，为疏解北京城市核心地区非首都功能，降低城市核心区人口密度压力，东四街道积极落实市、区两级政府下达的人口疏解任务，实行人口疏解之后的各类实际人口数尚需勘定。

东四街道辖区共有 7 个社区，分别是：二条社区、六条社区、七条社区、八条社区、总院社区、南门仓社区和豆瓣社区。其中二条社区、六条社区、七条社区、八条社区是典型的平房四合院社区。总院社区地处北京军区总医院家属院内，是典型的军民共建型社区。南门仓社区是现代化的新型危改回迁小区。豆瓣社区是少数民族聚居区，有汉族、回族、满族、蒙古族、裕固族等 11 个民族的居民。

2. 驻区单位

东四街道辖区有驻街道法人单位多达 1032 家，其中中央、市属单位 37 家，包括中国保利集团、中国电信集团、中国海洋石油总公司、中国人民保险公司等，构成了东二环交通商务区的重要组成部分。辖区内有中小学校 4 所、医院 4 所、托幼园所 1 家。

3. 社会组织

在东四街道办事处的大力扶持和培育下，东四街道社会形态和谐稳定，社会组织发达，区内计有居民社会组织10余个，简介如下。

（1）北京市协作者社会工作发展中心

北京市协作者社会工作发展中心（简称"北京协作者"），位于东四七条46号，是我国最早的民办社会工作机构之一。该组织成立于2003年SARS病毒传染期间，最初是为对北京农民工群体进行抗击病毒紧急救援服务而成立的社会组织，SARS过后，该组织逐渐发展成了专业服务农民工的民间组织——北京协作者。北京协作者的理念是"团结协作，自助助人"。在服务农民工困难群体的同时，北京协作者组织致力于在所在地建立多元包容、长幼共融的社区。成立12年来，该组织累计为30万名有需要、有困难的人提供了系列服务，在此过程中培育了1000多名志愿者。据掌上东四微信报道，东四八条社区居民王凤兰2012年成为北京协作者社会工作发展中心的帮助对象，5年多来志愿者对王凤兰在生活上、医疗上甚至在心理关怀上悉心照料，温暖如春。该组织被评为北京市5A社会组织，民政部首批全国社会工作示范单位，荣获"北京市社会组织示范基地"称号。

（2）北京枫华老年互助资源中心

该组织专业从事互助居家养老的社会化服务。

（3）北京市东城区荣德社会工作创新中心

该组织主要在失独家庭、老年人、残疾人、社区社会组织培育、社区教育等方面提供社会服务。

（4）东四社会治理支持中心

是依托东四街道党群活动中心成立，并委托北京市协作者社会工作发展中心建设运营的地区支持性社会组织平台。

（5）豆瓣社区调解委员会

致力于对生活中居民之间的问题进行调解。

（6）豆瓣社区环保志愿者服务队

主要致力于小区绿化、环境卫生服务。

（7）豆瓣社区化纤院自管会

是一个为化纤院的环境卫生、停车位进行自律自管的社会组织。

（8）豆瓣社区少数民族居民自愿互助服务协会

主要筹划少数民族特色文化、餐饮等服务进社区，是一个为社区的少数民族居民提供多样的民族特色服务的社会组织。

（9）二条社区净美小分队

由退休居民组成，主要是利用业余时间在胡同小巷里用自己的双手为社区环境卫生和环境美化做贡献。

（10）二条社区众调社

主要致力于调节社区人际关系，为建立和谐文明的社区而奋斗。

（三）历史沿革[①]

据国家文物局认定，东四街道西部的东四三条至八条区域较好地保留了元、明、清时期城市建设的胡同肌理和老北京生活气息，东四街道东部地区则属于明清皇家粮仓建设区，这一带城区迄今已经有600余年的建设历史，其间行政区划归属各有不同，明以降大体沿革历史为：明朝北京城内以"坊"为纲划分地域单元，今东四街道当时大致归属于东城南居贤坊和思诚坊，受顺天府大兴县管辖；清朝北京城由八旗驻防，今东四街道所在地为正白旗；民国时期，北京内城划分为六个区，外城划分为五个区，今东四街道属于内三区。

东四街道是国家级历史文化保护区所在地，捋清这一区域历史文化以及建筑空间发展和积淀的脉络，对于更好地进行文物古迹保护，更好地进行历史文化知识和理念普及传播至关重要。现将东四街道自明以来的发展沿革历史细述如下。

明朝时期，南居贤坊和思诚坊的东面是朝阳门和东直门，沿运河从南方漕运而来的粮食和物资从此处登岸进入内城，因此官方在其周围广建仓廒，以储存粮食和其他重要物资。也因此这一带成为多种货物的集散地，刺激了附近地区商业贸易的发展。南面大市街上"杂货市""柴草市""贸易所"等地名显露出当年这一地区贸易发达的痕迹。今东四街道向北不远处是府学、太庙、国子监，自明朝起，各地参加科举考试的举子汇集于此，带动了东四一带街巷的房屋租赁活动，东四地区大多人家都以租赁房屋牟利，当时有人描述东四："家家出赁考寓，谓之状元吉寓。"也可见东四街道所在地区自明朝始就是流动人口聚集地区。本地居民加上流动人

---

① 吴丽平：《街区生活空间的变奏曲——北京东城区东四街区的历史追忆与现代重构》，《民俗研究》2008年第4期。

口的生活需求促进了该地区商业的繁荣，明朝时，高耸的东四牌楼是城市中重要的标志性建筑，其周围地区店舍、商铺林立，商业活动异常繁盛。据明代《老稼高燕行日记》记载，"所谓城中市肆，北最盛，次则东牌楼街，西不及东"，可见东四牌楼街是当时城内最重要的商业街之一。

清初满族入关，在京城推行满汉分城政策，将内城原住居民强制驱逐至城外，内城专为八旗兵丁及其眷属所居，转变成功能单一的政治军事驻地。东四街道所在地区当时属于正白旗部居址。清朝正白旗街区经过清初营建和修缮，从东四头条至十条胡同，景观面貌规整宽敞，住宅院落多为王公贵族府邸和宅第。这些府邸，内门多建在台基之上，绿瓦朱漆、雕梁画栋，显示出主人的社会等级和身份。清初营建的四合院建筑群落基本奠定了清朝时期东四街区的整体景观。清时东四街区虽均为正白旗居所，但根据官爵职位的差异，以及满、蒙、汉军由内向外的依次排列，住宅的大小、位置呈现明显不同。除却上述王公贵族的四合院建筑群落外，一些细小的胡同如流水沟、铁匠营、后坑、月牙胡同、石桥胡同等，其中则居住着普通八旗兵丁及家眷，这些小胡同分布密集、院落内部庞杂凌乱。王公贵族、富庶商户与八旗兵丁、平民穷家在东四一带街区的共存，构成了清初这一地区的基本城市社会空间形态。

满汉隔离政策在清早中期开始逐渐失效。由于实行满汉隔离，随着内城中原住居民被驱赶出城外，由汉人所经营的各种店铺也被驱赶殆尽，这为城中居住的旗人的生活带来极大不便，因此不久，以拉车、经商等为途径，汉人又逐渐开始了向内城的浸入。最初是进城拉车、经商的汉人住在东四一带的寺庙、道观里（有利的条件是自明代以来这一带由政府或民间出资，建有大量寺庙和道观），到后来，满人的生活需求支撑了大量汉人商人在东四牌楼街开店经营，从而恢复了东四一带商业的繁盛，很多汉人商人就在附近租房居住，因此东四地区汉人居民越来越多。

清初旗人进驻北京内城，房屋由国家按照职位统一分配给个人，房屋产权属于公产。到清嘉庆年间，由于年久失修，内城街区的房屋院落出现大面积的坍塌、损坏，国家虽然出资修葺，但因为经费有限，就此默许汉人可以承买房宅，目的在于减轻修葺所需的费用。这一政策不仅使得大量旗产从国有性质变成私有，同时也使得大量汉人名正言顺地在内城拥有了房产，满汉隔离政策宣告彻底失效。

清末民初，前清王公贵族与旗人日渐没落，加之政权动荡更替，卖府典宅之类的事情频频出现，通过买卖或租典，房屋宅院空间权属大量演变和更替。民国时期，北京城市空间结构发生了极大变化，紫禁城周边坛庙园圃等纷纷开辟，皇城部分城墙被拆除用以修建新的交通干道。新政权下的市政建设在改观城市面貌的同时，也在一定程度上打破了传统空间格局。与此同时，民国政府对京城行政区划进行了重新分配，设置内城六区，今东四街道归内三区管辖。这一时期东四街区的整体景观并未发生太大的变动，只是前朝的王公府邸大部分转为他用。如，头条孚王府成为北平大学女子文理学校；五条班大人胡同成为徐世昌总统府所在地；东片的皇家仓廒成为陆军医院和陆军军医学校等。王公府邸改为他用之后，院落内部的整体格局大都遭到一定破坏，如东四头条胡同甲一号宅院，成为井陉煤矿公司及其宿舍楼所在地，院内迁入了近十四户住家，遂将原来匠心布局的有机院落分隔成十四个独立的单元，毁坏了院落初建时的结构和功能，消解了附着于建筑之上的传统文化意义。

中华人民共和国成立之初，东四地区大部分房屋院落产权集中在少数几户人家手中，通过没收官僚私产和无主房产，之后又通过公私合营和私房改造，东四街道大部分房屋收归国有，由房管所以福利价格出租给居民，由国家和个人共同承担房屋修葺费用。由于人口增加，后来多数四合院内搭建了房屋，造成院落内房屋拥挤，居住条件恶劣，失去了原有的四合院景观特色。进入 21 世纪，北京市划定 25 片历史文化保护区，东四三条至八条被列其中。保护区修缮强调从历史传承和文化意涵上彰显与现代化街区的差异性，并彰显北京文化的独有特征。2008 年，东城区政府启动"修旧如旧"的"民居修缮"工程，以政府为主导，原样翻修了房管局所属的大部分居民住宅，既改善了居民的居住条件，也整治了街区的环境风貌。2015 年 4 月，东四三条至八条被住建部和国家文物局认定为全国首批 30 个历史文化街区之一。

三　东四街道公共文化服务发展特征

北京市东城区是国家级公共文化服务示范区创建城区，东四街道作为国家级历史文化保护区所在地，是东城区创建国家级公共文化服务示范区的重要组成部分。东四街道最大的优势和资源是历史文化，最重要的核心任务之一是继续创造出与历史文化一脉相承，又具有时代特色的社会文化氛围，并让这种文化氛围融入居民现实生活之中，打造文明和谐的街区社会文化环境。在此背景下，东四街道工委和办事处十分重视公共文化服务工作，在很多方面，取得了创新性的成绩。

（一）公共文化服务基础设施建设完善

东四街道位于北京市核心城区，人口密度大，空间潜力小，但是，其公共文化服务建设并未受到空间局促的限制，基础设施建设（尤其是硬件设施建设）已达到较高水平。在软件方面，东四街道设有文教卫体科，编制 4 人。东四奥林匹克社区体育文化中心编制 4 人。7 个社区分别设有文教主任 1 人。社区文化组织员 24 人。社区文化志愿者 154 人。在硬件方面，街道所辖 7 个社区均建有面积超过 200 平方米的社区综合文化活动中心，全部达到或超过北京市公共文化服务体系建设要求的标准。其中，六条社区文化活动中心面积达 360 平方米，豆瓣社区文化活动中心面积达 280 平方米。每个社区文化活动中心均设有藏书超过 3000 册的图书阅览室和电子阅览室，且每年都有一定比例的图书更新。为使新添图书能够满足居民需求，街道每年都发放图书目录，由居民进行自主选择，以此为依据购置新书。每个图书室可容纳 20 余人同时阅览，每天 8 小时开放。周六、日照常开放。除图书室以外，每个社区都有文化活动室，配备了音响、乐器、道具、舞蹈镜等文化娱乐设施，每周至少开放 56 小时。街道办事处建有 300 平方米的市民小剧场，提供给居民开展各类文化展演活动。剧场利用率很高，取得了很好的社会效益。为了给辖区内居民提供更加充分的公共文化服务设施条件，街道还出面统筹社会资源，坐落于东四街道辖区的北京喜剧院、青蓝剧场、南新仓文化休闲街、总参军训部、人保财险、史家小学、东四九条小学等驻街单位和学校都将单位内部文化设施、图书馆向东四社区居民免费开放。东四奥林匹克社区体育文化中心和奥林匹克社区公园是东四街道以开创性理念为先导，在东城区政府资金支持下建设的两处大型社区公共文化服务基础设施，免费为社区居民提供体育、文化公共服务。

2001 年，东四街道以北京第二十九届奥林匹克运动会组委会入驻东四为契机，创造性地提出了建设东四奥林匹克社区的构想，目的是以体育文化活动为渠道，吸引群众参与社区建设，将奥林匹克理念融入社区生活，倡导以人为本，重在参与，促进人与自然、人与人、人与社会协调发展，最终实现人的全面发展和社会的全面进步。这一构想获得了东城区区委、区政府的肯定和资金支持。2002 年，奥林匹克社区公园和东四奥林匹克社区体育文化中心相继落成并向居民开放。奥林匹克社区公园占地约 10800平方米，园内建有奥林匹克主题雕塑、多种健身器材，以及棋牌亭、太极场地、少数民族文化廊等体育文化设施，同时种植了大量花木，环境优美，成为广受周边居民欢迎的体育文化活动室外场地。东四奥林匹克社区体育文化中心建筑面积 4800 平方米，不仅设有篮球场、乒乓球馆、羽毛球馆、棋牌室、台球室等体育运动的标准场馆，以及奥林匹克运动发展史展览馆、大众健身房等体育设施，也有图书室、电子阅览室等文化设施。图书馆藏书 2 万余册，为首都图书馆和东城区图书馆的分馆。电脑阅览室配备了 21 台电脑，可浏览数字文化资源。多功能厅可供居民文化活动团队排练和开展各类文化娱乐活动。此外还设有电影放映活动室、巧娘工作室、温馨家园、社区心理健康服务站、早教指导中心、You 记·社区青年汇、"当代雷锋"孙茂芳工作室、奥林匹克社区展示厅等公益活动场所。东四奥林匹克社区体育文化中心是全国唯一一家以"奥林匹克"命名的社区体育文化活动中心，它不仅是东四街道的名片，也成为东城区，甚至北京市基层公共服务设施的代表，多次接受国内外交流参观团体来访。在功能上，其服务辐射范围远远超出东四街道地域范围，成为东四街道社区以及周边其他街道社区居民进行体育文化休闲娱乐的好去处。

（二）公共文化服务内容及形式丰富多样

公共文化服务是政府无偿、主动向社会公众提供的文化服务或文化产品，由于是政府行为，难免带有一些行政化特色。在很多地方，公共文化服务的行政化特色使文化产品和文化服务的供给单调乏味，以完成行政任务为导向，并不考虑群众实际的兴趣和需求，最终公共文化服务的社会效益被弱化，形成政府掏钱费力办活动、群众应付了事不买账的局面。东四街道也曾经面临同样的问题。过去，为了动员社区居民参加街道和居委会组织的公共文化服务活动，赠送礼品成为常用的手段。很多居民参加活动主要是为了领取一份礼品，对活动内容并不真正感兴趣。东四街道领导和教科文卫科工作人员在研究讨论之后，决定组织活动不再发礼品，而要通过活动本身的内容和形式吸引居民，让居民能够有真正的热情和参与的欲望，如此才能取得应有的社会效果。在这一指导思想下，东四街道以创新性思维开发设计了多项内容丰富、形式活泼的公共文化服务项目，调动了广大社区居民的积极性，各种文化娱乐活动普遍开展，街区公共文化服务活动从单向的供给转变成双向的互动，体现出公共文化服务的本初意图，实现了良好的社会效益。

通过多年的努力，东四街道已经创立了一批富有特色的品牌文化活动。截至 2016 年，街道已经连续开展了 9 届 "忆家训、谈家风、促和谐" 清明节主题教育活动、9 届东四奥林匹克社区大舞台系列展演活动、8 届东四春官报春活动、6 届东四街道南新仓文化节活动、百余场东四奥林匹克社区大讲堂活动。开展了京剧电影走进东四奥林匹克社区活动、中秋节民俗文化展暨东城区民间艺术家 "兔儿爷" 作品展、"爱心文化种社区" 文化志愿活动等主题鲜明且充满正能量的文化活动。近年来，东四街道每年累计开展各类文化活动 30 余场，累计受众数万人次。各社区在街道支持下也积极开展形式多样的群众文化活动，尤其是在春节、端午节、5 月 6 日民族日、中秋节、重阳节等传统节日期间，社区都会开展百家宴、文艺演出、才艺展示等文化活动。各社区每年累计开展各类文化活动可达 60 余次，参与人数达数千人次。

文化活动团队是社区居民因共同文化活动兴趣而自发组织的群众性团体，它是公共文化活动深入发展的重要标志，因为有了团队就意味着文化活动频次和参与人员的稳定。目前，东四街道共有各类居民文化活动团队近 50 个，成员近千人。其中街道级文化团队有 6 个，包括奥运之家合唱团、新世纪合唱团、东四评剧团等。社区级文化团队有 40 余个，包括霞光舞蹈队、豆瓣民族舞蹈队、星光合唱团和模特儿队等。团队活动内容包括舞蹈、声乐、戏曲、太极拳等多个领域。多年来，这些文化活动团队排演出一大批居民喜闻乐见的文艺节目，并多次在市、区比赛中获奖。

（三）公共文化服务与历史文化传承相结合

20 世纪 70 年代以来，世界范围兴起了经济全球化趋势，西方资本主义和市场经济文化随之强势浸入世界各国各地区，所到之处，本土文化受到强烈冲击，新一代在接受和认可西方产品、西方理念、西方伦理和价值观的同时，本土传统价值观和文化自信受到压制甚至丧失，实际上导致了西方文化一元化的全球化趋势。这种趋势不仅不利于全球文化生态的平衡，更不利于非西方国家和民族自我文化认同和文化心理的健康发展，容易导致社会文化的失根和文化软实力的丧失，而文化软实力对于一个国家的政治、外交、经济、社会等方面的发展影响至关重要。中国也不例外，改革开放以来，尤其是加入 WTO 之后，中国社会尤其是城市社会在人文理念上的西化速度惊人，而绵延几千年的传统文化对社会的影响日渐式微，这是一个非常危急的局面。如何挖掘、普及中国传统文化，让其中有价值的东西在当下社会经济运行中发挥积极作用，是中华民族面临的一个重大课题。

东四街道所在区域具有得天独厚的历史文化资源，被列为国家和北京市两级历史文化保护区，建筑空间的保护使得这一区域保留了浓厚的老北京传统文化氛围。作为这一区域的主人，东四街道居民以及街道工委、办事处除了对自己的家园充满自豪感，同时也拥有对传统文化进行传承延续的高度责任感。为保护和传承历史文化建筑空间和传统文化思想理念，东四街道动员驻区单位和社区居民，共同开展了大量有意义的工作和活动。2015 年，东城区东四三条至八条被住房和城乡建设部以及国家文物局列为第一批中国历史文化街区之后，东四街道迅速开展一系列相应行动。一是建立以街道工委书记为组长的三条至八条项目工作组，围绕历史文化街区建设组建 14 个项目组，明确各项目领导人和责任人。二是街道工委牵头，动员辖区内的党政机关、非公企业、学校等驻街单位，成立联合党支部，共同参与历史文化街区建设。三是广泛深入地对社区居民进行理念宣传和知识普及，发动群众积极参与。为此，《东四奥林匹克社区》报开辟了"行走在胡同　追忆旧时光"专栏，连续发布 24 篇专版，深入介绍东四地区的历史文化。街道举办"聚焦东四摄影作品展"，向社会征集有关胡同特色、胡同生活的照片，优选出 600 余张进行展览，唤起居民对东四地区老胡同的美好记忆。在"掌上东四"微信平台上，推送介绍历史文化街区建设系列微信 20 余条。组织 17 场"精品胡同建设座谈会"，引导居民围绕历史文化街区建设建言献策，收集居民建议 100 余条。通过"开放空间"形式，举办"社区参与历史文化街区建设发展展望未来研讨会"，110余位居民代表参与交流，汇总形成 38 条建设性意见。四是集聚专家智慧，营造街区历史文化氛围。街道聘请民俗专家、建筑专家、社会学者组成智囊团，指导街道历史文化挖掘、保护和传承与街区建设相结合的工作。开展文化探访路、绘制东四文化活地图等活动，意在挖掘与传承胡同文化内涵，着力打造四条、五条、六条作为精品胡同。五是为恢复部分胡同部分地段的原有风貌，对违章拆墙的现象进行整改修补，促进了历史文化风貌的复苏。

为加深人们对传统文化的理解和认知，东四街道开展了一系列特色文化活动，取得了良好效果，有些活动在全国起到示范带动作用，其中最典型的是 2007 年在东四街道首创的"忆家训、谈家风、促和谐"清明节主题教育活动。该活动首先由东四街道与驻区小学共同发动，具体形式是布置小学生与家长共同回忆自己家族的家训和家风。这一活动的内容和形式设计是非常巧妙的。以孩子为切入点，发动两代人至三代人对传统社会理念以家庭为单位进行上溯和追忆，在此过程中自然使得有价值的传统文化观念从被埋没到被挖掘，而且在人们为此而骄傲的心理状态下，传统的价值规范无形中再次成为规范人们社会行为的非正式制度。活动开展之后，居民反响非常热烈，很多家庭都亮出了本家族的家训、家风。2010 年，《东四奥林匹克社区》推出"忆家训、谈家风、促和谐"活动的家训堂，刊发了东四街道辖区内各个社区的家训格言集锦，现随机摘录如下。

> 不受无功之禄，不取不义之财——豆瓣胡同 5 号沈桂兰；做人要诚实，办事要认真——东四二条 14 号张欣；大河有水小河满，大河无水小河干。心中时刻有大家，小家幸福又美满——东四头条 42 号黄连芬；任凭风吹浪打，我自闲庭信步。树立信心并坚强，理想事业可有成——东四三条 17 号赵彤；吃亏也是福，何为吃亏——东四头条 42 号袁大刚；人和方可亲，家和万事兴——东四二条 15 号翟家莹；不是所有的秋天都有收获，心态放平和，顺其自然，不要苛求自己，努力了就好——豆瓣 5 号赵旻；父之所贵者，慈也，子之所贵者，孝也，兄之所贵者，友也，弟之所贵者，恭也——东四三条 4 号陈乃诚；见老者，敬之；见幼者，爱之——东四二条 5 号郑毅；有德者，年虽下于我，我必尊之——东四三条 17 号戴伟；事师长，贵乎礼也。交朋友，贵乎信也——东四三条 35 号李信。

这些出自社区普通居民的家训格言，是家族几代人共同反思的结论，也是对未来后代行为的希求，其巨大而积极的社会意义不言而喻。2014年，全国妇联书记处书记焦扬、中共北京市委宣传部、北京市文明办、北京市妇联领导莅临东四街道出席"忆家训、谈家风、促和谐"清明节主题教育活动，此后在全国展开了以"议文明家风家规、讲家庭和谐故事、秀家庭幸福生活"为主要形式的寻找最美家庭的系列活动。

另外，春官报春、中秋节民俗活动、"兔儿爷"主题活动、京剧电影主题活动等，也充满了浓厚的传统文化意蕴，使参与其中的居民和被吸引的群众、游客有机会获得传统文化的真实体验。

（四）公共文化服务供给以需求为导向

公共文化服务是政府的基本职能之一，这既决定了公共文化服务落实上的强力保障性，同时似乎也意味着公共文化服务的原初动力是政府单方向的。如果公共文化服务只是一种单向动力的福利性供给，那么，一方面从供给方而言，服务活动很容易流于形式，因为相关部门如果只是为了完成职责范围内的任务，没有被服务方的评价和反馈，则不具有努力改进工作、提供更好服务的积极性；另一方面，从被服务方而言，如果只是单纯接受一种福利性的服务，而没有在供给内容和形式的确定方面具有参与的权利和机会，则公共文化服务供给必然不会契合公众的真正需求，那么公众对此的反应和回馈也是淡漠的。如果是这种情况，公共文化服务就彻底变成了形式主义的两张皮，徒然浪费大量的国家财政投资。为了避免这种现象，最好的办法就是把公共文化服务的供给与公众真正的文化需求相结合，如此才能调动起公民主动参与公共文化服务活动的热情，并在活动中建立与政府相关部门之间积极的反馈和互动，从而促进政府进一步提高公共文化服务供给的质量，产生良性循环。

东四街道在以居民需求为导向提供公共文化服务方面进行了许多实践探索，取得了良好效果。第一，东四街道各社区图书室和奥林匹克社区体育文化中心图书室每年按一定比例添置新书，为保证新添图书能够契合居民需求，街道每年都向7个社区下发新书目录，征询居民的需求意愿，在此基础上确定购买新书的种类。第二，街道社区学院基于居民生活所需，开设了很多与居民日常生活密切相关的培训课程，例如家政技能、健康与养生、急救措施等，受到居民的欢迎和好评。第三，社区早教指导中心为辖区内年轻父母开设了一系列亲子课程，如各类情况的急救处理实战、0~3岁儿童亲子阅读方法——聊天式阅读的重要意义、0~6岁儿童英语阅读启蒙方法指导等。第四，对文化活动团队给予资金和技术上的支持。文化活动团队是居民在共同兴趣的基础上自发形成的业余活动组织，如合唱团、舞蹈队等，这些团队的共同特点一是成员参与活动的热情和意愿强烈，二是迫切需要专业人员指导以提高活动水平，三是缺乏活动经费。针对这些群众文化活动的需求，东四街道每年都对群众业余文化活动团队给予大力支持，支持的方式一是聘请专业教师进行指导，二是提供资金置办乐器、演出服装等所需品，三是提供场地进行活动展演等。第五，为满足居民对文化艺术赏析的深层次文化需求，东四街道多次聘请文化艺术界著名专家来到东四，让社区居民有机会聆听大师讲课，得以享受高层次的文化教育和熏陶。第六，在机制建设上，东四街道建立了社区公共文化服务反馈机制，定期进行居民满意度测评和意见征集，使公共文化服务工作能始终按照"以居民需求为导向，以居民满意为目标"的轨道运行。

（五）公共文化服务工作受到高度重视

东四街道公共文化服务工作能够如此有特色和有实效，与街道领导对此项工作的高度重视密不可分。2013年东城区开展公共文化体系示范区创建工作以来，东四街道第一时间制定了《东四街道完成东城区创建国家公共文化服务体系示范区工作实施方案》，成立了创建工作领导小组。在社区综合文化中心达标建设工作中，街道领导多次现场办公，积极联系协调，克服地处中心区、辖区面积小、空置房源少和街道财政紧张的困难，先后投入资金近600万元，通过整合、置换、共用、租赁、重建等方式，使街道所属7个社区均达到了200平方米的创建标准。为全面改善提升街道公共文化设施硬件条件，街道对社区文化活动中心进行升级改造，配置音响系统、投影仪等电子设施，使社区文化活动条件得到改善和提升。此外，街道还投资130余万元对一些社区文化活动中心外围环境进行美化提升。为提高社区文化活动中心的服务水平，街道起用文化组织员协助社区文教主任完成文化活动组织策划、文化团队管理等工作，使社区文化服务能力有了大幅提升。东四街道加强了公共文化服务数据统计制度建设工作，使公共文化服务做到了底数情况明白、日常管理规范，公共文化服务逐步实现了标准化运行。

四　调查对象基本属性分析[①]

本课题首先是按照国情基地项目对连续性的要求，调查了解街道基本社会环境、邻里关系、社会支持、城市风险与安全管理等多层面。其次，根据2016年度研究专题的要求，了解居民对公共文化服务的各种诉求与建议，探索、完善和创新街道与社区公共文化服务体系建设的途径。

---

① 本文四、五、六、七、八、九部分图表中的所有数据均是通过调查问卷统计所得。

本次问卷调查对象分为北京本地居民、外来人口两大类型①，通过对比分析不同居民群体的社区公共资源利用状况，可以看出居民特别是非户籍人口对街道公共文化服务满意度的差异。

本文运用 Excel 软件对所收集的调研数据进行统计分析。参与本次问卷调查的 240 位本地居民平均年龄为 46. 17 岁，其中 44. 3% 为女性，55. 7% 为男性。本地居民样本的婚姻状况显示，有 72% 处于已婚且配偶同住的状态，较前两年相比，变化不大，但由于平均年龄下降，未婚比例有小幅提升（见图 1）。总体而言，多数本地调查对象处于家庭结构稳定状态。

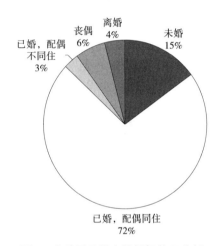

图 1　本地居民样本的婚姻状况分析

由本地居民样本的文化程度分析可知，本地居民文化程度相对较高。高中及以上受教育水平的居民占 78%，近三年调查样本的受教育程度大体保持一致，其中大专学历占 26%，本科及以上学历占 23%（见图 2）。

参与本次问卷调查的外来人口平均年龄为 33. 24 岁，远低于本地居民的平均年龄，与群体特征相符合。其中 50. 3% 的受访者为女性居民；49. 7% 为男性居民。在东四街道居住的外来人口中，40. 2% 为城镇居民，59. 8% 为农村居民。2015 年的数据中 37. 5% 为城镇居民，62. 5% 为农村居民；2014 年的数据中 31. 5% 为城镇居民，68. 5% 为农村居民。

外来人口中有 56% 处于已婚但是配偶不同住的夫妻长期分居状态（见

---

① 北京本地居民是指具有北京本地城镇居民户口的人口；外来人口是指不具有北京本地城镇居民户口，且常住北京地区的人口。

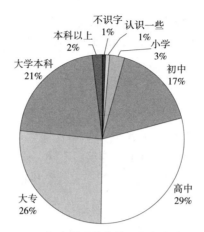

图2　本地居民样本的文化程度分析

图3）。配偶不同住将影响这一群体的社区公共资源利用状况以及对社区公共服务的满意度评价。

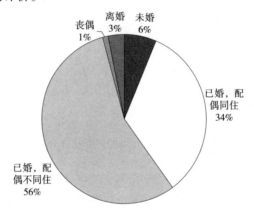

图3　外来人口样本的婚姻状况分析

由外来人口文化程度分析可知，未完成九年制义务教育的达到41%，完成初中阶段教育、完成高中阶段教育的分别占32%和17%，而完成大专及以上教育的仅占10%（见图4）。这说明东四街道外来人口普遍存在受教育层次较低、文化水平相对不高的问题，这一因素限制了外来人口的择业领域，他们大多从事简单的劳动密集型行业或较低级的服务业等行业。东四街道位于北京东二环以内，服务业发达，多数外来人口从事餐饮服务、保洁员、服务员、超市收银、商场销售等职业。

从表1的数据分析来看，该地区本地居民家庭住房面积平均为48.43

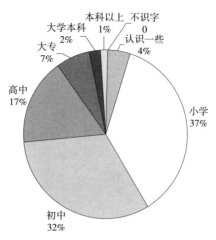

图4 外来人口样本的文化程度分析

平方米；外来人口家庭住房面积平均为24.42平方米，其中如果再剔除外来人口与本地居民结婚的家庭，剩余外来人口家庭平均住房面积仅为13.38平方米。原因不难理解，因为外来人口住房92.4%来源于租赁，而且，很多打工者居住在工作单位的集体宿舍。本地居民60.1%的住房为自购，此数据较2015年和2014年没有明显差异。

表1 家庭住房面积分析

指　标	最小值	最大值	均　值
本地居民住房面积（平方米）	10	350	48.43
外来人口住房面积（平方米）	10	130	24.42

鉴于北京本地居民调查对象中58%的属于在业状态，外来人口调查对象中83%的属于在业状态，同时涵盖了不同职业、各个年龄段、不同受教育程度的人口，因此，本调查所采集的样本具有较强代表性，能有效把握东四街道人口的生活环境现状以及对街道公共文化服务的基本态度。

五　公共文化服务分析

本模块分3个板块对公共文化服务进行分析。第一个板块为对精神文化生活的认知；第二个板块为精神文化需求的主客观倾向；第三个板块为对公共文化服务的认知和评价。本文通过对问卷数据的统计，并结合户籍、学历、性别、收入等的差异进行综合分析。

（一）对精神文化生活的认知

1. 精神文化享受的重要性

在对精神文化生活的认知上，本地居民和外来人口的回答大致相同，无论是本地居民还是外来居民，都认为精神文化生活具有重要意义，精神文化享受在人们的生活中成为重要组成部分。除了每月用于精神文化方面的消费占月收入的比例分本地居民和外来人口进行比对分析外，另外三个问题我们统一进行分析。

对于精神文化享受对生活的重要程度问题，400份问卷中没有人选择可有可无和毫无关系。针对这个问题，本地居民和外来人口的回答大致相同，表示精神文化享受在人们的生活中起着至关重要的作用。具体比例如图5所示。

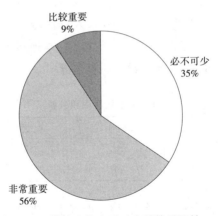

图5 精神文化享受对生活的重要性

其中56%的访谈对象认为精神文化享受对生活非常重要，35%的人认为必不可少，9%的人认为比较重要。说明随着经济收入水平的提升，人们对精神文化的需求与重视程度不断提升。

2. 对目前物质生活水平的满意程度

人们对目前物质生活水平的满意程度普遍较高，只有极少比例对目前的生活水平表示不满意，没有人对自己的物质生活很不满意，大部分对生活水平表示一般或者比较满意，呈现两头少，中间多的格局。具体见图6。

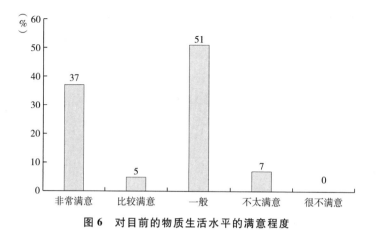

图6 对目前的物质生活水平的满意程度

3. 对目前的精神文化生活水平满意程度

由图7可知，受访者对目前精神文化生活水平满意度较高，其中表示非常满意的占21%，比较满意的占75%，一般的占3%，不太满意的占1%，很不满意的为零。就问卷数据分析情况来看，在对自己的物质生活水平表示比较满意的受访居民中，有96%的居民对自己的文化生活水平也表示比较满意。可见物质生活水平和文化生活水平两者之间存在着互相影响、互相促进的联动关系。同时，大部分认为自己物质生活水平一般的居民也认为自己的精神文化生活水平一般。具体分析数据参见图7。

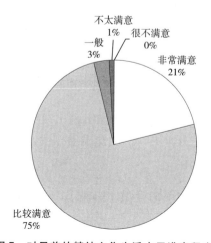

图7 对目前的精神文化生活水平满意程度

4. 每月用于精神文化方面的消费占月收入比例

针对这个问题，本课题分本地居民和外来人口进行数据分析，如图8、图9所示。

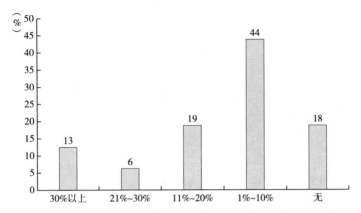

图8　外来人口每月用于精神文化方面的消费占月收入的比例

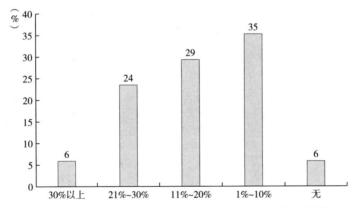

图9　本地居民每月用于精神文化方面的消费占月收入的比例

对比图8、图9发现，文化消费支出占比在11%～30%的人中，本地居民的比例要明显高于外来人口。文化消费零支出的人中，本地居民的比例远低于外来人口的比例。

（二）精神文化需求的主客观倾向

1. 获得精神文化享受的渠道

针对"您认为通过以下选项哪些可以获得精神文化享受（可多选，并按照认可程度排序）"这个问题，本课题首先通过认可程度进行分类，然后再对每一个认可程度进行总结。其中，人们最为认可的精神文化享受如图 10 所示。

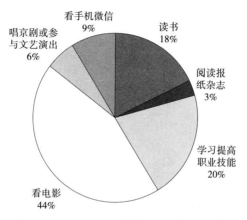

图 10　最能获得精神文化享受的渠道

从图 10 可以发现，人们认为最能得到精神文化享受的项目是看电影、读书和学习提高职业技能。其中，看电影占 44%，读书占 18%，学习提高职业技能占 20%。

人们认为能够获得精神文化享受的第二位渠道如图 11 所示。

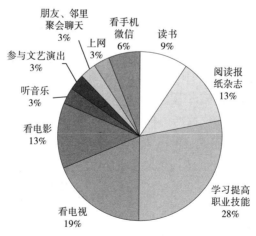

图 11　获得精神文化享受的第二位渠道

从图 11 发现，在人们心中排第二位的文化享受渠道中，占比最高的是学习提高职业技能，其次是看电视，这与问卷调查的群体年龄有关。由于被调查群体的年龄普遍偏大，相对于看手机微信、上网这些较为时尚的娱乐活动，人们更为重视提高职业技能。同时，这个群体的就业情况是在职居多，退休次之，因此看电视、阅读报纸杂志也是主流精神文化享受渠道。其中，学习提高职业技能占了28%，看电视占了19%，阅读报纸杂志占了13%。

人们认为能够获得精神文化享受的第三位渠道如图12所示。

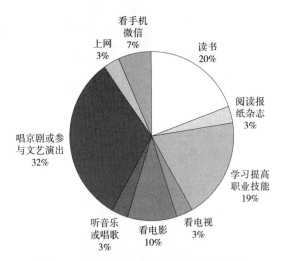

图12　获得精神文化享受的第三位渠道

从图12分析来看，获得精神文化享受第三位的渠道中，唱京剧或参与文艺演出占了很大的比例。这同样是由被调研群体的年龄较大，且退休人员占了一定比例造成。其中，唱京剧或参与文艺演出占32%，读书占20%，学习提高职业技能占19%。

归纳总结以上前三位数据，我们发现在第一位中，看电影占44%，读书占18%，学习提高职业技能占20%。在第二位中，学习提高职业技能占28%，看电视占19%，阅读报纸杂志占13%。在第三位中，唱京剧或参与文艺演出占32%，读书占20%，学习提高职业技能占19%。

2. 业余时间最常参加的活动

业余时间最常参加的活动如图13所示。

从图13不难发现，人们业余时间最常参加的活动的第一位是看电影，并且最常参加的活动普遍趋同，说明人们业余时间能够参加的活动较为单一。其中，看电影占比52%，学习提高职业技能占39%，读书占6%。

从图14中，我们可以看出人们业余时间参加的排名第二位的活动情况。

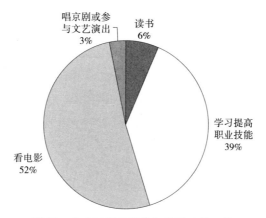

图 13   业余时间最常参加的活动第一位

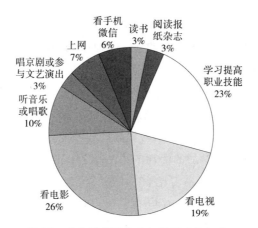

图 14   业余时间最常参加的活动第二位

如图 14 所示，人们在自己经常参加的活动第二位排名中种类更多，并且分布较为均匀。其中前三位分别为看电影、学习提高职业技能、看电视。另外，听音乐、参与文艺演出、上网的比例也相对较高。其中看电影占比为 26%，学习提高职业技能占 23%，看电视占 19%。不难发现，这些业余时间参加的活动的经济成本都较低，并且时间成本也较低。

业余时间最常参加的活动第三位如图 15 所示。

从图 15 我们发现，占比最高的为读书，其次是学习提高职业技能、唱京剧或参与演出。其中，读书占比为 26%，学习提高职业技能占比 23%，唱京剧或参与演出占比 16%。

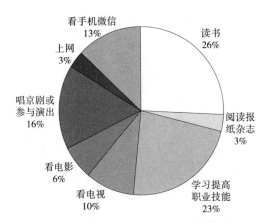

图15　业余时间最常参加的活动第三位

3. 精神文化需求的主客观倾向比对

下面，我们把上面 6 个图表的前三位总结到一起，进行综合比对。

首先，人们认为最能得到精神文化享受的第一位为：看电影占 44%，读书占 18%，学习提高职业技能占 20%。第二位为：学习提高职业技能占 28%，看电视占 19%，阅读报纸杂志占 13%。第三位为：唱京剧或参与文艺演出占 32%，读书占 20%，学习提高职业技能占 19%。

人们业余时间最常参加的活动的第一位为：看电影占比 52%，学习提高职业技能占比 39%，读书占比 6%。第二位为：看电影占比为 26%，学习提高职业技能占比 23%，看电视占比 19%。第三位为：读书占比为 26%，学习提高职业技能占比 23%，唱京剧或参与演出占比 16%。

进行以上数据比对，能够找出主观倾向和客观倾向的相同点和不同点。首先，人们认为看电影是最能够获得精神享受的，同时，人们在业余时间参加的活动中，最多的也是看电影。这取决于看电影的经济成本较低。现在 Wi-Fi 的普及、智能机的价格低廉，让人们能够随时随地在手机上看电影。看电影不仅能够带来精神文化的满足，同时还能打发闲暇时间，符合生活常理。

其次，学习提高职业技能占有很大的比例。人们不仅认为学习提高职业技能能够带来精神享受，同时也在业余时间参加了培训。这是由于外来人口占比达 40%，并且有很大部分本地居民在职，因此人们普遍重视技能培训。

（三）对公共文化服务的认知和评价

本小节主要分析居民对公共文化服务的认知程度，大致分为 6 个部分进行分析。针对不同问题，我们除分本地居民和外来人口进行分析之外，还将分不同的学历进行分析。选择的标准主要为哪个因素对答案影响最显著，我们则依据这一因素分类，然后进行比对分析。

1. 对公共文化服务的了解程度

该部分问题分本地居民和外来人口进行比对分析。外来人口对公共文化服务的了解程度的统计结果如图 16 所示。

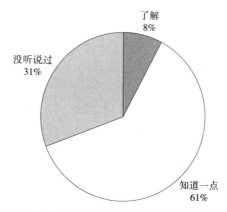

图 16 外来人口对公共文化服务的了解程度

其中，有 61% 的居民知道一点，有 31% 的居民完全没听说过，这和外来人口的学历水平普遍偏低以及生活方式有关。将对公共文化服务的了解程度和受访者学历进行二因素分析可得，文化程度为不认识字、认识一些字、小学的外来人口，有 92% 选择了"没听说过"这一选项。

本地居民对公共文化服务的认知程度如图 17 所示。

比对图 16 和图 17，不难发现本地居民中选择"知道一点"这个选项的比例要高于外来人口，而选择"没听说过"这个选项的比例远低于外来人口，这是因为本地居民的文化水平和生活收入水平要高于外来人口。

问卷中有 3 个问题请居民判定，第一个：公共文化服务是各级政府为全体人民提供的公益性的文化产品和文化服务，目的是满足人民群众基本的精神文化需求；第二个：享受平等的公共文化服务是全体人民的基本权利；第三个：只有户籍人口才有权利享受当地政府提供的公共文化服务。

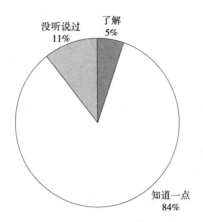

图17　本地居民对公共文化服务的了解程度

下面，我们以学历为变量，对这三个问题的答案进行分类分析。我们把居民的文化水平分为三类：第一类为高中及高中以下；第二类为大专；第三类为大学本科。

三类人对这三个问题的答案如图18所示。

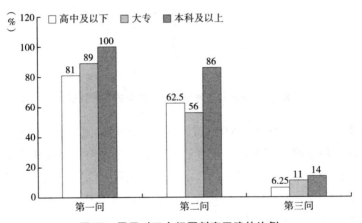

图18　居民对三个问题判定正确的比例

其中，高中及以下对这三个问题判定正确的比例为81%、62.5%、6.25%；大专对这三个问题判定正确的比例为89%、56%、11%；本科以上对这三个问题判定正确的比例为100%、86%、14%。

可见，随着学历水平的逐级增加，对这三个问题判定正确的概率也随之增加。尤其是第二个问题，差异比较大。大部分本科及以上学历的人认为这个问题是正确的。而大专和高中及以下的人判定正确的概率偏低。

2. 图书馆

该问题主要调研市民 6 个月以来去国家图书馆、北京市图书馆、东城区图书馆以及社区图书馆的次数，并且由 6 个月以来去过图书馆的居民对图书馆的资料内容、服务水平及设施条件进行评价。

我们分本地居民和外来人口就这一问题进行分类讨论。其中本地居民的状况如图 19 所示。

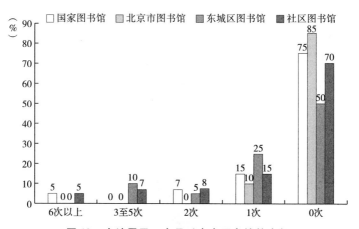

图 19　本地居民 6 个月以来去图书馆的次数

图 20 表示外来人口 6 个月以来去图书馆的次数。

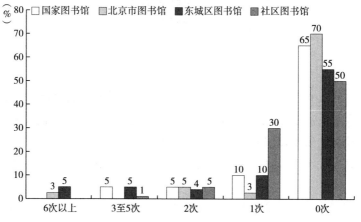

图 20　外来人口 6 个月以来去图书馆的次数

从以上数据分析，外来人口去社区图书馆一次的比例高于本地居民，并且外来人口和本地居民 6 个月以来都不去图书馆的比例相当高，不论是国家图书馆还是社区图书馆。据网格①管理员的解释，由于现在科学技术发展迅速，居民在手机或者电脑上就能找到相关的资料，不需要去图书馆进行查阅，因此，现在人们普遍不去图书馆。而去图书馆的居民中，他们对图书馆的资料内容、服务水平、设施条件均表示满意，只有极少部分居民对社区图书馆的资料内容表示一般。

3. **文艺演出**

该部分内容主要调研最近 6 个月以来，居民去电影院看过电影的次数，以及去剧院看过演出的次数和社区提供的免费电影的次数。问卷的分析结果和居民去图书馆的次数形成鲜明对比。人们普遍不喜欢去图书馆看书，但是非常热衷去电影院看电影。针对第一个问题，具体数据如图 21 所示。

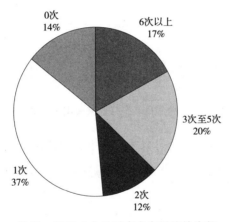

图 21　居民 6 个月以来去电影院的次数

可见居民 6 个月以来，去电影院看电影一次的占比最高，高达 37%。其中一次都没有去过的比例才 14%（均为老人），说明人们在业余时间，还是比较喜欢去电影院看电影进行娱乐的。

针对居民 6 个月以来去剧院看过几次演出这个问题，具体结果见图 22。

图 21 和图 22 形成了鲜明对比，说明去剧院看演出这种休闲娱乐模式已经渐渐远离了人们的生活。

---

① 网格化管理是北京市独创的精细化社会管理模式，即将社区划分为较小空间单元，由专人负责各网格内社会管理的上联下达工作。

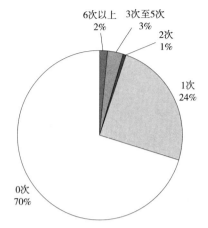

图22　居民6个月以来去剧院看演出的次数

第三个问题为"您看过几次街道或社区提供的免费电影或演出?",这个问题的分析结果见图23。

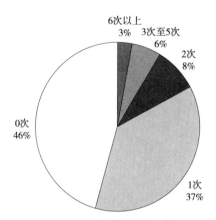

图23　居民6个月以来看过街道或社区提供的免费电影或演出的次数

选择一次都没有看过社区免费电影的居民中,外来人口占比较高;选择看过6次以上的居民全部都为本地居民。社区提供免费电影不仅能够节约居民的经济成本,同时在社区就能看到电影,也减少了居民的时间成本,为居民提供了便捷的文化服务。

4. **文化活动**

(1)您知道您所在社区的文化活动中心在哪里吗

本课题分外来人口和本地居民针对这个问题比对分析,结果如图24所示。

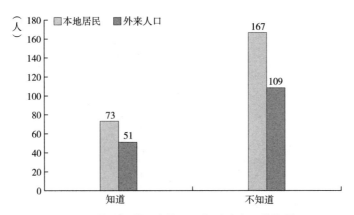

图 24　是否知道所在社区文化活动中心的位置

（2）您参加过街道或社区组织的文化娱乐活动吗

本课题仍分外来人口和本地居民针对这个问题比对分析，结果如图 25 所示。

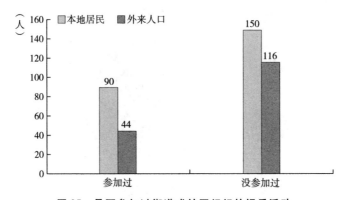

图 25　是否参加过街道或社区组织的娱乐活动

比对图 24 和图 25，我们发现外来人口较本地居民而言，更少地参加街道或社区组织的文化娱乐活动，表明外来人口的社会参与度更低。

（3）您对参加街道或社区组织的文化娱乐活动感兴趣吗

这一问题的具体分析结果见图 26。

外来人口中，绝大多数的居民对参加街道或社区组织的文化娱乐活动是不感兴趣或兴趣一般，而本地居民大部分是感兴趣和兴趣一般。说明外来人口在社区内缺乏归属感，对文化娱乐活动并不是很感兴趣，这也与外来人口生活压力大、没有时间和精力去参加文化娱乐活动有关。

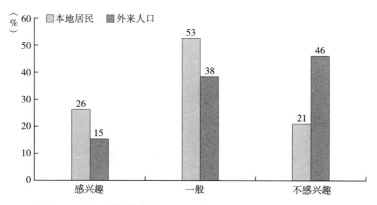

图26　对参加街道或社区组织的文化娱乐活动是否感兴趣

（4）如果您从来没参加过街道或社区组织的文化娱乐活动，请问原因是什么

在没有参加过社区组织的文化娱乐活动的居民中，我们还是分两类进行分析比对，得出结果如图27所示。

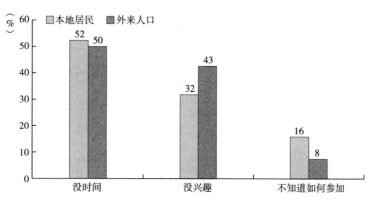

图27　不参加街道或社区组织的文化娱乐活动的原因

观察分析图27不难看出，本地居民和外来人口不参加文化娱乐活动的原因主要是没有时间，而外来人口没兴趣的比例比本地居民要高。这与外来人口的生活压力更大，且在北京缺乏归属感相关。

（5）居民参加的街道或社区组织的文化娱乐活动

由于参加文化活动的种类较多，本课题列举出前7种活动。不难发现，出现频率最高的为看电影，其次是舞蹈活动（广场舞），第三位为职业技能培训，与东四街道居民的年龄和职业现状相符合（见图28）。

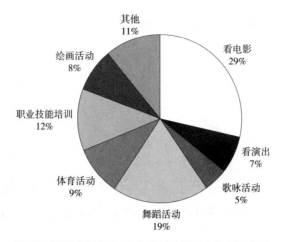

图 28　居民参加的街道或社区组织的文化娱乐活动

（6）您认为街道或社区主要应该为居民提供哪些公共文化服务活动，如图 29 所示。

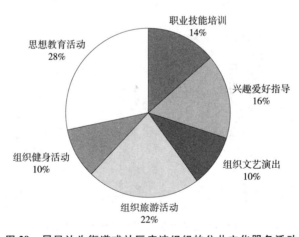

图 29　居民认为街道或社区应该组织的公共文化服务活动

通过问卷分析，发现本地居民和外来人口在这个问题的答案上没有存在明显的差异，人们普遍认为进行思想教育活动最为重要，其次是组织旅游活动，第三位为兴趣爱好指导。其中思想教育活动的出现率最高，说明人们普遍意识到目前人们的思想道德方面需要提高。另外，居民对组织旅游活动和兴趣爱好指导的需求也普遍较强，建议有关部门多组织相关活动。

六 居住条件及对小区环境满意度分析

(一) 住宅基本情况

1. 房屋面积及类型

本地居民住宅平均面积为 48.43 平方米，远高于外来人口 24.42 平方米的居住水平，其中如果再剔除嫁给本地居民的外来人口，剩余外来人口平均居住水平仅为 13.38 平方米。原因不难理解，因为外来人口的住房92.4% 来源于租借，而且非家庭居住，很多打工者居住在工作单位的集体宿舍；而本地居民 60.1% 的住房来自自购。比对 2015 年和 2014 的数据结果如图 30 所示。我们发现本地居民房屋面积数据没有明显差异，只有外来人口有小幅增加。

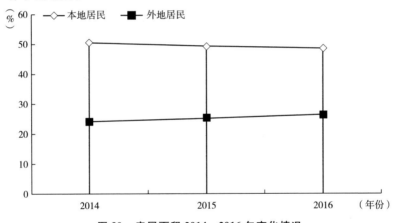

图 30　房屋面积 2014～2016 年变化情况

由图 31 分析可知，本地居民住房类型中 54% 的属于楼房，45% 的为平房，几乎没有地下室居住环境。与之相对应，外来人口居住环境较差，其中 5% 的居民住在地下室，69% 的住平房，仅有 26% 的居住于楼房之中，如图 32 所示。与 2015 年和 2014 年数据相比，外来人口居住在地下室的比例有大幅下降，这是因为东四街道对地下室住房进行了严格整治，因此地下室的居住人数正在持续下降。

尽管本地居民的平房居住条件还需要不断改善，但是仅从居住面积上看本地居民与外来人口之间的居住水平差距显著，突出反映了两个群体生存环境的较大差异。受限于现行北京市住房购买政策规定，同时多数外来人口的经济实力较弱，文化水平偏低，从事的行业薪酬不高，大多数外来人口不但不具备购房资格，更是无力承担北京高昂的房价，因此，东四地区大多数外来人口属于租赁房屋居住状态（92.4%）。

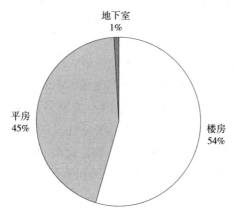

图 31　本地居民的住房类型分析

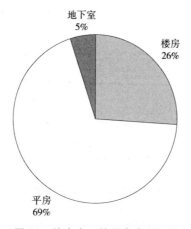

图 32　外来人口的住房类型分析

2. 房屋设施

　　这里着重对本地居民、外来人口住房内厨房、厕所、客厅、水电、管道煤气、煤气罐、宽带网、有线电视、电话、洗澡设备等设施的拥有情况进行调查分析。表 2 反映了本地居民、外来人口房屋设施基本状况对比。由于本地居民房屋大多属于自有而非租赁，很多外来人口则要与他人合租房屋，因此，本地居民房屋设施单独使用的比重远大于外来人口，而外来人口设施合用或没有的比例远高于本地居民。

表 2　房屋设施状况分析

单位:%

基本设施	单独使用比例		合用比例		没有比例	
	本地居民	外来人口	本地居民	外来人口	本地居民	外来人口
厨房	91.7	40.0	5	13.8	2.7	46.2
厕所	60.5	23	31.5	54	16.3	28
客厅	65.3	28.7	3.1	3.6	21.6	67.7
水电	97.7	63.8	1.7	33.5	0.6	5.7
管道煤气	56.2	20	0.3	3.6	43.5	76.4
煤气罐	47.2	28.5	1	1.4	49.8	70.1
宽带网	93.6	49.4	2	14.3	4.4	36.3
有线电视	95.6	52.5	1	17.5	3.7	30
电话	91.5	66.2	1.3	2.6	7.2	31.4
洗澡设备	90.3	30.9	2.6	26.7	7.1	42.4

就当地居民的房屋设施各项指标看，厨房、水电、宽带网、有线电视、电话、洗澡设备的普及率均在90%以上，几乎接近普及状态。此外，管道煤气与煤气罐的单独使用比例很低，可能与煤改电工程有关。2003年，东城区按照北京市政府关于控制大气污染的工作要求，在东四三条至八条率先实施了燃煤改蓄热式电采暖示范工程，居民承担蓄热式电采暖器设备费用的1/3，享受每度0.30元的峰谷电价政策。与此同时，参加煤改电工程的居民可以享受《北京市居民住宅清洁能源分户自采暖补贴暂行办法》《北京市平房煤改电示范区补助办法》中的有关补贴政策。项目投入1.1亿元，推进清洁能源的使用，有效缓解了平房四合院社区冬季烧煤取暖造成的大气污染。与2014年和2015年相比，厕所、电话拥有数据的变动尤为明显。2015年本地居民厕所合用率为22.2%，2016年的合用率上升为31.5%，外来人口合用率也提升了6个百分点，说明东四街道在这一年内加大对公共厕所改造和增建，解决了群众生活上的问题。同时，外来人口电话使用率也显示大幅度提升。

3. 住房获得渠道

由图33分析可知，本地居民住房主要获得渠道中，自有住房占52%，11%的居民住房来自用工单位，11%来源于亲戚，4%住房属于自己找到。通过问卷分析可知，13%其他来源渠道主要包括公租房、房管所、祖辈继承、拆迁等方式。本地居民的住房获得渠道同 2015 年相比变动不大。外来人口的住房获得渠道较 2015 年有较大改变。

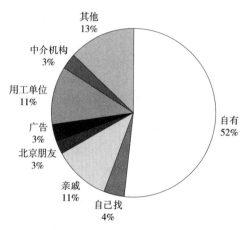

图 33　本地居民的住房获得渠道分析

由图 34 分析可知，外来人口住房主要获得渠道是用工单位，占 31%。而 2015 年外来人口住房主要获得渠道是自己找，占总数的 22%。从这点改变我们能够感觉到现在用工难、用工荒的现象，企业不得不通过提高待遇，例如提供员工住宿，来保证企业招聘的正常进行。另外，有 22% 的外来人口是自己找房子，25% 的外来人口通过亲戚和北京朋友来寻找房子。

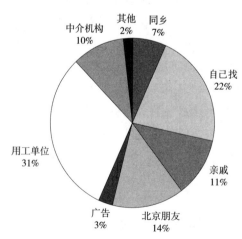

图 34　外来人口的住房获得渠道分析

（二）居住小区环境满意度

居住小区环境满意度调查从两个方面展开：一是对于居住小区内各项基本设施（健身设施、娱乐设施、小区绿化、诊所医院、教育设施、公共车站、物业管理、停车棚、商店、银行、提款机、应急避难场所、应急广播联络设备、应急物资设备、社区警务室等）配备情况的调研；二是列举了居住小区治安、建筑物拥挤、小区应急避难管理、建筑外观、卫生环境、空气质量六个综合指标，测量居民的整体满意度。

就服务设施满意度分析来看，外来人口和本地居民大体相同，因此只需针对更了解当地设施的本地居民进行分析。本地居民认为，除了娱乐设施配备比例较低，为 23.5% 以外，其他服务设施诸如商店（88.4%）、公共车站（72.5%）、诊所医院（79.7%）、提款机（70.8%）、银行（66.9%）、教育设施（63.4%）、健身设施（51.2%）、物业管理（51.6%）等配备比例均相对较高。

表 3 反映了本地居民对居住小区服务设施满意度及所占比重，除了物业管理（51.6%）、小区绿化（60.2%）、健身设施（51.2%）以外，本地居民对于其他服务设施满意度均较高，其中对于提款机、公共车站、银行、商店、诊所医院等满意度均达到了 90% 以上，教育设施满意度为87%，娱乐设施、停车棚满意度分别为 76%、72%。说明本地区生活设施配备完善，居民对于小区服务设施满意程度较高。

表 3　本地居民小区服务设施状况分析

单位:%

服务设施	配备比例	很满意比例	满意比例	不满意比例	很不满意比例
健身设施	51.2	15	54	25	1
娱乐设施	23.5	12	64	11	13
小区绿化	60.2	16	53	23	8
诊所医院	79.7	20	71	4	5
教育设施①	63.4	22	65	10	3
公共车站	72.5	31	66	2	1
停车棚	52.8	12	60	20	8
物业管理	51.6	16	50	22	12

---

① 主要指托儿所、小学等基本教育设施。

续表

服务设施	配备比例	很满意比例	满意比例	不满意比例	很不满意比例
商店	88.4	23	70	5	2
银行	66.9	30	67	2	1
提款机	70.8	31	69	0	0
应急避难场所	11.5	10	80	6	4
应急广播联络设备	9.5	5	86	5	4
应急物资设备	3.2	0	94	5	1
社区警务室	90.6	3	70	23	4

　　从问卷数据分析中发现，本地居民对居住小区应急设施配备问题的回答，如图35所示，认为小区配备了应急避难场所、应急广播联络设备的人只占10%左右，认为社区内有应急物资设备的几乎接近于0。而根据我们对东四街道的了解来看，东四街道是配备了应急避难场所、应急广播联络设备、应急物资设备的。说明该地区虽然配备了应急设施，但是对居民的应急教育的宣传不够，东四街道居民尚未认识到应急救助设施的重要性。目前，我国的应急避难管理发展尚处于起步阶段，虽然建筑布局、功能、结构、标准、管理、法规等方面已取得了明显进步，但距离防灾减灾实际需求差距显著。如何认识应急避难场所、联络设备、物资的功能，分析建设规划中存在的现实问题，探索其未来建设形态和发展战略，成为当前我国应急管理的重要理论与现实课题。同时，应加强对城市居民防灾的知识普及，不能等灾难来临再去寻找应急设施，而需要事前预备并让居民掌握各项防灾措施。

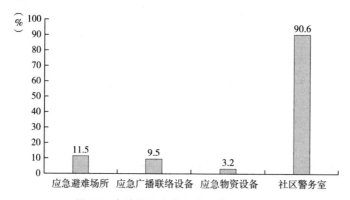

图35　本地居民应急设施配备比例分析

另外，有 90.6% 的人认为小区有社区警务室，较 2015 年增加了 3 个百分点。社区警务的实质就是要求警察立足于社区，积极开展各项宣传工作，动员和组织社区群众，实行警民合作，不断增强社区民众参与社区各项治安管理、预防违法犯罪的意识。它的立足点在于社会问题是产生违法犯罪的根源，因而预防和减少乃至根治违法犯罪也必须依靠社会力量。它的工作范围是以社区为主导，以社区为基本单位。东四街道有高达 73% 的人对社区警务室表示满意或很满意，这对整个小区的安定、建设无疑是个利好消息。

就居民对小区整体满意程度看，我们结合 2014 年、2015 年和 2016 年的数据进行比对。图 36 是居民对小区环境表示满意以及非常满意的比例。外来人口的满意度高于本地居民，2016 年外来人口的满意度接近 80%，本地居民的环境满意度基本保持在 52% 的水平上。

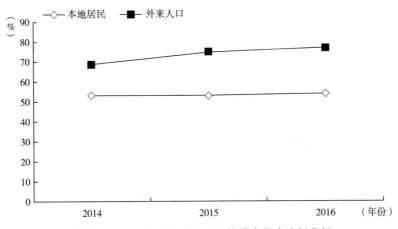

图 36　连续三年居民对小区环境满意程度比例分析

图 37 是本地居民对所在小区的整体满意度分析，其中居民很满意占 4%，满意占 50%，不满意占 39%，很不满意占 7%；居民满意度较 2014 年有大幅上升，与 2015 年大致持平。但是居民不满意程度仍占很大比例，因此仍然需要把街道的环境治理作为未来的工作重点。

图 38 是外来人口对所在小区的整体满意度分析，其中很满意的占 18%，满意占 73%，不满意占 4%，很不满意占 5%。这一结果表明外来人口对于所在小区满意及以上比例相对较高，达到 91%，同比 2015 年上升 2%。同时，通过数据分析发现，外来人口对于社区基本环境满意度普遍高于本地居民，而且平均满意度高出 10 个百分点以上。

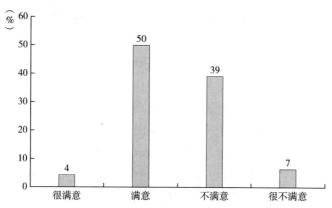

图37 本地居民的小区环境整体满意度分析

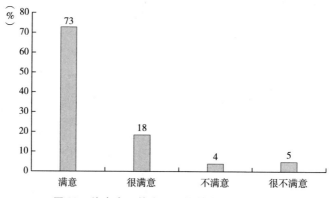

图38 外来人口的小区环境整体满意度分析

（三）邻里关系

邻里关系是居民获取公共资源和公共服务的重要途径，为了全面把握社区公共资源的配置现状，需要分析东四街道辖区内邻里关系基本情况。我们设置了社区关系、公共关系相关问题调查，以期为转移人口市民化过程提供研究样本。

1. 社区关系

通过对本地居民、外来人口调研可知，大多数被调查对象认为所居住的小区外来人口相对较多①，其中本地居民中有84.3%的认为社区外来人口多或很多；外来人口同样选项的比例达到63.2%。显示出这一地区本地

---

① 本处"相对较多"概念是指被调查对象回答"多"或"很多"两种情况所占比例之和。

居民与外来人口基本处于一种混合居住的状态。统计数据显示，离所住房屋最近的五户邻居中，本地居民周边平均有 1.69 户外来人口，该数据较2015 年下降很多；外来人口周边平均有 3.5 户本地居民。

大多数调查对象在所居住小区并没有紧密的亲属或朋友等关系，本地居民中仅有 16.4% 的比例认为所在小区有较多亲戚朋友；外来人口中有22.5% 的认为小区有较多同乡。以上数据和 2015 年大体一致，这说明本地居民、外来人口基于亲属朋友或同乡等紧密关系而聚集居住的情况并不普遍，而且小区的本地居民、外来人口比例大致不变，分布也大致不变。

从参与居住小区组织的活动角度来看，本地居民参与积极性高于外来人口。其中本地居民中有 42.6% 的居民认为自己较多地参与到社区活动之中，而外来人口样本中这一比例仅为 24.5%。这一结果也说明外来人口尚未完全融入当地社区，需要搭建相应的渠道和平台，促进转移人口的市民化进程。

从本地居民与外来人口之间相互交往的角度看，两者之间的互动程度不高[①]。本地居民与外来人口之间经常聊天的比例仅为 14.3%，与外来人口相互帮助的比例为 23.2%。外来人口与本地住户经常聊天的比例为25.6%，与本地住户互相帮助的比例为 21.4%。尽管两个群体之间互动不够多，但相互处于一种友好的和睦相处状态，其中本地居民认为外来居民对其和家人态度非常友好或友好的比例占了 80.6%；外来人口认为本地居民对其和家人态度非常友好或友好的比例达到 61.3%，这对于混合居住的社区至关重要。

2. 公共关系

对被调查对象与邻居关系相处情况调查分析结果表明，他们与邻居们的相互信任度相对较高[②]，67.7% 的本地居民、64.5% 的外来人口认为周围邻居值得信任；83.3% 的本地居民、75.2% 的外来人口与邻居们相处很愉快；65.6% 的本地居民、73.4% 的外来人口与周围的邻居们愿意互相帮助；57.4% 的本地居民、63.5% 的外来人口认为与周边邻居关系很紧密切；

---

① 其实从我国城市化进程角度来看，社区居民之间的互动关系本就处于不活跃状态。不区分本地居民或外来人口，即使本地居民之间的邻居互助等社区关系也十分松散。本调查分析发现，本地居民与小区内同乡之间经常互相帮助的比例仅为 22.6%，这就提供了一个直接证据。

② 此部分研究结论设定为被调查对象非常同意或同意结果所占比例之和。

64.2%的本地居民、69.1%的外来人口认为不在家时，邻居们会帮忙留意自己家的动静。此外，涉及金钱往来交往时互动不足，44.2%的本地居民、37.5%的外来人口认为自己急需200元急用时可以向邻居借钱。

75.2%的本地居民、51.6%的外来人口认为公共空间总是堆满各种各样的东西，这反映了社区居民仍然存在公共空间利用不守秩序、公共意识需要进一步培养等问题。

67.3%的本地居民、42.3%的外来人口认为治安仍然是小区的一大问题，这与前面对居民环境中"小区治安"调查的70.0%（本地）、79.4%（外地）满意结果形成反差，说明社区常住人口尽管对治安状况相对满意，但认为仍存在进一步提升社区安全性的空间。

仅有21.4%的本地居民、26.6%的外来人口认为自来水供应存在问题；23.5%的本地居民、24.6%的外来人口认为电力供应存在问题。

七 工作问题及外来孩子入学分析

（一）工作情况

表4反映常住人口过去十二个月工资总额及房租、小孩学费等主要支出情况。其中，本地居民过去十二个月工资收入最高样本为110000元，所从事的行业为服务行业，具体岗位为商品检验工作；最低样本为失业状态，无任何收入。根据调查样本分析可得，本地居民过去十二个月工资总额平均值为40800元。这一工资水平相对较低可能是由于调查对象主要来自东四街道普通企事业单位的工作岗位，在金融行业、大型国企等高收入行业或单位就职的较少。尽管如此，这仍较2015年的40500元有了300元的提升，这与人民币的通货膨胀基本适应。本地居民每月的房租支出平均仅为532元，这主要是由于大多数受访居民有自住房，并不需要租赁房屋，这一数据较2015年提高了30元；小孩每学期的学费支出为560.44元，之所以如此之低主要是由于北京市义务教育阶段公办学校的入学覆盖率高，大多数家庭无须负担过多的学费支出。并且，这些钱大部分用于参加校外补习班。

由外来人口过去十二个月工资总额水平分析可知，最高样本收入为400000元，从事服务行业店长工作；最低样本为处于失业或无业状态，无任何收入。根据调查样本分析可得，外来人口过去十二个月工资总额平均值为 43900 元，较 2015 年提高了 400 元。这一工资水平较为准确地反映了大多数外来务工人员的平均工资水平。和本地居民的房租支出不同，外来人口房租支出为 1004.25 元，较 2015 年提高 38 元。这一数据低于北京平均房租，主要是由于有一大部分外来人口是住在员工宿舍，不需要租金，而此处的房租数据是对所有非自购房对象的房租数据进行加权平均所得。

表 4　常住人口工资总额及部分支出分析

单位：元

指　标	最小值	最大值	均　值
本地居民过去十二个月工资总额	0	110000	40800
本地居民每月的房租支出	0	8000	532.02
本地居民小孩每学期的学费支出	0	15000	560.44
外来人口过去十二个月工资总额	0	400000	43900
外来人口每月的房租支出	0	8500	1004.25
外来人口小孩每学期的学费支出	0	15000	899

另外，我们结合连续三年数据，对本地居民和外来人口的平均工资进行分析比对，得到结果如图 39 所示。

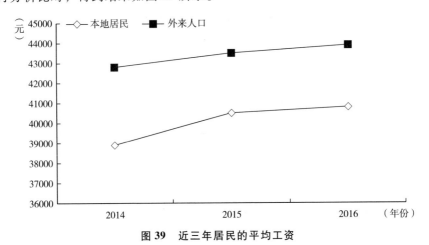

图 39　近三年居民的平均工资

我们发现，近三年来居民的平均工资还是呈现上升的趋势。虽然增长幅度较小，增量大概在 400 元/年，但是这也足以说明整体社会经济处于上升的阶段。

（二）寻找工作方式

在寻找工作的途径上，与 2015 年相比基本一致。如图 40、图 41 所示。

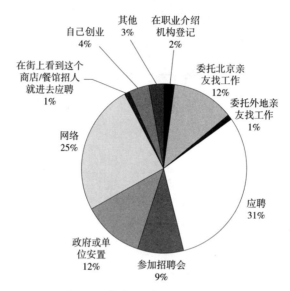

图 40　本地居民择业方式分析

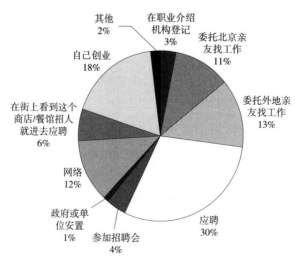

图 41　外来人口择业方式分析

（三）外来人口的子女入学问题

46.4%的受访外来人口有孩子在老家接受九年制义务教育，没有一同来北京。这些孩子中有56.5%的由老人照顾，8.3%的由妻子照顾，5.2%的由朋友照顾，显示受到社会广泛关注的留守儿童问题在东四街道的外来人口中也同样普遍存在。进一步调查这些外来人口为何没有带孩子来北京、在北京受教育存在哪些困难方面，认为很难凑齐"五证"的占55.5%，较2015年上升7个百分点，回答由于没有打工子弟学校的占13.2%，认为在老家受教育更好的占15.3%。

外来人口子女的择校方式中小区内朋友（北京人）介绍所占比例最高，达到22%；小区内朋友（外地人）介绍占18%，因此小区内朋友介绍方式合计占40%，较2015年下降1个百分点，而这也是外来人口子女入学主要选择方式。由此可见，由于外来人口相比本地居民而言信息相对闭塞，所以所居住小区朋友关系在其子女入学中发挥重要作用。此外，小区外朋友介绍所占比例为9%；招生广告也发挥重要作用（合计19%），其中小区内招生广告占12%的比例，小区外广告占比7%。

八 社会支持度分析

关于社会支持度的分析，主要是通过设计如下四个问题加以调研分析，即受访者遇到经济问题的求助对象、遇到工作问题的求助对象、遇到身体健康问题的求助对象、遇到法律问题的求助对象。

（一）经济问题求助对象分析

如图42所示，本地居民遇到经济问题时求助于兄弟姐妹所占比例最大，达到29%；其次为求助于父母（24%）；这和2015年相比有较大改变，2015年的结果为求助于父母的比例最高，其次为兄弟姐妹。求助于亲戚的占15%。由此可见，亲人为本地居民遇到经济方面困难时主要的求助对象。除此以外，4%的本地居民会求助于街道社区，求助于同事、邻里的比例各为5%和3%；还有7%的本地居民会选择谁也不求。另外，11%的本地人表示，从来没有遇到经济问题，这部分人大多是60岁以上的退休人员。

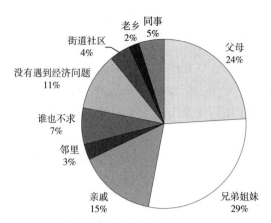

图42　本地居民遇到经济问题的求助对象分析

　　图43反映的是外来人口遇到经济问题时的主要求助对象分析。与本地居民相似，大多数外来人口遇到经济困难时会选择亲戚关系，其中求助于父母的占21%、求助于兄弟姐妹的占23%、求助于亲戚的占14%。外来人口中，有14%选择会求助于老乡，求助于同事的人也是14%，可见老乡关系、同事关系在外来人口工作生活中起到重要作用；而求助于街道社区的居民仅占1%，远远低于本地居民4%的比例，可见街道社区在外来人口帮扶方面有待于进一步提高。

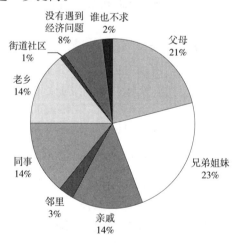

图43　外来人口遇到经济问题的求助对象分析

（二）工作问题求助对象分析

如图44所示，本地居民遇到工作问题时求助于父母、兄弟姐妹、亲戚等所占比例仍然很高，分别为 13%、12%、16%，这一点与经济问题救助对象相似。不过本地居民遇到工作问题时，求助于同事的比例也较高，达到 18%。9% 的本地居民也会求助于街道社区。3% 的人求助于邻里，11% 选择谁也不求助。18% 的人表示，没有遇到过工作问题，这些人大部分为退休人员。

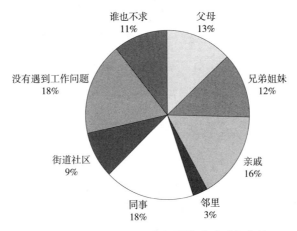

图 44 本地居民遇到工作问题的求助对象分析

如图 45 所示，外来人口遇到工作问题时会优先选择同事，所占比例达到 26%，由于亲人不在身边，他们只能向同事寻求帮助，这反映出外来人口处理解决工作问题的主动性较本地人更强。另外，求助于父母、兄弟姐妹、亲戚比例也分别达到 13%、16%、12%。与经济问题类似，14% 的人遇到工作问题时会选择求助于老乡，而仅有 2% 的人求助于街道社区，这一情形与外来人口面对经济问题时的选择相似。此外，1% 的外来人口会求助于邻里，3% 的人选择谁也不求，这与本地居民有较大差别。由于在东四的外来人口年龄相对较小，退休人员比例小，所以他们中的大多数都会碰到工作问题。

（三）身体健康问题求助对象分析

本地人遇到身体健康问题时，主要选择医疗保险来解决，所占比例达到 41%，这充分说明医疗保险在本地居民覆盖率及使用率均较高。本地居民求助于父母、兄弟姐妹、亲戚等所占比例分别为 12.4%、8%、6%。7% 的居民会选择求助于街道社区。求助于邻里、同事的所占比例为

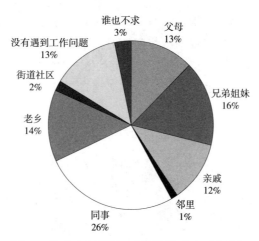

图 45 外来人口遇到工作问题的求助对象分析

1%、4%。

外来人口遇到身体健康问题时求助对象分析表明，不同于本地居民，外来人口仅有14%的会选择使用医疗保险来解决问题，这充分说明了医疗保险在外来人口中覆盖率较低。外来人口遇到身体健康问题时候，还是主要求助于父母、兄弟姐妹、亲戚等，所占比例分别为13%、12%、12%。此外，外来人口中9%的会选择求助于老乡，这再一次证明老乡关系在外来人口立足于城市中的重要性。外来人口求助于同事、邻里、街道社区的比例分别为6%、4%、8%。还有10%的外来人口选择谁也不求助。

（四）法律问题求助对象分析

不同于经济问题、工作问题及身体健康问题，当本地居民遇到法律问题的时候，主要倾向于求助街道社区，所占比例达到27%。本地居民求助于父母、兄弟姐妹、亲戚的所占比例分别为8%、9%、8%，这一比例较低，充分反映了法律问题的专业性决定了本地居民转而求助于政府等专业部门机构。此外，本地居民求助于同事、邻里、老乡的比例分别9%、3%、1%，还有4%的居民会选择谁也不求助。

外来人口遇到法律问题时的求助对象与本地居民相似，外来人口也主要求助于街道社区等政府部门，占比达到了15%。这一比例虽略低于本地居民，不过仍居于各类求助对象之首。外来人口求助于父母、兄弟姐妹、亲戚所占比例分别为13%、12%、8%。此外，外来人口还倾向于求助同事、老乡，所占比例分别为 10% 和 12%，选择求助于邻里的占 5%。谁也不求助的居民为 4%。

九　城市风险与安全管理分析

关于城市风险与安全管理的分析，主要是通过如下四个问题加以调研分析，即你最担心的当地可能发生的灾害或事故；你是否知道灾害发生时的避难场所；你是否了解当地的风险应急预案；你认为东四街道预防风险最需要做什么。

由于我们所希望调研得到的结果是整个东四街道居民对城市风险与安全管理体系的认识情况，这对本地居民和外来人口没有明显差异，差异来源于工作、学历、年龄等要素，因此，针对这部分内容，我们把 400 份问卷放在一起统计，得到更具有代表性的结论。

（一）居民认为最有可能发生的灾害或事故

如图 46 所示，居民最为担心的两个问题是交通堵塞和雾霾，比例高达 89% 和 87%。这两个问题也是北京面临的最为严峻的问题。据新华网报道，2016 年北京市清洁空气行动计划的 84 项年度重点任务，大部分进展顺利，其中关停两家燃煤电厂、修订空气重污染应急预案、控制机动车总量、制定新能源小客车不限行政策、出租车结构调整及节能减排、市区（县）两级环境监测标准化建设 6 项任务已完成，其他 78 项正在扎实有序推进。

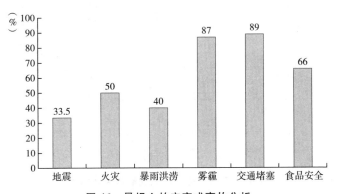

图46　最担心的灾害或事故分析

仅次于交通堵塞、雾霾的安全隐患是食品安全问题，其比例也达66%。过去的几年，曝光的食品安全问题令人触目惊心，值得庆幸的是，有关部门已经加大检查以及惩罚力度。另外，对火灾、暴雨洪涝、地震的担心比例均高于30%，表明以上提及的6个灾害都是人们所担心的。

（二）是否知道避难场所以及风险应急预案

11%的人表示知道灾害发生时的避难场所，另外，只有2%的人知道当地的风险应急预案，且这2%的人均为政府工作人员或是社区工作人员。从以上数据分析可得，大部分居民对避难场所和风险应急预案是一无所知的，建议有关部门进行应急培训。应急培训的范围应包括：政府主管部门的培训、社区居民的培训、企业全员的培训、专业应急救援队伍的培训。

（三）街道预防风险最需要做什么

如图47所示，83%的居民认为加强专业救援队伍是最为重要的，75%的居民认为加强基础设施改造重要。对于风险的预防，居民们更关注外因，即外在的设施和救援队伍，却忽略了自身应急技能训练、应急信息的了解和应急方案的重要性。仅有41%的人认为实施应急技能训练是重要的。所以，希望有关部门能够纠正居民的思想，把应急信息传播到广大群众之中。

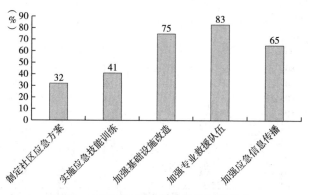

图47　东四街道预防风险最需要做的事

十　主要发现与政策建议

（一）电影可以成为引领人民精神世界的有力工具

本课题对精神文化生活的认知调查结果显示：对"您认为精神文化享受对您的生活重要吗？"这一问题的回答，在"必不可少"、"非常重要"、"比较重要"和"可有可无"四个选项中，400份问卷无一人选择精神文化生活"可有可无"。56%的人选择"非常重要"，35%的人选择"必不可少"，9%的人选择"比较重要"；对精神文化需求的主、客观倾向调查结果显示："人们认为可以获得精神文化享受的渠道"，列第一位的是看电影，占44%；"人们在生活中实际最常参加的文化娱乐活动"，列第一位的还是看电影，占52%。

以上结果体现出下列含义。（1）改革开放以来经济社会发展成果的积累，使得城市居民目前已经超越基本生存物质需求阶段，向以精神文化为特征的更高需求层次阶段迈进。对精神文化享受的需求已经上升为城市居民显著而强烈的主观需求。（2）电影作为集文学、摄影、美术、音乐、表演等艺术元素为一体的综合艺术种类，可以传达丰富的思想内容，给人以精神上的启迪或教益；可以通过换位情景等心理作用，使观众获得深刻的他感心理体验，从而为潜意识自我压抑的复杂情感找到疏解渠道；可以通过艺术元素在无意识中的融入，给人们带来美好的艺术享受；它也可以让人们获得单纯的快乐，通过忘我的快乐消解生活工作中的重重压力。总之，电影作为一种雅俗共赏的艺术门类，具有丰富的社会心理功能，深受广大人民群众欢迎。人们认为看电影是最能获得精神文化享受的，在他们的实际生活中，看电影也确实是经常发生的文化消费行为。

以上含义所赋予的政策指向是极其明显的：电影应该成为引领人民精神世界的有力工具。但是，目前我国电影行业的现状还不足以担当这样的责任。首先，缺少真正可以寓教于乐的在思想性、艺术性上均为高质量的电影作品。有些主流价值观题材的作品或者题材单一（例如军事题材），或者明显说教，缺乏艺术性；其次，有些电影为追求票房价值，刻意刺激人们的不良嗜好，带来负面消极的社会影响；最后，电影行业的从业人员广受社会关注，其行为方式具有极强的示范效应，但是目前这一行业从业人员总的来说远未起到正面的示范带动作用。当然，电影行业出现这些问题的根源并不全部在其本身，有些是社会普遍问题在电影行业内的反映和表现。价值观模糊是目前全社会存在的共性问题，这与我国社会经济转型的大背景密切相关，而价值观模糊是包括电影行业在内很多领域出现各种各样问题的根源所在。就电影行业来说，就期冀其成为引领人们精神世界的有力工具来说，相关党政部门应该采取如下政策措施：第一，倡导全社会进行基本价值观讨论，从而确定电影创作的思想基准。以中国传统文化为基础，以现代工业文明、后工业文明社会现实为依据，以国家、社会、个人共同的正义需求为导向，发动各界群众共同思考讨论中国社会的基本价值观究竟应该如何确定，这样的讨论及其结果必然有利于引导电影创作中思想内容的方向和基准。第二，设立持续的社会导向电影工程。以政府为主导，从剧本的思想内容抓起，有计划地生产制作出思想性、艺术性双高的电影作品，一方面作为公共文化服务项目广泛放映，另一方面推向市场。第三，加强对电影市场的管理，对有不良价值观倾向或其他不健康内容的电影坚决不容。第四，宣导电影行业从业人员的社会责任感，加强其行业自律。

（二）把看电影列为基本公共文化服务的常规项目

本次调研对公共文化服务的评价调查结果显示：对"最近6个月以来，您参加了哪些街道或社区组织的文化娱乐活动（可多选)?"的回答，在7个具体选项和1个开放性选项"其他"中，列第一位的是看电影，占29%。对"最近6个月以来，您去电影院看过几次电影?"的回答，在0次、1次、2次、3次以上选项中，37%的居民选择3次以上，其中17%的人达6次以上。选择1次的占比为37%，2次的占12%，0次的占14%。对"最近6个月以来，您看过几次街道或社区提供的免费电影或演出?"的回答，在0次、1次、2次、3次以上选项中，占比最大的是0次，为46%，其次是1次，占37%，选择3次以上的占9%，其中6次以上的占3%。

以上结果表明，（1）虽然街道和社区为居民提供了多种多样的公共文化服务项目，但是目前来说，看电影是最能吸引居民参加的公共文化服务方式；（2）居民去影院看电影频度较高，但是看由街道或居委会提供的属于公共文化服务项目的免费电影的频度较低；（3）有3%的居民看街道或社区提供的免费电影达6次以上，说明东四街道在以电影为方式的公共文化服务供给方面在频次上是较高的。将以上三点综合考虑可以说明，居民看街道或社区提供的免费电影频度较低原因并不是没有供给，也不是因为没有时间，可能的原因一是供给与需求不符，也就是对提供的片子不感兴趣，原因之二是居民不知道放电影的信息。无论如何，以上结果都表明，如果在供给上更加规范、更加符合群众需求，那么，提高以放电影为主要方式的公共文化服务的群众参与率，从而大大提高其社会效益，是有很大潜力的。因此，在公共文化服务工作中，有必要把让群众看电影作为一项基本的、常规性的项目，而不是可以替代的、随机性的项目。所谓常规性，一是要有长期持续性，二是时间和地点的相对稳定性。此外，把放电影列为常规性服务项目，会促使相关政府部门对这一服务项目更加重视，更加关心群众的需求和口味，从而能够提供对群众更有吸引力和感染力的电影作品。

（三）加强对公共文化服务的社会宣导

本课题对公共文化服务的了解程度调查结果显示：本地居民对公共文化服务表示了解的占5%，知道一点的占84%，没听说过的占11%；外来人口对公共文化服务了解的占8%，知道一点的占%61，没听说过的占31%。总体来看，对公共文化服务知道一点的占很大比例，真正了解的占很小比例。以上结果表明，社会公众对公共文化服务的了解不够，也意味着相关部门对公共文化服务的社会宣导尚显不足。

十八大以来，党和国家对公共文化服务的重视程度达到新的高度，提出加快构建现代公共文化服务体系的具体目标和建设规范。在资金投入方面，2015年，全国文化事业费682.97亿元，比上年增加99.53亿元，增长17.1%，增长速度比上年提高7.1个百分点；全国人均文化事业费49.68元，比上年增加7.03元，增长16.5%。国家以巨大的人力物力投入公共文化服务体系建设，目的是更加公平、普惠地服务于人民，使全体人民普遍的思想道德水平、科学文化素质不断提高，从而能够大幅提高国家软实力，加快经济社会发展。普惠性是公共文化服务的基本要求，要做到普惠，就要让全体人民都了解、都接受这样的服务，因此，将公共文化服务向社会广泛宣导十分重要。就现实情况来看，对公共文化服务宣导不足的现象并不是东四街道的个案问题，而是广泛存在的普遍问题，正是因为这一问题的存在，很多地方出现公共文化服务设施闲置或虚设现象，甚至出现把公益性设施转为牟利性经营的现象。如果以多种渠道、多种方式，加大公共文化服务的社会宣导，让全体人民了解公共文化服务是政府的基本职能，是公民的基本权益，这项权益是普惠性的，不因户籍、职业、性别、年龄等条件而有所差别，那么，公民就会自主地去寻求权益的实现，就会更有主动性，也会对公共文化服务的供给质量提出更高要求，如此，才能促进公共文化服务社会效益的真正实现和公共文化服务供给与需求体系的良性循环。

（四）公共文化服务应加强思想道德教育

本次调研对公共文化服务的需求调查显示：对"您认为街道和社区主要应该为居民提供哪些公共文化活动服务？"问题的回答，在 7 个具体选项和 1 个开放性选项"其他"中，列第一位的是"思想教育活动"，占 28%。这一结果意味深长。

一说到思想道德教育，很多人会觉得它是单向主动的，也就是说，以为受众是不愿意主动接受的，因此大部分人一味强调思想道德教育工作要迂回委婉，要寓教于乐而不能直接说教，总之思想道德工作要遮遮掩掩，甚至羞羞答答。本次调研结果表明，人民认为政府理应对社会公众进行思想道德教育，公众对于社会的思想道德水平是有要求的，对于自身的思想道德修养也是有期冀的。加强思想道德教育是人民的呼声！因此，政府对于进行思想道德教育要有充分的信心，在方式方法上要多样化，除了寓教于乐，也不妨开诚布公。当然，至关重要的是，对人民进行怎样的思想道德教育，在价值、理念和内容上要深入研究。

（五）2016 年辖区环境整治取得显著效果

东四街道 2016 年的重大变化之一是辖区内的环境整治取得了显著效果。生活环境变化的重要背景是实施了非首都功能疏解和人口调控工作。非首都功能疏解主要是整治不符合首都功能的业态。东四街道所在的街道组成了 8 个工作组，第一，实施中小企业转型升级，对东城区属五金和餐饮等低端企业进行取缔和升级，提高文化和科技含量；第二，以消防安全为突破口对经营场所加以整治，取缔无证无照商户，强化食品安全许可标准，打击侵权、假冒伪劣产品，使生活服务业品质得以提升，与此同时，东四街道加强了对直管公房转租转借的规范管理；第三，针对普遍存在的开墙打洞现象，街道实施了封墙补洞工程，共治理了136处，改变了街道的风貌；第四，整治非法办学，取缔由于面积不达标等原因不符合办学资质的幼儿园；第五，重点实施街区综合治理，实施地下室空间整治。继续整治群租房，消除安全隐患。经过整治，东四街道2016年内有效实现了人口疏解，街区环境质量显著提高。

（六）居民对小区环境的满意度仍有提升空间

我们结合2014年、2015年和2016年的数据进行比对，结果显示外来人口对环境的满意度高于本地居民。2016年外来人口的满意度接近80%，本地居民的环境满意度基本保持在52%的水平上，本地居民对环境不满意的仍占很大比例。因此仍然需要把街道的环境治理作为未来的工作重点，进一步完善社区内背街小巷、公共活动场所、道路两旁的环卫设施，实施有效果的垃圾分类，切实做到垃圾不落地，达到路好走、环境美、易清扫的标准。进一步加大环卫设施财政投入，环卫设施必须与主体工程同时设计、同时施工。

（七）建议开展城市风险防范与应急预案的知识普及与对策研究

根据人们对应急避难场所、联络设备等的信息了解较少的现实情况，建议开展城市风险防范与应急预案的知识普及以及对策研究。从2015年以及2016年的数据来看，只有11%的人表示知道灾害发生时的避难场所，大部分居民对避难场所和风险紧急预案仍然一无所知。此外，83%的居民认为加强专业救援队伍是最为重要的，75%的居民认为加强基础设施改造重要。建议有关部门进行应急培训，应急培训的范围应包括政府主管部门培训、社区居民培训、企业全员培训、专业应急救援队伍培训，制定针对本街道社区特点的风险防范预案，将相关知识向社区居民普及宣传，不断迈向更加安全安心的社区社会。

（八）加强民情联系工作制度建设，营造温馨祥和社区

从邻里关系的调查结果分析来看，东四社区还应加强民情联系工作制度，营造社区温馨祥和的邻里亲情。对本地居民、外来人口参与居住小区组织的调研结果表明，本地居民有42.6%的居民认为自己较多地参与到社区活动之中，而外来人口样本中这一比例仅为24.5%，这一结果说明外来

人口尚未完全融入当地社区，本地居民的社区活动参与程度也需要进一步提升。

从本地居民与外来人口之间相互交往的角度看，两者之间的互动程度不高。尽管两个群体之间互动不够多，但相互处于一种友好的和睦相处状态，其中本地居民认为外来居民对其和家人态度非常友好或友好的比例占了80.6%；外来人口认为本地居民对其和家人态度非常友好或友好的比例达到61.3%。但是调查数据显示，本地居民与外来人口之间经常聊天的比例仅为14.3%，与外来人口相互帮助的比例为23.2%。外来人口与本地居民经常聊天的比例为25.6%，与本地居民互相帮助的比例为21.4%。

街道办事处、居委会应切实发挥联系基层居民、服务基层居民的作用。一方面，通过入户走访广泛收集居民对社区工作的意见和建议，始终保持与广大居民的联系；另一方面，为了方便、及时地了解居民需求和解决居民生活中存在的问题，建议开展民情联系服务工作，这对于在混合居住的社区内营造温馨祥和的气氛，促进转移人口的市民化进程至关重要。

中华传统文化在安徽绩溪的
保护、传承和弘扬

马克思主义研究院国情调研安徽绩溪基地项目组[*]

绩溪县地处安徽省南部，历史文化悠久，素以"东南邹鲁"而著称。近年来，绩溪县委县政府全面实施"文旅强县"战略，加强传统文化、文物的保护、传承和弘扬，取得了很大成绩。

一 绩溪县的历史沿革和自然资源

绩溪历史悠久，自唐永泰二年（766）置绩溪县后，县名绩溪一直沿用。绩溪，"绩"有"缉麻线"的形义，"溪"为山间流水。《元和郡县志》记载："县北有乳溪，与徽溪（今羊溪河）相去一里并流，离而复合，有如绩焉，因以为名。"《方舆志》记载："临溪石，在县北三里（浣纱溪）溪岸上，其方二丈，其平如砥，溪水甚宜浣纱，数里妇女悉来浣纱，去家既远，遂绩其旁以守之。春时多丽服，群绩于此，虽不浣纱者亦会绩焉。县名亦兼此义。""溪"，亦作"谿"。清嘉庆《绩谿县志》，从县印写作"谿"。民国县政府印亦作"谿"。民国16年（1927），改铸县印，始作"溪"。

（一）绩溪县的历史沿革

绩溪未建县前，今县境为歙县地，在夏、商时，属扬州。春秋时期属吴，战国初期属越，后属楚。秦始皇二十六年（前221），属会稽郡。汉高祖元年（前206），属鄣郡（一说秦末置鄣郡）；汉元狩二年（前121），属丹阳郡；东汉建安十三年（208），属新都郡。晋太康元年（280），新都郡改称新安郡。梁大同元年（535），析歙县华阳镇置良安县（又作"梁

---

　*　执笔人：陈建波，中国社会科学院马克思主义研究院文化与意识形态建设研究室副主任。

安"），属新安郡，县治在扬之河东岸大屏山麓后岸村（今后外村）。承圣二年（553），分新安郡黟、歙、海宁、黎阳四县置新宁郡，良安县的归属未见记载。清乾隆《绩溪县志》记载，唐武德七年（624）废良安县，仍归歙县。唐永泰二年（766），平息旌德县王万农民起义，刺史长孙全绪奏：析歙县华阳镇置绩溪县，属宣歙观察使。故《寰宇记》记绩溪为"永泰二年置"。《旧唐书》记载，"永泰二年十一月甲子日改为大历元年"，故《元和志》记绩溪为"大历元年置。疆里至大历二年乃定"。景福元年（892），绩溪隶歙州；五代十国时，先属吴国（杨行密），后为南唐地。北宋太平兴国元年（976），县境属江南西道歙州；至道三年（997），属江南路歙州；天禧二年（1018），属江南东路歙州；宣和三年（1121），改歙州为徽州，以绩溪徽（翚）岭、徽（翚）溪、大徽村而名，绩溪属徽州。元至元十四年（1277），绩溪属江淮行省徽州路；至元二十一年（1284），属江浙行省徽州路；至正十七年（1357），即宋（韩林儿）龙凤三年，县境属朱元璋江南行省徽州路，旋改徽州路为兴安府。吴（朱元璋）元年（1367），改兴安为徽州府，绩溪属之。明洪武元年（1368），绩溪县属中书省徽州府；洪武十三年（1380）正月，属六部直隶徽州府；永乐元年（1403），属南京直隶徽州府。清顺治四年（1647）九月，绩溪县属江南省徽州府；康熙六年（1667），属安徽省徽州府；咸丰四年（1854），随徽州府由浙江巡抚兼管；同治四年（1865），复归安徽省。民国元年（1912），裁府，绩溪县直属安徽省；民国3年（1914）设道，属安徽省芜湖道；民国17年（1928），废道，复属安徽省；民国20年（1931）年初，设首席县长制，绩溪县归宣城县长节制，是年10月属安徽省第十行政督察区（治所休宁），民国27年（1938）4月，属皖南行署第十行政督察区，民国29年（1940）3月23日，直属皖南行署，是年8月改属安徽省第七行政督察区。

1949年4月30日绩溪解放。5月13日，绩溪县隶属徽州专区。中华人民共和国成立后，1952年8月，改属皖南徽州专区。1956年1月12日徽州专区并入芜湖专区，绩溪县改隶芜湖专区。1961年4月13日，复设徽州专区，绩溪县属之。1971年3月，徽州专区改称徽州地区，绩溪县仍属之。1987年11月27日，经国务院国函〔1987〕185号批准，绩溪县划属宣城地区。2000年6月25日，经国务院批准撤销宣城地区和县级宣州市，设立地级宣州市，辖绩溪县。

（二）绩溪县的自然资源

自然资源是历史文化资源的物质基础。绩溪县位于安徽省南部，地处黄山山脉和西天目山山脉接合带，长江水系与钱塘江水系分水岭，县境总面积1126平方千米。东与临安市交界，北与宁国市、旌德县毗连，西与旌德县、黄山区及歙县接壤，南与歙县相邻。东西最长直线距离59.5千米，南北最宽直线距离42千米。绩溪县位于黄山与天目山接合部，县界及境内有海拔千米以上山峰40余座，重峦叠嶂，溪流纵横，地势高于邻县，史称"宣歙之脊"。据2009年第二次土地调查，绩溪县国土面积110362.52公顷（1996年因皖浙勘界而有所减少），人均0.62公顷。其中耕地13159.41公顷，园地6873.39公顷，林地80458.15公顷，草地1222.05公顷。绩溪县森林覆盖率75.5%，野生动植物资源比较丰富。野生植物资源，已查明150多科，1320余种。其中，属国家重点保护的珍稀植物27种，省、地方保护的20余种，主要树种有杉木、马尾松、黄山松、青岗栎；还有桑、茶、油桐、油茶、山核桃等经济林；竹类分布较广，主要有毛竹、元竹等。药用植物，有贝母、黄连、白术、丹参、山茱萸、茯苓、七叶一枝花等600多种。丰富的自然资源，为绩溪的经济社会以及文化建设发展提供了有利条件。

二 绩溪县的历史文化资源

徽文化是中国三大地域文化之一，指古徽州一府六县物质文明和精神文明的总和。从历史上看，古徽州即今黄山市、绩溪县（今属宣城市）、婺源县（今属江西上饶市）。徽文化是一个极具地方特色的区域文化，包容了中国后期封建社会民间经济、社会、生活与文化的基本内容。绩溪是徽文化的核心地带。

（一）古建筑和古村落

1. 徽派建筑

徽派建筑是中国古建筑最重要的流派之一，是徽文化的重要组成部分，主要流行于古徽州府所辖各县，即今黄山市的三区四县及江西省的婺源和安徽宣州市的绩溪。徽派建筑不论是村镇规划构思，还是平面及空间处理、建筑雕刻艺术的综合运用都充分体现了鲜明的地方特色。尤以民居、祠堂和牌坊最为典型，被誉为"徽州古建三绝"。在总体布局上，徽派建筑依山就势，构思精巧，自然得体；在平面布局上规模灵活，变幻无穷；在空间结构和利用上，造型丰富，讲究韵律美，以马头墙、小青瓦最有特色；在建筑雕刻艺术的综合运用上，融石雕、木雕、砖雕为一体，显得富丽堂皇。徽派建筑还广泛采用砖、木、石雕，表现出高超的装饰艺术水平。砖雕大多镶嵌在门罩、窗楣、照壁上，在大块的青砖上雕刻着生动逼真的人物、虫鱼、花鸟及八宝、博古和几何图案，极富装饰效果。木雕在古民居雕刻装饰中占主要地位，表现在月梁头上的线刻纹样，平盘斗上的莲花墩、屏门隔扇、窗扇和窗下挂板、楼层拱杆栏板及天井四周的望柱头等。内容广泛，多人物、山水、花草、鸟兽及八宝、博古。题材众多，有传统戏曲、民间故事、神话传说和渔、樵、耕、读、宴饮、品茗、出行、乐舞等生活场景。手法多样，有线刻、浅浮雕、高浮雕透雕、圆雕和镂空雕等。其表现内容和手法因不同的建筑部位而各异。这些木雕均不饰油漆，而是通过高品质的木材色泽和自然纹理，使雕刻的细部更显生动。

古徽州盛行敦本敬祖之风，名门望族修祠扩宇、营建支祠，规模胜似琼楼玉宇，以显示家族的昌盛。各村均建祠堂，且有宗祠、支祠、家祠之分。据《寄园寄所寄》载："聚族而居，绝无一杂姓搀入者。其风最为近古。出入齿让，姓各有宗祠统之，岁时伏腊，一姓村中千丁皆集，祭用朱文公家礼，彬彬合度。"位于安徽省绩溪县瀛洲乡大坑口村的胡氏宗祠，是一处始建于明代中期的汉族祠堂建筑，属于汉民族祭祀祖先、议决族内大事的场所。胡氏宗祠建于明嘉靖二十五年（1547），祠内装饰以各类木雕为主，有"木雕艺术博物馆"和"民族艺术殿堂"之称。龙川胡氏宗祠坐北朝南，前后三进，祠堂占地1564平方米，建筑面积为1146平方米。长宽比例2∶1。祠前广场、望柱、栏板、旗础石和阶墀地坪均为花岗岩。南向，照壁隔龙川河，左、右置青石板桥。三进七开间。前进门楼重檐歇山式，戗角8只，台阶5级，面宽22米。仪门高2.3米，共阔3.4米。门前石鼓、石狮对峙。门楼前后向有10根方石柱、5根月梁和4块额枋。门楼后天井进深13.77米，阔13.10米。东西廊庑各有12根方石柱架，24根月梁。越天井登4级台阶为中进——祭典正厅，进深17.47米，阔22.16米，顶高9.3米。14根围粗1.66米银杏圆柱和大小12根冬瓜梁构成屋架。圆柱由莲花形枣木柱櫍和8边形石磉承顶。东、西序各12扇高3.68米落地隔扇门。上首原有24扇，今存半数。后进享堂上、下两层，前有狭长小天井，东、西两廊现存高2.65米落地隔扇门24扇。门楼上原悬明代文徵明手书"龙川胡氏宗祠"匾额，正厅前原悬匾额"宗祠"二字，落款为"嘉靖丁未年光泽王"（嘉靖帝叔父）。正厅前原挂木刻楹联两副。龙川胡氏宗祠的长度是宽度的两倍。它展现了严肃、方正、井井有条的理性精神。其空间布局虽讲究严谨均衡，但又求灵活舒畅。宗祠的照墙距离门楼达25米之远，龙川溪在照墙、门楼之间涓涓东流。这种既服从自然环境而又能巧妙地利用自然环境的空间观念，构成龙川胡氏宗祠总体空间的宽松、和谐、舒畅、均衡的美感。宗祠的门楼、廊庑、天井、正厅、厢房、寝楼以及特祭祠的巧妙组合，使整个建筑既扩大了空间，又使各个独立的建筑相互连接，成为一个不可分割的整体。

2. 古村落

绩溪被国务院授予"国家历史文化名城"，古村落众多，文化遗存丰富。古村落是绩溪历史文化体系的重要特色，拥有国家重点保护文物4处，省级重点保护文物13处；特别是古村落文化资源十分丰富，古村落数量多、分布广、个性鲜明，明清以来就有"小小绩溪城，大大仁里镇"之说。龙川、上庄、伏岭、磡头、冯村、仁里、湖村、汪村、石家、瀛洲、宅坦、湖里、孔灵、旺川等犹如一颗颗"传统文化的明珠"镶嵌在翚岭南北，其中磡头、冯村、仁里、龙川、伏岭、湖村、上庄、石家、宅坦是省级历史文化名村。上庄有"小上海"之誉，伏岭有"千灶万丁"之称，拥有呈现前抱后背、左搀右挽的祠堂群；冯村有"十里冯村铺"之号。安徽第一家书院——桂枝书院就创办于岭北的宅坦，绩溪第一所近代小学——思诚小学就诞生在仁里，江南最好的祠堂建在龙川，磡头村中的听泉楼、石家水口的魁星阁听泉鸣弦、沐雨迎风。

绩溪县瀛洲镇仁里村是一个有着千余年历史的徽州古村落，蜿蜒的澄源河从村前缓缓流过，历史上曾是徽商会集的水陆码头，一条数百米的护河坝上栽满了柳树桃花，阳春三月，便是"绿杨啼宿鸟，晓雾罩桃红"的景象。仁里村重新修建了600余米长的桃花坝。坝上铺设青石板，安装仿青石栏杆，新建亭子、长廊，设置花池，种植百余株桃树，成为仁里村一道亮丽的风景。村中还有近1500年历史的"百步钦街"。根据耿尚书的功勋，当时皇帝御赐耿源进"免征地"一块，在村东井地段用砖砌垒"百步钦街"一条。青砖竖排铺筑，俗称"钉栓砖"，意为金砖铺地，并造廊亭，遮阳避雨，文官至此下轿，武官至此下马。如今，虽廊亭已毁，但百步钦街道路保存完好。

（二）徽商文化

徽商是中国十大商帮之一，又称徽州商人、"徽帮"、新安商人（徽州又称"新安"），它是旧徽州府籍商人集团之总称（并不是指所有安徽商人）。徽人经商，源远流长，早在东晋时就有新安商人活动的记载，以后代代有发展。明清时代，徽商称雄商界长达二三百年。明《五俎》云："商贾之称雄者，江南首推徽州，江北则推山右（山西）。"明代中叶以后随着徽州帮的崛起，一批拥有资本十万、百万的富商大贾不断涌现。清代垄断盐经营的徽商竟富得可以先后接待清帝康熙、乾隆南巡，支援左宗棠平定新疆。再加上徽商贾而好儒，广交官府、文士，且本人就有较好的文化素养，徽商是官、贾、儒三位一体。因而出了大批官僚，有的成为朝中显贵。明清时期，绩溪经济总量不高，但从商人口比例则名列前茅。县内"出贾既多，土地不重"，行贾四方，甚至远涉东南亚欧美。至民国时，绩溪县外出经商之人占总人口的25%，最高年份达到30%以上。在"田畴不逮婺源，贸迁不逮歙休"的偏僻贫弱小县，绩溪人凭着踏踏实实的作风小本经营，最终使江南商埠有了"无绩不成街"之说，足见绩溪徽商之影响力。

徽商文化精神包括：一是"徽骆驼：坚韧不拔、吃苦耐劳的创业态度"。徽商诞生的地点古徽州地处"吴头楚尾"，属边缘地带，山高林密，地形多变，开发较晚。人口众多，山多地少，所以出外经商成了一条出路。徽州商人经常风餐露宿，亏本和折损都是"必修课"，却都能无怨无悔，不改初衷。二是"童叟无欺：重义轻利、诚实守信的敬业理念"。在徽商中，流行着"人宁贸诈，吾宁贸信，终不以五尺童子而饰价为欺"的经营理念，这句话出自歙县商人吴南坡之口。"人宁贸诈，吾宁贸信"，是很多徽商发财的"金言"。清末胡开文墨店发现有一批墨锭质量上有些瑕疵，老板胡余德发现后立即指令所属各店铺停止制售此批墨锭，并将流向市场的部分高价收回，倒入池塘予以销毁。为保证商品质量，维护客户利益，决不掺杂使假，甚至不惜血本，毁掉重来，体现了徽商以诚待客的处世原则和以真行贾的经营理念。这是徽商经久不衰的重要原因。三是"尊儒业儒：崇文重教、孜孜不倦的求知思想"。在徽商的人员构成中以"业儒"出身者居多。他们有从贾之心，也有业儒之情，他们热衷于发财之后，回乡办学，广请名师，以培养自己和宗族内的子弟，从而光大宗族。四是"见素抱朴：不辞劳苦、虽富犹朴的节俭品德"。徽商大多小本起家，少时离家，辗转岭南塞北，终成就一番基业。他们在富裕之后，也始终保持素朴的本色，保持节俭的美德，并对子女循循善诱，教育他们继承勤俭节约的好家风。五是"卫国安民：赴国急难、民族自立的爱国情怀"。徽商具有浓厚的爱国情怀。从明朝初期，边境烽火四起。为了抵御漠北蒙古残余势力时时入犯，徽州商人千里迢迢，不辞辛苦，运粮于边。明中叶，抗击倭寇的战争中，他们捐资筑城，帮助招募兵士。到了近代，为了抵御外国入侵，徽商也踊跃捐资。① 徽商文化是绩溪重要的历史文化资源。

（三）非物质文化遗产

绩溪民风淳朴，民俗独特，"花朝会"、秋千抬阁、三雕、祭社、抬汪公、抬五帝、手龙舞、徽剧、徽墨、墙头画、安苗节等民俗产生流行于翚岭南北，其中 2 项被列入国家非物质文化遗产名录，15 项被列入省级非物质文化遗产名录，在安徽省位列前茅。古朴的民俗民风与美丽如画的乡村田园风光交织在一起，表现出独特的人文旅游观赏价值。

徽剧，原名"徽调""二黄调"，渊源于明代，1949 年后定名徽剧。徽剧传统剧目有 1404 个，保存档案有 753 个。其内容从列国纷争、宫廷大事、神仙鬼怪到民间生活故事。徽剧的音乐、唱腔优美、完整。主要分青阳腔、四平腔、徽昆、吹腔、拨子、二黄、西皮、花腔小调共九类。徽剧的表演艺术丰富多彩，技艺精湛。文戏以载歌载舞、委婉细腻为特点，武戏以粗犷、炽热、功夫精深、善于高台跌扑而震惊观众。生活小戏以浓郁的乡土气息和风趣、诙谐和语言吸引观众。舞台画面多彩多姿，具有雕塑造型美。2006 年 5 月 20 日，徽剧经国务院批准列入第一批国家级非物质文化遗产名录。

徽墨是中国传统制墨技艺中的珍品，也是闻名中外的"文房四宝"之一。因产于古徽州府而得名。徽州制墨的肇始时间当不迟于唐。徽墨是以松烟、桐油烟、漆烟、胶为主要原料制作而成的一种主要供传统书法、绘

① 王慧：《徽商文化中凸显的人文情怀》，中安在线，2016 年 2 月 4 日。

画使用的特种颜料。经点烟、和料、压磨、晾干、挫边、描金、装盒等工序精制而成，成品具有色泽黑润、坚而有光、入纸不晕、舔笔不胶、经久不褪、馨香浓郁、防蛀等特点。历代徽墨品种繁多，主要有漆烟、油烟、松烟、全烟、净烟、减胶、加香等。高级漆烟墨，是用桐油烟、麝香、冰片、金箔、珍珠粉等 10 余种名贵材料制成的。徽墨集绘画、书法、雕刻、造型等艺术于一体，使墨本身成为一种综合性的艺术珍品。徽墨制作技艺复杂，不同流派各有自己独特的制作技艺，秘不外传。徽墨发展到清代，先后出现了"四大家"，即曹素功、汪近圣、汪节庵、胡开文，他们都是徽墨业中的一代翘楚。徽墨大师胡开文自清代乾隆四十七年（1782）开创至今已有 200 多年历史，1915 年胡氏精心制作的"苍佩室"牌"地球墨"在巴拿马万国博览会展出并获金质奖章后一举成名，其精品"苍佩室"牌墨，以墨质优异、工艺精绝而被清廷视为贡品，一跃而居我国制墨业魁首。中华人民共和国成立后，党和人民政府积极支持各地墨厂、墨店的恢复和发展。1956 年，分别在屯溪、歙县成立了徽州墨厂和歙县徽墨厂；绩溪县则成立了墨业生产合作社。绩溪胡开文墨厂的前身即"胡开文老店"，1998 年县书画油烟材料厂和胡开文墨厂合并成立安徽省绩溪胡开文墨业有限公司后，形成了从炼烟到制墨、墨汁生产一条龙的运行体系。

徽州墙头画是壁画的一种，广泛描绘在徽州古民居的屋檐下和门檐、窗檐上下，和石雕、砖雕、木雕一样，是徽州建筑的一个重要组成部分，是为徽州建筑服务的。与一般壁画的区别在于，它是以一个墙面上多幅壁画为一体，以儒家思想和喜庆祝福为主要内容，以工笔带写意为技法，以美化徽州民居外墙壁为目的的一种墙面壁画。徽州墙头画由于是在半湿的石灰面上作画，其渗透性特别强，所以在技法上画家一般只用勾、勒、染和点，很少用到皴和擦。另外，每幅徽州墙头画的四周均装饰有各种回型纹或吉祥符，构成它的外框，起很强的衬托作用，使整幅画看起来富丽而不华贵，繁华中透着淡雅。徽州墙头画主要内容体现的是仁、义、礼、智和忠、廉、耻、勇、诚、敬等儒家思想的人物画，以喜庆富贵为内容的花鸟画，以气、节为重的竹石画，还有以天人合一为主的山水画。徽州墙头画是徽学的一个重要组成部分，一样具有很高的艺术价值和艺术地位。

安苗节是流行于安徽绩溪、歙县一带的农事习俗。以祭祀神灵汪公为中心开展一系列汉族民俗及民间宗教文化活动。祈求丰收，保护家人安全。作为一种汉族民俗文化，花朝会即安苗节，由东八社决定接神村庄，八社可以优先，一般用三天时间。

（四）传统家训

绩溪县是古代徽州文化的重要发祥地、核心区，家训文化是徽州文化的重要内容。800多年前，福建浦城（今属福建省南平市浦城县）章仔钧后裔中的一支，跋山涉水，于宋朝宣和二年（1120），定居绩溪登源河之畔。历经沧桑，章氏后裔崇本敬祖，薪火相传33代，形成"瀛洲章""西关章""湖村章"等章姓繁衍地。他们世代耕读，恪守家规，"十户之村，不废诵读"，"邦无尤民，民无尤行，刑罚设而不犯，风俗美而不流"。

《章氏家训》原名《太傅仔钧公家训》，作者章仔钧（世称其太傅公）。自北宋宣和二年章仔钧后裔中的一支迁至绩溪以来的800多年，《章氏家训》一直被绩溪章氏家族奉为传家之宝，全文如下：

> 传家两字，曰读与耕；兴家两字，曰俭与勤；安家两字，曰让与忍；防家两字，曰盗与奸；败家两字，曰嫖与赌；亡家两字，曰暴与凶。休存猜忌之心，休听离间之语，休作生忿之事，休专公共之利。吃紧在尽本求实，切要在潜消未形。子孙不患少而患不才，产业不患贫而患喜张，门户不患衰而患无志，交游不患寡而患从邪。不肖子孙，眼底无几句诗书，胸中无一段道理。心昏如醉，体懒如瘫，意纵如狂，行卑如丐。败祖宗之成业，辱父母之家声；乡党为之羞，妻妾为之泣。岂可入我祠而葬我茔乎？戒石具左，朝夕诵思。

《章氏家训》共196字，主要内容为耕读传家，勤俭持家，忍让安家，嫖赌败家，凶暴亡家，不存猜忌，不听离间，不生忿事，不专公利。其最核心的内容是耕读和勤俭，最核心的思想在于教育子孙后代以知书达礼修身立命，遵守规矩为家族争光。《章氏家训》将修身之大法、育人之根本以浅显直白的语言警醒告诫子孙后代，约束有规有矩、教化掷地有声，让章姓族人无论为官为商抑或从教，都恪守家训、风范世袭，成为治家良策。2015年中纪委网站推介《章氏家训》。

在绩溪县的传统家风家训中，崇德、尚廉、戒奢、惇友、守规、笃行等廉政（洁）思想理念成为普遍现象，许多至今仍充满正能量，值得发扬光大。

（1）崇德。在《汪氏族规》中提到"崇德"，《鱼川耿氏族谱》特书

"积德"，《上川明经胡氏宗谱》《姚氏家规》中专述"积阴德"，成为一个家族修身处事传家之本，亦契合当今"以德修身"要求，是干部成长成才的重要因素。

（2）尚廉。《章氏家训》中"休专公共之利"的廉政（洁）思想，清同治绩溪县《华阳舒氏宗族庭训》中留下"宁廉洁留清介之名，毋苟得贻贪污之消"的"廉"族训，《鱼川耿氏族谱》中"凡存心举事务公直宽恕，切勿自占便宜"等族规，影响了一个个家族，成为治家良策。

（3）戒奢。《仁里程氏家训》中有"贵不倦勤，富不忘俭"，《鱼川耿氏族谱》明确"土木之功，婚嫁之事，宾客酒席之费，切不可好高"，《上川明经胡氏宗谱》告诫后人"常存古朴之风"等，正契合中央八项规定及党员廉洁自律规范，成为立身之要，也是廉政（洁）的关键。

（4）惇友。《葛氏宗族家训》强调要交"净友"、深戒"酒肉朋友"，《涧洲许氏祖训》则明言"慎交友"，《章氏家训》告诫"交游不患寡而患从邪"，这些家风家训指出要慎交友，要正确处理家庭、邻里关系，处理家人、熟人关系，这是很难得的。于今而言，睦亲惇友关系到廉政（洁）的外在环境，处理不当，或者关系庸俗化、利益化，则会成为腐败的温床。

（5）守规。《姚氏宗祠子孙守则》开篇即言"遵纪守法"，《周氏家训》以"法肃祠严"正风律俗，伏岭岱川《汪氏祖训》倡导为绅为士为民皆当"畏王法"，《涧洲许氏祖训》有"早完粮"告诫（即要求无论贫富，务先完粮而后做别事）等，并希子孙时时检点、事事对照，这种约束有规有矩、教化掷地有声的意识和理念也是今天我们所要学习的。

（6）笃行。《章氏家训》的"吃紧在尽本求实"理念，麻山《姚氏家规》的"勤生业"理念，绩溪西关古里职思堂的"职所当为必竭其力，思不出位无贰尔心"楹联，表达的正是谋事、创业、履职、做人的道理。[1]

（五）徽菜

徽菜菜系又称"徽帮""徽州风味"，是中国八大菜系之一。徽菜起源于南宋时期的徽州府，徽菜是古徽州的地方特色，其独特的地理人文环境

---

[1] 方庆：《让传统家风家训闪耀璀璨光芒》，绩溪先锋网，2016 年 7 月 27 日。

赋予徽菜独有的味道，由于明清徽商的崛起，这种地方风味逐渐进入市肆，流传于苏、浙、赣、闽、沪、鄂以至长江中、下游区域，具有广泛的影响，明清时期一度居于八大菜系之首。主要名菜有火腿炖甲鱼、红烧果子狸、腌鲜鳜鱼、黄山炖鸽等。徽菜起源于徽州府城歙县（古徽州），徽菜发端于唐宋，兴盛于明清，民国间徽菜在绩溪继续进一步发展。据《徽州府志》记载，早在南宋间，用徽州山区特产"沙地马蹄鳖，雪天牛尾狸"做菜已闻名各地。

徽菜的形成与江南古徽州独特的地理环境、人文环境、饮食习俗密切相关。绿树浓荫、沟壑纵横、气候宜人的徽州自然环境，为徽菜提供了取之不尽、用之不竭的徽菜原料。得天独厚的条件成为徽菜发展的有力物质保障，同时徽州名目繁多的风俗礼仪、时节活动，也有力地促进了徽菜的形成和发展。在绩溪，民间宴席中，县城有六大盘、十碗细点四，岭北有吃四盘、一品锅，岭南有九碗六、十碗八等。绩溪县被授予"中国徽菜之乡"称号，每年均举办国际徽菜饮食文化节。

三 绩溪县传承和弘扬传统文化的举措

绩溪县积极加强传统文化资源的保护，打造具有影响力的文化品牌，提高群众文化保护意识，促进当地经济社会健康发展。

（一）制定历史文化名城保护规划

根据 2007 年 3 月 18 日的《国务院关于同意将安徽省绩溪县列为国家历史文化名城的批复》（国函〔2007〕29 号）："一、同意将绩溪县列为国家历史文化名城。绩溪县城市发展历史悠久，文化底蕴十分厚重，历史遗存丰富，古城格局完整，历史文化街区保存完好，徽文化特色突出。二、你省及绩溪县人民政府要根据本批复精神，在充分研究城市发展历史和传统风貌的基础上，正确处理保护与发展的关系，编制历史文化名城保护规划，并纳入城市总体规划，划定历史文化街区、文物保护单位、历史建筑的保护范围及建设控制地带，制订严格的保护措施。在历史文化名城保护规划的指导下，编制历史文化街区等重要保护地段的详细规划，切实保护好历史文化遗产。不得进行任何与历史文化名城环境和风貌不相协调的建设活动。三、你省和建设部、国家文物局要加强对绩溪县国家历史文化名城规划、保护工作的指导、监督和检查。"① 作为国家历史文化名城，绩溪县必须开展历史文化的保护工作，并且还一定要做好。

按照《绩溪县国民经济和社会发展第十三个五年规划纲要》，绩溪县要打造两个"目的地"：（1）世界级文化旅游目的地。立足皖南国际文化旅游示范区核心区的战略定位，充分挖掘生态、文化、名人三大资源，加快融入杭州—黄山国际旅游圈，规划建设"海峡两岸交流基地"，以国际化理念加速推进文旅产业发展。（2）中国最佳休闲养生目的地。以国家生态县、全国生态文明建设试点县为支撑，充分发挥生态优势，推进绿色发展。借势京福高铁、杭黄铁路，在实现与京津冀、长三角和珠三角、皖浙赣一体化发展中凸显休闲养生功能，打造生产空间集约高效、生活空间宜居适度、生态空间山清水秀的国内一流养生福地。② 要实现上述目标，就必须对绩溪县特别是老县城做出科学合理的规划。

根据《绩溪历史文化名城保护规划（2014～2030年）》，保护规划的目标是充分发掘绩溪的文化内涵，保护绩溪文化遗产及其历史环境，突出并发扬历史文化名城的价值与特色；处理好历史文化遗产保护与城区社会经济发展的关系，通过历史文化名城保护来彰显文化、改善民生、提升环境，促进绩溪经济、社会、环境的可持续发展。③ 中国城市规划设计研究院的这一规划，目前正在实施中。

（二）依托传统文化资源，开展特色创建活动

1. 打造社区文化品牌

近年来，绩溪县华阳镇在文明创建过程中，注重挖掘弘扬传统文化，引领社会风尚，提升居民人文素养。

打造特色文化巷。2013年开始，由镇党委统一谋划，东山、杨柳、来苏、五龙、凤灵五个社区结合各自特点，选取不同主题打造了东山"拼搏——负重进取拼搏前行"、杨柳"诚信——扬民族之魂行儒家之礼"、来苏"古韵——千古来苏情悠悠西关缘"、五龙"崇文——崇文兴教彰显徽

---

① 《国务院关于同意将安徽省绩溪县列为国家历史文化名城的批复》，中华人民共和国中央人民政府网站，2007年3月23日。
② 《绩溪县国民经济和社会发展第十三个五年规划纲要》，2016年1月20日绩溪县第十六届人民代表大会第六次会议通过。
③ 中国城市规划设计研究院：《绩溪历史文化名城保护规划（2014～2030年）》，2016。

学"、风灵"开放——包容开放改革发展"五条文化巷。文化巷分主题解读篇、区情区史篇、崇德尚贤篇、美好家园篇等几大板块，包含核心价值宣传、志愿服务活动掠影、代表履职情况、好人榜、寿星榜、优秀学子、乡贤能人等内容，系统生动地展示了各社区的文化内涵和优良传统。设计过程中，社区居民积极参与，热心提供材料和建议。打造完成后，广大群众纷至沓来，一致给予好评。辖区内的中小学还专门组织学生参观，开展征文活动。

开展"新华阳十景"评选活动。清代著名的"华阳十景"随着时间推移和社会发展，已不再适用今日的华阳。为挖掘文化资源，整合旅游资源，华阳镇党委结合文明创建工作精心谋划，并启动开展"新华阳十景"评选活动，对境内的历史文化遗产进行挖掘、整理、提升。

活动成立专家组，聘请县作家协会、摄影协会专家撰写材料、拍摄图片，现已初评了"紫园寻梦""东山祥云""扬水流碧""五龙古林""来苏春晓""良安古韵""灵山钟声""北站雄姿""溪马鸣翠""徽岭古道""家源晨曦""塔掌红叶""横坞桃花"13个候选景点。下一步将把文字图片材料发布网络，吸引广大居民积极参与投票评选，产生"新华阳十景"。通过活动开展，加深对历史文化的认识，陶冶情操，得到美的享受。

为延续和弘扬中华民族家国文化，涵养新时代的良好家风，镇党委、来苏社区成立工作组深入挖掘《章氏家训》，将其拍摄成专题片，内容包括家规家训介绍和解读、家规碑文、楹联和故居介绍等。宣传片拍摄过程中居民积极配合参与，以家训树家风、传家风，产生了良好的社会效应，得到了中纪委宣传部的高度关注。

2. 开展道德经典诵读工作

近年来，绩溪县教体局认真贯彻落实教育部《完善中华优秀传统文化教育指导纲要》精神，切实加强未成年人思想道德建设，充分发挥各中小学校诵读主阵地作用，做到班班都开展、人人都参与，促进绩溪县中小学生经典诵读活动常态化、规范化开展。

按照绩溪县文旅委《道德经典诵读工作计划》，"道德经典诵读活动"的诵读内容主要围绕劝学励志、爱国爱民、齐家治国、勤奋敬业、团结和谐等主题，选择中华经典藏书（《论语》为主）、近现代白话文以及反映改革开放新成就的优秀作品（如抗震救灾类、抗击冰雪类、山川风物类等），也可结合教育主题和中秋、春节等传统节日相关的篇目进行诵读。有关单位组织一次大规模的"读书节"或"诵读节"活动，平时各部门可以通过小型而灵活多样的方法不断激发职工的诵读兴趣，比如开展"经典朗诵会""诵读音乐会""诵读擂台赛""知识大考场"等活动。在让职工读准读熟的过程中，负责人可组织学生通过小品、歌咏、故事等形式丰富诵读的趣味性。在推广过程中，可以借鉴他人经验，但也要大胆创新，不断探索，形成自己的特色。县委以"诵读示范部门""诵读示范生"等评比为载体，组织开展多层面的表彰活动，树立典型，激励先进，并探索面向全体职工的评价体系。

2016年11月4日，由绩溪县教体局、县文明办联合举办的绩溪县"新华杯"第十一届小学生中华传统文化经典诵读比赛在县青少年活动中心举行。来自绩溪县各小学的14支代表队参加了比赛。各代表队的小选手们个个神情专注，在深情的背景音乐和视频资料的配合下，将《弟子规》《三字经》《少年中国说》《满江红》等一篇篇经典文学作品，演绎得酣畅淋漓。他们充沛的感情、生动的形体语言、娴熟的诵读技巧，把现场观众带进了异彩纷呈的传统文化经典世界，让大家感受到中华文化的博大精深。

3. 开展"最美家庭"评选活动

近年来，绩溪县深入挖掘古徽州传统文化中的优良家风家训，扎实开展寻找"最美家庭"活动，传承好家训、培育好家风，推动绩溪县形成注重家庭、注重家教、注重家风的浓厚氛围，推动以好家风促好民风。

打造一个教育品牌。将家风家训教育基地纳入社会主义核心价值观现场教学基地建设，成功打造"以追踪溯源、戒贪惩恶、崇文重教"为主题的家风家训传承教育基地，全部完成绩溪社会主义核心价值观现场教学基地12个现场教学点、瀛洲镇等9个绩溪县首批家风家训传承示范乡镇、示范村、示范基地授牌。深入提炼传统家风家训中的廉政核心理念，成功创建省级廉政教育基地绩溪胡富纪念馆。建成绩溪氏族传统家风家训陈列馆。

编印一套学习教材。通过微信、公告、论坛等形式全面收集绩溪县传统优良家风家训图文资料，层层召开家风家训普查工作座谈会，精选绩溪县"好家风、好家训"典型家族、典型家庭好故事，编印《绩溪家风家训》读本。委托安徽师范大学，推出家风家训教育系统课程《家风家训：家国一体的价值追求》，截至目前，全国各地到该教学点接受教育300余人次。结合章氏家训文化建设，编撰完成章氏家训文化走廊宣传册。

开展一轮传承活动。组织开展"好家风、好家训"主题征文、演讲比赛、故事征集等活动，征集评选好家训 20 条，好家风故事 10 篇。联合组成百姓宣讲团，开展最美家庭、最美家风巡讲进社区、进党校、进乡镇，推动优秀传统家风家训入寻常百姓家。深入开展"弘扬好家风、好家训道德讲堂"活动。根据《中国·绩溪美食文化旅游节活动总体方案》安排，将家风家训研讨会纳入美食文化旅游节系列活动之一。

表彰一批最美家庭。常态化开展寻找"最美家庭"五个环节活动，晒家庭幸福生活、议良好文明家风、讲家庭和谐故事、展家庭文明风采、秀家庭未来梦想。通过首届桃花节、农耕节等节庆活动评选表彰一批最美家庭，提高活动影响力，在绩溪县营造心向"善"、崇尚"美"、追求"和"的家庭生活新常态。

组织一场宣传展示。扎实开展"好家风、好家训"宣传展示活动，开展优秀传统家风家训"六进"活动，开通"绩溪好家风好家训"网络展览馆，县广播电视台、《今日绩溪》等媒体专门开设好家风好家训专栏，连续 12 期集中展示家训家规，分享家风故事。结合文明村镇建设，在乡镇、村居以主题文化巷、文化墙等形式生动展示文明礼仪、传统美德、民风民俗等内容，多角度全方位宣传好家风好家训的内涵魅力，营造"人人崇尚家庭美德，家家分享好家风好家训"的浓厚氛围。

4. 建设廉政文化

近年来，绩溪县普查挖掘、提炼升华优秀家风家训中鲜明的廉政（洁）理念精髓，使其成为廉政文化的重要渊源和宝藏，并在传承发展中不断涵养廉政文化，促进反腐倡廉工作。

徽州宗族制度和家族理念绵延千年，形成了众多优秀的族规、族训，并进而演绎为惠泽后世的家风家训，成为维系家族团结、社会和谐、乡风文明的重要力量。而熠熠生辉的，则是这众多家风家训中涉及的廉政（洁）理念。这些鲜明的廉政（洁）理念精髓，最核心的内容是耕读和勤俭，最核心的思想是教育子孙后代公私分明、不占公利、公正办事、清白传家，以知书达礼修身立命、遵守规矩为家族争光，成为宗族的清规戒律和乡村治理的根基，这是非常值得珍视和推崇的廉政（洁）观，也成为当今廉政文化建设的重要内容，对廉政教育具有非常重要的借鉴作用。秉持好的家训，在人生第一所学校培育优良家风，可以成为广大干部抵御腐败的第一道防线。绩溪县积极探索将优秀传统文化元素运用于党员干部的思想教育与群众工作，充分利用传统文化在党风廉政建设、社会主义核心价值观、"三严三实"等方面的当代教育价值，让优秀家风家训在廉政文化建设的碧空中发出夺目的璀璨光芒。

注重拓展文化内涵。系统提炼传统家风家训的廉政（洁）核心理念，不断赋予其新的载体和生命，传承发展好这一宝贵的廉政文化遗产。深挖家风家训背后的历史和故事，推介廉政人物和感人事迹，创建了省级廉政教育基地——绩溪胡富纪念馆；保护、利用好城区西关古里"职思堂"等古民居遗存，湖村章氏宗祠照壁上"贪兽"等物化的家训，以及谱牒、书信、楹联、石刻等廉政（洁）遗迹，作为廉政文化展示和教育的载体。以语言的家训也以物化的家训警示子孙后代恪守好家训、秉承好家风，也作为广大党员干部修身律己的一面好镜子，以好家风带来好民风，建设好党风好政风。

着力打造教育基地。在中纪委网站展播《安徽绩溪章氏：崇文重教礼义相传》的基础上，分别在绩溪县瀛洲镇瀛洲村以追踪溯源、在伏岭镇湖村以戒贪惩恶、在县城西关古里以崇文重教为主题，系统打造了"绩溪县家风家训传承教育基地"。建立了"绩溪氏族传统家风家训陈列馆"，分家训内容、家训功能、家训撷英三大部分，系列展示该县20余姓氏的信仰、劝业、禁诫、村社风俗、公义廉洁、崇儒重教、孝老睦族、勤俭淡泊等经典家训50余篇。深度挖掘历史文化底蕴，创建龙川、仁里、徽杭古道、上庄、家朋、伏岭古镇、胡雪岩纪念馆、绩溪博物馆等13个宣城市"社会主义核心价值观现场教学基地"，《家风家训：家国一体的价值追求》等党课成为基地现场教学不可或缺的内容。围绕传统文化展示，在乡镇、村居以主题文化巷、文化墙等形式生动形象地展示文明礼仪、传统美德、民风民俗等内容，形成一道道亮丽的文化风景线。

认真做好宣传推广。开展了"好家风好家训"宣传展示、主题征文、故事征集及"弘扬好家风好家训，追求崇高道德"道德讲堂等系列活动，编印《绩溪家风家训》，开通"绩溪好家风好家训"网络展览馆，使优秀传统家风家训深入千家万户，滋润群众心灵。开展优秀传统家风家训"六进"（进机关、进校园、进企业、进农村、进社区、进家庭）活动，在全社会弘扬良好家风，特别是在干部群众中开展学习践行传统家风家训活动，引领绩溪县干部群众崇德向善、奋发有为。

（三）加强传统文化资源的保护工作

2008 年元月，绩溪被纳入国家级徽州文化生态保护区。绩溪县通过建设"九个一批"，即"出台一批规章制度，修缮一批文保单位，建立一批'非遗'名录，建设一批传习基地，评选一批传承艺人，开展一批特色活动，打造一批'非遗'精品，培养一批'非遗'产业，实施一批文化项目"，来加强传统文化资源的保护工作。同时，在《绩溪历史文化名城保护规划（2014～2030 年)》中，有专门的古村镇保护内容。

1. 建立传统文化、文物保护机制

陆续出台了《古村落、古民居保护管理暂行办法》《旅游文物资源保护开发利用管理暂行办法》《非物质文化遗产专项资金管理办法》等一批规章制度，确保文化生态保护有章可循、有制可依。先后完成胡氏宗祠、文庙、听泉楼、节妇坊、五教堂、胡开文旧居、文昌阁等文保单位的抢险加固和修缮工程以及胡适故居重新布展工作。一是长期规划和近期目标相结合。依托《徽州文化生态保护区总体规划》制定了实施方案，明确了 5 年近期、10 年中期和 15 年远期目标和保护规划，提出了具体的行动计划。二是整体保护和重点保护相结合。在坚持区域性整体保护的同时，选择徽墨、徽剧、徽菜等特色浓郁、价值颇高的"非遗"项目进行重点保护，抓重点带全面。在具体到某一项"非遗"保护时也采取整体保护和重点保护相结合的办法。三是静态保护和动态保护相结合。抓住建设绩溪博物馆的契机，开辟"风土绩溪"陈列馆专题展出县内代表性"非遗"，丰富馆内"非遗"展示内容，此外通过举办活动、建设传习所等途径加强"非遗"的活态传承。四是政府主导和民间主力相结合。在政府的主导下充分挖掘民间力量，成立研习社、协会等民间保护组织，形成政民互动共同保护"非遗"的良好格局。五是制度管理和评估考核相结合。制定"非遗"专项资金管理办法，建立保护传承评估考核制度，依据考核结果进行监督检查，使"非遗"保护工作制度化、规范化。

2. 建设绩溪博物馆

绩溪博物馆是一座融学术性、知识性、文化性和娱乐休闲为一体的地方历史文化综合博物馆，充分展示了绩溪的自然山水之美和历史文化之沉淀。馆址坐落于老城区中心地段，原为老县政府旧址，同时还是老县衙遗址。建筑面积达 10003 平方米，占地面积 9520 平方米，其中展厅面积约

3500平方米。

绩溪博物馆由著名的建筑设计大师李兴钢设计，其设计基于对绩溪地理环境的理解、名称的由来及对徽派建筑与聚落的表现特征与周边山形水系相融合之理念，整体布局中设置了多个庭院、天井和街巷，使建筑和庭院本身便成为一件最直观的展品，让参观者宛若置身在古老的徽州古镇。博物馆以绩溪悠久的历史文化为基本内容，以秀美的自然山水为基本背景，功能完备、设施齐全、布局有序，富有鲜明的绩溪地方特色，并集旅游观光、文化展示、珍品收藏、文物研究和交流为一体，是市民和游人全面了解、生动体验绩溪历史文化的重要基地。占地利之优，得人和之势，绩溪博物馆馆藏丰富，囊括了众多名人字画、历史文献、宗族谱牒以及绩溪三雕、容像、陶瓷、徽墨、古籍图书等文物珍品。

绩溪博物馆的展陈由复旦大学陆建松教授梳理定位，展馆分为序厅、绩水徽山、人文绩溪、商道绩溪、风土绩溪、徽韵绩溪和徽味绩溪七个部分。内容有巍巍徽岭、潺潺徽溪、崇文重教、新学先声、徽商故里在绩溪、徽州骆驼绩溪牛、花朝古会、秋千抬阁、绩溪三雕、绩溪名厨、徽菜名馆等。

绩溪博物馆作为反映绩溪山川地貌和历史文化的重要场所，是绩溪县乡土教育的重要基地、对外交流的重要窗口、传播历史文化知识的"第二课堂"和重要的文化设施、文化遗产的保护研究中心，是和谐绩溪和文明绩溪的完美演绎。

3. 创新传统村落保护模式

绩溪县创新推进"聚土地"等电商经营的"绩溪模式"，探索山区县建设新型农业经营体系和古民居保护的新路径，先后策划推出全国首个互联网订制私人农场"聚土地"项目和"万人众筹·重建中国最美古村落"项目，流转土地465亩，为18座古民居募集维修资金，引起巨大反响。该项目意在为宣城绩溪县瀛洲镇仁里村古建维修改造众筹资金，由绩溪县仁里村村委会和村里的百岁老人共同发起。参加众筹项目的支持者可选择从10元、29元、49元，直到59999元的10个不同价格的资金支持。

为期一个月，5万元目标的项目得到了16162名支持者588623元的资金支持，达成度1177%，结果令人喜出望外。仁里村书记高建义表示，会根据支持金额村里当时也给予了相应的回报，回报物品包括全村百岁老人联名电子感谢信、徽墨、古民居居住权等，所有支持者都可享受仁里景区的门票优惠。在对村里古建筑细致考察后，仁里村将众筹到的资金选择用于包括仁里私塾、胡雪岩孙女故居在内的 18 处古建的维修和改造，如今修缮工作全面竣工，18 处古宅极大改观，焕发新的生机。同时，仁里村的 4 栋民居中空置的 28 间屋子在众筹结束后也被改造成乡村客栈。

绩溪上庄镇是徽文化的主要发祥地之一。千百年的历史时光雕刻，留下了一座座相对完好的古村落和大量文物保护单位。上庄村被安徽省列为首批历史文化名村，2014 年被评为中国传统村落；石家村、宅坦村也于 2016 年获批中国传统村落。镇域范围内现有不可移动保护文物 57 处，其中国保单位 1 处由胡适故居、胡开文故居等 7 栋古民居组成；省保单位 2 处，由太平天国壁画和 6 栋古民居组成。近年来，上庄镇高度重视历史文化遗产的保护与挖掘，坚持保护开发并重，结合古村落建设，加快美丽乡村建设。

坚持规划引领，推动整体保护。结合美丽乡镇建设和未来旅游发展需要，上庄镇注重文化传承、功能重塑，加强对全镇历史风貌保护开发的整体规划。根据各村不同的历史文化风貌和历史建筑，分类设定保护、修缮和开发规划，促进古村落功能升级与品质提升。2013 年以来，镇安排专项资金，先后邀请同济大学、安徽大学、黄山学院等高校编制完成了《上庄镇旅游发展整体规划》《上庄村古村落保护规划》《宅坦村古村落保护规划》《石家村古村落保护规划》。明确各古村落土地利用规划，严管古村落范围内建设用地，统筹安排古村落保护与开发相关用地，正确处理好古村落保护与美丽乡镇建设、旅游开发之间的关系，有效维护了各村落的整体形象，保证了健康有序发展。

坚持地方特色，改善人居环境。本着因地制宜、合理利用的原则，把环境整治和保护古村落传统特色紧密结合起来。在农民住房审批、危旧房改造中坚持建设徽派建筑或与原有的建筑相协调。2013 年以来，先后投入 700 多万元完成了宅坦村、上庄村美丽乡村建设，实施了集中供水、污水集中处理、村内环境整治、村庄美化亮化等建设工程，对部分村内道路进行了石板路恢复和沿路立面改徽，恢复了原有徽风古韵特色。石家村进行了村内环境整治，对帅印堂、村中水圳进行了疏浚，实行了三线下地，村内环境大为改善。加大对保护建筑的维修保护，先后投入 100 多万元对国宝建筑胡传故居、来新书屋进行了维修和周边环境改善。

坚持适度开发，发展农村经济。在保护古村落和自然生态的同时注重开发文化旅游产业，推动古村落保护与利用相互促进。以上庄古村落建筑群和石家古村落为基础，开发了 3A 级上庄景区，内容涵盖了胡适故居、胡开文纪念馆、宅坦博物馆等景点。经过多年推介与发展，旅游人次逐年增多，2015 年接待游客量突破 10 万人次。同时在古村落内积极开发农家乐、民宿、茶叶、徽墨、雕刻产业经营户，拓展旅游服务能力。注重文化传承，创新节庆活动，每年固定开展正月十八抬汪公、开茶节、安苗节等传统民俗活动。结合"雕刻时光"特色小镇建设，在上庄古村落内谋划一批文旅发展项目，恢复传统上庄八景，推动乡村旅游升级。

坚持宣传教育，强化保护意识。近年来，绩溪县上庄镇加大对古村落和古民居的检查力度，对全镇文物保护建筑进行登记造册，签订保护协议，开展不定期检查，对国保、省保、县保等文物保护建筑明确具体监管责任人和监管措施。结合每年的综治宣传月、法制宣传月等活动，充分运用发放宣传资料，展出图片展板，开设专题讲座，张贴宣传栏等方式开展古村落保护宣传。2016 年以来，上庄镇先后发放宣传材料 1200 余份，开展保护知识讲座两期，张贴宣传标语 17 条。加大对私下买卖古民居的打击力度，每月定期开展集中排查，提高群众对古村落保护严重性、责任性的认识。

下一步，上庄镇将以特色小镇为抓手，进一步提高古村落保护基础设施建设水平。结合"雕刻时光"特色小镇建设目，完善古村落、古民居保护措施和管理机制。以规划为引领，保护建设风格，提升徽风古韵传统效果。同时，以文化传承为重点，进一步彰显古村落传统特色文化。坚持古建筑保护与非物质文化遗产传承保护并重，在举办各类民俗节庆活动的基础上，推动各村文化乐园建设，加大资金扶持和物质保障力度，弘扬古徽州农耕文化。积极扶持雕刻、徽墨产业发展，谋划打造以徽州三雕销售、体验为主的雕刻一条街和以徽墨、砚台等文房四宝为主的水墨一条街，推动传统产业与古村落旅游相互融合发展。

（四）以文化产业发展促进传统文化保护

绩溪依托历史文化资源优势，大力发展文化产业，逐步形成了以文化旅游业、印刷包装业、艺术产品业为主的文化产业格局。

在文化产业发展的探索中，绩溪做到了"三个尊重"，即尊重自然禀赋，做到因地制宜；尊重历史文化，彰显地方特色；尊重农民意愿，激发农村活力。

1. 尊重自然，因地制宜发展特色旅游产业

俗话说，靠山吃山，靠水吃水。绩溪县的地方经济充分体现了这一特色。绩溪的自然资源丰富，现有资源基本为遗址遗迹、建筑与设施等的人文类资源，源远流长的历史为绩溪古城旅游区留下了灿烂的文化旅游资源。如西山古里民居群、中正坊、古时连接徽州与杭州的重要纽带的徽杭古道、千年仁里孔灵等古村落、水街、文化巷等古建筑群、胡适等名人故居等。现存的旅游资源集中于绩溪古城范围内，集合度较高，资源的相对集中便于旅游产品开发的空间组合和旅游活动的展开，可最大限度地发挥资源的聚集效应，从而产生更大的产业经济效益。2016 年绩溪先后举办了桃花节、油菜花节、农耕节、寿带鸟观赏节、安苗节和长三角运动休闲体验季等节庆活动，基本上做到"月月有节"，有效聚拢了人气，扩大了知名度，带动了该县自助游、自驾游的快速增长。另一方面龙川景区、徽杭古道等传统景区接待人次也保持较快增长，过夜游客比重增加，以及旅游购物者增多，有力促进了绩溪县旅游综合收入的增长。截至 2016 年 11 月底，绩溪县实现旅游综合收入 36.9 亿元，增长 31.3%；绩溪县接待游客706 万人次，增长 23%。

2. 尊重历史文化，彰显地方特色打造地方特色文化品牌

绩溪是文化之乡。传统文化资源包括徽墨、三雕、徽戏、民歌民谣、秋千抬阁等十大徽文化。依托这些历史文化资源，绩溪着力推进民俗演艺、印刷产业的发展。绩溪的文化产业皆立足于本土，以由本土培育的"中国徽文化园""徽墨文化园""古文庙""徽博园""海峰产业园""徽菜文化园""龙川写生基地"等文化项目打造地方特色的文化品牌。

首先，是出版印刷业蓬勃发展。绩溪县印刷企业 7 家，从业人员 400多人。其中海峰印刷包装公司已形成集书刊印刷、彩印包装、特种印刷以及物资供应、旅游服务为一体的综合型骨干企业。

其次，是艺术品业异军突起。绩溪县现有从事艺术产品生产企业大小上百家，涌现出了一批以徽墨、三雕、绢花、玩具等为代表的一大批艺术产业规模企业。石雕、砖雕、木雕等工艺品市场趋热，锦屏木雕制作中心、唐氏砖雕等一批"三雕"企业产值突破百万元。徽墨产业形成了以华阳、上庄为中心，胡开文墨厂和良才墨业为龙头的产业群，其中胡开文墨厂为安徽仅有的 2 个国家级"非遗"生产性保护示范基地之一。"苍室"

"艺粟斋"等品牌畅销全国，年产值超千万元。

最后，网络文化业、图书报刊业、文化娱乐业、文物博物业也形成了一定的规模。2016 年前 11 个月，绩溪县规上企业实现总产值 57.5 亿元，增长 5.1%，其中 4 户规模以上文化制造业企业完成产值 2.6 亿元，增长 35.8%，高于全部规上企业总产值增幅 30.7 个百分点，占比达 4.6%，占比较上月提高 0.5 个百分点；绩溪县规上企业实现产销率 96.9%，较同期提升 3.1 个百分点。同时，绩溪县加强徽厨技师学院和徽菜文化园建设，发展徽菜饮食文化产业。支持胡开文和良才墨业扩大生产规模，打响传统徽墨产业品牌。做大做强徽菜、徽墨、三雕等文化产业集群，把绩溪建成"特色彰显、影响力大、竞争力强"的徽文化集中展示体验区。

3. 尊重农民意愿，激发农村活力提升区域品牌经济

在发展特色文化经济的同时，绩溪坚持尊重农民意愿，坚持阵地活动经常化、节日活动制度化，激发农村活力，提升区域品牌经济。在此方面，绩溪发挥国家生态县、国家历史文化名城的优势，整合文化、旅游、生态等资源，推出美食文化旅游节、安苗节、油菜花节等节庆活动，将这些文化活动作为文化传播的载体，以吸引更多的关注，提升了地方的知名度，引导人们来此旅游消费和商贸交流，带动农村文化产业的发展，带动农民就业。目前，绩溪农村文化产业包括三方面的内容：一方面是旅游带动地方农产品就地销售与餐饮酒店等服务业的发展；另一方面是结合电商，走个性化农产品种植与销售的道路，盘活农村闲置土地与劳动力等资源。

4. 注重发挥电商途径的作用

2012 年绩溪县仅有 50 家左右的个体网店，多以销售土特产为主，年销量额不足百万元。2013 年以来，县委、县政府高度重视电子商务产业发展，将电子商务产业定位为县域经济转型跨越的"蓝海产业"，出台多项电商扶持政策，力促该县电商发展实现大提速，电商与制造业、传统商贸、农林、文化、旅游、健康养老等实体经济融合发展均有突破，并涌现出一批创新能力强、发展迅速的电商企业。2014 年，该县率先在全国把电子商务与土地流转、与古民居保护结合起来，推出了互联网"聚土地——订制私家农场""万人众筹·重建中国最美古村落"等项目，在中国县域经济和电子商务峰会上被总结为"绩溪模式"，备受推崇，并于当年安徽省首批电子商务进农村综合示范县综合分数评比中排名第一。绩溪县以争

创中国电商百强县为总目标，持续优化电商发展环境。目前，具有自主知识产权的电商进农村交易平台"上街去"投入使用，在安徽省首创乡镇中心和村级两级模式建设电商进农村便民服务网点，上街去股份、安徽邮政已在该县建成五个乡镇级电商进农村便民服务中心、126 个村级服务点。该县还创新性地在乡镇成立电商协会，并成立宣城市首家电商培训学校——四方电商培训学校，并已纳入安徽省职业技能培训定点机构。建成淘宝特色中国、邮乐农品两大知名电商平台线上绩溪馆；上街去 O2O 体验馆投入运营，并在安徽省及国内多个省份推广复制。绩溪电商进农村综合服务体系初步建立，互联网与实体经济深度融合发展取得显著成效。2016年上半年，绩溪县实现网络交易额 8.5 亿元，同比增长 150%。截至 2016年 7 月底，绩溪县已有经市监部门注册登记的专业电商企业 136 户，各类电商经营主体 900 多户，电商及关联产业创造就业人数达 1 万人。

四 保护、传承和弘扬传统文化中存在的困难和问题

在调研中，我们看到，尽管基层部门在历史文化遗产的保护、开发与利用已取得了很大成绩，但也存在一些问题。这些问题既有思想认识上的问题，也有体制机制的问题。正视这些问题，才能有力解决问题，才能使传统文化资源的保护、传承以及发展走上可持续的健康的道路。

（一）地方政府管理上的一些问题

首先，政府对文化遗产的挖掘与保护仍有待进一步加强和深入。传统文化资源的研究与传承力度仍不够充分，资金短缺与人才匮乏现象仍较常见，有些文物单位的保护工作尚不到位。在非物质文化遗产方面存在重申报轻保护、重成果轻过程、重眼前轻长远、重规划轻落实的情况，尚未形成完整长效的保护机制。虽然成立了一些非物质文化遗产研习社，但存在研习资金没有保障、演员的断层、艺人年龄的老化等问题，且往往仅局限于在某些特别节日及大型活动中进行展示，没有有效地融入实际生活，切实转化为生产力。文化遗产的整体保护格局尚不够全面均衡，存在顾此失彼、轻重失调的情况，重视影响大、能赢利的文化遗产资源，对濒危而亟待抢救的文化资源反而缺乏关注。在这方面，徽剧的情况很有代表性。作为京剧的前身，徽剧是一种具有重要文化价值的剧种，但目前面临艺人年

龄偏大、人才断层等严重问题，这一省级非物质文化遗产几乎处于濒危状态，亟须引起关注。

其次，文化遗产的保护与利用体制有待完善。由于种种历史原因，很多文物损毁严重，一些传统民俗活动早已脱离群众的日常生活。目前，不论是文化遗产的挖掘、保护还是开发、利用，都过于依靠政府主导，没有充分发挥民间的积极性与主动性，群众参与意愿不高，一系列活动的开展还是完全依赖于地方政府部门或者文化部门。例如，有些传统文化的申遗工作，包括搜集整理文字图片，形成系统的申报资料全部由乡镇文化站包办。这不仅导致了文化遗产保护在人力与资金方面的不足，同时也严重制约了文化遗产的开发利用，不利于该项工作的持续、健康发展。

最后，传统文化产业自身也存在一些有待克服的问题。受到技术条件的限制，以传统技艺为基础的文化产业一般都靠手工作坊式生产，规模小，产能低，很难形成规模化生产；生产条件差，劳动强度大，而收入相对不高，这使得年轻人不愿从事传统技艺行业，人才断层问题较为突出；分散经营容易导致无序竞争，传统技艺的产品质量缺乏有效保障；有的传统技艺虽然已经成为文化产业，但工艺本身并未得到完整的挖掘与传承，生产的产品尚未达到原有的工艺水平等。

（二）绩溪传统古村落保护与开发面临的主要问题

由于时光流逝、风雨侵蚀、天灾人祸、社会变迁，加上保护乏力，不少古村落已呈现出衰落破败之象，绩溪的许多古民居、古建筑、古桥、古树、古道、古巷正面临着严峻的危机。问题主要如下。

1. 自然老化，毁损严重

经过历史和岁月的磨洗，许多村落已呈现风雨飘摇之势，而诸多建筑由于年久失修也呈现残砖断瓦之态。如冯村的协政第、州牧第、旌政第早已倒塌，大树第在数年前因墙裂木朽摇摇欲坠而被拆掉，大夫第也已成危房，矗立于村头数百年的大夫坊中横梁2014年秋天断裂；汪村的几座老宅已成空房危房，南冠汪宅内的巨型砖雕已经开始风化脱落变得残缺；胡雪岩故里湖里两座雄伟精美的祠堂已经倒塌，只留下残垣断壁；上庄胡开文故居洋房和胡适族叔胡近仁的故居亦成危房。还有众多精美典型的古民居都已成破旧之状，木朽、墙裂、瓦碎的危房，无人居住、存放杂物的空房，随时有倒塌消失的危险。

2. 成为空壳，缺乏人气和生机

大批农村人口迁移城镇，古村落中大部分青壮年去城镇打工定居，许多村落变成空壳，或仅留老弱病残者最后留守，加之大多古民居已成空房、危房，使得古村落缺乏人气，失去了生机，加速了衰败的过程。

3. 基础设施落后，卫生状况不佳

由于古村落往往偏离公路，地处山乡，经济和文明不能快速进入，基础设施落后，群众生活环境得不到有效改善，村落没有了应该有的"香"味和"乡"味，而多了难闻的气味。

4. 资金严重不足，维护保护不力

对于政府而言，在现行财政体制中基本未设立古村落、古建筑保护、修缮专项经费，省级、县级重点文物保护，只是挂块牌子而已，基本没有什么资金投入进行维修维护，只能任由岁月侵蚀、风雨摧残，不少老房子、古建筑因缺乏资金进行维修而损毁、倒塌消失，如冯村的大树第、湖里的胡氏宗祠、周氏宗祠等。冯村村头的大夫坊下成为系牛之地，省保进士坊下也是杂物乱堆乱放；南冠汪府门口的石鼓被窃，大型砖雕亦经不住风刀霜剑，开始分化脱落。就算县城内的文物遗存，如原胡氏宗祠现党校内的石雕、文昌阁也得不到有效的保护，两只巨大威武的石狮、六块精美的石雕亦断裂、剥落，随时有碎裂倒塌的可能。[1]

（三）文化保护和发展的意识比较薄弱

中国优秀传统文化是中华民族智慧的结晶。但是，在全球化的背景下，中国人传统的生活方式和生存方式正在发生改变，同时由于受外来文化的一些冲击，人们对传统文化的认识，特别是保护和发展意识比较薄弱。

1. 对传统文化的认知程度不高

2015 年 5 月，国家统计局上海调查总队奉贤调查队针对"传统文化的发展现状及城乡居民传统文化意识"开展了一项调查。此次调查，在全区范围内共抽取了 10 个行政村（居）委，按照随机等距抽样的方式，共抽取了 200 户城乡居民家庭作为本次专题调查的样本，城镇居民和农村居民

---

[1] 绩溪县委党校"古村落保护与开发"课题组：《多措并举保护古村落，营建美好精神家园——关于绩溪县古村落保护情况的调查与思考》，《绩溪县情》2015 年第 3 期。

各 100 个；样本男女性别比例为 91 ∶ 109；年龄段以 26 岁至 45 岁、56 岁至 65 岁年龄段为主。

根据调查得出结论：（1）电视广播、网络媒体是市民学习和了解中华传统文化的主要途径。（2）近半数调查对象认为传统文化对自己影响较大。（3）选择以一定方式过节受法定假期及收入状况影响较大，洋节日则更受年轻人追捧。春节毫无疑问是最受重视的传统节日。（4）对传统思想及论述的认同度较高，但传统著作精读率偏低。① 在绩溪，我们了解到，年龄在 50 岁以上的人，特别是七八十岁的老人，对传统文化的认知比较深刻。相反，二三十岁的年轻人，对传统文化的认知相对比较薄弱。这个群体追捧流行文化，主要通过网络了解信息，传统文化知识较少。

2. 文物保护薄弱

文物是现代化建设中不可再生的宝贵财富，也是我们进行爱国主义和革命传统教育的好素材。搞好保护工作，可以为地方经济社会发展提供条件和动力。但是，目前在文物保护中还存在很多问题。例如，一些地方领导和有关部门视文物保护为包袱，是地方经济发展的障碍，往往从眼前的经济利益出发来衡量文物的价值。如古建筑保护中有人认为这有损于城市建设的形象。在实际工作中，往往以一拆了之来对待文物保护，或者要算眼前的经济账，保护文物要花多少钱，而拆后搞开发能赚多少钱。一些地方领导和干部认为文物保护是文物部门的事情，与当地政府无关，文物保护与否对其政绩无任何关系，缺乏"守土有责"的责任意识。

城乡建设发展较快，一些地方不能正确认识和妥善处理文物保护，有的地方政府和企业法人刻意规避考古调查勘探而进行工程施工，造成文物损毁消失。基建施工挖沙掘土暴露出土文物擅自捣毁或私藏现象时有发生。文物修缮"好心办坏事"现象也时有发生。有些人随意并私自修整、装修文物，擅自改变文物现状，恢复原状较为困难导致大量的珍贵历史文物被破坏。

文物保护是一项既困难又复杂的工作。文物保护和管理工作也是一项社会公益事业，主要经费来源于政府财政预算。目前，文物保护相关法规

---

① 奉贤区统计局：《重新认识传统文化，增强民族传统文化自觉保护意识——2014 年奉贤区城乡居民传统文化意识调查报告》，http：//www. stats – sh. gov. cn/fxbg/201507/280968. html。

还不完善。文物部门既无权又无人，执法力量单薄，且缺乏经费，特别是在文物比较集中的地方，根本无力实施保护。在很多地方，文物保护资金短缺，经常只能对濒临损毁文物进行抢救性抢修。就目前而言，如果没有外来资金投入，地方政府很难拿出足够的钱满足文保事业发展。

普通群众则认为文物保护是政府的事情，与己无关，毫无顾忌地占有出土文物，随意地破坏文保单位的周边环境风貌。在绩溪的一些古村落，由于自然与人为的因素，部分老屋已经损毁、老化；由于卫生等基础设施条件不完善，村民热衷于建造宽敞明亮的新房而不屑于对老屋进行修补，随着农村居住生活需求和方式的改变，传统古村落原来的风貌也随之遭到破坏。村中一些有经济实力或首先富起来的部分人家已将老屋老院拆掉，在古村中盖起新楼，这种状况对古村落形成巨大的心理震荡，带给古村落更大冲击。

五　加强传统文化保护、传承工作的思考和建议

（一）精心保护好古村落，建设美好精神家园

祖先留下的一城一街、一砖一瓦，在我们心中都有神圣的意味，都是赋予我们人生以意义的精神财富，不容亵渎、不可侵犯，绝不能毁在我们手中，应得到精心的保护。如果任其在岁月风霜中湮没消失、灰飞烟灭，那是上愧对祖先、下对不起子孙。保护好古村落不仅是绩溪县委县政府不可推卸的重要责任，也是每一个绩溪人尤其是领导干部义不容辞的历史责任。

1. 亟须对古村落进行抢救性保护与挖掘

传统古村落独特的建成环境和其历史文化遗产是极其脆弱和不可再生的，保护传统古村落已成为我们的迫切任务。

（1）对古建筑进行抢救性保护

首先，我们必须树立这样的理念，古村落只有保护好才能有开发的未来。古村落的保护应立足于古村落历史的悠久性，古村落的完整性、建筑的乡土性、环境的协调性和典型文化的传承等方面进行全面的保护，不能只顾旅游开发随意乱建，这样，传统古村落的独特价值才不会受很大的影响，得以延续。

（2）加快对村落文化的抢救挖掘

文化保护和建设是古村保护开发的一个重要内容。应注意对村落历

史、自然环境、人物和建筑背后的故事和记忆进行抢救挖掘。古村落不但建筑环境要完整如初，而且要保持村落文化的完整性，特别是村落的宗法观念、民俗活动、乡土节日、行为礼仪等，更需要去关注和记载，大力展示古村落文化。随着时光流逝，许多文化传承人即将老去，他们身上的手艺、心中的故事亟须找到传人或记录。加强古村的文化建设一个重要的措施是要给传统文化注入源头活水，以保留并延续原生态的生活气息、风土人情、传统习俗，使其与现代文明适应，在村镇的不断建设、发展中传承下去，并散发出新的活力，而不仅是保护和修缮其物质载体——原来的古村落、老建筑，否则将会陷入"有文物没文化"的尴尬境地。

2. 古村落的保护一定要政府主导

古村落的保护是一项系统工程，涉及多方的利益，需要各类专业人才和资金投入，离不开各部门协调配合，必须坚持政府主导。

（1）要进行古村落保护的全面规划。要建立档案、村落名录、网站；要设立古村落保护的专项资金；对古村落尤其是历史文化名村的建设发展要有详细的规划，对房屋外观形象要有标准和规范。政府在审批环节就要开始严格把关，要求村民建房时严格遵守标准与规范，有关部门应及时检查落实，避免与古村落不协调的建筑出现，陷入一边"改徽"、一边制造新的不协调建筑的循环，从而使规划落空的状况。

（2）要有科学具体的保护方法。可根据不同的村落情况去建立不同的保护方法。有的实施政府和村落居住者共同"托管"，要给村落建立保护"缓冲区"，要寻找和实施村落整体保护和科学保护。

（3）要建立村落和村落文化保护队伍。建立一批具体的村落文化保护者，要让政府干部、文化干部、退休老师、社会志愿者等参加，村落的保护一定要老、中、青结合，使保护工作延续下去、接续下去、传承下去。

3. 解决古村落产权困扰，建立和完善古村建设开发的管理工作机制

产权问题是古村落保护困扰已久的难题。目前不少古村成为空心村，保护、修缮工作难以开展的其中一个重要原因是古村中大部分老建筑都属于私人所有，修缮所需大量资金村民自己没有承担能力，同时也缺乏对老建筑进行保护和维修的动力。但如果由政府投入进行修缮，一方面古村落中大量的老建筑需要修复，政府未必能承担大量的资金，而另一方面老建筑的所有权并没有改变，将公共资源用于私人物业的修缮存在不合理，在现实中很难开展。为解决古村落中的产权问题，可采取通过收回老建筑的产权进行保护开发。另外，对老房子原主人要求回购房屋产权进行维修的情况，应予以支持。

4. 古村落保护与开发一定要适应民生、关注民生

（1）要从实际出发去改善村落居住者的生活问题。不能回避古村落与现代化的矛盾，要注意解决住房问题，对有意建新房的，应批给他们宅基地，让其建新房。这样，既保护了古民居又能让居民改善居住条件，享受现代生活。

（2）完善基础设施建设。我们认为建设美好乡村的精髓和关键，在于完善农村的基础设施和公共服务设施，不能片面地理解为拆旧建新，不注重保留农村的特点。完善的农村基础设施是农村经济社会持续发展、农民生产生活改善、传统文化保持活力的重要物质基础。对古村的基础设施建设应该以保护古村的整体风貌为前提，改善居住环境。古村内的石板巷道是古村建筑特色的重要组成部分，应进行保护，切不可全部铺上水泥或大理石，只需对部分破烂、凹凸不平的古巷道进行平整，固定石块，清理杂草碎石，完善路灯等照明设施即可；对排水系统的整治应维持原状，不进行上盖密封，以清理淤泥杂物、疏通渠道为主，以保留巷道特色；对供电线、网络线、电视信号线等应尽量埋底铺设，避免乱拉乱扯，破坏古村落的原始性、历史性。

5. 加强对古村周边自然环境资源的整治、利用，营造与自然和谐融合的氛围

古村落的自然地理环境反映了祖先在建村时的智慧与追求。因此古村落自然地理环境的保护和整治也是古村落保护开发的一个重要方面。应逐步恢复古村落水口面貌，多种树、建设一些亭阁等景观建筑，充分利用自然环境资源，营造亲近自然的氛围，开辟生态旅游对于古村落的开发有着重要意义。①

（二）加强宣传教育，提高传统文化保护、传承意识

绩溪处于徽文化的核心区，深受儒学特别是程朱理学的影响，宗祠文化极为兴盛，素有"东南邹鲁""程朱阙里"之称。同时，特定的地理条

---

① 绩溪县委党校"古村落保护与开发"课题组：《多措并举保护古村落，营建美好精神家园——关于绩溪县古村落保护情况的调查与思考》，《绩溪县情》2015年第3期。

件与时代条件又孕育了著名的"徽商"文化现象，造就了儒商融合的独特价值观。所谓"徽骆驼精神"和"绩溪牛精神"是中华传统美德的集中体现，在当代社会仍有重要的价值与意义。

绩溪传统的价值观念与精神理念丰富多元，体现在人们观察思考问题的思维模式中，为人处世的行为模式中，体现在各具特色的乡规民约中。概而言之，有以下几点。

第一，爱国爱家。绩溪人具有浓厚的家国情结，不管身在何处，总强调叶落归根，回报家乡。徽商多热心公益，捐资助学，修桥铺路，著名的徽杭古道就是乡民捐资出工历经数百年数次修建维护的。第二，团结互助。徽州人大多聚族而居，族人乡里之间呈现"相亲相爱，尚如一家"的社会风尚。同族之内互相帮扶，进而由血缘观念扩展到地缘观念。徽商在各地建立徽商会馆，利用乡土观念和行业组织发展商业活动。第三，崇文重教。非常重视教育，"几百年人家无非积善，第一等好事只是读书"，"十户之村，不废诵读"，崇文重教蔚然成风，深入人心。徽商群体历来"贾而好儒"，具有较好的文化素养。第四，诚信友善。主张注重诚信，做到言而有信，"以信接物"、以诚待人，以信处事。徽商精神具有显著的"义利统一"特色，强调"义中取利""货真价实，老少无欺"，可谓古代儒商之典范。第五，开拓进取。绩溪地少人多，人口稠密，为解决粮食缺乏的问题，人们往往走出大山，到外面去讨生计，从而形成了"徽商"这一独特文化现象。艰难的生存环境造就了徽商敢闯敢干的开拓精神，他们以小本起家，闯荡天下，经营致富，有"无徽不成镇""一根擀面杖，从内地打到边陲"之誉。第六，勤劳节俭。艰难的生存环境与闯荡经营生涯使得绩溪人形成了勤劳节俭的优良风尚，强调"能受苦方为志士""肯吃亏不是痴人"。对于日常生活，特别讲究勤俭持家，反对浪费奢侈。第七，公正守法。做事讲究公平公正，守法重约。在处理日常事务时主张以"理"服人，无论是买卖、典当、租赁还是分家、转让等，均由当事人及中立人立契约为凭据，并且世代相传。第八，敬神尊祖。绝大部分村庄都建有社庙、土地庙、太子堂，遇事往往祈祷神灵保佑。同时，绩溪乡村大都建有祠堂，认为"追远溯本，莫重于祠""无祠则无宗，无宗则无祖"，强调"祭祀祖先，教育来者"。祠堂成为家族系统的标志，无形地维系着整个宗族的利益，其影响力巨大。现在不少地方仍在募捐修祠堂，续修族谱。

　　传统价值观原来之所以能够深入人心，维系社会运行达千百年之久，就是因为适应了原来以宗法制为特色的传统社会生活方式。当前，要弘扬传统文化和传统美德，就必须构建新的社会载体，探索新的宣传教育机制。首先，必须在学校教育中加强传统美德的学习与养成。增加传统文化的教材内容与课时，使学生知道、熟悉乃至认同传统文化与传统美德。结合本地文化资源，适当增加乡土教育内容，使学生了解家乡的历史文化与先贤名人，从而增强文化自豪感与传承意识。同时，要开展多种多样的情境教育与实践活动，让年轻一代亲身感受和体验传统美德，从而在实践中培养和熏陶性情和品德。其次，通过组织社会活动，为传统文化教育提供社会载体。传统美德所赖以存在的社会条件已一去不返，不可能也没必要再恢复，但可以探索适当的社会活动机制，从而激活传统美德资源的生命力。最后，相关部门应加强监管，建立有效的奖惩机制。道德问题主要依靠社会舆论，而不能像法律一样诉诸强制，但仍然可以通过树立榜样或通报批评等方式形成一种社会压力，从而对道德准则与行为规范的践行产生推动力量。政府相关部门应探索和创新适当的奖惩机制，使人人行善知荣、为恶觉耻，充分发挥引领社会风气与道德水平的作用。

（三）进一步激发优秀传统文化的当代活力

　　要进一步利用好地区特色资源，丰富人们的精神文化生活，不断激发文化活力，为当地经济社会发展提供强大的精神支持。

　　要加强社会主义核心价值观的引导。激发优秀传统文化的当代活力，首先要坚持用社会主义核心价值观引领文化建设和文化扶贫工作。要把培育和践行社会主义核心价值观的要求贯穿到公共文化服务体系建设、文化思想宣传、群众生产生活的方方面面，使之家喻户晓、深入人心，成为人们共同的价值追求；营造积极向上的社会氛围，使之潜移默化地影响人们的思想和行为。要注重发挥文化的创造功能和传播优势，切实把社会主义核心价值观念融入当地传统文化、民族文化、红色文化、旅游文化等资源的开发利用之中，倡导现代文明理念和生活方式，切实丰富当地文化资源的价值内涵，不断激发广大群众的积极性和创造力。

　　要传承和弘扬优秀传统文化和地方文化。要认真落实中共中央办公厅、国务院办公厅发布的《关于实施中华优秀传统文化传承发展工程的意见》，加强历史文化名城名镇名村的保护，实施中国传统村落保护工程，实施传统工艺振兴计划，开展少数民族特色文化保护工作等。在学校教育中，要增加优秀传统文化的教材内容与教学课时。积极培养传统文化传承人才，推动地方文化资源开发利用，将优秀文化资源优势转化成为强大的现实生产力，不断满足广大人民群众的精神文化需求。在一些比较贫困的民族地区，要尊重民族文化资源的精神特质，加强保护和传承民族地区文化的法制体系建设，把体现民族核心文化价值和生活方式的内容重点保护好，避免由于过度的商品化开发而导致的传统文化变质变味。积极鼓励贫困地区依托特色文化资源发展特色文化产业，建设一批具有富民效应和示范效应的文化产业集聚区和特色文化产业项目，带动贫困人口就业增收。进一步激发民族地区文化建设的内生动力，充分发挥各种自然禀赋优势，唱响地方文化品牌，积极打造民族文化旅游目的地，逐步实现民族地区"由外而内"的单向文化帮扶向"内外互动"的双向文化成长转变。

要加强和规范文化市场建设。依靠市场来增强文化的创造活力，关键是最大限度地发挥市场在文化资源配置中的积极作用，最大限度地提升市场的文化服务效能。要完善促进文化消费的政策体系，鼓励文化部门和社会组织提供优质低价的文化产品，发展电子商务服务和社区便民服务，降低文化消费门槛和成本。加强文化市场管理和服务，配齐建强文化市场综合执法队伍，加强文化市场检查，打击非法文化产品，维护文化安全。大力发展文化生产力，支持当地文化企业生产多品种、多层次、多形式的产品和服务，切实增加优秀文化产品的供给，做大做强文化市场，创新文化"走出去"模式，讲好中国故事，传播好中国声音，积极开拓国际文化市场。

要发动人民群众广泛参与文化生活。要认真听取群众的意见和建议，可以采取"一县一策""一乡一策""一村一策"的方法，提高文化服务的针对性和有效性。积极建设群众文化活动场所，鼓励开展群众喜闻乐见的文化活动，推进乡村基本公共服务均等化，让广大群众真正有文化上的"获得感"。广泛动员社会力量扶危济困，鼓励支持民营企业、社会组织、个人参与传统文化保护传承活动，鼓励支持有活力、有激情、有耐性的文化人才下乡驻村，开展文化志愿服务活动，不断活化地区文化生态。加强地区文化交流与合作，扩大文化交流空间，把优秀传统文化的创造力不断激发出来。

（四）加强基层文化人才队伍建设

加强基层文化人才队伍建设，是搞好基层公共文化服务、做好优秀传统文化保护传承工作的关键环节和重要内容。

第一，制订基层公共文化服务人才建设规划。要树立人才是第一资源的理念，注重发现和培养适合基层文化工作的文艺创作人才、文化管理人才、文化科技人才和文化扶贫人才。加大基层文化人才队伍建设力度，建立健全乡镇（街道）、行政村（社区）等基层单位文化服务人员配置，着力培养基层文化骨干，促进基层文化人才培养选拔工作制度化、规范化。有计划地选派文化干部开展挂职帮扶。积极发展和培养基层公共文化服务和文化志愿者。要留住基层教育人才，特别是贫困地区的教育人才，促进贫困地区共享优质教育资源，为办好贫困地区义务教育提供强有力的保障。

第二，加大基层文化人才培养力度。要根据基层工作特别是扶贫工作的特点，采取自学、函授、讲座、集训、考察、挂职锻炼等多种方式，进一步提高基层文化人才的扶贫素质和能力。发挥大数据、数字多媒体、虚拟现实等技术在基层文化人才培训中的作用。注重青年人才的培养，积极引进有文体特长、愿意扎根基层、奉献文化事业的大中专毕业生，选拔优秀人才到高校和上级文化单位进修深造，条件允许可选送出国、出境深造。

第三，充分发挥农村文化能人的作用。在农村，有一大批能拉会唱、积极热心、乐于奉献的文化人才，要将他们的积极性和创造性激发出来。积极扶持组建农村文化活动队伍，充分发挥乡镇村文化服务场所的文化传播功能，活跃基层文化生活，传承发展红色文化、民族文化、民间文化。积极组织文化下乡、科技下乡等活动，给广大基层群众送去内容丰富、形式多样的"精神食粮"，不断满足广大农民群众的精神文化要求，发现、带动和培养基层文化创业带头人。

第四，加大基层文化工作特别是人才培养使用工作的投入。要加大对基层文化基础设施建设的投入，设立基层文化扶贫人才培养的专项资金。加大省、市、县特别是贫困地区在文化人才培养、引进和奖励等方面的投入力度。对那些愿意扎根贫困地区的优秀文化人才，党委政府要给予特殊优惠政策，解决其后顾之忧，充分发挥他们的作用。鼓励高校和职业学校建立优秀传统文化传承人才的培训基地。

第五，建立和完善文化扶贫的人才工作机制。要根据基层文化工作实际，科学合理地重新调整、设置管理岗位和专业技术岗位，建立科学、合理、灵活、持续的柔性人才引入机制。健全和完善以能力和业绩为导向的社会化的传统文化保护传承人才的评价机制。对在文化扶贫工作中做出突出贡献的优秀人才予以表彰。提升贫困地区现有文化人才的素质，挖掘他们的扶贫潜能，做到留住人才、用好人才。

（五）借鉴国外的一些有益经验

国内外很多地方，在传统文化保护、传承方面都做了大量工作，也积累了很多经验。借鉴这些经验，对于推进传统文化保护、传承工作具有重要意义。这里我们主要以日本为案例。

日本十分重视传统文化的保护。第二次世界大战以后，随着经济的发展，日本对传统文化的保护也投入了越来越多的人力、物力、财力，试图创造出受世界各国重视和欢迎的文化。日本学者认为，创造文化需要五个基本条件：第一，雄厚的经济实力；第二，国民文化水平的普遍提高；第三，悠久的文化历史传统；第四，提供大量的反思机会；第五，文化商品化服务的高级加工产业的存在。[①] 其中，保护传统文化是创造文化的一个重要因素。

1. 通过立法保护传统文化及历史文物

建立完善的传统文化保护法规。日本是较早制定传统文化遗产保护法规的国家。在日本明治维新后，曾经一度出现了对神社、寺庙等古建及古代遗物的轻视。此后，在明治四年（1871），太政官公布《古器旧物保存方》，其中明确了"文化财"（即"文化遗产"）保存是国家的责任。这也是日本首次以法律条文形式确定了古物保存的义务。明治三十年（1897）日本政府制定《古社寺保存法》，作为国家政府象征的重要建造物等的重要价值被体现出来。从这时开始，日本的"文化财"修理体制也基本得以确立。1899 年颁布出土文物方面的保护法《遗失物法》，规定在无法判断失主的情况下，出土物应归国家所有。1919 年颁布《古迹名胜天然纪念物保护法》，以保护面临工业化发展威胁的日本文化和自然遗产。昭和四年（1929），日本政府又制定《国宝保存法》，保护对象已不单单是国家的神

---

① 〔日〕日下公人：《新文化产业论》，东方出版社，1989，第 24 页。

社、寺庙等建筑，个人手中的重要文物、艺术品也受到国家的保护。为了防止日本重要的美术品流向海外，日本政府还于昭和八年（1933）颁布了《重要美术品保存关系法》，在这项法规中规定，向海外流出的美术品首先要得到文部大臣的许可。到了战后的昭和25年（1950），日本政府制定了《文化财保护法》，在《文化财保护法》中不但明确地记录了日本文物、艺术品的种类、区分方法、日本古建筑的保存地区等，并详细地规定了与文物、重要艺术品有关的保管、展出、保护、修复的相关事宜，以及相关人员的责任、权利和义务。自《文化财保护法》颁布以来，这项法律已经取代了以往所有有关文化遗产保护方面的法律法规而一直沿用至今。这期间，《文化财保护法》虽然也时有改动，但其基本框架并没有发生大的改变。将所有类型文化遗产作为一个整体写入法律，并以法律形式固定下来，这在世界上恐怕也是唯一的。①

日本用法律明确规定了"文化财"的范围。日本的《文化财保护法》明确规定："文化财"是指（1）建筑物、图片、雕塑品、实用美术品、手迹、经典著作、古文献及其他在日本或对日本具有极高历史价值并有艺术价值的有形文化产品、考古标本及其他具有相当高科学价值的历史材料。（2）运用于戏剧、音乐、实用美术品上的技艺和技能以及其他无形产品。它们在日本或对日本都具有较高的历史价值并有较高的艺术价值。（3）衣、食、住的方式和习惯、职业习惯、宗教信仰、节日等习俗，民间游艺、服饰、器具、房屋及其他使用过的物品，它们对于理解日本人民生活方式的变迁具有不可替代的作用。（4）岩层山、古墓、宫殿、要塞、城堡、雄伟的居所及其他在日本或对日本具有较高的历史价值并有或单有科学价值的景点、花园、桥梁、峡谷、海岸、山峦，及其他从艺术的眼光或欣赏的眼光看在日本或对日本具有较高价值的优美风景点；动物（包括它们的窝、饲养场所以及它的避暑地和避寒地）、植物（包括它们的生长地）、地貌和矿物质（包括可见的自然现象的地表），它们在日本或对日本都具有较高的科学价值。可见，日本法律中文化遗产的范围规定十分广泛。

日本用法律防止"国宝"的流失。《国宝保存法》是日本政府1929年（昭和四年）颁布的一项非常重要的文化遗产保护法。随着昭和初年经济危机和政治格局的动荡，许多大户人家所收藏宝物开始不断流失海外，一

---

① 苑利：《日本文化遗产保护运动的历史和今天》，《西北民族研究》2004年第2期。

些城郭等传统建筑物也亟待维修。在这样一种历史背景下，《国宝保存法》出台。该法律的基本内容是：（1）在将原来"需要特别保护的建筑物及具有国宝资格的文物"统称为"国宝"的同时，也将"国宝"的范围进一步扩大到了国家、团体及个人所藏宝物，而已不再仅仅局限于寺庙建筑及庙宇所藏宝物。（2）国宝的输出与转让必须经过文部大臣许可。（3）除对宝物进行必要的维修外，在对宝物进行改动之前，必须征得文部大臣的许可。（4）收藏不是保存文物的唯一目的，在保存好文物的同时，还应该注意到文物的活用，应该通过展示的方法，发挥文物的价值。《国宝保存法》公布后，很快便收到了成效，登陆国宝的数量大幅攀升，文物流失的情况也得到了初步遏制。

日本的经验说明，政府的重视和法律制度的健全，对传统文化的保护起到了很重要的作用。

2. 通过现代科学技术保护传统文化

突出传统文物的整体保护。1966 年，日本文化厅提出"在保护单个遗迹的基础上，拓展进行广域概念上的历史地域保存"。具体以日本都道府县为事业主体，各自选定候补地。主要是日本绳文、古坟时代的遗迹（出土陶片等文物、竖穴、古坟、古城迹、寺院迹），从中挑选可以很好地展示历史、风土特性的地域。选定后，从整体上进行地域的环境整治和遗迹保护，同时建设展示该区域历史文化的资料馆。

利用现代科技保护传统文物。在日本，文物保护修复的基本出发点是"保持文物、艺术品的原貌"。在传统文物保护中，日本将传统工艺与现代科学技术有机地结合起来。在对修复对象的前期调查工作中，修复者会使用各种现代化的仪器设备了解文物的质地、结构，以前的修复情况，尽可能多地获取与修复对象有关的资料信息。例如东京文化财研究所就曾通过便携式 X—荧光分析装置对德川博物馆所藏《源氏物语绘卷》的色彩进行了无损分析，从中得到了当时使用颜料的相关信息。日本人还首先使用伽马射线对古书画的修补绢进行高能辐射，通过调节照射时间调整人工老化修补绢的强度。此外，在日本，各类化学纤维纸、无纺布也被广泛应用于古书画修复的各个环节之中，拓宽了修复材料的领域，为整个修复保护工作带来了很大的便利。[①]

① 刘舜强：《浅谈日本艺术品的保护与修复》，《中国文物报》2004 年 11 月 5 日。

在现代商品中积极保持和还原传统文化元素。"尊重自然，尊重现实是日本文化一大特点。"① 日本在开发现代商品中注重系统地研究传统，在商品的包装、设计等各个方面保持传统的延续性，传统文化在现代社会中得以发扬光大。例如，日本兵库人运用传统工艺，取树皮—捣料制浆—捞纸—搓成麻绳系带做成大米包装袋，很受欢迎。

3. 提高传统文化保护意识，积极传播传统文化

（1）加强对非物质文化遗产的保护

日本人十分重视非物质文化遗产的保护。早在 1890 年 10 月，日本明治政府就依据皇室的意愿，模仿法国的艺术院（Academy）制度，以保护美术家和奖励创作艺术作品为目的，制定了帝室技艺员制度。1950 年 5 月30 日，日本政府重新制定了《文化财保护法》，并不断修改完善至今。《文化财保护法》是一部综合的文化遗产保护法，把遗产划分为"有形文化财""无形文化财""民俗文化财""埋藏文化财""史迹名胜天然纪念物""重要文化景观""传统建造物群保存地区"等项目。该法对传统文化持有者的认定对象主要包括个别认定、综合认定和保护团体认定三种形式。个别认定指对于某个技艺传承者个人资格的认定；综合认定指对那些具有多重文化事项的民俗活动的认定；保护团体认定指对那些由一个以上文化财产持有者的集团的认定。其中，最有特色的是"人间国宝"认定。"人间国宝"是指被个别认定的重要无形文化财产的保持者。一旦认定后，国家就会拨出可观的专项资金，录制"人间国宝"的艺术资料，保存其作品，资助他（她）传习技艺、培养传人，改善其生活和从艺条件。正是这种尊崇和保护制度，使得日本传统的手工纸、手工伞、漆器、雕刻、陶瓷、织锦、和服、净琉璃等各种古老手工艺得以流传，并高水平地保留至今。

注重非物质文化遗产的传承。以"琴"（古筝）为例。"琴"在日本民间有各种流派，各个流派又都在地方设有分会。另外，传授技艺的教师有教授、准师范、师范、大师范和最高师范的等级之分。每年全国都有晋升级别的考试，只有取得资格认定的人才能收费带徒。而传授者本人每月两次要到称为"家元"（流派的首领）的道场（练习场）进行"稽古"（即练习）。"家元"是各流派的鼻祖继承人，其身份是世袭的。从事技艺传授的教师多

---

① 范作申编著《日本传统文化》，三联书店，1992，第 6 页。

为终身职业，但也有兼职者。有了这么一支较高专业水平的技艺教师队伍和严密的民间组织结构，传统音乐的传承也就有了保证。各传统乐器流派，每年还要定期举行数次以技艺教师或学员为主的公开免费的各流派传统曲目演奏会。具有高级别称号的大师们，则举办售票的公演。这些演出起到了很好的宣传作用，使普通国民能经常感受到传统文化的气氛，从中领略传统技艺的优雅。正是这种弥漫着传统文化氛围的大环境，激发了人们对民族传统文化的认同感，推进了传统艺术的传承。①

（2）努力提高全民的传统文化保护意识

在保护文化遗产的过程中，除国家给予必要的物质奖励和精神奖励外，国家还十分强调各级地方政府、民间组织甚至个人的参与，并明确规定出各方的权利与义务。比如，日本建立了从县市到乡村覆盖全国的保护重要无形文化财产的专业协会，凝聚了千万民俗文化艺术的传人从事传承活动，对于这种无形民俗文化财产的传承工作，除国家给予必要的资助外，社会团体、地方政府也都给予一定程度的赞助。日本还在国内外公开展示传统文化遗产和传统工艺，最大限度地发挥文化遗产的认知作用和教育作用，使人们通过文化遗产的活用，了解日本的历史和文化。

为保护传统街区，1975 年，日本文化厅在各地指定重要的传统建造物群保存地区，开展传统街区的保护，即对那些与周围环境形成一体的传统建筑物精华进行保护，保护内容包括农村集落、农村历史建筑物、城下町（产业、商家、武家）、矿山、宿场等，这场运动后来演变为一场遍布全国的社区营造运动。在保护传统街区中，他们尽可能地发动社区、发动民众积极参与，在各地组织成立"历史景观保存协会""街屋委员会""故乡会""社区营造协会"等民间组织，举办研讨会、庆典，在全国设立"全国街屋研讨会"等机构，同时制定《自然环境保存条例》《景观条例》等法规，印制、出版宣传品、研讨会记录以及相关书籍，还成立了由政府和民间捐赠相结合的保存基金会等，资助作为文化遗产的传统建筑物的保护和重建。通过广大民众的努力和参与，传统街区的保护活动十分活跃，传统庆典也很热闹。②

---

① 林和生：《日本对非物质文化遗产保护的启示》，《中国社会科学院院报》2006 年 6 月 1 日。
② 〔日〕西村幸夫：《再造魅力故乡——日本传统街区重生的故事》，王惠君译，清华大学出版社，2007，第 24 页。

　　日本十分注重传统文物保护的宣传工作，积极通过各种媒体报道传统文化遗产的保护活动，这里既包括对日本国内的宣传工作，同时也注意扩大日本文化保护在国际上的知名度，经常召开各种会议，吸引国外有关人员参加，不断加强传统文化保护事业的交流活动。通过上述的活动，日本的传统文化保护事业逐渐被国际社会认同，并取得了比较高的国际地位。

后 记

改革开放以来，中国经济社会发展在取得巨大成就的同时，带来了经济社会结构广泛而深刻的变化。国内外不同思想文化相互激荡，经济成分、利益关系和分配形式等日益多样化、复杂化，社会建设中新事物、新情况、新问题层出不穷。我们既面临着加快发展和推进现代化进程的历史机遇，也面临着一系列前所未有的难题和挑战。立足当代，正确认识国情，准确把握经济社会发展大势，是社会科学工作者的历史使命，也是进行科学研究的基础工作。

为了更好地履行思想库、智囊团的重要职责，中国社会科学院自2006年起，全面启动了国情调研工作。《中国国情报告》是中国社会科学院开展国情调研工作取得的成果之一。《中国国情报告》作为系列性调研报告的汇编，旨在就当前社会普遍关注的若干重大问题方面，提出社会科学工作者的调研数据与分析材料，供读者参考。

《中国国情报告》由中国社会科学院国情调研专家委员会指导编纂，科研局负责组织落实，相关研究所承担撰写工作。由于我们水平有限，不当之处敬请批评指正。

《中国国情报告》编委会

2012 年 4 月 12 日

图书在版编目（CIP）数据

中国国情报告. 第三辑，精准扶贫·社会治理·文化
传承／中国社会科学院科研局编. -- 北京：社会科学
文献出版社，2018.5
ISBN 978 - 7 - 5201 - 1861 - 3

Ⅰ.①中… Ⅱ.①中… Ⅲ.①国情 - 调查报告 - 中国
- 现代 Ⅳ.①D6

中国版本图书馆 CIP 数据核字（2017）第 289617 号

中国国情报告（第三辑）
——精准扶贫·社会治理·文化传承

编　　者／中国社会科学院科研局

出 版 人／谢寿光
项目统筹／邓泳红　陈　颖
责任编辑／薛铭洁

出　　版／社会科学文献出版社·皮书出版分社（010）59367127
　　　　　地址：北京市北三环中路甲 29 号院华龙大厦　邮编：100029
　　　　　网址：www. ssap. com. cn
发　　行／市场营销中心（010）59367081　59367018
印　　装／三河市尚艺印装有限公司

规　　格／开　本：787mm × 1092mm　1/16
　　　　　印　张：27.25　字　数：456 千字
版　　次／2018 年 5 月第 1 版　2018 年 5 月第 1 次印刷
书　　号／ISBN 978 - 7 - 5201 - 1861 - 3
定　　价／98.00 元

本书如有印装质量问题，请与读者服务中心（010 - 59367028）联系